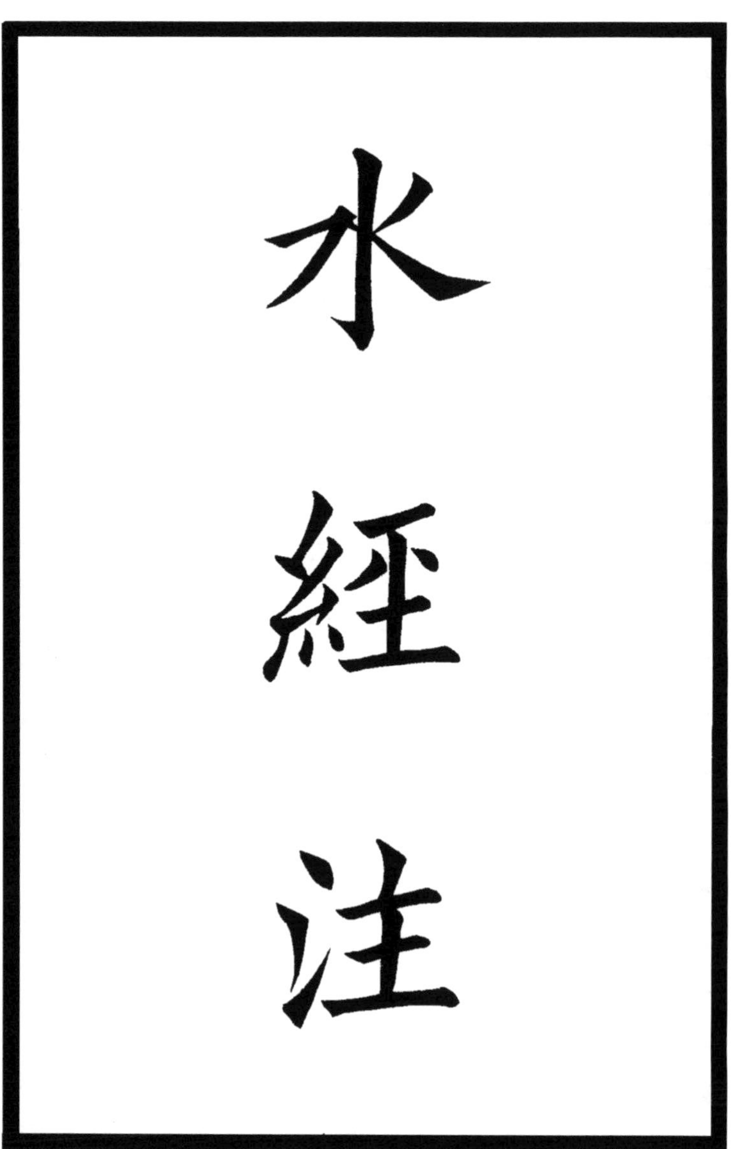
水經注

四部備要

史部

上海中華書局據長沙王氏合校本校刊

桐鄉　陸費逵總勘
杭縣　高時顯
　　　吳汝霖輯校
杭縣　丁輔之監造

水經注卷十八　　長沙王氏校本

後魏酈道元撰

渭水官本曰案近刻前卷表目作渭水上此作渭水中　案朱趙同

渭水于縣斜水自南來注之官本曰案近刻脫來字　案朱脫趙增刊誤曰自南下落來字胡渭校增

又東過武功縣北朱過作逕趙改刊誤曰逕當作過

孫校曰斜水在今岐山縣水出縣西南衙嶺山北歷斜谷逕五丈原東　諸葛亮與步騭書曰僕前軍在五丈原原在武功西十里餘水出武功縣故亦謂之武功水也　是以諸葛亮表云臣遣虎步監孟琰據武功水東司馬懿因水長攻琰營臣作竹橋越水射之橋成馳去其水北流注于渭地理志曰斜水出衙嶺北至郿注渭渭水又東逕馬冢北朱無渭字趙增刊誤曰水上落渭字諸葛亮與步騭書曰馬冢在武功東十餘里有高勢攻之不便是以留耳渭水又逕武功縣故城

北王莽之新光也地理志曰縣有太一山趙一改壹下同刊誤曰一漢志分註作壹古文以爲終南杜預以爲中南也孫校曰據長安志亦曰上應脫三秦記三字亦曰太白山在武功縣南去長安二百里不知其高幾何俗云武功太白去天三百山下軍行不得鼓角鼓角則疾風雨至杜彥達曰太白山南連武功山于諸山最爲秀傑冬夏積雪望之皓然朱箋曰周地圖記曰太白山上恆積雪平山有橫雪如瀑布則雨人常以爲候故語曰南山瀑布非朝卽暮山上有谷春祠春櫟陽人成帝時病死而尸不寒後忽出櫟南門及光門上而入太白山民爲立祠于山嶺春秋來祠中上趙作止宿焉山下有太白祠民所祀也劉曜之世是山崩長安人劉終于崩朱箋曰此下文理不屬蓋脫簡也案十六國春秋云劉曜光初四年五月終南山崩長安人劉終於崩所得白玉方一尺有文字曰皇亡皇亡敗趙昌井水竭搆五梁咢酉小衰困囂喪嗚乎嗚乎赤牛奮靷其盡乎羣臣咸賀以爲石勒滅之徵也曜大悅齋七日而後受之於太廟大赦境內以終爲奉瑞大夫趙刊誤曰箋曰劉終以下文理不屬蓋脫簡也案孫潛用柳僉鈔本校補四百二十字真希世之寶也詳本卷所得白玉方一尺有文字曰皇亡皇亡敗趙昌井水竭

構五梁咢西小衰困囂喪嗚呼嗚呼赤牛奮鞅其盡乎時羣官

趙作臣畢賀中書監劉均進曰此國滅之象其可賀乎終如趙有其字言

矣渭水又東溫泉水注之趙有溫字水出太一山其水

沸涌如湯杜彥達曰可治百病世清則疾愈世濁趙作亂則無

驗其水下合溪流北注十二里入渭渭水又東

逕斄縣故城南舊邰城也后稷之封邑矣詩所謂卽有邰

家室也官本曰案卽原本訛在詩字上案趙同城東北有姜嫄祠城西南百步有稷祠

郿之斄亭也王少林之爲郿縣也路逕趙作經此亭亭長曰亭凶

殺人少林曰仁勝凶邪何鬼敢忤遂宿夜中趙作中夜聞女子稱冤

之聲少林曰可前來理女子曰無衣不敢進少林投衣與之女

子前訴曰妾夫爲涪令之官過宿此亭爲亭長所殺少林曰當

爲理寢冤勿復害良善也因解衣于地忽然不見明告亭長遂

服其事亭遂清安渭水又東逕雍縣趙無南雍水注之水出七字釋曰一清案下有脫文

南雍水注之水出雍山趙釋曰一清案雍山上當云雍水出雍山漢志右扶風武功縣有淮水祠疑雍水祠之誤寰宇記鳳翔府天興縣下云雍水在縣北二里源出西北平地而李應祥雍勝略云雍山在鳳翔縣西北三十里雍水出應劭曰四面積高曰雍以其積高亦可謂之山也關中地勢多積高如風涼原白鹿原斯類非一又康海武功縣志云雍原即周原周原在岐山下則雍山殆即岐山之支阜乎東南流歷中牢趙作宰同下溪世謂之中牢水亦曰冰井水南流逕胡城東俗名也蓋秦惠公之故居所謂祈年宮也孝公又謂之爲橐泉宮趙無爲字按地理志曰在雍崔駰曰穆公冢在橐泉宮祈年觀下皇覽亦言是矣趙無六字劉向曰穆公葬無邱隴處也史記曰穆公之卒從死者百七十七人良臣子車氏奄息仲行鍼虎亦在從死之中趙無六字秦人哀之爲賦黃鳥焉趙爲下有之字無焉字余謂崔駰及皇覽謬志也官本曰案所得白玉至此句謬字止共四百二十七字近刻脫落據原本補　案朱脫趙補朱志作忘趙改詳見下惠公孝公竝是穆公之後繼世之君矣子孫無由起宮于祖宗之墳陵矣以是推之知二證之非實也朱竝作立趙改竝刊誤曰箋曰孫云自忘也至此四十一字文不相續疑有脫誤案非也忘當作志謂崔駰及皇覽繆志也立當作竝黃省曾本校趙釋曰雍錄曰据酈此言則是惠公所都雍縣有祈年宮至孝公命爲橐泉名雖兩出其實一宮也又引崔駰之言從而辨正其失則是祈年橐泉皆在惠公

雍都而亦不知何人所建獨漢書曰惠公所起也黃圖祈為蘄且曰穆公造廟記曰宮在城外而始皇本紀則曰在雍皆以世遠難究其的也一清案史記秦本紀云穆公卒葬雍裴駰集解引皇覽曰秦穆公冢在橐泉宮祈年觀下皇覽魏志以為文帝命劉劭集魏略以為皇象受詔撰崔駰是漢章帝時人今文止有崔駰之說無皇覽之辭而云知二證之非實蓋有缺失又漢志註橐泉宮孝公起祈年宮惠公起是有二宮程泰之不知引此所未喻矣

雍水又東官本曰案近刻脫此四字下有而字係衍文　案朱趙同左會左陽水世名之西水水北出左陽溪朱趙不重水字南流逕岐州城西魏置岐州刺史治左陽水又南流注于雍水雍水又與東水合孫校曰考驗地理東水則今東湖也俗名也北出河桃谷趙刊誤曰箋曰謝云宋本作俗名之北水出河案非也俗名也句北出河桃谷句道元以東水是俗名其水出於河桃谷孫汝澄以出河為句繆甚南流右會南源世謂之返眼泉亂流南逕岐州城東而南合雍水州居二水之中南則兩川之交會也世亦名之為淬空水東流鄧公泉注之水出鄧艾祠北故名曰鄧公泉數源俱發于雍縣故城南官本曰案近刻脫故字　案朱脫趙增刊誤曰雍縣下落故字縣故秦德公所居也晉書地道記以為西虢地也漢書地理志以為西虢縣趙釋曰一清案漢志宏農郡陝縣下

云西虢在雍州而無西虢縣之目右扶風虢縣有虢宮秦宣太后起卽所謂西虢也太康地記曰官本曰案近刻脫地字 案朱趙無虢叔之國矣有虢宮平王東遷叔自此之上陽爲南虢矣趙釋曰何氏曰案杜預云陝縣東南有虢城郎是西虢國乃虢仲所封大陽之下陽城蓋其別都河東宏農地界相接非兩國也滎陽新鄭之虢爲虢叔所封在陝縣之南故當年虢仲之北虢亦得西虢之名若右扶風之虢與周室二虢無與然則善長誤矣方輿紀要云桃虢城在寶雞縣東五十里古虢君之支屬也史記秦武公十一年滅小虢郎此地今有桃虢二城相距十餘里俗亦謂桃虢川雍有五時祠以上祠祀五帝趙釋曰一清案此注有訛誤地理志云雍有五時太昊黃帝以下祠三百三所郊祀志云秦襄公攻戎救周列爲諸侯而居西自以爲主少昊之神作西時祀白帝文公東獵汧渭之間夢黃蛇自天下屬地其口止于鄜衍於是作鄜時用三牲郊祭白帝焉自未作鄜時雍旁故有吳陽武時雍東有好時皆廢而無祀德公卜居雍雍之諸祠自此興後宣公作密時于渭南祭青帝靈公於吳陽作上時祭黃帝作下時祭炎帝獻公作畦時櫟陽而祀白帝高祖立黑帝祠名曰北時除武時好時非秦所立襄公居西垂宮在隴西則西時非雍可知文公鄜時在鄜縣獻公畦時在櫟陽是又不在雍也雍之五時封禪書云惟雍四時上帝爲尊索隱曰雍有五時而言四者顧氏以爲兼下文上帝爲五非也西時鄜時皆非雍密時竝上時下時畦時是爲四幷高祖增黑帝而五也小司馬以畦時當雍四時之一而寰宇記鳳翔府天興縣有三時原引封禪書鄜時密時吳陽上時而云三時在此原亦謂之周原則反遺卻雍之下時矣章懷後漢書馮衍傳註亦但引史記曰秦幷天下祠雍四時漢加黑帝謂之五時而不列指四時之目其義終莫能明顧祖禹以爲五時者鄜密吳陽上下北亦非也又案三時秦時也五時漢時也此三五之名所由分昔秦文公田于汧渭之間夢黃蛇自天下屬地朱趙無下字其口止于鄜衍以爲上帝之神于是作鄜時祀白帝焉官本曰案近刻作祠白帝 案朱趙同竝無焉字秦宣公作密時于渭南官本曰案近刻作于陳倉

北坂朱趙同　案祀青帝焉靈公又于吳陽作上時祀黃帝作下時官本曰案近刻脫此六字朱趙無　案祀炎帝焉獻公作畦時于櫟陽而祀白帝官本曰案近刻作作畦時祀赤帝焉　案朱趙同趙釋曰一清案此文與封禪書郊祀志全相乖迕秦宣公作密時于雍不于陳倉北坂在陳倉北坂者是陳寶祠乃文公作今以陳寶爲鄜時非矣靈公作吳陽上時祭黃帝作下時祭炎帝索隱曰吳陽地名蓋在岳之南上云雍有故吳陽武時蓋因武時又作上下時以祭黃帝炎帝今云上時祀炎帝誤也史記櫟陽雨金獻公自以爲得金瑞作畦時櫟陽而祀白帝漢書云祀上帝字之訛也今云祀赤帝赤即炎也更爲謬矣漢高帝問曰天有五帝今四何也官本曰案近刻作今何四也案朱趙同博士莫知其故帝曰我知之矣待我而五遂立北時祀黑帝焉朱箋曰封禪書秦文公夢黃蛇止于鄜衍又獲陳寶於陳倉北坂城作鄜時秦宣公作密時於渭南祭青帝秦靈公作吳陽上時祭黃帝作下時祭炎帝秦獻公時櫟陽雨金自以爲得金瑞故作畦時而祀白帝漢高祖立黑帝祠命曰北時應劭曰四面積高曰雍闞駰曰宜爲神明之隩故立羣祠趙作祀焉又有鳳臺鳳女祠秦穆公時有簫史者善吹簫能致白鵠孔雀穆公女弄玉好之公爲作鳳臺以居之積數十年一日隨鳳去云雍宮世有簫管之聲焉今臺傾祠毀不復然矣　鄧泉東流注于雍自下雖會他津猶得通稱故禹貢有雍沮會同之文矣官本曰案此句舛誤

趙釋曰全氏曰箋長誤矣豈可以兗州之雝沮釋岐西之水道乎雍水又東逕召朱作部箋曰古本作邵下同趙改邵下同孫校曰星衍案部當是邵郡國志右扶風雍注曰左傳邵穆公采邑乃劉昭注郿縣邵亭引史記封棄于邰恐非是矣亭南世謂之樹亭川蓋召樹聲相近誤耳亭故召公之采邑也京相璠曰亭在周城南五十里後漢郡國志曰郿縣有召亭謂此也趙釋曰一清案周南召南譜云周召者禹貢雍州岐山之陽地名今屬右扶風美陽縣史記燕召公世家註譙周云周之支族食采于召謂之召公索隱曰召者畿內采地奭始食邑于召故曰召公或說者以為文王受命取岐周故墟召地封爵二公故詩有周南召南言皆在岐山之陽故言南也魏書地形志武功郡美陽縣有邵亭方輿紀要鳳翔府鳳翔縣有召城亦曰召亭是也而郡國志曰郿有邰亭即上斄縣斄亭也班志云右扶風斄縣周后稷所封師古曰讀與邰同音胎箋長誤記邰作邵以君奭之食采證皇祖之始封舛謬甚矣王伯厚詩地理考引注云雍水東逕邵亭南黃本亦是邵字朱氏箋皆改作部字殆又從而為之辭者耶雍水又東南流與橫水合官本曰案橫近刻訛作杜　案朱趙作杜下同水出杜陽山其水南流謂之杜陽川東南流左會漆水水出杜陽縣之漆溪謂之漆渠故徐廣曰漆水出杜陽之岐山者是也漆朱有水字箋曰水字疑衍趙刪渠水南流大巒水注之官本曰案巒近刻作欒　案朱訛趙改刊誤曰欒寰宇記作巒水出西北大道川朱無水字趙增刊誤曰出上落水字東南流入漆即故岐水

也淮南子曰岐水出石橋山東南流相如封禪書曰收龜于岐朱收作牧趙改釋曰朱氏謀㙔箋曰史記作收龜漢書作放龜文穎注曰周放畜餘龜于池沼之中至漢得之于岐山之旁漢書音義曰岐水名也謂斯水矣二川并逝官本曰案并近刻訛作洋案朱訛趙改刊誤曰洋當作并俱爲一水南與橫水合自下通得岐水之目官本曰案近刻脫此八字案朱趙無俗謂之小橫朱作黃箋曰孫云當作小橫水趙改橫水亦或名之米流川逕岐山西官本曰案近刻訛作而案朱訛趙改刊誤曰而當作西孫潛校改又屈逕周城南城在岐山之陽而近西所謂居岐之陽也非直因山致名亦指水取稱矣又歷周原下北則中水鄉成周聚故曰有周也趙釋曰一清案漢志右扶風美陽縣禹貢岐山在西北中水鄉周太王所邑水北即岐山矣昔秦盜食穆公馬處也朱箋曰呂氏春秋秦穆公失其乘馬見野人方將食于岐山之陽公曰食駿馬之肉而不還飲酒者恐傷女也於是偏飲而去岐水又東逕姜氏城南爲姜水按世本炎帝姜姓帝王世紀曰炎帝神農氏姜姓官本曰案近刻脫姓字案朱趙無趙刊誤曰箋曰謝云姜母安登宋本作毋曰姜似㙔云謝引宋本亦誤據世紀當作神農氏姜姓母安登按於文是炎帝神農氏句姜母安登句本無誤也今三皇紀作女登母女登官本曰案女近刻訛

作安 案朱趙作安趙釋曰一清案三皇紀作女登 游華陽感神而生炎帝長于姜水是其地也

東注雍水雍水又南 官本曰案近刻脫此十二字訛作水合而東四字案朱趙無此十二字朱作水合而東趙刪水字刊誤曰水字衍文 逕美陽縣之中亭川合武水 官本曰案近刻脫此三字中亭川下有也字係訛衍文 案朱趙無三字有水也二字 水發杜陽縣大嶺側東西二百步南北二百步 官本曰案此十字近刻訛在下世謂之故縣川上 案朱趙同 世謂之赤泥峴沿波歷澗俗名大橫水也疑即杜水矣其水東南流東逕杜陽縣故城 官本曰案近刻脫縣字 案朱脫趙增刊誤曰杜陽下落縣字又朱趙此下有東西二百步南北二百步十字官本移上 世謂之故縣川又故號縣有杜陽山 官本曰案號近刻訛作谷 案朱訛趙改刊誤曰谷當作號漢書地理志右扶風有號縣漢初并入雍故謂之故號也 山北有杜陽谷有地穴北入亦不知所極在天柱山南 朱天作大趙改刊誤曰大柱當作天柱寰宇記校改趙釋曰寰宇記鳳翔府岐山縣下云岐山亦名天柱山河圖括地象曰岐山在崑崙山東南爲地乳上多白金周之興也鸑鷟鳴于山上時人亦謂此山爲鳳凰堆注水經云天柱山有鳳凰祠或云其峯高峻迥出諸山狀若柱因以爲名一清案御覽及程克齋春秋分記竝引之今缺失矣 故縣取名焉亦指是水而攝目矣 朱箋曰前漢地理志右扶風有杜陽縣杜水南入渭注云公劉避狄而來居杜與漆沮之地 即王莽之通杜

也故地理志曰縣有杜水官本曰案有近刻訛作自　案朱訛趙改刊誤曰自當作有趙釋曰一清案漢志右扶風杜陽縣杜水南入渭詩自杜師古曰大雅緜之詩曰人之初生自土沮漆齊詩作杜言公劉避狄而來居杜與漆沮之地杜水又東官本曰案近刻脫杜水又三字　案朱脫又字趙增並無杜水二字刊誤曰東上落又字二坑水注之水有二源一水出西北與濆魋水合而東官本曰案近刻脫與字合上衍二字　案朱脫衍趙增刪刊誤曰西北下落與字二字衍文歷五將山又合鄉谷水水出鄉溪東南流入杜水官本曰案近刻脫水字　案朱趙無謂之鄉谷川又南莫水注之官本曰案莫近刻訛作莢　案朱趙同趙釋曰一清案名勝志引注作莫水方輿紀要云莫水亦曰莫谷水寰宇記武功縣下引水經注云莫谷水逕美陽縣與中亭川水合莢之與莫字形相近水出好時縣梁山大嶺東官本曰案近刻訛作泉　案朱訛趙改刊誤曰泉當作東南逕梁山宮西　故地理志曰好時有梁山宮秦始皇起水東有好時縣故城王莽之好邑也世祖建武二年封建威大將軍耿弇爲侯國又南逕美陽縣之中亭川注雍水謂之中亭水雍水又南逕美陽縣西官本曰案近刻脫雍水二字　案朱趙無章和二年官本曰案近刻訛作永元二年　案朱趙同更封彰侯耿秉爲侯國官本曰案彰近刻訛作鄣下衍雍字　案朱趙同趙

釋曰一清案後漢書耿秉傳秉以章和二年封美陽侯無封鄣雍侯事據前獂道縣注云渭水東北流與彰川合東北至彰縣南永元元年和帝封耿秉爲侯國是秉先嘗封彰侯後更封美陽足補范書之缺此雍字誤

其水又南流注于渭 官本曰案此下原本及近刻竝雜入渭水又東逕鄠塢南至其愚如此共五十三字今訂正移前與渭水東逕鄠縣故城南相比次 案朱趙此下有渭水又東逕鄠塢南漢獻帝傳曰董卓發卒築鄠塢高與長安城等積穀爲三十年儲自云事成雄據天下不成守此足以畢老其愚如此五十三字從官本移上

渭水又東 朱又作之趙改刊誤曰之當作又 洛谷之水出其南山洛谷北流逕長城西 魏甘露二年蜀遣姜維出洛谷圍長城即斯地也

又東芒水從南來流注之

芒水出南山芒谷 官本曰案近刻脫山字 案朱脫趙增刊誤曰南下落山字謂終南山也宋敏求長安志校補 北流逕玉女房 水側山際有石室世謂之玉女房 芒水又北逕盩厔縣之竹圃中分爲二水漢沖帝詔曰翟義作亂于東霍鴻負倚盩厔芒竹即此也 趙釋曰日知錄幼主謂之沖帝水經注以孺子嬰爲沖帝 其水分爲二流一水東北爲枝流 官本曰案水下近刻衍之字 案朱趙有 一水北流注于渭也 朱箋曰舊本吳本俱缺此注謝耳伯據宋本補

水經注卷十八

水經注卷十九

長沙王氏校本

後魏酈道元撰

渭水 官本曰按近刻作渭水下經文上復衍渭水二字 案朱趙同趙有補豐水補涇水補芮水三目

又東過槐里縣南 孫校曰元和志興平縣槐里城周曰犬邱云云卽此城也渭水南去縣二十九里 又東澇水從南來注之

渭水逕縣之故城南 漢書集注李奇謂之小槐里縣之西城也 官本曰按近刻脫縣字 案朱趙無縣字 又東與芒水枝流合水受芒水于竹圃東北流又屈而北入于渭 官本曰按近刻脫北字 案朱脫趙增西北二字刊誤曰箋曰謝云宋本作又屈西北入于渭按孫潛云又屈而下落西北二字而字不衍 渭水又東北逕黃山宮南 官本曰按此十字原本及近刻並訛作經考黃山宮及就水田溪水皆在槐里縣西不得與經淆紊今改正 案朱訛趙改刊誤曰十字是注混作經 卽地理志所謂縣有黃山宮惠帝二年起者也 官本曰按二近刻訛作三 案朱訛趙改刊誤曰漢志注是二年三字誤 東方朔傳曰武帝微行西至黃山宮故世謂之游城也 官本曰按近刻也上有非字衍 案朱趙有 就水注之 官本曰按此四字原本及近刻並訛作經 案朱訛趙改刊誤曰四字是注混作經 水出

南山就谷北逕大陵西世謂之老子陵孫校曰太平寰宇記盩厔縣有老子陵昔李耳爲周柱趙有下字史以世衰入戎于此有冢事非經證然莊周著書云老聃死秦失弔之三號而出是非不死之言人稟五行之精氣陰陽有終變亦無不化之理以是推之或復如傳古人許以傳疑故兩存耳就水歷竹圃北官本曰按近刻脫竹字案朱脫趙增刊誤曰箋曰孫云圃字疑誤或是陵字按名勝志引此文作歷竹圃北元和郡縣志司竹園在盩厔縣東十五里史記渭川千畝竹漢書王莽傳霍鴻負倚芒竹亦謂之鄠杜竹林有司竹都尉即此地也箋說非是與黑水合水上承三泉官本曰按近刻脫水字三訛作二案朱脫訛趙增改就水之右三泉奇發言歸一瀆北流左注就水官本曰按近刻訛作逕案朱趙作逕就水又北流注于渭渭水又東合田溪水官本曰按此八字原本及近刻並訛作經案朱訛趙改刊誤曰八字是注混作經水出南山田谷北流逕長楊宮西官本曰按近刻脫逕字案朱脫趙增刊誤曰北流下落逕字又北逕盩厔縣故城西又東北與一水合水上承盩厔縣南源官本曰按近刻訛作盩厔南南泉案朱訛趙改刊誤曰上南字疊文當作縣泉當作原北逕其縣東又北逕思鄉城西

又北注田溪田溪水又北流注于渭水也縣北有蒙蘢渠官本曰按近刻訛作縣苑有蒙蘢源　案朱同箋曰謝云當作縣北趙改刊誤曰源漢地理志作渠成林源靈軹源之源竝當作渠上承渭水于郿縣東逕武功縣為成林渠官本曰按此有脫誤漢書地理志右扶風郿下云成國渠首受渭東北至上林苑為蒙蘢渠東逕縣北官本曰按近刻訛作縣苑　案朱訛趙改刊誤曰苑當作北亦曰靈軹渠官本曰按渠近刻訛作源　案朱訛趙改河渠書以為引堵水官本曰按近刻脫書字為字案朱脫趙作漳渠以引堵水刊誤曰漢書溝洫志云關中靈軹成國漳渠引諸川如淳曰漳音章章水出章谷此河渠是漳渠之誤徐廣曰一作諸川官本曰按近刻訛作水　案朱訛趙改是也趙釋曰一清按漢書地理志云靈軹渠武帝穿溝洫志注如淳曰章水出章谷渭水又東逕槐里縣故城南官本曰按此十一字原本及近刻竝訛作經今考小槐里至此乃經所謂過槐里縣南也　案朱訛趙改刊誤曰十一字是注混作經縣古犬邱邑也周懿王都之官本曰按懿近刻訛作赧　案朱趙同趙釋曰朱氏箋曰帝王世紀及世本竝云懿王自鎬徙都犬邱此作赧王字之誤耳秦以為廢邱朱箋曰帝王世紀及世本竝云懿王自鎬徙都犬丘宋衷注云犬丘一名廢丘今槐里是也亦曰舒邱中平元年靈帝官本曰按中平近刻訛作和平靈帝訛作桓帝　案朱趙同趙釋曰沈氏曰是靈帝中平封左中郎將皇甫嵩為侯國縣南對渭水北背通渠史記秦本紀云秦武王三年渭水赤三日秦昭王三十四年渭水又大赤三

日趙釋曰沈氏曰秦本紀中無此文而漢書五行志引之再考之則武王事見重敘秦世系中而昭王事終佚洪範五行傳云赤者火

色也水盡赤以火沴水也渭水秦大川也陰陽亂秦用嚴刑敗

亂之象後項羽入秦封司馬欣爲塞王都櫟陽董翳爲翟王都

高奴章邯爲雍王都廢邱朱趙有居槐里三字趙刊誤曰箋曰謝云居槐里三字疑衍按是注正釋槐里故重言之較櫟陽高奴加詳焉非贅詞也爲三秦漢祖北定三秦引水灌城遂滅章邯三年改曰槐

里王莽更名槐治也世謂之爲大槐里晉太康中始平郡治也

其城遞帶防陸舊渠尚存即漢書所謂槐里環隄者也東有

漏水官本曰按漏近刻作涌案朱趙作涌水趙刊誤曰箋曰宋本作漏水按涌水字不誤出南山赤谷東北

流逕長楊宮東宮有長楊樹因以爲名漏水官本曰按近刻訛作渭水案朱訛渭箋曰宋本作漏水趙改涌又北歷葦圃西官本曰按近刻訛作逕葦圃西案朱同趙改圍仍逕刊誤曰圍當作圃名勝志校

亦謂之仙澤又北逕望仙宮又東北耿谷水注

之水發南山耿谷北流與柳泉合東北逕五柞

宮西長楊五柞二宮官本曰按近刻脫此七字案朱脫趙增刊誤曰箋曰宋本作東北逕五柞宮按長安志引此文五柞宮下尚有西長楊

五柞二宮七字寰宇記盩厔縣下亦有之今補入相去八里並以樹名宮亦猶陶氏以五柳立稱故張晏曰宮有五柞樹在盩厔縣西趙刊誤曰箋曰西一作矣按漢書注作西箋說之繆可知矣其水北逕仙澤東又北官本曰按近刻訛作北又 案朱趙同逕望仙宮東又北與赤水會又北逕思鄉城東又北注渭水渭水又東合甘水官本曰按此七字原本及近刻並訛作經 案朱訛趙改刊誤曰七字是注混作經水出南山甘谷北逕秦文王萯陽宮西又北逕五柞宮東又北逕甘亭西在水東趙增甘字之字刊誤曰在下落甘字水下落之字孫潛校補鄠縣昔夏啓伐有扈作誓于是亭故馬融曰甘有扈南郊地名也官本曰按甘字近刻訛在扈字下 案朱訛趙改刊誤曰箋曰南一作西按南字不誤甘字當移在有扈之上尚書音義校正趙釋曰寰宇記鄠縣下引水經注曰扈水上承扈陽池一清按此處引有扈以證甘水故知脫文於此也甘水又東得澇水口水出南山澇谷北逕漢宜春觀東又北官本曰按又字近刻訛在東字上 案朱趙同逕鄠縣故城西澇水際城北出合美陂水朱趙美作渼趙刊誤曰箋曰渼古本作美按渼陂之渼十道志元和郡縣志長安志杜子美詩俱作渼與美通不必改也水出宜春觀北東北流注澇水澇

水北注甘水而亂流入于渭官本曰按近刻脫澇水二字又脫注甘水而亂五字　案朱趙作北流入于渭趙釋曰一清按說文澇水出扶風北入渭漢志無澇水也即上林故地也東方朔稱武帝建元中微行北至池陽西至黃山南獵長楊東遊宜春夜漏十刻乃出與侍朱作於外箋曰宋本作與待趙改與侍中常侍武騎待詔及隴西北地良家子能騎射者期諸殿下故有期門之號自明入山下馳射鹿豕狐兔手格熊羆上大驩樂之上乃使太中大夫虞邱壽王官本曰按乃近刻訛作仍　案朱訛趙改刊誤曰仍當作乃又朱箋曰虞邱吾古字通與待詔能用算者舉籍朱作措箋曰漢書作舉籍謂舉計其數而爲簿籍也趙改籍阿城以南盩厔以東宜春以西提封頃畝及其賈直朱作宜箋曰漢書作賈直趙改直屬之南山以爲上林苑東方朔諫奏起阿房而天下亂因陳泰階六符之事上乃拜太中大夫給事中賜黃金百斤卒起上林苑故相如請爲天子游獵之賦稱烏有先生亡是公而奏上林也

又東豐水從南來注之

豐水出豐溪西北流分爲二一水東北流爲枝津一水西北流又北交水自東入焉又北昆明池水注之又北逕靈臺西又北至石墩注于渭官本曰按近刻脫此五十五字　案朱趙無地說云官本曰按地近刻訛作他　案朱訛趙改刊誤曰他說當作地說渭水又東與豐水會于短陰山內水會趙改水所匯處刊誤曰名勝志引此文作水所匯處今補正無他高山異巒所有惟原阜石激而已水上舊有便門橋與便門對直武帝建元三年造官本曰按近刻訛作建武三年造　案朱訛趙改刊誤曰建武當作建元張昌曰橋在長安西北茂陵東如淳曰去長安四十里趙釋曰杭氏世駿曰漢書注張昌作服虔如淳作蘇林渭水又逕太公廟北廟前有太公碑官本曰按近刻脫廟字　案朱脫趙增文字褫缺今無可尋渭水又東北與鄗水合官本曰按此九字原本及近刻竝訛作經　案朱訛趙改刊誤曰九字是注混作經又朱趙鄗作鎬水上承鄗池于昆明池北周武王之所都也故詩云考卜維王宅是鄗京維龜正之武王成之自漢武帝穿昆明池于是地官本曰按近刻脫武字　案朱脫趙增基

搆論褫今無可究趙釋曰雍錄曰諸家皆言自漢武帝穿昆明池後鎬京故基皆淪入於池無復可究獨梁載言十道志曰鎬池一名元阯在昆明池北始皇毀之寰宇記云鎬泉在華陰縣東十九里其水或涌或止深不可測括地圖云是河眼亦謂之鎬池春秋後傳曰使者鄭容入柏谷關至平舒置見華山有素車白馬問鄭容安之答曰之咸陽車上人曰官本曰按近刻訛作過鎬池曰案朱訛趙改刊誤曰初學記引樂資春秋傳作素車上人曰孫潛據之改過鎬池爲車上人吾華山君使願託書致鄗池君子之咸陽過鄗池見大梓下有文石取以款列梓官本曰按列近刻訛作扣案朱趙作扣當有應者以書與之勿妄發致之得所欲鄭容行至鄗池見一梓下果有文石取以款梓應曰諾鄭容如睡覺而見宮闕若王者之居焉謁者出受書入有頃官本曰按近刻訛作又見頃案朱趙作又見頃聞語聲言祖龍死神道茫昧理難辨測故無以精其幽致矣鄗水又北流西北注與滮池合水出鄗池西而北流入于鄗毛詩云滮池北流也而世傳以爲水名矣鄭元曰豐鄗之間水北流也鄗水北逕清泠臺西官本曰按清泠近刻訛作漢靈案朱趙作溪靈趙刊誤曰箋曰宋本作漢靈臺按寰宇記引此文作清靈臺趙釋曰一清按

谿靈臺谿字誤也朱氏謀㙔箋云宋本作漢靈臺竊謂似是而實非也御覽及長安志引此文作清泠臺與今本異朱氏家多古書未必無據魏書地形志京兆郡長安縣有周靈臺方輿紀要長安縣靈臺下引三輔故事曰周靈臺在鄠縣豐水東鄠縣豐城下云左傳昭四年楚椒舉曰康有酆宮之朝杜預曰酆宮有靈臺康王於是朝諸侯孔穎達曰酆去長安鎬池二十五里又曰靈臺在縣東北周靈臺也志云酆宮又東二十五里卽靈囿之地中有靈臺詩所謂經始靈臺者也春秋僖十五年秦晉戰于韓獲晉侯以歸舍諸靈臺是也又曰三輔故事曰漢靈臺在長安故城西北八里本秦之清臺漢曰靈臺郭緣生述征記長安宮中有靈臺高十五仞水經注漢靈臺在秦阿房宮南去明堂三百步鎬水逕其西漢平帝元始四年立觀此則豐宮之靈臺爲周而長安之靈臺爲漢酈注既于長安城下紀漢靈臺矣于此又云漢靈臺不幾複與寰宇記引水經注作清靈臺是也蓋清臺之名不始于秦康志賀述禮統云夏爲清臺商爲神臺周爲靈臺毛公詩傳曰神之清明稱靈四方而高曰臺且亦有清靈合稱者史記封禪書公孫卿曰黃帝就青靈臺十二日燒也黃圖曰漢靈臺在長安西北八里又周文王靈臺在長安西北四十里高二十丈周四百二十步明有周漢之分呂圖亦云漢舊城外有靈臺北與未央宮對此卽漢靈臺與酆宮之靈臺無涉也中尉知改谿字之誤而不知漢字之亦屬臆說與事義大相乖繆者也玉海引水經注曰酆水北逕靈臺西文王又引水爲辟廱靈沼此等文句今皆脫失無惑乎後人之但憑私見也

又逕磁石門

西門在阿房前悉以磁石爲之故專其目令朱作合箋曰疑作令趙改令四夷朝者有隱甲懷刃入門而脅之以示神故亦曰卻胡門也鄗

水又北注于渭官本曰按注近刻訛作逕案朱訛趙改刊誤曰逕當作注

渭水北有杜郵亭去咸陽十七里今名孝里亭中有白起祠嗟乎有制勝之功慚尹商之仁是地卽其伏劍處也

渭水又東北逕渭城南官本

曰按此九字原本及近刻並訛作經案朱訛趙改刊誤曰九字是注混作經文穎以爲故咸陽矣秦孝公之所居離宮也獻公都櫟陽天雨金周太史儋見獻公曰周故與秦國合而別別五百歲復合合七十歲而霸王出至孝公作咸陽築冀闕而徙都之故西京賦曰秦里其朔官本曰按朔近刻訛作霸　案朱趙同刊誤曰箋曰西京賦作秦里其朔薛綜注云里居也朔北也秦地居其北是曰咸陽按霸者幽陰之義與朔字意同漢書律歷志曰四月己丑朔死霸死霸朔也生霸望也是此義也實爲咸陽太史公曰長安故咸陽也漢高帝更名新城武帝元鼎三年別爲渭城在長安西北渭水之陽王莽之京城也始隸扶風後幷長安南有沇水注之官本曰按此六字原本及近刻並訛作經沇並訛作沈下同考鄭縣東別有沈水此乃潏水也爲關中八川之一從穴不從冘　案朱趙作而沈水注之朱訛經趙改注刊誤曰五字是注混作經趙釋曰一清按沈字是沇字之誤地理志右扶風鄠縣下云潏水北過上林苑入渭師古曰潏郎今沈水或作沇與沈相似因名沈水潏水今則改名人不識也然則沈字之訛所由來舊矣水上承皇子陂于樊川官本曰按水上近刻衍其字　案朱趙有其地卽杜之樊鄉也漢祖至櫟陽以將軍樊噲灌廢邱最賜邑于此鄉也其水西北流逕杜縣之杜京西官本曰按逕近刻訛作注　案朱趙作注西北流逕杜伯冢南杜伯與其友左儒仕

宣王儒無罪見害杜伯死之終能報恨于宣王故成公子安五

言詩曰誰謂鬼無知杜伯射宣王朱箋曰國語云周之衰也杜伯射王于鄗墨子云周宣王殺其臣杜伯而不辜其後三年王合諸侯田於圃田日中杜伯乘白馬朱衣冠射王中心折脊而殪著之周春秋以爲警汲冢瑣語云宣王之妾女鳩欲通杜伯杜伯不可女鳩反訴之王王囚杜伯于焦杜伯之友左儒九諫而不聽並殺之後三年而杜伯射王泬朱趙作沈下同水又西北逕下杜城卽杜伯國

也泬水又西北枝朱趙作支合故渠渠有二流上承交

水合于高陽原而北逕河池陂東而北注泬水

泬水又北與昆明故池會又北逕秦通六基東

又北逕堨水陂東又北得陂水水上承其陂官本曰按近刻訛作得陂承其陂案朱趙同東北流入于泬水泬水又北逕長安

城西與昆明池水合水上承池于昆明臺故王

仲都所居也桓譚新論稱元帝被病廣求方士漢中送道士王

仲都詔問所能對曰能忍寒暑乃以隆冬盛寒日令袒載駟馬

于上林昆明池上環冰而馳官本曰按近刻脫隆冬至上林十二字案朱脫趙作乃於盛寒日載以駟馬車於昆明池上環冰

而馳御者厚衣狐裘寒戰而仲都獨無變色臥于池臺上曛然自若夏大暑日使曝（趙作暴）坐環以十爐火不言熱又身不汗池水北逕鄗京東秦阿房宮西　史記曰秦始皇三十五年以咸陽人多（官本曰按人上近刻有之字　案朱趙有）先王之宮小乃作朝宮于渭南亦曰阿城也始皇先作前殿阿房（朱箋曰宋本有上字趙增上字）可坐萬人下可建五丈旗周馳爲閣道自殿直抵南山（官本曰按抵下近刻衍城字　案朱趙有）表山巔爲闕爲複道自阿房度渭屬之咸陽象天極閣道絕漢抵營室也關中記曰阿房殿在長安西南二十里殿東西千步南北三百步庭中受十萬人　其水又屈而逕其北東北流注堨水陂陂水北出逕漢武帝建章宮東于鳳闕南東注泬水泬水又北逕鳳闕東（朱趙不重泬水二字）三輔黃圖曰建章宮漢武帝造周二十餘里千門萬戶其東鳳闕高七丈五尺俗言貞女樓（官本曰按貞近刻訛作真　案朱訛趙改刊誤曰真女當作貞女漢志注校）非也漢武帝故事云

闕高二十丈關中記曰建章宮圓闕臨北道有金鳳在闕上高丈餘故號鳳闕也故繁欽建章鳳闕賦曰 官本曰按鳳下近刻衍樓字案朱衍趙刪刊誤曰何焯校衍樓字又朱無故字箋曰宋本有故字趙依增 秦漢規模廓然毀泯惟建章鳳闕巋然獨存雖非象魏之制亦一代之巨觀也 泬水又北分爲二水一水東北流一水北逕神明臺東傅子宮室曰上于建章中作神明臺井幹樓咸高五十餘丈皆作懸閣輦道相屬焉三輔黃圖曰神明臺在建章宮中上有九室今人謂之九子臺即實非也 官本曰按即近刻訛作而案朱作而趙增即字刊誤曰而下落即字孫潛校增 泬水又逕漸臺東漢武帝故事曰建章宮北有太液池池中有漸臺三十丈 趙臺下增高字刊誤曰漸臺下落高字名勝志校增 漸浸也爲池水所漸一說星名也 朱箋曰晉天文志漸臺四星在織女東南臨水之臺也 南有壁門 朱作壁趙改璧刊誤曰璧當从玉作璧下云璧玉門也 三層高三十餘丈中殿十二間階陛咸以玉爲之鑄銅鳳五丈飾以黃金樓屋上椽首薄以玉璧因曰璧玉門也泬水又北流注渭亦謂是水爲

漏水也故呂忱曰漏水出杜陵縣漢書音義曰漏水聲而非水也亦曰高都水前漢之末王氏五侯大治池宅官本曰按近刻訛作沼案朱趙作五侯王氏大治池沼引泬水入長安城官本曰按泬近刻訛作他案朱作宅趙改泬刊誤曰箋曰宋本作引高都水按孫潛校改泬水于宅字爲近故百姓歌之曰五侯初起曲陽最怒壞決高都竟連五杜土朱作上箋曰漢書作土山趙改土山漸臺像西白虎卽是水也

又東過長安縣北

渭水東分爲二水廣雅曰水自渭出爲㶁其猶朱趙作由河之有雍也此瀆東北流逕魏雍州刺史郭淮碑南又東南合一水逕兩石人北秦始皇造橋鐵鐓重不勝故刻石作力士孟賁等像以祭之鐓乃可移動也

又東逕陽侯祠北

漲輒祠之此神能爲大波故配食河伯也後人以爲鄧艾祠悲哉讒勝道消專忠受害矣此水又東注渭水官本曰按近刻訛作渭水又東注此水案朱趙同水上有梁謂之渭橋秦制也亦

曰便門橋秦始皇作離宮于渭水南北以象天宮故三輔黃圖曰渭水貫都以象天漢橫橋南度以法牽牛南有長樂宮北有咸陽宮欲通二宮之間故造此橋（官本曰按近刻脫南有至造此共十九字案朱脫趙增刊誤曰牽牛下落南有長樂宮北有咸陽宮欲通二宮之間故造此十九字史記索隱引黃圖及別本水經注皆有之）廣六丈南北三百八十步（官本曰按三百近刻訛作二百　案朱訛趙改刊誤曰二史記索隱作三）六十八間七百五十柱（朱趙有一字）百二十二梁（孫校曰長安志作洞六十八柱七百五梁二百二）橋之南北（孫校曰長安志作下二橋南北）有堤激立石柱柱南京北主之（官本曰按主近刻訛作立下同　案朱訛趙改刊誤曰兩立字長安志作主字）柱北馮翊主之有令丞各領徒（朱趙有一字）千五百人橋之北首壘石水中故謂之石柱橋也舊有忖留神像此神嘗與魯班語班令其人（朱箋曰宋本作神趙改神）出忖留曰我貌很醜（朱趙作獰醜趙刊誤曰箋曰古本作狠醜按獰獰狀惡也朱氏作很醜與獰字義無別又誤刻爲狠字）鄉善圖物容我不能出班于是拱手與言曰出頭見我忖留乃出首班于是以腳畫地忖留覺之便還沒水故置其像于水惟背以上立水上後董卓入關遂焚此橋魏武帝更脩之（官本曰按更上近刻衍遂字　案朱衍趙刪刊誤曰遂字衍文）橋廣三

丈六尺官本曰按近刻脫廣字刊誤曰橋下落廣字孫潛校增案朱脫趙增忖留之像曹公乘馬見之驚又命下之燕丹子曰燕太子丹質于秦秦王遇之無禮乃求歸秦王爲機發之橋欲以陷丹丹過之橋不爲發又一說交龍扶轝而機不發官本曰按扶近刻作捧案朱趙同但言官本曰按此下有脫文朱氏謀㙔箋曰謝云疑有脫誤趙釋曰今不知其故處也趙作矣渭水又東與沇水枝津合官本曰按此十字原本及近刻竝訛作經沇亦訛作沈十字是注混作經又沇朱趙竝作沈案朱訛經趙改注刊誤曰水上承沇水東北流逕鄧艾祠南又東分爲二水一水東入逍遙園注藕池池中有臺觀蓮荷被浦秀實可翫其一水北流注于渭官本曰按近刻脫注字脫趙增刊誤曰流下落注字案朱渭水又東逕長安城北官本曰按此九字原本及近刻竝訛作經刊誤曰八字是注混作經又下落東字胡渭校增案朱訛經脫東字趙改增漢惠帝元年築六年成趙釋曰一清按漢書惠帝紀元年城長安三年春發長安六百里內男子十四萬六千人城長安三十日罷注鄭氏曰城一面故速罷又五年九月長安城成六年起長安西市也而史記呂后紀云惠帝三年方築城四年就半五年六年城就索隱曰漢宮闕疏四年築東面五年築北面漢舊儀城方六十三里經緯各十二里三輔舊事云城形似北斗也即咸陽也秦離宮無城故城之王莽更名常安官本曰按常近刻訛作長改刊誤曰漢書地理志作常安長字誤案朱訛趙

十二門東出北頭第一門本名宣平門王莽更名春王門正月亭一曰東都門官本曰按一近刻作亦案朱趙作亦又都並作城其郭門亦曰東都門趙釋曰一清按漢書王莽傳無東字卽逢萌挂冠處也第二門本名清明門一曰凱門王莽更名宣德門布恩亭官本曰按名近刻作曰案朱趙作曰內有藉趙改耤下同田倉亦曰藉田門第三門本名霸城門王莽更名仁壽門無疆亭民見門色青又名青城門或曰青綺門亦曰青門門外舊出好朱趙作佳朱箋曰一作好瓜瓜昔廣陵人邵平爲秦東陵侯秦破爲布衣種瓜此門瓜美故世謂之東陵瓜是以阮籍詠懷詩云趙作曰昔聞東陵瓜近在青門外連畛拒阡陌子母相鉤帶指謂此門也南出東頭第一門本名覆盎門王莽更名永清門長茂亭其南有下杜城應劭曰故杜陵之下聚落也故曰下杜門又曰端門北對長樂宮第二門本名安門亦曰鼎路門王莽更名光禮門顯樂亭北對武庫官本曰按近刻脫此四字案朱趙作卽西安亭北對未央宮第三門本名平門又曰便門官本曰按此四字近刻訛在後光華門也

下 案朱趙同 王莽更名信平門誠正亭 朱誠作城趙改刊誤曰城三輔黃圖作誠 一曰西安門北

對未央宮 官本曰按此十字近刻訛在顯樂亭下 案朱趙同孫校曰御覽引第三西安門下略同 西出南頭第一門本

名章門王莽更名萬秋門億年亭亦曰光華門也 官本曰按華近刻訛作畢 案朱同

箋曰宋本作故 光華趙增故字 第二門本名直門王莽更名直道門端路亭故龍樓

門也張晏曰門樓有銅龍三輔黃圖曰長安西出第二門即此

門也第三門本名西城門亦曰雍門王莽更名章義門著義亭

官本曰按義近刻作誼 案朱趙作誼 其水北入有函里民名曰函里門 官本曰按民近刻訛作氏又此句之下衍

又曰光門四字 案朱趙同趙說見下 亦曰突門 趙釋曰一清按此西出之第三門也曰光門而北出西頭第一門曰橫門亦曰光門二門不應相同也程大昌曰以

黃圖考之長安城北面從西數來第一門名橫門門外有橋曰橫橋呂相長安圖（呂正獻公大防）亦同又黃圖長安有九市其三在道東東市在突門夾橫橋大道水經曰光門亦名突

門在長安西從南來第三門正與黃圖呂圖之謂橫門者隅角相次故黃圖呂圖之謂在北者即與水經之謂突門光門爲在城西面者相應也今去古遠不敢以何爲定 北出

西頭第一門本名橫門王莽更名霸都門左幽亭如淳曰音光

故曰光門其外郭有都門有棘門徐廣曰棘門在渭北孟康曰

在長安北秦時宮門也如淳曰三輔黃圖曰棘門在橫門外

孫校

曰長安志咸陽縣棘門在縣東北十八里按漢書徐厲軍于此備匈奴又有通門亥門也官本曰按此下近刻衍其字　案朱趙有第二門本名廚門官本曰按近刻訛作洛門　案朱趙作洛又曰朝門王莽更名建子門廣世亭一曰高門蘇林曰高門長安城北門也官本曰按此下近刻衍一曰廚門四字　案朱趙有又朱箋曰按此間敘長安十二門故洛門之後繼以廚門杜門舊本脫誤以鄭縣注續此其內有長安廚官在東故名曰廚門也官本曰按近刻東訛作事名訛作城朱訛趙改刊誤曰事當作東城當作名　案如淳曰今名廣門也第三門本名杜門亦曰利城門王莽更名進和門臨水亭其外有客舍故民曰客舍門官本曰按近刻外訛作水民訛作名　案朱同趙改水不改名刊誤曰水方輿紀要作外又曰洛門也凡此諸門皆通達九逵三途洞開隱以金椎周以林木左出右入爲往來之徑朱作爲徒之經趙改刊誤曰箋曰一作爲往來之徑按此文見三輔決錄朱氏何以不名其書行者升降有上下之別漢成帝之爲太子元帝嘗急召之太子出龍樓門不敢絕馳道西至直城門方乃得度上怪遲問其故以狀對上悅乃著令令太子得絕馳道也　渭水東合昆明故渠渠上承昆明池東口東逕河池陂北官本曰按近刻脫陂字　案朱

脫趙增陂而二字刊誤曰河池下落陂而二字孫潛校增亦曰女觀陂又東合泬水亦曰
漕渠又東逕長安縣南東逕明堂南舊引水爲辟
雍處在朱有縣字箋曰宋本無縣字趙刪鼎路門東南七里其制上圓下方九宮十
二堂官本曰按近刻訛作室　案朱訛趙改刊誤曰大戴禮盛德篇云明堂九室明堂月令篇云九室十二堂劉歆取考工補周禮冬官之闕匠氏一職記軌步之制因及明堂有
云夏后氏世室五室九階四旁兩夾窗白盛殷人重屋四阿周人明堂度九尺之筵東西九筵南北七筵堂崇一筵五室凡室二筵淳于登作五室之說則云水木用事交于東北木火用事
交于東南火土用事交于中央土金用事交于西南金水用事交于西北鄭康成註禮主考工說謂大戴所記創于秦相呂不韋之作春秋竝非古制而主大戴者極訾康成註悉本淳于登
月令異義有乖正論九室五室互相譏訕竟成門戶按北史封軌傳云呂氏月令見九室之義大戴之禮著十二堂之文又袁翻傳云明堂五室三代同焉道元北方之學者兼取戴記考工
之制故濕水篇有明堂上圓下方四周十二戶九室之文此注復列九宮十二堂四嚮五室之義世本堂字誤作室下室字又嫌與上重文乃改作色流俗紕繆甚矣其妄也四
嚮五室官本曰按近刻訛作色　案朱訛趙改堂北三百步有靈臺是漢平帝元始四
年立官本曰按元始近刻訛作永始　案朱訛趙改刊誤曰永始是元始之誤渠南有漢故圜丘成帝建始二
年罷雍五時始祀皇天上帝于長安南郊應劭曰天郊在長安
南卽此也故渠之北有白亭博望苑漢武帝爲太子立使通賓
客從所好也太子巫蠱事發斫杜門東出史良娣死葬于苑北

宣帝以爲戾園以倡優千人樂思后園廟故亦曰千鄉　故渠又東而北屈逕青門外與泬水枝渠會渠上承泬水于章門西飛渠引水入城東爲倉池　池在未央宮西池中有漸臺漢兵起王莽死于此臺　又東逕未央宮北高祖在關東令蕭何成未央宮何斬龍首山而營之山長六十餘里頭臨渭水官本曰按臨近刻訛作于脫水字　案朱訛脫趙改增刊誤曰箋曰三輔黃圖云頭入渭水尾達樊川按通鑑注引此文作頭臨渭水臨字是也　尾達樊川頭高二十丈尾漸下高五六丈土色赤而堅云昔有黑龍從南山出飲渭水其行道因山成跡山即基闕不假築高出長安城北有玄武闕即北闕也東有蒼龍闕闕內有闔闔止車諸門趙刊誤曰箋曰公車古本作正車玉海引此作止車門按關中記云未央宮有闔闔門止車門止字是也　未央殿東有宣室玉堂麒麟含章白虎鳳皇朱雀鵷鸞昭陽諸殿天祿石渠麒麟三閣未央宮北朱作此箋曰玉海作北趙改北　即桂宮也周十餘里內有明光殿走狗臺柏梁臺舊乘複道用相逕通故張衡

西京賦曰鉤陳之外閣道朱作有箋曰一本作道趙改道穹隆屬長樂與明光官本曰按隆近刻作𨻗下脫屬字　案朱作𨻗箋曰玉海有屬字趙增屬字不改𨻗字逕北通于桂宮故渠出二宮之間謂之明渠也又東歷武庫北舊樗里子葬于此樗里子名疾秦惠王異母弟也滑稽多智秦人號曰智囊葬于昭王廟西渭南陰鄉樗里故俗謂之樗里子云我百歲後是有天子之宮夾我墓疾以昭王七年卒官本曰按疾近刻訛作穴　案朱趙作穴葬于渭南章臺東至漢長樂宮在其東未央宮在其西武庫直其墓秦人喭曰力則任鄙智則樗里是也朱是作子箋曰子疑作是宋本無子字趙依宋本明渠又東逕漢高祖長樂宮北本秦之長樂宮也周二十里殿前列銅人殿西有長信長秋永壽永昌諸殿殿之東北有池池北有層臺俗謂是池爲酒池非也故渠北有樓豎漢京兆尹司馬文預碑官本曰按近刻脫豎字　案朱脫趙增刊誤曰樓下落豎字名勝志校增故渠又東出城分爲二渠卽漢書所謂王渠者也蘇林曰王渠官渠

也官本曰按近刻訛作王宮家渠也　案朱訛趙改刊誤曰漢書王嘉傳註蘇林曰王渠官渠也今校正猶今御溝矣晉灼曰渠名也在城東覆盎門外官本曰按覆盎門近刻訛作霸門　案朱趙同一水逕楊橋下卽青門橋也側城北逕鄧艾祠西而北注渭今無水其一水右入昆明故渠官本曰按近刻脫水右入昆明故六字　案朱趙無東逕奉明縣廣城鄉之廉明苑南官本曰按廉近刻訛作廣　案朱趙作廣城趙作成史皇孫及王夫人葬于郭北宣帝遷苑南官本曰按此下近刻衍史王孫及王夫人七字　案朱衍趙刪刊誤曰七字重文宜衍卜以爲悼園益園民千六百家立奉明縣以奉二園園在東都門昌邑王賀自霸御法駕郎中令龔遂驂乘至廣明東都門是也故渠東北逕漢太尉夏侯嬰冢西葬日柩馬悲鳴輕車罔進下得石槨銘云于嗟滕公居此室官本曰按其內有長安廚官至此原本訛在後今斯原夾二水也下朱謀㙔移此故遂葬焉冢在城東八里飲馬橋南四里故時人謂之馬冢朱下接經文又東過鄭縣北注文渭水又東逕巒都城北云云趙下接經文又東過霸陵縣北云云刊誤出故時人謂之馬冢七字曰箋曰按舊本脫誤吳琯移遂葬焉二十二字續此是矣復誤以霸水注續馬冢之後錯簡如初今特改正按吳本錯誤固多朱氏改正亦未爲得清溪胡渭

作禹貢錐指二十卷悉取常熟黃儀之說更定余亟從之惟李夫人葬陵一條全氏又據黃圖移在漢武帝茂陵之下今爲先具錯簡之辭然後校舉誤文可無遺憾已故渠

又北分爲二渠東逕虎圈南而東入霸一水北

合渭今無水官本曰按故遂葬焉至此原本訛在後陵之西如北一里西字下近刻多從朱謀瑋本截謂之馬冢以上二十三字移于此餘仍舊今考故渠又北以下乃注內敘昆明故渠所終朱氏不察耳　案故渠以下二十五字朱在後失勢在須臾帶劍上吾丘陵之南下經文東入于河上趙移後悲思不已賦詩悼傷下故渠又東逕茂陵縣故城南上今從官本移此

又東過霸陵縣北霸水從縣西北流注之官本曰按長安故城在今長安縣西北霸陵故城在今咸寧縣東鄭縣故城在今華州北而華陰又在其東渭水西來由長安霸陵鄭縣乃至華陰入河原本經文于長安之後次華陰次鄭縣次霸陵接以東入于河近刻多從朱謀瑋本長安之後次鄭縣次華陰次霸陵皆失之注內訛舛尤甚其所敘成國等渠散在數處漫無首尾紛糾難理今悉以地之方向比次推勘爲之是正　案朱經文接後注又逕藕原東東南流注于渭水下趙移接上注故時人謂之馬冢下以下同官本其不同者分析注明刊誤出又東過霸陵縣北至陵之南十一字曰又東過霸陵縣北經文接前十五葉二行注馬冢之次行陵之南下接前二十三葉十一行如北一里即李夫人冢

霸者水上地名也官本曰按者字近刻訛在水字下　案朱訛趙改刊誤曰水者二字當倒互黃省曾本校改御覽長安志引此文竝如之本應劭語道元襲用之耳古曰滋水矣秦穆公霸世更名滋水爲

霸水以顯霸功水出藍田縣藍田谷孫校曰長安志云十道志霸水源出終南

山金谷所謂多玉者也西北有銅谷水官本曰按谷近刻訛作公案朱訛趙改刊誤曰公當作谷寰宇記校次東有輞谷水官本曰按輞近刻訛作輕案朱訛趙改朱脫水字趙增刊誤曰箋曰輕谷下脫一水字按名勝志引此文作輞谷水方輿紀要云藍田縣有輞谷水在縣南八里商嶺水自藍橋伏流至此有千聖洞細水洞錫水洞諸水會焉如車輞環湊自南而北圍轉二十里過此則豁然開朗林野相望亦謂之輞川王維云輞水淪漣是也輕字誤二水合而西注官本曰按近刻下衍之字案朱趙有又西流入泥水官本曰按泥近刻訛作渥下同案朱訛趙改刊誤曰長安志云劉谷水一名泥水方輿紀要云晉永和十年桓溫伐秦破青泥是也下清渥軍清渥城竝當作泥趙釋曰長安志劉谷水一名泥水引水經注曰水出藍田之東谷俗謂之劉谷西北與石門水合又石門谷水東有銅谷水合輕谷水西注泥水今本無之一清按輕谷水是輞谷水之訛泥水又西逕嶢關北歷嶢柳城官本曰按近刻訛作柳嶢城案朱趙同東西有二城魏置青泥軍于城內官本曰按青近刻訛作清下同案朱趙作清世亦謂之青泥城也秦二世三年漢祖入自武關攻秦趙高遣將距趙作拒于嶢關者也土地記曰藍田縣南有嶢關地名嶢柳道通荊州晉地道記曰關當上洛縣西北泥水又西北流入霸趙釋曰一清按漢志京兆南陵縣沂水出藍田谷北至霸陵入霸水而是注泥水源流正與班固所稱沂水合沂泥音同觀宋敏求引注佚文可見師古音沂爲先歷反音誤耳而道元引漢志則以泥水當之霸水又北歷藍田川逕藍田縣東官本曰按近刻訛作也案朱作也趙改北刊誤曰也當作北

竹書紀年梁惠成王三十年官本曰按近刻脫成字　案朱脫趙增刊誤曰惠下落成字竹書紀年校增秦子向命
爲藍君蓋子向之故邑也川有漢臨江王榮冢景帝以罪徵之
將行祖于江陵北門車軸折父老泣曰吾王不反矣榮至中尉
郅都急切責王王年少恐而自殺葬于是川有燕數萬銜土置
冢上百姓矜之霸水又左合滻水歷白鹿原東孫校曰元和志
藍田縣白鹿原在縣東南六里晉桓溫伐苻堅督護鄧巡等奮擊於白鹿原卽此也今在藍田縣西二里卽霸川之西故芷陽矣史
記秦襄王葬芷陽者是也官本曰按是字近刻訛在也字下　案朱訛趙乙刊誤曰也是二字當互易趙釋曰一清按史記秦始皇紀重
敘秦世系云昭襄享國五十六年葬茝陽索隱曰十九年而立葬芷陵也芷與茝同此是昭襄王之陵而其孫莊襄王亦葬茝陽卽所謂子楚陵也謂之霸上漢
文帝葬其上謂之霸陵上有四出道以瀉水在長安東南三十
里故王仲宣賦詩云南登霸陵岸迴首望長安漢文帝嘗欲從
霸陵上西馳下峻坂官本曰按近刻脫陵上二字　案朱脫趙增刊誤曰霸下落陵上二字漢書袁盎傳校補袁盎攬轡
于此處上曰將軍怯也盎曰臣聞千金之子坐不垂堂百金之
子立不倚衡聖人不乘危今馳不測如馬驚車敗柰高廟何上

乃止霸水又北長水注之水出杜縣白鹿原官本曰按近刻訛作源　案朱訛趙改刊誤曰源當作原其水西北流謂之荆溪官本曰按此下近刻衍溪水二字　案朱同箋曰疑脫一荆字趙增荆字刊誤曰谿水上落荆字又西北左合狗枷川水孫校曰今志狗枷川水荆谿水俱在縣西南五十里水有二源西川上承磈山之斫槃谷孫校曰磈山疑即簣山漢書高紀沛公引兵繞嶢關踰簣山元和志藍田縣簣山在縣東南二十五里次東有苦谷二水合而東北流逕風涼原西關中圖曰麗山之西川中有阜名曰風涼原在磈山之陰雍州之福地即是原也官本曰按近刻脫也字　案朱脫趙增刊誤曰原下落也字孫校曰太平寰宇記萬年縣硯石福地遁甲開山圖曰驪山之西川有阜曰風涼原亦雍州之福地即此水有二源西川水出硯山之斫槃谷是也其水傍溪北注原上有漢武帝祠其水右合東川水出南山之石門谷次東有孟谷官本曰按近刻脫次東有三字　案朱脫趙增刊誤曰孟谷上落次東有三字長安志校正次東有大谷朱有作又趙改刊誤曰又當作有長安志校正次東有雀谷次東有土門谷官本曰按近刻脫次字　案朱脫趙增刊誤曰東上落次字五水北出谷西北歷風涼原東官本曰按近刻脫出字　案朱無出字趙谷西改合而刊誤曰谷西當作合而長安志校又北與西川會

原爲二水之會亂流北逕宣帝許后陵東官本曰按此下近刻衍而字案朱趙有北去杜陵十里斯川于是有狗枷之名川東亦曰白鹿原也上有狗枷堡三秦記曰麗山西有白鹿原原上有狗枷堡秦襄公時有大狗來下趙大改天刊誤曰大長安志作天趙釋曰一清按北齊書昭帝紀云時有天狗下亦其類也山海經有獸亦名天狗焉西山經曰陰山有獸焉其狀如貍而白首名曰天狗其音榴榴可以禦凶吳任臣廣註引事物紺珠云天狗如貍白首音如貓食蛇有賊則狗吠之官本曰按此下近刻衍故字案朱趙有一堡無患故川得厥目焉川水又北逕杜陵東元帝初元元年葬宣帝杜陵北去長安五十里陵之西北有杜縣故城秦武公十一年縣之漢宣帝元康元年以杜東原上爲初陵更名杜縣爲杜陵官本曰按此下近刻衍也字案朱趙有王莽之饒安也其水又北注荆溪荆溪水又北逕霸縣官本曰按逕近刻訛作入案朱趙作入朱箋曰孫云疑作霸水趙改水又有温泉入焉水發自原下趙原改亭刊誤曰原當作亭即下霸陵縣之故亭入荆溪水亂流注于霸俗謂之滻水非也史記音義文帝出安門注云在霸陵縣有

故亭卽郡國志所謂長門亭也史記曰趙作曰霸滻長水也雖不
在祠典以近咸陽秦漢都涇渭長水盡得比大川之禮趙釋曰一清按史記
封禪書云霸產長水灃澇涇渭皆非大川以近咸陽盡得比山川祠今注云云是抄變其詞而失其義也昔文帝居霸陵北臨廁指
新豐路示愼夫人曰此走邯鄲道也因使愼夫人鼓瑟上自倚
瑟而歌悽愴悲懷顧謂羣臣曰以北山石爲槨用紵絮斮陳漆
其間豈可動哉釋之曰使其中有可欲雖錮南山猶有隙使無
可欲雖無石槨又何戚焉文帝曰善拜廷尉韋昭曰高岸夾水
爲廁今斯原夾二水也官本曰按又東過霸陵縣北至此原本訛在後灌水又北注于渭之後朱謀瑋本訛在又逕藍原東東南注于渭之
後今改正案朱訛趙改又朱箋曰此後皆敘霸水事舊本錯誤以廚門續此今移正案朱此下接霸水又北會兩川與官趙本同霸水又北會
兩川又北故渠右出焉官本曰按渠右近刻訛作源左趙改源不改左刊誤曰源當作渠案朱同
水又北逕王莽九廟南王莽地皇元年博徵天下工匠
壞撤西苑建章諸宮館十餘所取材瓦以起九廟算及吏民以
義入錢穀助成九廟廟殿皆重屋孫校曰廟殿以下見三輔黃圖太初祖廟東西

南北各四十丈高十七丈餘廟半之爲銅薄櫨飾以金銀雕文
窮極百工之巧褫高增下功費數百巨萬卒死者萬數 霸水
又北逕枳道 在長安縣東十三里王莽九廟在其南漢世
有白蛾羣飛 官本曰按蛾近刻訛作鶩 案朱趙作鶩趙釋曰何氏曰亭林云當作白蛾一清按事見漢書元帝紀建昭元年也 自東都門
過枳道 官本曰按過下近刻有于字 案朱趙有 呂后祓除于霸上還見倉狗戟趙作撠脅于
斯道也 水上有橋謂之霸橋 地皇三年霸橋木災自東
起卒數千以水沃救不滅晨燒夕盡王莽惡之下書曰甲午
火橋乙未立春之日也予以神明聖祖黃虞遺統受命至于地
皇四年爲十五年正以三年終冬 官本曰按近刻脫聖祖至正以共二十字 案朱脫趙增刊誤曰神明下落聖祖黃虞遺統受命至于地皇四年爲十五年正以二十字漢書王莽傳校補 絕滅霸駁之橋欲以興成新室統一
長存之道其名霸橋 官本曰按近刻脫橋字 案朱脫趙增刊誤曰霸下落橋字王莽傳校補 爲長存橋 霸水
又 朱作之箋曰宋本作又趙改又 北左納漕渠絕霸右出焉東逕霸城
北又東逕子楚陵北 皇甫謐曰秦莊王葬于芷陽之麗

山官本曰按芷陽近刻訛作芷蕩案朱訛趙改刊誤曰芷蕩當作芷陽京兆東南霸陵山劉向曰莊王大

其名立墳者也戰國策曰莊王字異人更名子楚故世人猶以

子楚名陵趙釋曰一清按史記始皇之父爲莊襄王索隱以爲葬陽陵寰宇記雍州萬年縣下云霸岸在通化門東二十里秦襄王葬于其坂謂之霸上有城卽秦繆公所築漢爲縣在東北二十三里霸水東霸陵故城是也東南至漢文帝陵十里又東逕新豐縣右會故渠

渠上承霸水官本曰按近刻脫一渠字案朱趙無東北逕霸城縣故城南官本曰按霸城縣近刻脫城字案朱脫趙增刊誤曰霸下落城字晉書地理志京兆郡有霸城縣蓋曹氏所改魏書地形志霸城縣晉改漢文帝之霸陵

縣也官本曰案陵下近刻衍漢字案朱衍趙刪刊誤曰下漢字衍文王莽更之曰水章魏明帝景初元

年官本曰案近刻訛作文帝黃初元年案朱趙同趙釋曰何氏曰文當作明黃當作景事見三國志魏明帝紀注中然後漢書方術傳注引此正同豈唐初所傳之本已訛繆不可讀耶書不經劉向揚雄之手其孰爲是正哉徙長安金狄重不可致因留霸城南人有見薊

子訓與父老共摩銅人曰正見鑄此時計爾日已近五百年矣官本曰案近刻爾訛作其已訛作似案朱同趙改爾改以刊誤曰其黃省曾本作爾似當作以古以已字通用故渠又東北逕劉

更始冢西更始二年爲赤眉所殺故侍中劉恭夜往取朱箋曰一作收趙改收而埋之光武使司徒鄧禹收葬于霸陵縣更始尚書僕射

行大將軍事鮑永持節安集河東聞更始死歸世祖累遷司隸校尉行縣經更始墓 官本曰案經近刻作逕 案朱趙作逕 遂下拜哭盡哀而去帝問公卿大中大夫張湛曰仁不遺舊忠不忘君行之高者帝乃釋 官本曰案此下近刻衍之字 案朱趙有 又東北逕新豐縣右合漕渠 官本曰案右近刻訛作又 案朱訛趙改刊誤曰又當作右 漢大司農鄭當時所開也以渭難漕命齊水工徐伯 朱趙有乃字 發卒穿渠引渭其渠自昆明池 官本曰案其渠近刻訛作今源 案朱作今源趙改合渠刊誤曰今源當作合渠 南傍山原東至于河且田且漕大以爲便今無水 官本曰案近刻脫此二字 趙刪今字刊誤曰今字衍文 案朱無 霸水又北逕秦虎圈東 列士傳曰秦昭王會魏王魏王不行使朱亥奉璧一雙秦王大怒置朱亥虎圈中亥瞋目視虎眥裂血出濺虎 趙刊誤曰箋曰濺舊本作踐案集韻濺汙灑也史記藺相如傳曰請得以頸血濺大王是其義也 虎不敢動即是處也 霸水又北入于渭水渭水又東會成國故渠渠魏尚書左僕射衛臻征蜀所開也號成國

渠引以澆田官本曰案田上近刻衍故字　案朱趙有趙釋曰一清案漢志鄠縣成國渠北至上林入蒙龍渠蓋西京已有是渠衛公振更修治之其瀆上承汧水于陳倉東東逕郿及武功槐里縣北渠左有安定梁嚴趙作巖冢碑碣尚存又東逕漢武帝茂陵南官本曰案近刻脫又東二字　案朱脫趙增一又字刊誤曰逕上落又字故槐里之茂鄉也應劭曰帝自爲陵官本曰案帝上近刻衍武字　案朱趙有在長安西北八十餘里漢武帝故事曰帝崩後見形謂陵令薛平曰吾雖失勢猶爲汝君柰何令吏卒上吾陵磨刀劍乎自今以後可禁之平頓首謝因不見推問陵旁果有方石可以爲礪吏卒常盜磨刀劍霍光欲斬之張安世曰神道茫昧不宜爲法乃止故阮公詠懷詩曰失勢在須臾帶劍上吾邱陵之西而北一里官本曰案霸水又北會兩川至此句西字止原本訛在前于嗟滕公居此室下朱謀㙔移此考其文義前後皆敘成國故渠所逕也　案朱趙同朱作陵之南趙增西字而朱趙作如趙刊誤出陵之南三字曰南上落西字又出如北一里至賦詩悼傷九字曰如北上接後三十二葉十六行陵之南賦詩悼傷下接後三十二葉十六行故渠又北分爲二渠黃圖云莢陵在茂陵北一里寰宇記雍州興平縣下云茂陵在縣東北十九里李夫人陵在縣北十六里是也又出如北一里四字曰箋曰如當作而案如字不誤卽李夫人冢冢形三成世謂之英陵官本曰案英原本及近刻竝訛

作英三輔黃圖云李夫人墓在茂陵西北一里俗名英陵
朱趙英作菼趙刊誤曰箋曰一作菼陵案菼字不誤黃圖校
案夫人兄延年知音尤善歌舞帝愛之每爲新聲變曲聞者莫不感動常趙作嘗侍上起舞歌曰北方有佳人絕世而獨立一顧傾人城再顧傾人國寧不知傾城復傾國官本曰案復近刻訛作與案朱同趙改佳人難再得上曰世豈有此人乎平陽主曰延年女弟上召見之妖麗善歌舞得幸早卒上憫念之以后禮葬官本曰案后近刻訛作厚案朱訛趙改刊誤曰厚全氏校改后悲思不已賦詩悼傷

故渠又東逕茂陵縣故城南朱同官本故渠二字下譚元春評本注曰箋注謂此故渠篇內不見張本疑有脫誤然觀前渭水又逕長安城北注中歷舉故渠疑此至分卑尊之名者也當續前注馬冢之後趙賦詩悼傷下有故渠又北分爲二渠東逕虎圈南而東入霸一水北合渭今無水二十五字刊誤出故渠又北至今無水八字曰故渠又北上接前二十三葉十八行賦詩悼傷今無水下接前二十三葉十八行故渠又東逕茂陵縣故城南又出故渠又東逕茂陵縣故城南至分卑尊之名者也十九字曰故渠上接後三十二葉十八行今無水分卑尊之名者也下接後二十六葉四行故渠又東逕漢丞相周勃冢南又出故渠又東逕茂陵縣故城南十一字曰箋曰此故渠篇內不見張本疑有脫誤案注云渭水又東會成國故渠又逕漢武帝茂陵南又北分爲二渠東逕虎圈南而東入霸一水北合渭今無水下接是注故渠又東逕茂陵縣故城南至漢景帝陵南又東南注于渭今無水成國故渠西京時已有之而衞臻更修復之世本彼具霸陵縣下此隸華陰縣中前後倒置不相貫串又渠字或訛作源一望迷離遂以爲不見張本疑其有脫誤耳今爲更正始可追尋恨不起中尉于九原而告之案故渠下二十五字今從官本移前故時人謂之馬冢下

武帝建元二年置

地理志曰宣帝縣焉王莽之宣成也　故渠又東逕龍泉
北今人謂之溫泉非也　渠北故坂北卽龍淵廟　官本曰案北近刻訛作此　案朱訛趙改刊誤曰此當作北　如淳曰三輔黃圖有龍淵宮今長安城西有其
廟處　官本曰案近刻訛作其處黃宋本處上有廟字黃字衍趙依宋本　案朱同箋曰　蓋宮之遺也故渠又東
逕姜原北渠北有漢昭帝陵　官本曰案陵上近刻有平字　案朱趙有　東南去長安七
十里又東逕平陵縣故城南地理志曰昭帝置王莽之
廣利也　故渠之南有竇氏泉北有徘徊廟又東
逕漢大將軍魏其侯竇嬰冢南又東逕成帝延
陵南　官本曰案近刻脫東逕二字　案朱脫趙增刊誤曰又下落東逕二字　陵之東北五里卽平帝
康陵坂也故渠又東逕渭陵南　官本曰案近刻脫南字　案朱脫趙增刊誤曰渭陵下落南字
元帝永光四年　官本曰案永光近刻訛作永元　案朱訛趙改刊誤曰永元當作永光　以渭城壽陵亭原上
爲初陵詔不立縣邑又東逕哀帝義陵南又東逕惠
帝安陵南　官本曰案近刻脫東字　案朱脫趙增刊誤曰又下落東字　陵北有安陵縣故城　官本曰案此下近刻

衍也字 案朱趙衍 地理志曰惠帝置王莽之嘉平也渠側有杜郵亭

又東逕渭城北地理志曰縣有蘭池宮秦始皇微行逢盜于蘭池今不知所在 官本曰案此下近刻有也字 案朱趙有趙釋曰雍錄曰咸陽縣東二十五里蘭池陂即始皇遇盜之地漢于其北立池陽縣一清案漢志左馮翊池陽縣應劭曰在池水之陽劉昭郡國志補注引三秦記曰始皇引渭水為長池東西二百里南北三十里刻石為鯨魚長二百丈孫校曰蘭池史記注作蘭池

又東逕長陵南亦曰長山也 官本曰案陵之西而北一里而字起至此原本及近刻並訛在後不得為湖縣西下今考文義亦敘成國故渠所逕上下地望連比具有首尾後無所謂故渠者也 案朱訛趙改 又朱趙此下有三秦記曰長安城北有平原廣數百里民井汲巢居井深五十丈二十五字官本移後 說見下 秦名天子冢曰山漢曰陵故通曰山陵矣風俗通曰陵者天生自然者也今王公墳壠稱陵春秋左傳曰南陵夏后臯之墓也春秋說題辭曰 趙作云 邱者墓也冢者種也種墓也羅倚于山分卑尊之名者也 官本曰案亦曰長山也下原本及近刻並接以三秦記曰長城北有平原廣數百里民井汲巢居井深五十尺方接以秦名云云今訂正移于後

故渠又東逕漢丞相周勃冢南 朱故渠云云接後渠起谷口尾入櫟陽是也今無水下趙移改刊誤出故渠又東逕漢丞相周勃冢南至東南流注于渭水二十字曰故渠上接前二十四葉十九行分卑尊之名者也東南流注于渭水下接前二十葉十七行右逕新豐縣故城北 冢北有亞 朱作弱箋曰弱夫當作亞夫趙改亞 夫冢故渠東南謂之周氏

曲又東南逕漢景帝陽陵南（官本曰案近刻脫陽字 案朱趙無）又東南

注于渭今無水渭水又東逕霸城縣北（官本曰案近刻脫城字 案朱脫趙增刊誤曰當作霸城縣落城字）與高陵分水水南有定陶恭王廟傳太后陵

元帝崩傅昭儀隨王歸國稱定陶太后後十年恭王薨子代爲

王徵爲太子太子卽帝位立恭王寢廟于京師比宣帝父悼皇

故事元壽元年傅后崩合葬渭陵潘岳關中記漢帝后同塋則

爲合葬不共陵也諸侯皆如之恭王廟在霸城西北廟西北卽

傅太后陵不與元帝同塋渭陵非謂元帝陵也蓋在渭水之南

故曰渭陵也陵與元帝齊者謂同十二丈也王莽奏毀傅太后

冢冢崩壓殺數百人開棺臭聞數里（官本曰案近刻訛作月 案朱訛趙改刊誤曰月當作里）公卿

在位皆阿莽旨入錢帛遣子弟及諸生四夷凡十餘萬人操持

作具助將作掘傅后冢二旬皆平周棘其處以爲世戒今其處

積土猶高世謂之增墀又亦謂之增阜俗亦謂之成帝初陵處

所未詳也渭水又逕平阿侯王譚墓北冢次有碑左

則涇水注之孫校曰涇水僅見於此渭水又東逕鄣縣西蓋隴西

郡之鄣徙也渭水又東得白渠枝口又東與五丈

渠合水出雲陽縣石門山謂之清水孫校曰一曰黃嶔水見卷十六瀘水下

東南流逕黃嶔山西又南入殺祤縣歷原南出

謂之清水口東南流絕鄭渠又東南入高陵縣

逕黃白城西本曲梁宮也南絕白渠屈而東流謂

之曲梁水又東南逕高陵縣故城北東南絕白

渠瀆又東南入萬年縣謂之五丈渠又逕藕原

東東南流注于渭官本曰案故渠又東逕漢丞相周勃冢南至此原本及近刻竝訛在後白渠首起谷口尾入櫟陽是也今無水下考

其文義仍敘成國故渠其入渭在景陵之東南渠自西而東逕漢諸陵先武帝茂陵次昭帝平陵次成帝延陵次元帝渭陵次哀帝義陵次惠帝安陵次高帝長陵次景帝陽陵據三輔黃圖所記茂陵在長安城西北八十里平陵在長安西北七十里延陵在扶風去長安六十二里渭陵在長安北五十六里義陵在扶風渭城西北原上去長安四十六里安陵在長安城北三十五里去長陵十里長陵亦去長安城三十五里陽陵在長安城東北四十五里注文前後錯紊數處其脈絡條貫可尋又以三輔黃圖諸陵里數參之無不脗合案朱渭下有水字下接前

經文又東過霸陵縣北云云趙改同官本以渭水二字下屬此于下增一渭字刊誤曰下文當重一渭字下渭水二字與右逕新豐縣故城北句接連渭水右逕新豐縣故城北朱右作石接前水郎符禺之水也南出符下趙移改刊誤出石逕新豐縣故城北至不得為湖湖西十五字曰石字誤當作右上接後二十七葉九行渭水二字不得為湖下接前十六葉二十行蘇林曰湖西二字衍文東與魚池水會水出麗山東北官本曰案近刻北訛作也此下又衍水字案朱訛趙改並有水字刊誤曰也當作北本導源北流朱趙北作東趙刊誤曰箋曰東一作北案非也下云後秦始皇葬于山北水過而曲行東注北轉則東字不誤後秦始皇葬于山北水過而曲行東注北轉始皇造陵取土其地汙深水積成池謂之魚池也官本曰案近刻訛作池案朱趙作池下屬在秦皇陵東北五里周圍四里池水西北流逕始皇冢北秦始皇大興厚葬營建冢壙于麗戎之山一名藍田其陰多金其陽多玉始皇貪其美名因而葬焉斬山鑿石下錮三泉官本曰案錮近刻訛作涸案朱訛趙改刊誤曰涸當作錮史記始皇本紀穿三泉下銅徐廣曰一作錮錮鑄塞也以銅為槨旁行周迴三十餘里上畫天文星宿之象下以水銀為四瀆百川五嶽九州具地理之勢宮觀百官奇器珍寶充滿其中令匠作機弩有

所穿近輒射之以人魚膏爲燈燭取其不滅者久之後宮無子者皆使殉葬甚衆墳高五丈周迴五里餘作者七十萬人積年方成而周章百萬之師已至其下乃使章邯領作者以禦難弗能禁項羽入關發之以三十萬人（朱無發之二字趙增刊誤曰入關下落發之二字黄省曾本校增長安志引此文亦有之）三十日運物不能窮關東盜賊銷槨取銅牧人尋羊燒之火延九十日不能滅　北對鴻門十里池水又西北流水之西南有温泉世以療疾　三秦記曰麗山西北有温水祭則得入不祭則爛人肉俗云始皇與神女遊而忤其旨神女唾之生瘡（官本曰案近刻脫遊而忤其旨神女七字　案朱脫趙增刊誤曰神女下有缺文朱無易引三秦記補遊而忤其旨神女七字）始皇謝之神女爲出温水後人因以澆洗瘡張衡温泉（一本誤水）賦序曰（趙作云）余出麗山觀温泉浴神井嘉洪澤之普施乃爲之賦云此湯也不使灼人形體矣池水又逕鴻門西又逕新豐縣故城東故麗戎地也高祖王關中太上皇思東歸故象舊里

制茲新邑立城社樹枌榆令街庭若一分置豐民以實茲邑故名之爲新豐也漢靈帝建寧三年改爲都鄉封段熲爲侯國趙釋曰一清案漢承秦制十里一亭十亭一鄉都亭都鄉所以統一縣之鄉亭者後漢書本傳段熲初封都鄉侯更封新豐縣侯非改新豐爲都鄉也後立陰槃城其水際城北出世謂是水爲陰槃水官本曰案城北近刻訛作北城又北絕漕渠北注于渭官本曰案渠北近刻訛作槃溝案朱訛趙改不增北字刊誤又脫出字案朱趙同曰漕渠漢大司農鄭當時所開槃溝乃渠字之誤渭水又東逕鴻門北舊大道北下坂口名也官本曰案近刻訛作坂下坂名也案朱訛趙改刊誤曰下坂二字重文史記項籍本紀云在新豐鴻門孟康曰在新豐東十七里舊大道北下坂口名也今校正右有鴻亭官本曰案近刻訛作古有鴻寧案朱同趙改寧不改古刊誤曰鴻寧當作鴻門亭漢書高祖將見項羽楚漢春秋曰項王在鴻門亞父曰吾使人望沛公其氣衝天五色采相繆官本曰案近刻脫采字案朱趙無或似龍或似雲非人臣之氣官本曰案近刻作相案朱趙作相可誅之官本曰案此下近刻有漢字案朱趙有高祖會項羽范增目羽羽不應樊噲杖盾撞人入食豕肩于此羽壯之郡國志曰新豐縣東有鴻門亭者也郭緣生述征記官本曰案近刻脫此三字案朱無趙增曰字刊誤曰郭緣生下落曰字全氏校增或云霸城南

門曰鴻門也項羽將因會（朱有高祖二字箋曰宋本無高祖二字趙刪）危高祖羽仁而弗斷范增謀而不納項伯終護高祖以獲免既抵霸上遂封漢王按漢書注鴻門在新豐東十七里則霸上應百里按史記項伯夜馳告張良良與俱見高祖仍使夜返考其道里不容得爾今父老傳在霸城南門數十里于理爲得按緣生此記雖歷覽史漢述行涂經見可謂學而不思矣今新豐縣故城東三里有坂長二里餘塹原通道南北洞開有同門狀謂之鴻門孟康言在新豐東十七里無之（朱豐作城趙改又刪無之二字刊誤曰箋曰城宋本作豐案無之二字衍文）蓋指縣治而言非謂城也（官本曰案城近刻訛作地朱訛趙改刊誤曰地當作城）案自新豐故城西至霸城五十里霸城西十里則霸水西二十里則長安城應劭曰霸水上地名在長安東二十里卽霸城是也高祖舊停軍處東去新豐既遠何由項伯夜與張良共見高祖乎推此言之知緣生此記乖矣

渭水又東石川水南注焉渭水又東戲水注之

水出麗山馮公谷東北流又北逕麗戎城東春

秋晉獻公五年伐之獲麗姬于是邑麗戎男國也姬姓秦之麗

邑矣又北右總三川逕鴻門東又北逕戲亭東應劭曰戲宏農湖縣西界也地隔諸縣不得爲湖縣西官本曰案渭水右逕新豐縣故城北至此原本及近刻並訛在南出符石下考鄭縣在今臨潼縣西北新豐故城在臨潼縣東北渭水逕鄭縣而東與新豐地相連比今改正　案朱縣西作湖西下接上而北一里卽李夫人冢至賦詩悼傷趙移同官本刪湖西二字蘇林曰趙刊誤出蘇林曰至俱北入渭八字曰蘇林曰上接後二十三葉十一行不得爲湖俱北入渭下接後二十四葉十九行渭水又東逕下邽縣故城南戲邑名在新豐東南四十里官本曰案四近刻訛作三　案朱趙作三趙刊誤曰箋曰宋本云在鄭東南案非也郡國志新豐東有鴻門亭及戲亭劉昭補註引蘇林曰縣東南四十里此段注原在霸水新豐之下朱氏旣誤剟入鄭縣不得不假宋板改去新豐字以實其說也孟康曰乃水名也今戲亭是也孫校曰史記索隱曰今案其水東爲戲驛也昔周幽王悅

褒姒姒不笑王乃擊鼓舉烽以徵諸侯諸侯至官本曰案近刻脫諸侯二字　案朱趙無無寇褒姒乃笑王甚悅之及犬戎至王又舉烽以徵諸侯諸侯

不至遂敗幽王于戲水之上身死于麗山之北故國語曰幽滅

者也漢成帝建始二年造延陵爲初陵以爲非吉于霸曲亭南

更營之官本曰案近刻脫吉字于字趙增刊誤曰非下落吉于二字 案朱脫鴻嘉元年于新豐戲鄉爲昌陵縣以奉初陵永始元年詔以昌陵卑下客土疏惡不可爲萬歲居其罷陵作令吏民反故徙將作大匠解萬年燉煌官本曰案萬近刻訛作延 案朱趙作延趙釋曰一清案漢書作解萬年關中記曰昌陵在霸城東二十里取土東山與粟同價所費巨萬積年無成即此處也戲水又北分爲二水並注渭水渭水又東泠水入焉水南出肺浮山趙釋曰一清案長安志曰水經曰浮肺山一作肺浮是舊本原作浮肺今本乃後人據他書更易耳蓋麗山連麓而異名也北會三川統歸一壑官本曰案一近刻訛作三朱訛趙改刊誤曰三當作一 案歷陰槃新豐兩原之間北流注于渭渭水又東酉水南出倒虎山官本曰案酉近刻訛作首又脫出字朱脫趙增酉並作首刊誤曰南下落出字 案西朱作南箋曰一作西趙改西總五水單流逕秦步高宮東官本曰案流下近刻衍注字 案朱趙有世名市邱城官本曰案市邱近刻訛作立市 案朱訛趙改歷新豐原東而北逕步壽宮西又北入渭渭水又東得西陽水又東得東陽水

竝南出廣鄉原北垂俱北入渭官本曰案蘇林曰戲邑名至此原本及近刻竝訛在後鄭縣令裴舉字君先立下今考文義乃敘戲水所逕首尾連貫不得雜于東西石橋水之間　案朱此下接渭水又東與石橋水會云云趙移同官本渭水又東逕下邽縣故城南朱渭水云云接分卑鄉之名者也下趙移同官本刊誤出渭水又東逕下邽縣故城南至今無水十五字曰渭水又東逕下邽縣故城南上接前十七葉十九行俱北入渭今無水之次行接前十五葉四行又東過鄭縣北經文霸陵縣一條注盡此秦伐邽置邽戎于此有上邽故加下也渭水又東與竹水合水朱趙無水字南出竹山北逕媚加谷官本曰案媚近刻作郿　案朱同趙改刊誤曰郿名勝志校改媚寰宇記云竹水出媚谷是也孫校曰長安志萬年縣竹谷在縣南六十里歷廣鄉原東俗謂之大赤水北流注于渭渭水又東得白渠口大始二年趙國中大夫白公奏穿渠引涇水首起谷口官本曰案首近刻訛作口　案朱訛趙改刊誤曰口起漢書溝洫志作首起出于鄭渠南名曰白渠民歌之曰田于何所池陽谷口鄭國在前白渠起後官本曰案起近刻訛作在　案朱訛趙改刊誤曰在後漢書溝洫志作起後𨛲水所始也官本曰案始近刻訛作治　案朱訛趙改刊誤曰治黃省曾本作始東逕宜春城南又東南逕池陽城北枝瀆出焉東南歷

藕原下官本曰案歷近刻作逕 案朱趙作逕又東逕鄣縣故城北官本曰案近刻脫又東二字案朱趙無東南入渭今無水白渠又東枝渠出焉東南逕高陵縣故城北 地理志曰左輔都尉治王莽之千春也太康地記謂之曰高陸也車頻秦書曰苻堅朱苻作符趙改刊誤曰符當从草作苻建元十四年官本曰案近刻作十二年 案朱趙作二高陸縣民穿井得龜大二尺六寸背文負八卦古字堅以石爲池養之十六年而死取其骨以問吉凶名爲客龜大卜佐高魯夢客龜言官本曰案近刻脫魯字 案朱趙無我將歸江南不遇死于秦魯于夢中自解曰官本曰案魯近刻訛作會 朱作會箋曰宋本作高趙改高 案龜二萬六千歲而終終必亡國之徵也爲謝玄破于淮肥自縊新城浮圖中秦祚因卽淪矣 又東逕櫟陽城北 史記秦獻公二年城櫟陽自雍徙居之十八年雨金于是處也項羽以封司馬欣爲塞王按漢書高帝克關中始都之官本曰案近刻脫克字 案朱脫趙增刊誤曰高帝下落克字全氏校增王莽之師亭也官本曰案亭近刻訛作高 案朱訛趙改刊誤曰漢書地理志作師亭後漢建武二年封驃

騎大將軍景丹爲侯國丹讓世祖曰富貴不還故鄉如衣錦夜行故以封鄉白渠又東逕秦孝公陵北又東南逕居陵城北蓮芍趙作勺城南又東注金氏陂又東南注于渭故漢書溝洫志曰白渠首起谷口官本曰案近刻脫白字趙無案朱尾入櫟陽是也今無水官本曰案渭水又東逕下邽縣故城南至此原本及近刻並訛在前分卑鄭之名者也下考下邽故城在今渭南縣東北直新豐之東鄭縣之西不得雜入成國渠中今改正　案朱此下接故渠又東逕漢丞相周勃冢南云云趙移同官本

又東過鄭縣北朱又東云云接前故時人謂之馬冢下趙移同官本刊誤出又東過鄭縣北至棐舉字君先立十三字曰又東過鄭縣北經文之右行接後二十六葉四行今無水棐舉字君先立下接後十七葉十九行渭水又東石橋水會

渭水又東逕巒都城北故蕃邑殷契之所居世本曰契居蕃闞駰曰蕃在鄭西然則今巒城是矣俗名之赤城水曰赤水非也苻健入秦據此城以抗杜洪朱抗作亢趙改刊誤曰亢當作抗小赤水即山海經之灌水也孫校曰即招水今名喬谷水水出石脆之山北逕蕭加谷于孤柏原西官本曰案柏近刻訛作相　案朱訛趙改刊誤曰相寰宇記引此文作柏東北流

與禺水合官本曰案禺近刻訛作愚案朱作愚箋曰愚山海經作禺趙改禺水出英山朱無水字趙增刊誤曰出上落水字北流與招水朱箋曰招音韶相得官本曰案此下近刻衍水字案朱衍趙刪刊誤曰水字衍文亂流西北注于灌灌水又北注于渭官本曰案經文又東過鄭縣北至此原本訛在前又逕藕原東東南流注于渭後朱謀㙔本訛在謂之馬家後辯詳又東過霸陵縣北下鄭縣專舊本錯簡今改正案朱氏之改正鄭縣注是矣然割截未清致有下句之繆又案朱此下有又逕勸愚之山北流入于渭十一字趙刪刊誤出此十一字曰箋曰孫云勸愚字誤山海經作符禺之山符禺之水出焉北流注于渭案朱氏惟據上有禺水遂誤以十一字移此不知其文與上下絶不相蒙也後二十葉十六行十七行注云渭水又東合沙渠水水即符禺之水也南出符以下缺文當取此處禺之山北流入于渭八字補入乃成文而華陰縣注亦終矣此十一字當衍去渭水又東西石橋水南出馬嶺山趙刊誤曰石橋水有二皆出馬嶺山道元兩敘其源流一流逕鄭城西爲西石橋水一流逕鄭城東爲東石橋水郭緣生云鄭城東西十四里各有石梁者是也方輿紀要云劉裕伐秦王鎮惡自河入渭秦將姚難自香城引兵而西鎮惡追之秦主泓自霸上還屯石橋以爲之援此西石橋也唐中和初昭義帥高潯合河中兵討黃巢尋敗于石橋潯奔河中華州復爲巢所陷此東石橋也積石據其東麗山距其西源泉上通懸流數十朱有文字箋曰舊本無文字趙刪與華岳同體其水北逕鄭城西水上有橋橋雖崩褫舊跡猶存東去鄭城十里故世以橋名水也而北流注于渭闞駰謂之新鄭水渭水又東逕

鄭縣故城北史記秦武公十年縣之鄭朱無鄭字箋曰宋本作鄭桓公趙增桓公友之故邑也漢書薛瓚注言周自穆王已下都于西鄭不得以封桓公也幽王既敗虢儈又滅趙儈作檜刊誤曰箋曰國語作鄶案鄶古作儈世本所謂四曰求言是爲儈人後乃除人加邑毛詩國風又作檜遷居其地國于鄭父之邱是爲鄭桓公無封京兆之文余按遷史記趙無遷字考春秋國語世本言周宣王二十二年封庶弟友于鄭又春秋國語竝言桓公爲周司徒以王室將亂謀于史伯而寄帑與賄于虢儈之閒幽王霣于戲官本曰案霣近刻作卒案朱同趙改刊誤曰箋曰舊本作宮吳改作卒案全氏云皆非也宮字是霣字之誤鄭桓公死之平王東遷鄭武公輔王室滅虢儈而兼其土故周桓公言于王曰我周之東遷晉鄭是依乃遷封于彼官本曰案乃近刻訛作及朱訛趙改刊誤曰及當作乃案左傳隱公十一年鄭伯謂朱趙作使朱箋曰使一作謂公孫獲曰吾先君新邑于此其能與許爭乎是指新鄭爲言矣官本曰案是下近刻衍其字案朱趙有然班固應劭鄭元皇甫謐裴頠王隱闞駰及諸述作者咸以西鄭爲友之始封官本曰案此下近刻有也字案朱趙有賢于薛瓚

之單說也無宜違正經而從逸錄矣赤眉樊崇于郭北設壇官本曰案郭近刻訛作鄭　案朱趙作鄭祀城陽景王而尊右校卒史劉俠卿牧牛兒盆子爲帝年十五被髮徒跣爲具絳單衣半頭赤幘直綦履顧見衆人拜恐畏欲啼號年建世後月餘乘白蓋小車與崇及尚書一人相隨向鄭北渡渭水即此處也城南山北有五部神廟東南向華岳廟前有碑後漢光和四年鄭縣令河東裴畢字君先立

官本曰案渭水又東西石橋水至此原本及近刻並訛在又逕符禺之山北流入于渭下考西石橋水東去鄭城十里西則灌水而符禺之水遠在華陰之東今改正　案朱此下接前蘇林曰戲邑名云云趙移同官本釋曰一清案五部神廟碑洪氏适隸釋作設阮君神祠碑其辭曰天地定位山[闕七字]嶽瀆諸侯[闕]事其細[闕]祭法曰山林川谷有益於民[闕二字]在祀典夫中條之山者蓋華嶽之體也石隄樹谷南通商雒以屬熊耳百川鍾集充崖滿谷時有盛雨彭濞滃溢乘高趨下揚波跳沫於是設阮以爲之薺承寫其流北注諸渭蠲潔滄暴使不爲害前世通利吏民與賓有御史大夫將軍牧伯故爲立祠以報其功自亡新已來其祀隳廢阮稍堙塞隄防泯潰漂沒田疇潰敗亭市神怒民怨縣遂以衰賤仕宦失官踣斃不震迄光和四年作詻之歲令河東聞憙[闕]君諱[闕]字君[闕]爲政以德五教時序肅恭明神敬奉禋祀勤卹民隱而除其害愍一縣之陵遲懼[闕]至之無備追惟伯禹過治之利乃復浚治設阮通利其水紹修舊祀安祐其祠使民報祈視於社稷其有徵拜州郡辟召皆當來辭大小有差設阮君尚饗後之人是遵是奉神必據焉光和四年六月辛未造右設阮君神祠之碑銘篆額在鄭縣靈帝光和四年縣令裴畢字君先立碑無縣令姓名據水經得之設有二陵古稱地險蓋川阜高深雨盛水集有阮以儲之則可以疏泄溉注而無溢溢之患自魏晉以來謂之五部

神廟歐陽公嘗託部使者模此碑命工以麵填其刻而鐫剔之始可讀云廟有石隄西戍樹谷五樓先生東臺御史王翦將軍之像莫可曉今碑云石隄樹谷南通商雒當是有石爲隄有木爲谷後人因以名其神碑云前世通利吏民與貴有御史大夫將軍牧伯故爲立祠考其文意蓋謂前世阬不堙塞水泉通利地產人物有至御史將軍牧伯之貴者後人不考亦以名其神爾光和之四年龍集辛酉此碑以作罷爲作詺者出西漢天文志碑以彭爲澎館郎阬字柘郎拓字金石錄跋尾曰裴君水經以爲名畢而集古錄云名曄今詳其點畫頗近畢字疑集古錄誤又歐陽棐集古錄目及宋不知作者天下碑錄俱作裴曄字君光光字亦誤當以酈注先字爲正

渭水又東與東石橋水會官本曰案近刻脫東字　案朱無東與二字趙又下增與字又案朱渭水云云上接並南出廣鄉原北垂俱北入渭趙移同官本刊誤出渭水又東石橋水會至南出符十二字曰渭水上接前十六葉二十行裴畢字君先立南出符之次行接後二十二葉十八行東入于河經文箋曰宋本作又東與案朱氏亦因本文會字以意度之應有與字故云爾非必真據宋板也其實與字當增在東字之上此東石橋水也說見前

故沈水也水南出馬嶺山北流逕武平城東按地理志左馮翊有武城趙作成縣王莽之桓城也石橋水又逕鄭城東水有故石梁述征記曰鄭城東西十四里官本曰案近刻脫西字　案朱脫趙增刊誤曰東下落西字各有石梁者也又北逕沈陽城北官本曰案近刻脫陽字　案朱趙無注于渭官本曰案近刻脫此二字　案朱趙無漢書地理志左馮翊有沈陽縣王莽更之曰制昌也蓋藉水以取稱矣渭水又東敷水注之水南出

石山之敷谷北逕告平城東 者舊所傳言武王伐紂告太平于此故城得厥名非所詳也 敷水又北逕集靈宮西 地理志曰華陰縣有集靈宮武帝起故張昶華嶽碑稱漢武慕其靈築宮在其後 而北流注于渭渭水又東糧餘水注之 官本曰案近刻脫糧字案朱趙無朱箋曰餘上疑脫戾字 水南出糧餘山之陰 官本曰案糧近刻訛作戾案朱訛趙改刊誤曰寰宇記引此文是糧餘山 北流入于渭俗謂之宣水也渭水又東合黃酸之水世名之爲千渠水 官本曰案千近刻訛作于案朱趙作于 水南出升山北流注于渭渭水又東逕平舒城北 城側枕渭濱半破淪水南面通衢昔秦始皇之將亡也江神素車白馬道華山下返璧于華陰平舒道曰爲遺鎬池君使者致之乃二十八年渡江所沈璧也卽江神返璧處也 渭水之陽卽懷德縣界也城在渭水之北沙 朱作沙箋曰宋本作沙趙改沙 苑之南卽懷德縣故城也世謂之高陽城非

矣地理志曰禹貢北條荆山在南山下有荆渠即夏后鑄九鼎處也王莽更縣曰德驩渭水又東逕長城北長澗水注之水南出太華之山側長城東而北流注于渭水史記秦孝公元年楚魏與秦接界魏築長城自鄭濱洛者也

又東過華陰縣北

洛水入焉趙洛上增渭水東南四字刊誤曰寰宇記引此文作洛水東南沮水入焉全氏云此誤也當作渭水東南洛水入焉闞駰以爲漆沮之水也官本曰案近刻作焉案朱趙作焉曹瞞傳曰操與馬超隔渭水每渡渭輒爲超騎所衝突地多沙不可築城婁子伯說今寒可起沙爲城以水灌之一宿而成操乃多作縑囊以堙水夜汲作城比明城立官本曰案近刻脫比明城三字案朱趙無于是水之次也渭水逕趙增華陰二字縣故城北春秋之陰晉也秦惠文王五年改曰寧秦漢高帝八年更名華陰王莽之華壇也官本曰案壇近刻訛作驪趙改刊誤曰漢書地理志作華壇案朱訛縣

有華山山海經曰其高五千仞削成而四方遠而望之又若華狀西南有小華山也 韓子曰秦昭王令工施鉤梯上華山以節柏之心爲博箭 趙刊誤曰箋曰節一作松案節柏字不誤豈可因禮記松柏有心之文輒爲更易乎 長八尺棊長八寸而勒之曰昭王嘗與天神博于是 朱嘗作常趙改刊誤曰常當作嘗 神仙傳曰中山衞叔卿嘗乘雲車駕白鹿見漢武帝帝將臣之叔卿不言而去武帝悔求得其子度世令追其父度世登華山 官本曰案近刻脫山字 案朱脫趙增刊誤曰登華下落山字 見父與數人博于石上勑度世令還山層雲秀 官本曰案近刻誤重一山字 案朱重趙刪刊誤曰山字重文宜衍事見神仙傳 故能懷靈抱異耳 山上有二泉東西分流至若山雨滂湃洪津泛灑挂溜騰虛直瀉山下 有漢文帝廟 官本曰案近刻訛作漢魏文帝三廟 案朱同箋曰三宋本作二趙改二釋曰一清案詳下文只是漢文帝廟耳魏字羨文也太平寰宇記華陰縣有南北二廟北廟有古碑九所其一是漢鎮遠將軍段煨更修之碑黃門侍郎張昶書魏文帝與鍾繇各于碑陰刻二十字此碑垂名海內南廟是華北君祠今有北君靈臺上仙下仙四神童院此卽所謂二廟也但以南廟爲華北君祠而北廟又不云是漢文帝祠不可臆解或是文有脫誤耳 廟有石闕數碑一碑是建安中立漢鎮遠將軍段煨更

修祠堂碑文漢給事黄門侍郎張昶造昶自書之趙有魏字文帝官本曰案近刻訛作元帝 案朱訛趙改刊誤曰元帝誤當作文帝寰宇記華州華陰縣下云北廟有古碑九所其一是漢鎮遠將軍段煨更修之碑黄門侍郎張昶書魏文帝與鍾繇各于碑陰刻二十字此碑垂名海內隸釋亦作元帝恐鍾公不逮事常道鄉公也此在南宋初年刻本已訛何焯校改帝作常元常鍾繇字不且與下侍中司隸校尉之文有礙耶又刊其二十餘字二一書存垂名海內官本曰案垂近刻訛作重 案朱作二書存重名于海內籤曰存宋本作有趙改有名下增垂字刊誤曰刊其下落碑陰二字重名下落垂字又刊侍中司隸校尉鍾繇宏農太守毋丘儉姓名廣六行鬱然脩平官本曰案脩近刻訛作循 案朱趙作循是太康八年宏農太守河東衞叔始爲華陰令河東裴仲恂役其逸力脩立壇廟夾道樹柏迄于山陰事見永興元年華百石所造碑趙釋曰一清案隸釋華山有四碑一西嶽華山碑威宗延熹八年一西嶽華山亭碑靈帝光和二年一宏農太守樊毅復華下民租碑光和二年一樊毅修華嶽碑光和二年俱云水經有今本無是四碑蓋缺失矣西嶽碑洪氏云在華陰縣威宗延熹四年袁逢守宏農郡以華嶽舊碑文磨滅遂案經傳載原本勒斯石以垂後會遷京兆乃勅都水椽杜遷市石遣書佐郎郭香察書碑成于後之四年蓋孫璆典郡時也又曰東漢循王莽之禁人無二名郭香察書者察涖他人之書耳小歐陽以爲郭香察所書非也隸辨云額題云西嶽華山廟碑六篆字爲二行碑式云文二十二行行三十七字袁府君肅恭明神及京兆尹勅杜遷市石皆平闕高祖太宗孝武並列行高出一字有紋如碁局碑云勅都水掾杜遷市石遣書佐郎郭香察書蓋一人市其石一人察其書律歷志有太史治歷郎中郭香豈其人與金石錄跋尾曰孝武皇帝修封禪之禮巡省五嶽立宮其下宮曰集靈宮殿曰存仙殿門曰望仙門歐陽公集古錄云所謂集靈宮者他書不見惟見此碑耳余案班固漢書地理志華陰

有集靈宮武帝起而酈道元注水經亦曰敷水北逕集靈宮引地理志所載其語皆同然則不獨見于此碑矣而所謂存仙殿望仙門者諸書不載都氏穆金薤琳琅曰漢西嶽華山碑董氏書跋云集靈宮漢志既書之桓譚嘗賦之張昶序曰世宗經集靈之宮三輔黃圖書其制度藝文類聚亦書其名則又金石錄之所未及者華山亭碑樊毅所立隸釋所謂華嶽有樊毅之碑三者也碑云毅字仲德集古錄集古錄目金石錄隸釋俱不著碑所在蓋亦在華山之上也復租碑及修華嶽碑集古錄目云在華州隸釋云復租碑全載光和二年十二月壬午奏牘無他詞修嶽碑云有漢元舅五侯之胄謝陽之孫案范書樊宏封壽張侯樊丹射陽侯樊尋元都侯樊忠更父侯樊茂平望侯樊氏侯者五國毅卽丹之後也又金石錄目有西嶽石闕銘跋星云永和元年五月癸丑朔六日戊午宏農太守常山元氏張勳爲西嶽華山作石闕高二丈二尺永和漢順帝晉穆帝姚泓皆有此號穆帝時華陰不屬晉以此碑字畫驗之恐非姚泓時蓋漢刻也是碑景伯所未見卽酈注云廟有石闕數碑者是也

渭水又東沙渠水注之水出南山北流西北入長城官本曰案近刻訛作長安城　案朱趙同城自華山北達于河官本曰案達近刻訛作逕　案朱作逕趙改經華嶽銘日秦晉爭其祠立城建其左者也郭著述征記指證魏之立長城長城在後不得在斯斯爲非矣官本曰案近刻得下衍言字脫一斯字　案朱脫趙增不刪言字刊誤曰於文當重一斯字渠水又北注于朱趙作入渭官本曰案渭水又東與石橋水會至此原本及近刻並訛在前廣鄉原北垂俱北入渭下考石橋水逕鄭城東而廣鄉原在今渭南縣東南于地遠隔今改正　案朱訛趙改三秦記曰長城北有平原廣數百里民井汲巢居井深五十尺官本曰案此二十四字原本及近刻並訛在前亦曰長山也下長城訛作長安城考上言長城自華陰達于河卽今華陰縣東長城遺址是也近華山之麓故地高而井深不得雜入成國渠中今改正　案朱趙並在亦曰長山

也下長城並作長安城尺並作丈

渭水又東逕定城北西征記曰城因原立官本曰案近刻訛作土　案朱訛趙改刊誤曰土當作立述征記曰定城去潼關三十里夾道各一城

渭水又東泥泉水注之水出南山靈谷而北流注于渭水也官本曰案而下近刻衍泉字　案朱衍趙刪渭水又東合沙渠水官本曰案渠近刻作溝　案朱同趙改刊誤曰沙溝當作沙渠水即符禺之水也官本曰案禺近刻訛作愚　案朱訛趙改南出符石官本曰案渭水又東逕定城北至此原本及近刻即接渠水又北注于渭下　案朱此下接逕新豐縣故城北云云趙石改右移前刊誤出南出符二字曰南出符下缺禺之山北流注于渭八字朱氏誤入前十五葉十三行當移彼就此也又逕符禺之山北流入于渭官本曰案此十一字原本訛在長安城北門也下朱謀㙔本訛在灌水又北注于渭下符禺訛作觀愚考其文義係敘符禺之水所終今改正　案朱訛趙改連上文作南出符禺之山北流注于渭不增又逕符二字

東入于河朱東入上接前一水北合渭今無水趙移同官本東上增又字刊誤曰東入于河之右行接前二十葉十七行南出符缺文之次東入上落又字禹貢錐指曰渭水又東合昆明故渠自此以後多錯簡黃子鴻據他書及州縣圖志悉爲更定以今輿地言之渭水又東逕長安縣北又東逕咸寧縣北高陵縣南又東逕臨潼縣北又東逕渭南縣北又東逕同州南華州北又東北逕華陰縣北又東入于河是曰渭口

春秋之渭汭也左傳閔公二朱作三箋曰左傳作二年趙改二年虢公敗犬戎

于渭隊服虔曰隊謂汭也杜預曰水之隈曲曰汭王肅云汭入也呂忱云（趙作曰）汭者水相入也 水會即船司空所在矣

地理志曰渭水東至船司空入河 服虔曰縣名都官（趙釋曰全氏曰二字疑有訛誤）三輔黃圖有船庫官後改爲縣王莽之船利者也

趙補 豐水

宋敏求長安志長安縣下引水經注曰豐水出豐溪西北流分爲二水一水東北流又北交水自東入焉又北昆明池水注之又北逕靈臺西又北至石堨注于渭萬年縣下云福水即交水也水經注曰水承樊川御宿諸水出縣南山石壁谷南三十里與真谷水合亦名子午谷水長安縣下引水經注曰交水又西南流與豐水支津合其北又有漢故渠出焉又西至石堨分爲

二水一水西流注豐水一水自石堨北逕細柳
諸原北流入昆明池又石闥堰下引水經注云
交水西至石堨漢武帝元狩三年穿昆明池所
造一清按漢書地理志右扶風鄠縣豐水出東
南北過上林苑入渭宋氏所引水經注今本失
之而豐水源流較班志尤詳也禹貢錐指曰先
儒皆云豐涇大川故曰會漆沮小水故曰過嘗
考渭南本周之舊都西漢因之其後隋唐復建
都于此歷代相承鑿引諸川以資汲取便轉輸
溉民田灌苑囿津渠交絡離合不常凡地志水
經所言類非禹迹之舊詩曰豐水東注維禹之
績則渭南諸川唯豐為大自漢鴻嘉中王商穿
長安城引內豐水注第中而其流漸微逮唐貞

觀中堰豐鎬入昆明池二水于是斷流又于京城西北引豐水爲漕渠合鎬水北流由禁苑入渭而豐水之流愈微矣竊疑豐西之澇豐東之鎬潏霸滻禹時悉合豐以入渭故豐得成其大且詩言東注而漢志言北過上林苑入渭則是北流而非東注矣按豐水入昆明池不始于唐東樵云云由未見水經注逸文故也

趙補 涇水

禹貢錐指曰周禮雍州其川涇汭水經無涇水之目渭水篇中于入渭處僅附見一語而寰宇記原州平高縣笄頭山一名崆峒山下引水經注云云蓋大隴山之異名莊子謂黃帝學道于廣成子蓋在此山百泉縣涇水下引水經云云涇水

出安定涇陽縣高山注二云山海經曰高山涇水出焉東流注于渭入關謂之八水彈箏峽下引水經注二云涇水逕都盧山山路之內常有如彈箏之聲行者聞之鼓舞而去又二云弦歌之山峽口水流風吹滴崖響如彈箏之韻因名涇州靈臺縣蒲川水下引水經注二云蒲川水出南山蒲谷東北合細川水又東北合且氏川水邠州宜祿縣芹川下引水經注二云出羅川縣千子山山一名千子嶺東流逕宜祿縣北寧州真寧縣大陵水下引水經注二云大陵小陵水出巡河南殊川西南逕寧陽城故豳詩曰夾其皇澗陵水即皇澗乾州永壽縣高泉下引水經注二云甘泉山即高泉山也耀州雲陽縣涇水下引水經注二云

涇水東流歷峽謂之涇峽五龍谷泉下引水經
注云五龍水出雲陽宮西南雍州醴泉縣谷口
城下引水經注云九嵕山東仲山西謂之谷口
本文是九嵕山東連仲山西當涇水處故謂之
谷口卽寒門也此皆言涇水而今本無之是水
經元有涇水篇宋初尚存後乃亡之耳一清按
寰宇記渭州潘源縣下引水經注云良源縣有
銅城山水出歷白石城隴州吳山縣下引水經
注云南由縣有白環水出白環谷二條皆涇水
注文而東樵失引之又漢書地理志安定郡烏
氏縣都盧山在西師古曰氏音支九域志曰都
盧峽卽彈箏峽又文選北征賦登赤須之長坂
入義渠之舊城李善注云赤須坂在北地郡水

經注赤須水出赤須谷西南流注羅水寰宇記
曰眞寧縣羅川水出羅山寧州古公劉邑春秋
爲義渠戎國有義渠城卽漢書地理志北地郡
義渠道也又初學記引水經注曰梁谷水西南
注于涇又曰涇水逕望夷宮北臨涇水以望北
夷秦二世將祠涇沈四白馬于涇齋于此宮內
又曰涇水逕長平觀北甘露三年呼韓邪單于
入朝上登長平觀詔單于無謁卽是觀也又長
安志醴泉縣下引水經注曰涇水導源安定朝
那縣西笄頭山秦始皇巡地西出笄頭山卽是
山也蓋大隴之異名又名勝志邠州淳化縣下
引水經注云五龍水泉流逕長箱坂下方輿紀
要云車箱坂水經謂之長箱坂諸所引文又在

寰宇記之外雖指又曰元和志云漆水在新平縣西九里北流注于涇寰宇記云注水經曰漆水自宜祿界來又東過漆縣北今縣西九里有白土川東北流逕白土原東陳陽原西又東北流注涇水此條亦是涇水篇逸文故不見于漆水注中也又漢志鹵縣灈水出西此則未知所在矣

趙補 芮水

太平寰宇記隴州汧源縣下引水經注云芮水出小隴山其川名汭邠州宜祿縣芮水下引水經注云芮水又東逕宜祿川俗謂之宜祿川水通典引水經云汭水逕宜祿川俗曰宜祿水方輿紀要云芮水出鳳翔府隴州西四十里弦蒲

藪東北流入平涼府華亭縣南又東逕崇信縣北至涇州城北又東南過長武縣北而東流合于涇水禹貢錐指曰涇屬渭汭傳曰水北曰汭春秋傳註曰水之隈曲曰汭說文汭水相入也按二義適相成而不相悖蓋兩水相入其水會襟帶處必有隈曲詩大雅芮鞫之即芮即職方涇汭之汭水名也漢志扶風汧縣下云芮水出西北東入涇詩芮阸雍州川也師古曰阸讀與鞫同余因悟水北曰汭之義蓋涇水東南流至邠州長武縣東芮水自平涼府靈臺縣界流逕縣南而東注于涇公劉所居故豳城正在二水相會內曲之處及其後人衆而地不能容則又營其外曲以居故曰止旅迺密芮鞫之即鄭箋

曰水之內曰隩水之外曰鞫外卽南內卽北也

一清按涇汭各源汭流稍短不若涇耳職方以二水爲雍州川水經宜列于篇目故採擷羣書以補逸文

武進謝鍾英補 涇水

水經注逸涇水篇胡氏渭補之皆著 本朝州縣是今涇水非水經注涇水也涇水逸文胡氏渭趙氏一清收集者十數條今採是者次其前後（如南由縣有白環水一條考寰宇記南由縣在隴州西南一百二十里去涇水甚遠決非涇水篇文梁谷水西南注於涇一條梁谷不知當今何地缺以俟考）復採誤作洛水者以次補入不足又取地理志元和志寰宇記方輿紀要水道提綱諸書編爲涇水篇其故事之關涉水地者從略志完舊帙非廣異聞也

涇水出安定涇陽縣高山涇谷寰宇記原州百泉縣下引水經原文按元和志涇陽故城在平涼縣西四十里通典寰宇記以爲在平涼縣南者誤也今平涼府城西四十里

山海經曰高山涇水出焉東流注于渭入關謂之八水寰宇記原州百泉縣下引水經注原文地理志涇陽縣西幵頭山禹貢涇水所出補注涇水導源安定朝那縣笄頭山秦始皇巡北地西出笄頭山即是山也蓋大隴之異名太平御覽六十三引水經注原文按通典平涼縣漢朝那縣故城在百泉縣西七十里元和志西四十里今平涼府城北水道提綱笄頭山在平涼府瓦亭驛西北涇水出東南麓一名崆峒莊子謂黃帝學道于廣成子蓋在此山寰宇記原州平高縣下引水經注原文涇水逕都盧山山路之內常如有彈箏之聲行者聞之鼓舞而去一名絃歌之山峽口水流風吹滴崖響如彈箏之韻寰宇記原州百泉縣下引水經注原文因謂之彈箏峽元和志原州平涼縣述彈箏峽與寰宇記所引略同而多此一句疑亦水經注原文洪志都盧山平涼縣西南彈箏峽在縣西涇水從彈箏峽口東流逕隴東郡北

據寰宇記補按寰宇記涇水從彈箏峽口過渭州北一里宋渭州後魏置隴東郡今平涼府治涇水過平涼北胡氏渭謂逕平涼縣南非也又東南流

逕潘原縣南得銅城山水口據寰宇記水道提綱補潘原縣有

銅城山水出歷自石城寰宇記渭州潘原縣引水經注原文按寰宇記銅城山在潘原縣西三十五里方輿紀要潘原城在平涼府東南十里　大清輿圖平涼府東有尉茹水自北來注之疑即銅城山水也注於涇據大清地圖補涇水又東

南逕安定故城南據元和志補按漢安定縣唐爲保定縣涇州治元和志涇水在保定縣東一里保定縣今涇州北舊涇川城自洪武三年州移今治涇水始逕涇州北又東南逕宜祿縣北汭水自西來注

之據方輿紀要水道提綱補按方輿紀要宜祿城邠州長武縣東南芮水在長武北過淺水原又東入涇水道提綱涇水至涇州北汭水西自華亭崇信來北注之據紀要汭水入涇國初猶在長武縣東不知何時改道涇州汭水出小隴山其川名汭寰宇記隴州汧源縣引水經注原文按方輿紀要小隴山在華亭縣西三十里舊志以大隴爲隴首小隴爲隴坻汭水又東逕宜祿縣俗謂

之宜祿川水寰宇記邠州宜祿縣下引水經注原文按方輿紀要宜祿城在邠州長武縣東南汪士鐸涇水圖以宜祿川與汭水分而爲二非也

芹川水出羅川縣千子山山一名千子嶺東流

逕宜祿縣北寰宇記邠州宜祿縣下引水經注原文按羅川今慶陽府正寧縣正寧在涇水東水經注明言芹川水東流逕宜祿縣北則羅川縣千子山宜在涇水之西宜祿縣西南豈羅川地跨涇水東西耶而千子山不可考矣注宜祿川據汪士鐸涇水圖補宜祿川過

淺水原又東合涇水方輿紀要長武縣下引水經注芮水原文按淺水原即鶉觚原長武縣北五里涇水

又東左合泥水據地理志及注士鐸涇水圖補地理志云泥水出北蠻

夷中應劭曰泥水出郁郅北蠻中略畔道補注按郁郅史記正義今安化縣是元和志慶州府城也今甘肅慶陽府治略畔道元和志故城在樂蟠縣北五里合水縣西南三十八里合水今慶陽府合水縣治泥水錢坫曰即今馬嶺水俗曰馬連河水道提綱馬連河源出慶陽府東北鐵角城之東山其東隔岡即洛水源元和志寰宇記均訛為洛水辨見洛水篇泥水南流逕尉李

城東北尉李城亦曰不窋城合馬嶺水號白馬

水故泥水一名馬嶺水寰宇記慶州安化縣樂蟠縣引水經注原文按寰宇記泥字皆誤作洛今悉為改正續通典尉李城在安化郡城東南三里安化今慶陽府治有水出略畔道故城西北據寰宇記補按寰宇記樂蟠縣即漢略畔道有水出縣西北與青山水合寰宇記樂蟠縣引水經注原文南流注泥水據水道提綱補按寰宇記馬嶺山一名箭括嶺與青山相連亙在樂蟠縣西一里樂蟠為今合水縣地水道提綱合水縣西北之水皆入馬嶺河注涇泥水又南有烏

雞水出雞山西北流注於泥水寰宇記華池縣下引水經注原文按寰宇記雞山即子午山舊名翟道山今合水縣東南五十里有分水嶺東流者入洛西流者入泥水又有油水與追語川水並東

出翟道山寰宇記襄樂縣下引水經注原文西流注於泥據水經注補按水經注云延水逕油水南延水注泥知油

水亦注泥也 泥水又南合大延小延水 據水道提綱補按水道提綱馬連河至寧州有大小延川東北自襄樂鎮來會 大延小延水出油水南延溪西南流逕襄樂縣南於延城西二水合流 寰宇記襄樂縣下引水經注原文按襄樂縣今寧州東六十里 延水又西注泥水 據水道提綱補按水道提綱小延川大延川經寧州城北西會馬連河 泥水南流合羅水 據水道提綱正寧縣水注馬連河 羅水出羅山又曰羅山水 據寰宇記補按寰宇記寧州真寧縣本漢陽周縣地隋爲羅川縣因縣南羅水爲名又曰羅山水出羅山羅川真寧今慶陽府正寧縣也 西流合大陵水 據注士鐸涇水圖補 大陵小陵水出巡和殊川西南逕寧陽城故豳詩曰夾其皇澗陵水卽皇澗也 寰宇記寧州真寧縣下引水經注原文按方輿紀要寧陽城隋羅川縣西南巡和無考當在今正寧縣東也 羅水又西合赤須水 據注士鐸涇水圖補 赤須水出赤須谷西南流注羅水 文選李善注引水經注原文按文選北征賦登赤須之長坂入義渠之舊城李善注云赤須坂在北地郡水經注赤須水出赤須谷西南流注羅水今羅水經正寧縣南縣北有馬造溝來注之疑卽古征須水也 羅水又西注泥水 據水道提綱補按水道提綱真寧縣水經縣城南而西受北來之馬造溝又曰馬連河合環縣合水寧州真寧諸川真寧水卽羅水馬連河卽泥水是羅水入泥也 泥水南流入涇水 補注說見前 涇水又東南流逕宜祿

縣東蒲川水自西來注之據寰宇記及水道提綱補按宜祿縣城在今邠州長武縣東南水道提綱涇水逕長武縣東南至停口堡有黑水河西南自靈台縣來會黑水河　大清輿圖作蒲川河宜祿故城疑卽停口堡蒲川水出南山蒲谷東北合細川水又東北合且氏川水寰宇記涇州靈台縣下引水經注原文按細川且氏川無考東入涇據水道提綱補涇水東南逕漆縣故城北據元和志補按陝西邠州本漢漆縣唐爲新平縣邠州治元和志新平縣涇水西北自宜祿縣界流入漆水自宜祿縣界來又東過扶風漆縣北寰宇記邠州新平縣下引水經注原文寰宇記曰以水經注驗之卽邠州所理也漢志漆縣注云漆水在縣西今縣西九里有白土川水東北流經白土原東陳陽縣西又東北流注於涇水恐白土川水是漢之漆水但古今異名耳麟遊縣東南一漆水南流與杜陽水合非漢之漆水也據寰宇記所云漆沮之漆與漢漆縣之水異源分流矣又東南逕甘泉山東據寰宇記補按寰宇記高泉山在永壽縣北三十里甘泉卽高泉山也寰宇記乾州永壽縣下引水經注原文據此知非淳化縣之甘泉涇水又東南逕雲陽縣故城東據元和志寰宇記補按寰宇記漢雲陽縣在雲陽縣西北八十里當在今淳化縣西北方輿紀要謂在涇陽縣西北三十里非也元和志涇水在雲陽縣西南二十五里五龍泉水出雲陽宮西南流逕長箱坂下寰宇記耀州雲陽縣下引水經注云五龍泉水出雲陽宮西南名勝志邠州淳化縣下引水經注云五龍泉水流逕長箱坂下按寰宇記雲陽縣有古雲陽宮秦謂之林光宮漢謂之甘泉宮關中記云甘泉宮在甘泉山上方輿紀要甘泉山在淳化縣東北車箱坂水經注謂之長箱坂卽冶谷往甘泉之道是五龍泉水出雲陽宮（句）西

南流(句)涇長箱坂下入涇也汪士鐸涇水圖繪五龍泉於涇水之西長箱坂南蓋誤以五龍泉水出雲陽宮西南爲句遂令東西舛誤南北易位豈僅見寰宇記所引而未見名勝志耶今以名勝志補寰宇記所未備而五龍泉源流瞭然矣 入涇水補注涇水東流歷峽謂之涇峽寰宇記耀州雲陽縣引水經注原文

涇水東南流經瓠口鄭白二渠出焉寰宇記雍州涇陽下引水經原文按史記索隱瓠口卽谷口

涇水逕九嵕山東中山西謂之谷口卽寒門也寰宇記雍州醴泉縣下引水經注原文按寰宇記谷口故城醴泉縣東北四十里九嵕山東中山西當涇水出處故謂之谷口今醴泉縣東北四十里方輿紀要九嵕山醴泉縣東北六十里中山涇陽縣西北七十里 涇水逕長平觀北甘露三年呼韓邪單于入朝上登長平觀詔單于毋謁卽是觀也初學記引水經注原文如淳曰池陽南原上之坂有長平觀去長安五十里顏師古曰涇水之南原卽今所謂睦城坂也元和志涇陽縣西南五里今涇陽縣南有睦村鎮疑卽古睦城坂也涇水又東逕望夷宮北臨涇水以望北夷秦二世將祠涇沈四白馬於涇齋於宮內初學記引水經注原文張晏曰宮在長陵西北長平觀道東故亭是也括地志云雍州咸陽縣東南八里按涇水東南流據張說望夷宮在長平觀東爲今咸陽縣東北境元和志涇陽縣東南八里是也括地志謂在咸陽東南恐非涇

水又東南至陽陵故城東入渭據地理志補按地理志涇水東南至陽陵入渭過郡三行千六十里括地志陽陵故城在咸陽縣東三十里元和志云四十里今西安府高陵縣西南三十里水道提綱涇水至高陵縣西南上馬渡入渭曰涇口

水經注卷十九

水經注卷二十　長沙王氏校本

後魏酈道元撰

漾水　丹水

漾水出隴西氐道縣嶓冢山東至武都沮縣爲漢水孫校曰漢水上疑脫西字桑君但有西漢水而無江夏入漢之漢水今誤合之又曰星衍案說文與班志是漢與沮二水也

常璩華陽國志朱趙作記曰漢水有二源東源出武都氐道縣漾山爲漾水禹貢導漾東流爲漢是也西源出隴西西縣嶓冢山官本曰按近刻脫西縣二字　案朱脫趙增刊誤曰隴西下落西縣二字漢書地理志校補會白水逕葭萌入漢官本曰按白水二字原本及近刻訛作一泉字今改正　案朱訛趙改刊誤曰泉胡渭曰當是白水之誤始源曰沔按沔水出東狼谷逕沮縣入漢漢中記曰嶓冢以東水皆東流嶓冢以西水皆西流即其地勢源流所歸故俗以嶓冢爲分水嶺即此推沔水無西入之理劉澄之云有水從阿

陽縣官本曰按阿近刻訛作沔　案朱作沔箋曰宋本作河陽趙改河釋曰一清按漢書高帝紀師古曰阿陽天水之縣也今流俗書本或作河陽者非也章懷後漢書注亦云然則寫河陽爲河陽其來舊矣南至梓潼漢壽入大穴暗通岡山郭景純亦言是矣岡山穴小本不容水水成大澤而流與漢合庾仲雍朱趙作邕又言漢水自武遂川南入蔓葛谷越野牛逕至關城官本曰按近刻訛作開城　案朱趙作開合西漢水孫校曰即通谷水故諸言漢者多言西漢水至葭萌入漢又曰始源曰沔是以經云漾水出氐道縣東至沮縣爲漢水東南至廣魏白水朱箋曰凡廣魏宋本俱作廣漢診其沿注似與三說相符而未極西漢之源矣然東西兩川俱受沔漢之名者義或在茲矣班固地理志司馬彪袁山松郡國志竝言漢有二源東出氐道西出西縣之嶓冢山闞駰云漢或爲漾漾水出崐崘西北隅至氐道重源顯發而爲漾水

（孫校曰其說本高誘）又言隴西西縣（官本曰按近刻脫一西字趙增刊誤曰隴西下當重一西字　案朱脫）嶓冢山在西西漢水所出南入廣魏白水又云漾水出豲（朱趙作獂下同）道東至武都入漢許愼呂忱竝言漾水出隴西豲道東至武都爲漢水不言氏道（孫校曰此或字誤何足毀也若許言出天水豲道乃謬耳）然豲道在冀之西北（官本曰按豲道冀前漢竝屬天水後漢竝屬漢陽）又隔諸川無水南入疑出豲道之爲謬矣（朱箋曰漢地理志獂道縣在天水郡應劭云獂戎邑也音完）又云漢漾也東爲滄浪水山海經曰嶓冢之山漢水出焉而東南流注于江（趙作沔）然東西兩川俱出嶓冢而同爲漢水者也孔安國曰泉始出爲漾其猶濛耳而常璩專爲漾山漾水當是作者附而爲山水之殊目矣余按山海經漾水出崐崘西北隅而南流注于醜（朱作配箋曰山海經作醜塗趙改醜）塗之水穆天子傳曰天子自春山（朱春作舂趙改刊誤曰穆天子傳作舂山）西征

至于赤烏氏己卯北征庚辰濟于洋水辛巳入于曹奴曹奴人戲觴天子于洋水之上官本曰按近刻脫曹奴二字人上有之字　案朱同箋曰當云辛巳入于曹奴曹奴之人戲觴天子今穆天子傳亦缺曹奴二字遂不可句趙增曹奴二字不刪之字乃獻良馬九百牛羊七千天子使逢固受之天子乃賜之黃金之鹿戲乃膜拜而受余以太和中從高祖北巡狄人猶有此獻雖古今世殊而所貢不異然川流隱伏卒難詳照地理潛閟變通無方復不可全言闞氏之非也趙釋曰何氏曰山海經洋音詳不可竟指爲漾以證闞駰之說雖津流派別枝渠勢懸原始要終潛流或一故俱受漢漾之名納方土之稱是其有漢川漢陽廣漢漢壽之號或因其始或據其終纚異名互見猶爲漢漾矣川共目殊或亦在斯今西縣嶓冢山西漢水所導也然微涓細注若通避纍歷津注而已西

流與馬池水合水出上邽西南六十餘里謂之
龍淵水言神馬出水事同余吾來淵之異朱作徐吾箋曰徐吾當作余吾漢書元狩二年馬生余吾水中元鼎四年馬生渥洼水中應劭注云余吾在朔方趙改涂吾刊誤曰箋曰徐吾當作余吾漢書應劭註余吾在朔方按山海經作涂吾與徐字爲近
故因名焉開山圖曰隴西神馬山有淵池龍馬
所生卽是水也其水西流謂之馬池川又西流
入西漢水西漢水又西南流左得蘭渠溪水次
西有山黎谷水次西有鐵谷水次西有石耽谷
水次西有南谷水竝出南山揚湍北注右得高
望谷水次西得西溪水次西得黃花谷水咸出
北山飛波南入西漢水又西南資水注之水北
出資川導源四壑南至資峽總爲一水出峽西
南流注西漢水西漢水又西南得峽石水口水
出苑亭西草黑谷朱作曰草里谷箋曰宋本作苑亭西草黑谷趙依宋本改三溪西南至

峽石口合爲一瀆東南流屈而南注西漢水西漢水又西南合楊廉川水水出西谷衆川瀉流合成一川東南流逕西縣故城北秦莊公伐西戎破之周宣王與其先大駱犬邱之地(官本曰按近刻脫先字　案朱趙無)爲西垂大夫亦西垂宮也(官本曰按宮近刻訛作官　案朱訛趙改刊誤曰史記秦本紀文公元年居西垂宮官字誤)王莽之西治矣建武八年世祖至阿陽(官本曰按阿陽近刻訛作陽河　案朱訛趙乙刊誤曰漢書地理志天水郡有河陽縣陽河字當倒互)竇融等悉會天水囂動隗囂將妻子奔西城從楊廣廣死囂愁(朱作孤箋曰舊本作愁趙改愁)窮城守時潁川賊起車駕東歸留吳漢岑彭圍囂岑等壅西谷水以縑幔盛土爲堤灌城城未沒丈餘水穿壅不行地中數丈涌出故城不壞王元請蜀救至(官本曰按近刻脫王元二字　案朱脫趙增刊誤曰全氏云請蜀上据後漢書當補王元二字)漢等退還上邽伯廣廉字相狀後人因以人名名之故書譌爲楊廉也(官本曰按譌近刻作僞　案朱訛趙改)置楊廉縣焉又東南流右會茅川水水出西南戎溪東北流逕戎邱城南吳

漢之圍西城王捷登城向漢軍曰爲隗王城守者皆必死無二心願諸將亟罷（趙刊誤曰箋曰宋本作亟還按亟罷本後漢書隗囂傳）請自殺以明之遂刎頸而死 又東北流注西谷水亂流東南入于西漢水

西漢水又西南逕始昌峽（官本曰按近刻此下有始昌縣故城西六字係衍文重出 案朱趙同趙增直字刊誤曰始昌上全氏校增直字）晉書地道記曰天水始昌縣故城西也（趙城西改西城刊誤曰城西當倒互作西城漢西縣晉改曰始昌屬天水郡見晉書地理志）亦曰清崖峽 西漢水又西南逕宕（朱作巖箋曰巖宋本作宕趙改宕下並同）備戍南左則宕備水自東南西北注之右則鹽官水南入焉 水北有鹽官（官本曰按近刻脫北字 案朱脫趙增刊誤曰水下全氏校增北字）在嶓冢西五十許里相承營煑不輟味與海鹽同故地理志云西縣有鹽官是也（孫校曰今無此三字）其水東南逕宕備戍西東南入漢水漢水又西南合左谷水水出南山窮溪北注漢水又西南蘭皐（官本曰按皐近刻訛作軍宋本訛作單 案朱作軍趙改皐刊誤曰箋曰蘭軍字誤宋本作蘭單而下文又有蘭坑疑作蘭坊按非也方輿紀要云鞏昌府成縣有蘭皐戍蕭子顯曰武興西北有蘭皐戍去仇池二百里宋元嘉十九年遣裴方明等伐仇池楊難當

遣其將苻宏祖守蘭皐是也元豐九城志階州將利縣有蘭皐鎮水出西北五交谷官本曰按出下近刻衍于字　案朱趙有又朱無五字箋曰宋本作五交谷趙增五字東南歷祁山軍東南入漢水漢水又西南逕祁山軍南雞水南出雞谷官本曰按南出近刻訛作出南　案朱訛趙改刊誤曰出南二字當倒互北逕水南縣西北流注于漢漢水又西建安川水入焉其水導源建威西北山白石戍東南二源合注官本曰按源下近刻衍水字　案朱衍趙刪刊誤曰水字衍文東逕建威城南又東與蘭坑水會水出西南近溪東北逕蘭坑城西東北流注建安水建安水又東逕蘭坑城北建安城南其地故西縣之歷城也楊定自隴右徙治歷城鄣此處也去仇池朱趙有一字百二十里後改爲建安城其水又東合錯水水出錯水戍東南而東北入建安水建安水又東北有雉尾谷水又東北有太谷水又北有小祁山水竝出東溪揚波西注又北左

會胡谷水水西出胡谷東逕金盤歷城二軍北軍在水南層山上其水又東注建安水建安水又東北逕塞峽元嘉十九年宋太祖遣龍驤將軍裴方明伐楊難當難當將妻子北奔官本曰按近刻脫難當二字案朱脫趙增刊誤曰全氏云于文當重難當二字安西參軍魯尚期官本曰按軍近刻訛作將案朱訛趙改刊誤曰宋書氏胡傳作參軍追出塞峽卽是峽矣左山側有石穴洞人言潛通下辨所未詳也其水出峽西北流注漢水漢水北連山秀舉羅峯競峙祁山在嶓冢之西朱嶓作皤趙改刊誤曰皤冢之皤當从山作嶓七十許里朱作七十里罡箋曰宋本作七十許里無罡字趙依宋本山上有城極爲巖固昔諸葛亮攻祁山卽斯城也漢水逕其南城南三里有亮故壘壘之左右猶豐茂宿草蓋亮所植也在上邽西南二百四十里孫校曰當是今禮縣之境開山圖曰漢陽西南有祁山蹊徑逶迤官本曰按蹊近刻訛作溪案朱訛趙改刊誤曰溪徑之溪當从足作蹊或从彳作徯山高巖險九州之名阻天下之奇峻今此山于衆阜之中亦非爲傑矣

漢水又西南與甲朱作申箋曰宋本作甲趙改甲下同谷水合水出西南甲谷東北流注漢水漢水又西逕南岈北岈中官本曰按近刻訛作南岈北中岈之六字　案朱同趙改不刪之字又朱作岸趙改岈刊誤曰箋曰岸宋本作岈按此文多誤當作漢水又西逕南岈北岈之中句中字移在之字之下上下有二城相對左右壇壠低昂亘山被阜古諺朱趙作語朱箋曰一作諺云南岈北岈萬有餘家諸葛亮表言祁山去沮縣五百里官本曰按去沮縣近刻訛作縣出租脫里字　案朱訛脈箋曰宋本云祁山縣去沮五百里趙改同官本刊誤曰祁山未嘗置縣此縣字當移在去沮之下有民萬戶矚其邱墟信為殷矣漢水西南逕武植戍南武植戍水發北山二源奇發合于安民戍南又南逕武植戍西而西南流注于漢水漢水又西南逕平夷戍南又西南夷水注之水出北山南逕其戍西南入漢水漢水又西逕蘭倉城南孫校曰地形志漢陽郡有蘭倉縣有雷午山黃帝祠又南右會兩溪俱出西山東流注于漢水張華博物志云溫水出鳥鼠山下注漢水疑是此水

而非所詳也漢水又南入嘉陵道而爲嘉陵水
世俗名之爲階陵水官本曰按世上近刻衍然字案朱衍趙刪又朱階作皆趙改刊誤曰箋曰皆作階按然字衍文孫校曰
地形志漢陽郡有階陵縣非也漢水又東南朱有右字箋曰右字疑衍舊本作名吳改作右趙刪得北谷
水又東南得武街水官本曰按近刻訛作城階水案朱同趙改武階水朱無又字趙增刊誤曰箋曰孫云疑作武階按東南
上落又字孫潛校增又東南得倉谷水右二水竝出西溪東流
注漢水漢水又東南逕瞿堆西孫校曰常璩漢中志武都郡有瞿堆百頃又屈
逕瞿堆南絕壁峭峙孤險雲高望之形若覆唾壺官本曰按近刻脫唾字壺
下衍其字案朱趙同高二十餘里羊腸蟠道三十六迴開山圖謂之仇夷
所謂積石嵯峨嶔岑隱阿者也上有平田百頃煑土成鹽因以
百頃爲號山上豐水泉所謂清泉涌沸潤氣上流者也漢武帝
元鼎六年開以爲武都郡天池大澤在西故以都爲目矣官本曰按近刻
脫以字案朱脫趙增刊誤曰故下落以字御覽引此文校增王莽更名樂平郡縣曰循虜官本曰按此下近刻衍縣字案朱
衍趙刪刊誤曰下縣字衍文常璩范曄云郡居河池一名仇池池方百頃即指此

也孫校曰今仇池山在成縣西北成縣故漢下辨台左右悉白馬氐矣漢獻帝建安中有天水
氐楊騰者世居隴右爲氐大帥趙改太師刊誤曰大帥當作太師太平寰宇記校改子駒勇健多
計徙居仇池魏拜爲百頃氐王漢水又東合洛谷水水
有二源官本曰按近刻訛作合洛谷谷有二源 案朱同箋曰李云洛谷下疑脫水字趙改同官本刊誤曰谷當作水同注一壑
逕神蛇戍西官本曰按同上近刻衍合字逕訛作於 案朱同趙刪合仍於字刊誤曰合字衍文左右山溪多五色
蛇性馴良不爲物毒洛谷水又南逕虎馗戍東又南
逕仇池郡西瞿堆東西南入漢水漢水又東合
洛溪水官本曰按溪近刻訛作漢下同 案朱趙作漢趙刊誤曰箋曰孫云洛漢當作洛溪按孫說非也方輿紀要鞏昌府成縣即故武都郡治也有六漢水即洛漢水也其水源出西和縣境即漢縣諸道地流逕成縣之六漢堡又西入西漢水六與洛音相近馬融廣成頌瀁以濼洛叶屋韻亦與六同盧各切讀也水北發
洛谷南逕威武戍南又西南與龍門水合水出
西北龍門谷東流與橫水會東北窮溪即水源
也又南逕龍門戍東又東南入洛溪水又東南
逕上祿縣故城西脩源濬導逕引北溪南總兩

川單流納漢漢水又東南逕濁水城南又東南

會平樂趙作洛水水出武街朱趙作階朱箋曰宋本作水出武源按下文數舉武街知階當作街而宋本自誤耳十六國春秋亦作武街孫校曰地形志有武階郡東北四十五里更馳南溪導源東北

流山側有甘泉涌波飛清官本曰按近刻訛作流　案朱訛趙改刊誤曰流黃省曾本作清下

注平樂水官本曰按樂近刻訛作洛下同　案朱趙作洛下同又逕甘泉戌南又東逕

平樂戌南趙釋曰一清按漢志武都郡有平樂道卽平洛戌也道元時其縣已廢省矣孫校曰地形志脩武郡有平洛縣太和四年置又東

入漢謂之會口漢水東南逕脩城道南孫校曰脩城疑當爲脩武

與脩水合水總二源東北合漢漢水又東南于

槃頭郡南孫校曰地形志有槃頭郡與濁水合水出濁城北東流

與丁令溪水會其水北出丁令谷南逕武街城

西東南入濁水濁水又東逕武街孫校曰街當作階城南故

下辨縣治也李玲子李稚官本曰按玲近刻訛作倉　案朱趙作倉說見下以氏王楊難敵妻死

葬陰平官本曰按楊難敵近刻訛作楊敵堅　案朱趙同朱箋曰按華陽國志十六國春秋並云氏王楊茂搜子難敵堅頭爲劉曜所破奔晉壽守將李稚受其賂遺不送

成都遣難敵兄弟還武都遂即叛稚與兄侍中玲攻難敵由白水橋進攻下辨而玲弟玝攻陰平難敵遣軍拒玝而玲稚徑至下辨武街難敵絕其歸路四面攻之深入無繼皆爲氏衆所殺此云楊敵堅妻死葬陰平所未詳也趙釋曰一清按華陽國志十六國春秋李倉作李玲又氏王楊難敵堅頭乃兄弟二人此云楊敵堅蓋誤文也襲武街爲氏所殺于此矣今廣業郡治官本曰按魏書地形志槃頭郡廣業郡皆屬東益州後凡數見又云東益州之廣業郡朱謀瑋于其下並云宋本作廣漢蓋此書爲宋人臆改者甚多故宋本亦往往不足據證　趙刊誤曰箋曰宋本作廣漢按非也方輿紀要鞏昌府成縣下云後魏析下辨道地置廣業郡領白石等縣魏書地形志廣業郡隸東益州後並同濁水又東宏休水注之朱箋曰休世本作體蓋体寫之誤今據宋本改正水出北溪官本曰按近刻訛作水北出溪　案朱趙同南逕武街城東而南流注于濁水濁水又東逕白石縣南續漢書曰虞詡爲武都太守下辨東三十餘里有峽峽中白水生大石趙白水改有泉二字刊誤曰箋曰白一作當按非也御覽引此文是峽中有泉生大石今校正障塞水流春夏輒濱溢敗壞城郭詡使燒石以醯灌之官本曰按醯近刻作水　案朱作水趙改醋刊誤曰御覽引此文水作醋新唐書地理志云嚴礪自長舉縣西疏嘉陵江二百里焚巨石沃醯以灌之通漕以饋成州戍兵卽詡之遺法也後漢書注亦誤作水字石皆碎裂因鐫去焉朱箋曰碎裂舊本作淬裂後漢書虞詡傳注引續書云以水灌之石皆坼裂因鐫去石遂無泛溢之害濁水卽白水之異名也孫校曰見山海經

濁水又東南涅陽水官本曰按涅近刻訛作渥下同　案朱訛趙改刊誤曰方輿紀要鞏昌府成縣下云泥陽川在縣東五十

里祝穆云水自天水谷發源東南流至泥陽鎮與栗亭水合東南入徽州界注嘉陵江隋志後魏置泥陽縣西魏廢入同谷即此處也與地形志北地郡之泥陽縣蓋異地而同名此縣旋置旋廢魏收故不錄之涅字誤北出涅谷南逕白石縣東而南入濁水

濁水又東南與仇鳩水合水發鳩溪南逕河池縣故城西王莽之樂平亭也其水西南流注濁水濁水又東南與河池水合水出河池北谷南逕河池戍東西南入濁水濁水又東南官本曰按近刻脫又字　案朱趙無兩當水注之孫校曰兩當縣今屬秦州水經其南縣即秦故道縣又曰兩當水金皇昌石刻以為嘉陵水蓋誤也水出陳倉縣之大散嶺西南流入故道川孫校曰太平寰宇記樂泉縣黃花川水經云大散水流入黃花川謂之故道水西南逕故道城東魏征仇池築以置戍與馬鞍山水合水東出馬鞍山歷谷西流至故道城東西入故道水西南流北川水注之水出北洛櫳山南南流逕唐倉城下南至困冢川入故道水故道水又西南歷廣香交合廣

香川水水出南田縣（孫校曰田當爲由）利喬山（趙釋曰一清按郡國志劉昭補注引秦州記曰上邽縣北有利山川中平地有土堆高五丈生細竹黃茂殊常二楊樹大數十圍百姓祀之朱氏謀㙔箋曰利一作稆未知所據）謂之廣香川水（趙釋曰一清按蕭齊建元元年葭萌戍主楊廣香請降以爲沙州刺史川蓋以人得名）南流至廣香川又南注故道水謂之廣香交故道水又西南入秦岡山尚婆水注之山高入雲遠望增狀若嶺紆曦軒峯柱月駕矣（官本曰按柱近刻訛作駐 案朱訛趙改刊誤曰駐黃省曾本作柱孫潛云柳僉本同）懸崖之側列壁之上有神象若圖指狀婦人之容其形上赤下白世名之曰聖女神至于福應愆違方俗是祈水源北出利喬山南逕尚婆川謂之尚婆水（趙釋曰一清按元和郡縣志云尚婆水本名石礬水水多礬石因以爲名俗語音訛故云尚婆）歷兩當縣之尚婆城南魏故道郡治也（孫校曰地形志故道郡延興四年置）西南至秦岡山（官本曰按近刻脫秦岡二字 案朱脫趙增刊誤曰至下落秦岡二字全氏校補）入故道水故道水又右會黃盧山水（官本曰按又右會近刻訛作右又合 案朱同趙改又右合刊誤曰右又二字當互易）水出西北天水郡黃盧山腹歷谷南流交注故道水故道

水南入東益州之廣業郡界官本曰按廣業近刻作廣漢乃後人妄改　案朱作漢趙改業孫校曰隋志順政郡後魏置東益州廣業漢下辨也地形志有廣業郡隋志同谷縣舊曰白石置廣業郡與沮水枝津合謂之兩當溪水上承武都沮縣之沮水瀆孫校曰元和志興州順政縣本漢沮縣地嘉陵水經縣南去縣百步沮水出縣東北八十三里長舉縣本漢沮縣地嘉陵水出縣南十里西南流注于兩當溪　虞詡爲郡漕穀布在沮從沮縣至下辨山道險絕水中多石舟車不通驢馬負運僦五致一詡乃于沮受僦直約自致之卽將吏民按行皆燒石櫼木開漕船道水運通利歲省萬計以其僦廪與吏士年四十餘萬也朱箋曰後漢書作燒石翦木開漕船道以人僦直雇借傭者於是水運通利歲省四十餘萬又西南注于濁水濁水南逕槃頭郡東孫校曰元和志槃頭故城在長舉縣南三里因水盤屈爲名也而南合鳳溪水孫校曰隋志順政郡長舉有鳳谿水水上承濁水于廣業郡官本曰按廣業近刻亦訛作廣漢　案朱訛趙改南逕鳳溪中有二石雙高其形若闕漢世有鳳凰止焉官本曰按止近刻作至脫焉字　案朱訛脫趙改增刊誤曰箋曰舊本作鳳凰上疑當作止吳本作至按御覽引此文作止焉孫校曰今成縣東南有鳳凰臺故謂之鳳凰臺北去郡三里水

出臺下東南流左注濁水濁水又南注漢水漢水又東南歷漢曲逕掖崖與掖崖水合水西出擔潭交（官本曰按擔近刻訛作檐　案朱訛趙改）東流入漢水漢水又東逕武興城南（孫校曰地形志有武興郡元和志興州卽漢武都之沮武興卽今州理是也又曰隋志順政郡）又東南與北谷水合水出武興東北而西南逕武興城北謂之北谷水南轉逕其城東而南與一水合水出東溪西流注北谷水又南流注漢水漢水又西南逕關城北除水出西北除溪東南流入于漢漢水又西南逕通谷（孫校曰今寧羌州西龍門當是通谷也）通谷水出東北通溪（孫校曰通谷水在今寧羌州北）上承漾水西南流爲西漢水漢水又西南寒水注之（孫校曰今西流河）水東出寒川西流入漢漢水又西逕石亭戍廣平水西出百頃川東南流注漢漢又有平阿水出東山西流注漢水漢水又

逕晉壽城西朱不重漢水趙增刊誤曰黃省曾本重漢水二字孫校曰地形志晉壽縣晉惠帝置而南合漢壽水水源出東山西逕東晉壽故城南孫校曰地形志東晉壽郡司馬德宗置魏因之而西南入于漢水也

又東南至廣魏白水縣西官本曰按廣魏朱謀㙔云宋本作廣漢今考水經乃三國魏時所撰宋人臆說以爲漢桑欽故改魏作漢耳永樂大典內之本仍作廣魏蓋舊本相承如是　趙釋曰一清按此篇及羌水涪水梓潼水經文俱作廣魏胡氏曰廣魏者故廣漢也蓋曹氏改名漢後人續經此其一證何氏曰亭林云魏書崔浩傳浩工書人多託寫急就章必稱馮代彊以示不敢犯國史于馮代彊下注曰疑按急就篇有馮漢彊魏初國號曰代故改漢彊爲代彊酈道元以廣漢爲廣魏卽此例也據此則非由曹氏改名是又一義也孫校魏作漢曰戴君校本作廣魏乃欲實桑君非漢人耳今不取之又曰廣漢今成州南境又曰常璩蜀志廣漢郡高帝六年置去洛三千里去成都百二十里又東南至葭萌縣孫校曰今寧羌東北與羌水合

白水西北出于臨洮縣西南西傾山趙釋曰一清按漢志廣漢郡甸氏道白水出徼外東至葭萌入漢過郡一行九百五十里水色白濁東南流與黑水合水出羌中西南逕黑水城西又西南入白水白水又東逕洛和城南洛和水西南出和溪東北流逕南黑水城西而北注白水白水又東南逕鄧至

城南又東南與大夷祝水合水出夷祝城西南窮溪官本曰按南下近刻衍而字　案朱趙有北注夷水又東北合羊洪水水出東南羊溪朱趙不重水字西北逕夷祝城東又西北流屈而東北注于夷水夷水又東北入白水白水又東與安昌水會水源發衞大西溪東南逕鄧至安昌郡南又東南合無累水無累水出東北近溪西南入安昌水安昌水又東南入白水白水又東南入陰平得東維水水出西北維谷東南逕維城西東南入白水白水又東南逕陰平道故城南官本曰按近刻脫道字　案朱脫趙增刊誤曰陰平下落道字漢志續志校增王莽更名摧虜矣郎廣漢之北部也廣漢屬國都尉治漢安帝永初三年官本曰按安帝近刻訛作平帝　案朱同箋曰按漢紀平帝有元始後漢安帝有永初趙改分廣漢蠻夷置又有白馬水官本曰按近刻脫又字　案朱趙無出長松縣西南白馬溪官本曰按南上近刻衍所字溪訛作漢　案朱衍訛趙刪改刊誤曰箋曰漢一作溪

按而字衍文東北逕長松縣北趙釋曰一清按隋書地理志武都郡長松縣西魏置初曰建昌開皇十八年改曰長松此昔人所謂未必不聞及隋唐者也吁可怪已而東北注白水白水又東逕陰平大城北蓋其渠帥自故城徙居也白水又東偃溪水出西南偃溪東北流逕偃城西而東北流入白水白水又東逕偃城北又東北逕橋頭昔姜維之將還蜀也雍朱趙作雝下同朱箋曰宋本作雍州州刺史諸葛緒邀之于此後期不及故維得保劍閣而鍾會不能入也白水又與羌水合孫校曰白水至此行可二百五十里也自下羌水又得其通稱矣白水又東逕郭公城南昔郭淮之攻廖化于陰平也築之故因名焉白水又東雍川水出西南雍溪官本曰按溪近刻訛作漢案朱趙不誤東北注白水白水又東合空泠水朱泠作冷趙改刊誤曰冷當从水作泠傍溪西南窮谷郎川源也白水又東南與南五部水會水有二源西源出五部溪東南流東源出郎谷西南

合注白水官本曰按合下近刻衍南字衍趙刪刊誤曰下南字衍文案朱白水又東南逕建

昌郡東官本曰按昌近刻訛作陽案朱趙作陽趙釋曰一清按兩漢晉宋後魏地志俱無建陽郡之名名勝志引此文作建昌郡則西魏析陰平所置也以地望而言宇文會置建昌縣後改曰長松建昌疑卽上長松之舊稱然皆在孝昌以後道元何由得舉之乎或曰此後魏梁州之華陽郡也建陽疑華陽之訛未詳上非而北

與一水合二源同注共成一溪官本曰按一近刻訛作三案朱訛趙改刊誤曰三當作一

西南流入于白水白水又東南逕白水縣故城

東卽白水郡治也經云漢水出其西非也白水

又東南與西谷水相得水出西溪東流逕白水

城南東南入白水白水又南左會東流水東入

極溪官本曰按東入近刻脫東字案朱脫趙增刊誤曰入上落東字黃省曾本校便卽水源也趙刪便字刊誤曰便字衍文

自水又南逕武興城東官本曰按近刻脫武字案朱脫箋曰李云疑脫武字趙增又東南

左得刺稽水口溪東北出便水源矣白水又東

南清水左注之庾仲雍曰清水自邪山來合白

水趙來改東刊誤曰來當作東斯爲孟浪也水出于平武郡東北趙釋曰一

清按隋書地理志云平武郡西魏置驪累亘下南逕平武城東屈逕其城南又西歷平洛郡東南屈而南逕南陽僑郡東北又東南朱作北箋曰宋本作東南趙改南逕新巴縣東北又東南逕始平僑郡南又東南逕小劍戍北西去大劍三十里連山絕險飛閣通朱作涌箋曰一作通趙改通衢故謂之劍閣也張載銘曰一人守險萬夫趑趄信然故李特至劍閣而歎曰劉氏有如此地而面縛于人豈不奴才也小劍水西南出劍谷東北流逕其戍下入清水清水又東南注白水白水又東南于吐費城南趙于改逕刊誤曰箋曰孫云疑脫逕字按于當作逕胡渭校改即西晉壽之東北也東南流注漢水西晉壽孫校曰見地形志即蜀王弟葭萌所封爲苴侯邑故遂名城爲葭萌矣官本曰按近刻脫名字趙增刊誤曰遂下落名字案朱劉備改曰漢壽太康中又曰晉壽水有津關趙釋曰一清按通鑑注引水經注云白水東南流至葭萌縣謂之葭萌水水有津關所謂白水關今本似有脫文段元章善風角弟子歸元章封笥藥授之官本曰按近

刻訛作筒案朱趙作筩曰路有急難開之生到葭萌從者與津吏諍打傷孫校曰打字出此開筩得書言其破頭者官本曰按近刻脫開筩得書言五字　案朱脫趙增筩作筒刊誤曰打傷下全氏據范史段翳傳校補開筩得書言五字翳字元章可以此藥裹之生乃數服還卒業焉亦廉叔度抱父柩自沈處也朱箋曰後漢書廉范字叔度京兆杜陵人父丹王莽時爲大司馬庸部牧客死于蜀范遂流寓西州後歸鄉里年十五辭母西迎父喪歸葭萌載船觸石破沒范抱持棺柩遂俱沈溺衆傷其義鉤求得之療救僅免於死

又東南過巴郡閬中縣孫校曰閬中治今保寧閬中縣

巴西郡治也劉璋之分三巴此其一焉闞駰曰強水出陰平西北強山一曰強川姜維之還也鄧艾遣天水太守王頎敗之于強川即是水也官本曰按近刻脫之字水字案朱同箋曰宋本作敗之趙增之字水字刊誤曰卽是下落水字其水東北逕武都陰平梓潼南安入漢水漢水又東南逕津渠戍東又南逕閬中縣東閬水出閬陽縣而東逕其縣南又東注漢水昔劉璋之攻霍峻于葭萌也自此水上張達范彊害

張飛于此縣漢水又東南得東水口水出巴嶺南歷獠中謂之東遊水李壽之時獠自牂柯北入所在諸郡趙作部布滿山谷其水西南逕宋熙郡東朱箋曰後魏地形志益州有宋熙郡領縣二曰興樂元壽與巴州相比又東南逕始平城東官本曰按近刻脫始字案朱脫趙增刊誤曰平城當作始平城魏書地形志南白水郡有始平縣又東南逕巴西郡東又東入漢水漢水又東與濩溪水合水出獠中世亦謂之爲清水也東南流注漢水漢水又東南逕宕渠縣東孫校曰今保寧縣蒼谿是宕渠地漢水經府東南又東南合宕渠水水西北出南鄭縣巴嶺官本曰按南鄭縣近刻訛作鄭縣南案朱訛趙改刊誤曰江水注云宕渠水即潛水渝水矣出漢中郡南鄭縣巴嶺山鄭縣南當作南鄭縣又趙不重水字與槃余水同源派注南流謂之北水東南流與難江水合朱無江字趙增刊誤曰難下落江字實宇記校補孫校曰今南江縣梁爲難江縣地難水出其東北水出東北小巴山官本曰按近刻脫小字案朱趙無趙釋曰一清按實宇記集州難江縣引此注作小巴山云小巴嶺在縣東西南注之又東南流逕宕渠縣孫校曰今保寧府巴州通江南江皆漢宕渠地謂之宕渠水又

東南入于漢官本曰按近刻脫于字 案朱脫趙增刊誤曰入下落于字寰宇記校補

又東南過江州縣官本曰按近刻訛作又東南入漢州江津縣東十字蓋因上注有又東南入漢句遂致訛衍 案朱趙同東

南入于江官本曰按近刻脫東字 案朱趙同趙刊誤曰此條經文之誤詳具本卷趙釋曰一清按此條經文誤也尚書古文疏證曰胡朏明曰水經魏晉人續成自後

閒有附益亦未必不及隋唐頃讀至漾水末有漢州江津縣大驚曰此非隋唐人筆乎漢乃渝字之譌渝州江津縣今屬重慶府本州治巴縣地西魏分置江陽縣隋改曰江津巴縣在東江津在西漢水不得過江津也再三推尋不知其故及讀至羌水篇云出羌中東南至廣魏白水縣與漢水合又東南至巴郡閬中縣又南至墊江東南入于江憬然悟曰羌水合白水東南至白水縣與漢水合蓋漢水入江之道即羌水入江之道自閬中以下經文與此字字相同今本之誤蓋由東南入于江之上字有空缺妄庸人率意填補耳非續經也墊江今合州漢水流逕州東涪水自州西南來注之正酈氏所云涪水注之庾仲雍所謂涪內水者也若作渝州江津縣則涪漢之合遠在上流經注齟齬矣東南入漢州江津七字當改作南至墊江四字入字尤非水經敘次水所逕過之郡之縣未有用入字者潛邱以經文有空缺爲妄庸人所填寫非魏晉以後續經真卓識也東樵既面與論證及作錐指據漢書地理志隴西西縣下云禹貢嶓冢山西漢水所出南入廣魏白水東南至江州入江之文更定作又東南逕江州縣東南入于江而不從閻說江州江津俱屬巴郡梁江州漢縣而江津則隋置耳且漢州唐垂拱二年始立此名明是不學者妄爲填寫潛邱乃改作渝州以實其爲隋唐人之筆何至曲爲之說如此耶江水篇云又東北至巴郡江州縣東强水涪水漢水白水宕渠水五水合南流注之足相證明東樵以班志爲據較疏證似長

涪水注之庾仲雍所謂涪內水者也官本曰按近刻庾訛作故脫所字 案朱訛脫趙改增刊誤曰故當作庾雍下落所字通鑑注引此文校正趙釋曰一清按漢水班志既有東西各源之分水經又有漾沔異篇之目後之言禹貢者山川迄無定位莫能折衷黃文叔尚書說曰漢有沔漾之名皆東漢水也地理志西漢水出西縣嶓冢山南入廣漢白水蓋潛漢也逕不著其所出自古皆以爲東西兩漢俱出嶓冢則或然矣而西漢固無沔漾之名漢志漾

水出隴西氐道至武都爲漢武都東漢水受氐道水一名沔是則沔漾俱爲東漢也獨氐道武都脈絡不通川渠阻隔武都受漾爲不可據而桑欽遂併氐道漾水爲西漢之源由是愈紛錯酈道元委曲遷就通之以潛伏之流證之以難驗之論更覺糾纏故當盡廢諸說而一之以經文杜佑通典秦州上邽縣嶓冢山西漢水所出經嘉陵曰嘉陵江經閬中曰閬中江漢中金牛縣嶓冢山禹貢漾水至此爲漢水亦曰沔水其說爲可據常璩華陽國志漾水出漾山漾山尋求不得其處漢志沮縣沮水出東狼谷中水經推爲沔水之源是否姑存之要與孔傳不同矣胡身之通鑑注云據禹貢則漢水源于漾據水經則漾會于涪沔入于江所出異源所入異派據班志則漾出氐道至武都爲漢水而東漢受氐道水通謂之沔過江夏而入于江則漾沔似合爲一矣然又言沮水出沮縣南至沙羨入江與水經所謂沔水即沮水說似不合而實合也夫道元之曲護經文誠如黃說然其言嶓冢有二東西兩漢異源同流是豈竟無別白耶若程泰之禹貢論力排水經反覆于東出西南其向嘵嘵不置近世胡朏明作禹貢錐指首列導漾圖又作東西二源圖可謂詳且備矣然不能于班志原文一加審諦即道元之注亦未之深察故立言之旨猶有所蔽今略舉其書曰按後魏地形志華陽郡嶓冢縣有嶓冢山漢水出焉唐六典山南道名山曰嶓冢嶓冢縣故城在今陝西漢中府沔縣西南四十里西南接寧羌州界今在州北九十里山經漢水出鮒嵎山蓋嶓冢之異名也本在漢中郡沔陽縣界後魏正始中析沔陽置嶓冢縣屬華陽郡故地形志云其縣有嶓冢山隋省沔陽入嶓冢屬梁州大業初改置西縣故隋志云西縣有嶓冢山唐武德二年分利州綿谷縣之通谷鎮置金牛縣而山入其境故括地志云嶓冢山在金牛縣東二十八里通典云金牛縣有嶓冢山四年又分綿谷置三泉縣寶歷初省金牛入三泉故寰宇記云嶓冢山在三泉縣東宋至道二年升三泉縣爲大安軍紹興三年改建軍于西縣界復置三泉縣隸軍故輿地紀勝引宋朝郡縣志云今之言漢水以西縣之嶓冢山爲源後又省三泉入軍故地理通釋云嶓冢山在大安軍西元降軍爲縣故大一統志云漢水源出大安縣嶓冢山明初以其地改置沔縣又於縣西南置寧羌衞成化二十二年即衞置州而山入其境故漢中府志云嶓冢山在寧羌州北九十里蓋此山本在漢沔陽縣界西南接葭萌自後魏以來言山之所在曰嶓冢曰西縣曰金牛曰三泉曰大安曰寧羌地名六變而山則一皆在古梁州之域其爲禹貢之嶓冢無疑也又云嶓冢山孔傳不言所在之郡縣而正義引地理志以實之曰隴西郡西縣嶓冢山西漢水所出夫此水即嘉陵水之上

源非禹貢之所謂嶓冢導漾東流爲漢者也而班固以西縣之嶓冢爲禹貢之嶓冢謬矣自是
以後言嶓冢者率依班氏自後魏正始中析沔陽地置嶓冢縣以表其山而名始著酈道元卒
于孝昌二年上距正始置縣之時凡二十餘歲本朝典故生所親見而注水經不言豈事在成
書之後不及追改抑亦因其晚出而疑之乎然漾水注引漢中記曰嶓冢以東水皆東流嶓冢
以西水皆西流故俗以嶓冢爲分水嶺作者亦似知班志之謬而以禹貢嶓冢爲當在漢中也
者不然于漢中記奚爲詳及隴西之山邪穎達豈未之考乎然班志雖以西縣嶓冢爲禹貢之
山而養水自槃氏道之下不言出某山自水經云漾水出氏道縣嶓冢山而氏道亦有嶓冢矣
常璩華陽國志云東源出武都氏道縣漾山爲漾水而氏道之嶓冢且有漾山之目矣郭璞注
山海經云嶓冢今在武都氏道縣南酈道元注水經云東西兩源俱出嶓冢而同爲漢水則似
一山跨二縣之境而在西縣者爲西源在氏道者爲東源矣輾轉迷惑愈久愈譌而禹貢之嶓
冢幾不可問矣西縣故城在今秦州西南氏道不知所在蓋自晉永嘉之亂隴西沒于氏羌郡
縣荒廢常璩郭璞皆云氏道屬武都而晉志武都郡無之則其縣之不可考久矣要之二縣在
隴西皆古雍州域也而禹貢嶓冢乃梁州之山不應闌入雍域故惟魏收所言爲得其實又云
漢志隴西西縣下云禹貢嶓冢山西漢水所出南入廣漢白水東南至江州入江過郡四行二
千七百六十里此與氏道之養水全無交涉水經非一時一手作漾水篇首云漾水出隴西氏
道縣嶓冢山東至武都沮縣爲漢水此不過依漢志氏道一條以立文惟加嶓冢沮縣爲不同
耳其所謂漢水即東漢也亦與西縣之西漢全無交涉首尾橫決必魏晉閒人所續也尋其意
旨蓋以氏道水南合濁水兩當溪歷槃頭郡東而南爲西漢水也故酈注以爲東西兩川俱出
嶓冢而同爲漢水嘗試以圖志考之漾沮雖有枝津與西漢通要皆自東入西非自西入東也
蓋嶓冢亘絕東西俗謂之分水嶺地勢東高而西下故西漢水自略陽縣南入寧羌州界即折
而西南避高就下其性則然豈有東入之理澄之所言即禹貢之潛仲邕所言即通谷水也二
水皆東漢之枝津西流入西漢水而說者乃謂西漢水至葭萌入漢顛倒之矣今嶺東漾沮枝
津皆入西漢嶺西谿澗之水亦皆入西漢川流去來有目者盡能驗之其可是古而非今乎又
曰水經依漢志以爲言漢志以沮水枝津上承氏道水下爲東漢水氏道雖未詳其處所以地
望度之當在西縣之東河池之西上邽之南下辨之北濁水所受有丁令溪水宏休水溼陽水
皆出其北蓋自氏道來也其中或有漢志所謂養水者但今無可考耳然沮水枝津上承沮瀆

自東入西非自西入東也昔之覩水作記者不察地勢之高下不辨川流之去來遂以爲氏道養水合濁水兩當溪由枝津以達沮沔是爲東漢之源而不知其非也班固因之故有此誤水經于武都下加沮縣二字蓋亦以氏道水下通沮水爲東漢之源也然漢志不言養水出何山而水經復附會之曰嶓冢則氏道亦有嶓冢山矣常璩知其非是故又因水以名其山曰漾山而爲之殊目要之氏道水所出別是一山非嶓冢也又云陸游曰嘗登嶓冢山有泉涓涓出山闞是爲漢水之源務觀入蜀塗歷金牛目驗得之涓涓細流安國傳所謂泉始出山爲漾水也新城王尚書士禎撰蜀道驛程記其言嶓漢最爲詳覈記曰出沔縣西門曲折行亂山中沔水流逕其中略如棧道但山庳無林木沔流舒緩不及褒水湍悍耳西涉沮水抵大安驛狹者才二三尺沙石磷磷深不沒踝自大安西南亂山岔稠至金牛驛北望見嶓冢山峨然雲表一小水自西東流即所謂嶓冢導漾者也水纔濫觴不沒鳧雁合五丁峽水東流爲沔其流始大金牛驛西三里稍南入五丁峽一名金牛峽峽口懸巖萬仞陰風颯然水自峽中噴薄而出寧羌州在亂山中無城堞本沔縣羊鹿坪地明洪武中以山寇作亂置寧羌衛于此成化中即衛建州治自州行十里渡水過百牢關關下有分水嶺嶺東水皆北流五丁峽水北合漾水入沔嶺西水皆南流逕七盤關龍洞合嘉陵水爲川江常璩言沔出嶓冢合白水爲西漢明與導漾之文相悖按通典嶓冢山有二一在天水上邽一在漢中金牛雍大記云西漢水在西和縣源出嶓冢山西流與馬池水合此乃上邽之嶓冢在今秦州漢江源出沔縣嶓冢山東流入金州此乃金牛之嶓冢禹貢嶓冢導漾乃沔縣之嶓冢非秦州之嶓冢知嶓冢有二則東西二漢源流各自了然漾之與沔本爲一流與隴西之嶓冢都無交涉常氏之誤可不辨而自明矣又云禹貢以嶓冢繫梁州而漢志嶓冢在雍域之隴西一誤也禹貢云嶓冢導漾而漢志以嶓冢所出爲西漢水其漾水則出氏道二誤也禹貢之潛乃漾水枝津西出爲西漢水而漢志西漢水出西縣之嶓冢三誤也漢志不言漾水出何山而水經云出氏道縣嶓冢山是氏道亦有嶓冢四誤也漾者東漢之源而續水經者以西漢水接漾水爲一川五誤也漾沔枝津皆自東入西而酈注從舊說云西漢水至葭萌入漢六誤也川流地上離合灼然可見而酈注惑闞駰之說以爲原始要終潛流或一故東西俱受漢漾之名七誤也羣言殽亂學者靡所折衷今說漢水當排棄諸家專主禹貢以沮沔爲漢之別源以西漢爲漾之枝津而氏道水則存而不論是亦理亂絲解連環之術也東樵之言剖判辨析幾無賸義而酈意則猶有未安者水經以漾水冒于

西漢之上而東漢之源僅以沮沔枝津當之是其大錯而以爲誤始班志竊謂不然班志隴西西縣下云禹貢嶓冢山西漢水所出猶恐人誤以西漢水即禹貢之漢水于氐道下云禹貢養水所出至武都爲漢武都下云東漢水受氐道水一名沔過江夏謂之夏水入江漢中沔陽下云沔水出武都東南入江氐道水即養水今人旣不知氐道之所在又烏能必養水之不出于氐道乎夫河源渺茫隔在異域尙可追尋況氐道雖陷氐羌當漢盛時猶隸版籍班氏之記載非盡無稽也由氐道而沔而漢以入于江源流脈絡條貫分明又武都沮縣下云沮水出東狼谷南至沙羨入江夫沮卽沔也狼谷卽嶓冢也隴西之嶓冢西漢之所出氐道之養水乃大禹之所導班志明言之而猶歸過于班氏班氏不受也道元知水經漾水之誤也于是欲于禹貢嶓冢導漾之外別求一漾水以彌縫其失而卒不可得也乃東樵則以魏書地形志華陽郡嶓冢縣有嶓冢山漢水出焉執此文以詆班酈夫禹貢漾水出自漢中之嶓冢前此山海經則以爲鮒禺山水經則以爲東狼谷至後魏乃因漾水在是指所出之山而名之曰嶓冢雖有經記可憑然在漢時嶓冢自在隴西漾水自出氐道豈能逆料五百餘年以後之所追稱而强爲附和哉道元于沔水東南流注漢曰沮口下云所謂沔漢者也尙書禹貢嶓冢導漾東流爲漢山海經所謂鮒禺山也補正之功不淺猶云成書未及追改使酈亭負此長冤而復據陸王征途所記以爲目驗得之夫二子卽博學嗜古其所涉歷按遽乘傳于川脈之遙修山磎之綿阻不過望而測之世代悠邈荆蓁蕪沒而率然斷以氐道水之不與沮沔相通殆非篤論也已況夫嶓冢一山誠非小弱也禹貢梁州云岷嶓旣藝導山云導嶓冢至于荆山岷山之陽至于衡山導水云嶓冢導漾東流爲漢岷山導江東別爲沱兩兩比較書法重輕嶓之與岷未云多讓東樵亦云斷漢志云岷山在徼外則固不可以湔氐一縣限之知岷山山脈之長而不可以湔氐一縣限之會是與岷相匹之嶓而可以沔陽一縣限之乎程克齋春秋分記曰梁州左山皆曰岷右山皆曰嶓出于岷者皆曰江出于嶓者皆曰漢江有內水中水外水之異漢有西漢水東漢水之殊蓋自秦州東望則爲雍之嶓冢自寧羌州西望則爲梁之嶓冢禹貢表之于梁而不繫之于雍則以導漾之功致力于梁而不于雍耳眞通儒之言也　朝廷　欽頒書經傳說彙纂云嶓冢有二一在陝西漢中府寧羌州北九十里東漢水所出一在鞏昌府秦州西南六十里西漢水所出二水南北相去三四百里支派隱然聯屬所謂隴東之山皆嶓冢也何其明白易曉與故謂東漢水不出自隴西之嶓冢可謂隴西之嶓冢必非禹貢之嶓冢不可謂禹

貢之漾水出于寧羌州之嶓冢可謂禹貢之嶓冢必僅在寧羌州則不可也爾雅音義曰有水從漢中沔陽縣南流至梓潼漢壽入大穴中通峒山下西南潛出一名沔舊俗云即禹貢潛也然潛水實受西漢水鄭康成所謂漢别爲潛大禹自導漢疏通即爲西漢水也經云岷嶓既藝沱潛既導繫沱潛于岷嶓之下爲知禹貢之言漢不兼東西二源乎荆州貢道云浮于江沱潛漢足明四水之相通矣漢人說經各有師承康成大儒必不妄道三卿爲衆吾舍鄭公將何從乎同時閻百詩最不信古文力攻以爲僞書并謂孔安國傳出自東晉梅頤手然其說嶓冢東西兩漢水源流尚不敢輕集矢于班志以隴西西縣之嶓冢爲非禹貢之所有氏道之養水爲非大禹之所導如東樵所云者其尚書古文疏證曰東西兩漢水異源同流按水經以漾水出隴西氏道縣嶓冢山東至武都沮縣爲漢水爲漢水者爲西漢水也故下文云又東南至廣魏與白水合又東南至葭萌縣與羌水合酈氏注云今西縣嶓冢山西漢水所導也此是遙承班固地理志來不見有禹貢字是道元以班志西縣禹貢字爲非而不顯駁之古人文多隱約水經以沔水出武都沮縣東狼谷中爲東漢水又言沔水東南逕沮水戍而東南流注漢酈氏注特標出尚書曰嶓冢導漾東流爲漢以大禹當日所導實在于此亡友顧景范謂水經不詳漢水所自出沔水沮水特入漢之小水耳反詳志其源忘卻出今寧羌州者何與其說極是余請兩言以剖别之曰酈道元謂東西兩川俱出嶓冢猶言各出嶓冢云爾而同爲漢水猶言同名漢水云爾又曰按孔安國傳曰泉始出山爲漾水東南流爲沔水至漢中東流爲漢水遙與前逾于沔傳漢上曰沔相照應補出此句最佳余欲以班志沮縣下注沮水出東狼谷南至沙羨南入江取武都縣下注一名沔過江夏謂之夏水十字補入東狼谷之下南至沙羨之上漢水原委方備又曰常璩稱漢有二源以東源爲即禹貢之漾水極是與水經各一書非承水經而爲文者獨道元于水經以西漢水爲漾水曲徇其說寧取山海經闞氏荒誕之說曰川流有潛通之理故漾漢互稱至敘次通谷水曰上承漾水西南流爲漢水漾水之稱仍屬東漢酈氏微意居然可睹矣潛邱之言如此是故山連麓而水異源山連麓故上邽之嶓冢與金牛之嶓冢皆爲禹貢之山水異源故西漢水爲大禹所疏通則已著于康成之說豈後人所得而妄加之哉說者猶以班志隴西西縣禹貢嶓冢爲疑夫夫雖善辨卒不能滅秦州嶓冢之名則何如取隴東之山皆嶓冢一語深思而紬繹之也

哉孫校曰今涪江於合州南入漢水也

丹水出京兆上洛縣西北冢嶺山孫校曰水出今商州西北百二十里冢領山一名高豬嶺也官本曰按近刻脫一字嶺訛作山 案朱脫趙增嶺並作山刊誤曰名上落一字丹水東南流與清池水合孫校曰丹水東南以下十字當是經文水源東北出清池山西南流入于丹水

東南過其縣南

縣故屬朱作蜀箋曰李云疑作屬趙改屬京兆晉分為郡地道記曰郡在洛上故以為名竹書紀年晉烈公三年楚人伐我南鄙至于上洛楚水注之水源出上洛縣西南楚山官本曰按水源二字近刻作楚水 案朱同趙增源仍楚刊誤曰水下落源字名勝志引此文校增昔四皓隱于楚山卽此山也其水兩源合舍趙刊誤曰箋曰宋本無舍字按合舍字屢見注中箋說非是于四皓廟東又東逕高車嶺南朱箋曰御覽高士傳高車山上有四皓碑及祠皆漢惠帝所立也漢高后使張良詣南山迎四皓之處因名高車山翼帶衆流北轉入丹水官本曰案近刻脫水字 案朱脫趙增朱箋曰宋本作丹水嶺以嶺字上屬誤嶺上有四皓廟丹水自倉野又東歷兔和山卽春秋所謂左師軍于兔和右師軍

于倉野者也

又東南過商縣南又東南至于丹水縣入于均官本曰按原本及近刻並訛作汋注內同今改正均水見卷二十九案朱作汋趙改汋刊誤曰汋當作均卽均水也下同

契始封商魯連子曰在太華之陽皇甫謐闞駰並以爲上洛商縣也殷商之名官本曰按商近刻訛作湯案朱訛趙改刊誤曰湯當作商起于此矣丹水自商縣東南流注歷少習出武關應劭曰秦之南關也通南陽郡春秋左傳哀公四年楚左司馬使謂陰地之命大夫士蔑曰晉楚有盟朱趙有作之趙刊誤曰左傳是晉楚有盟朱箋欲改之字作有然古人引書多鈔變其詞苟無害於義則可也好惡同之不然將通于少習以聽命者也京相璠曰楚通上洛阨道也漢祖下析酈官本曰按析近刻訛作浙下同案朱作浙箋曰浙當作析史記高祖降析酈因襲攻武關破之趙改浙下同攻武關文穎曰武關在朱作右箋曰謝云疑作在趙改左析縣西朱趙有一字百七十里宏農界也丹水又東南流入臼口歷其戍下又東南析水出析縣西北宏農盧氏縣大蒿山孫校曰錢獻之曰析水疑卽漢志之鞠水也南流

逕修陽縣故城北 縣即析之北鄉也 又東入析縣

流（朱作統箋曰宋本作流趙改流） 結成潭謂之龍淵清深神異耆舊傳云

漢祖入關逕觀是潭 其下若有府舍焉事既非恆難以詳矣

其水又東逕其縣故城北 蓋春秋之白羽也左傳昭

公十八年楚使王子勝遷許于析是也郭仲產云相承言此城

漢高所築非也余按史記（官本曰按近刻脫記字案朱脫趙增） 楚襄王元年秦出武

關斬衆五萬取析（朱趙有一字） 十五城漢祖入關亦言下析酈非無城

之言脩之則可矣（官本曰按脩近刻訛作循訛趙改刊誤曰循當作脩 案朱） 析水又歷其縣

東王莽更名縣爲君亭也（官本曰按君近刻訛作古同趙釋曰一清按漢志作君亭 案朱趙） 而南流

入丹水縣注于丹水故丹水會均有析口之稱

丹水又東南逕一故城南名曰三戶城昔漢祖入

關王陵起兵丹水以歸漢祖此城疑陵所築也 丹水又逕

丹水縣故城西南 縣有密陽鄉古商密之地昔楚申息

之鄉所戍也春秋之三戶矣杜預曰縣北有三戶亭竹書紀年日壬寅孫何侵楚入三戶郛者是也水出丹魚先夏至十日夜伺之魚浮水側赤光上照如火網而取之割其血以塗足可以步行水上長居淵中丹水東南流至其縣南黃水北出芬山黃谷官本曰按北出芬山近刻訛作出北子山　案朱同趙改出北芬山　刊誤曰箋曰一作北子山按漢書地理志析縣下云黃水出黃谷鞠水出析谷俱東至酈入湍水湍水經云出酈縣北芬山黃水鞠水同出北芬山特異谷耳箋說無据南逕丹水縣南注丹水官本曰按近刻注下有于字　案朱趙有于字黃水北有墨山山石悉黑繢彩奮發黝焉若墨故謂之墨山今河南新安縣有石墨山斯其類也丹水南有丹崖山山悉赬壁霞舉若紅雲秀天二岫更為殊觀矣丹水又南逕南鄉縣故城東北漢建安中割南陽右壤為南鄉郡逮晉封宣帝孫暢為順陽王因立為順陽郡官本曰按立為近刻訛作為立　案朱訛趙乙　刊誤曰為立二字當倒互而南鄉為縣舊治酇城官本曰按治近刻訛作始　案朱訛趙改永嘉中丹水浸沒至永和中徙治南鄉故城城南門外舊有郡社柏樹

大三十圍蕭欣爲郡伐之言有大蛇從樹腹中墜下大數圍長三丈羣小蛇數十隨入南山聲如風雨伐樹之前見夢于欣欣不以屑意及伐之吏 朱作吏箋曰孫云吏疑作更趙改更 少日果死丹水又東逕南鄉縣北興寧末太守王靡之改築今城城北半據在水中左右夾澗 朱作溪箋曰宋本作夾澗趙改澗 深長及春夏水漲望若孤洲矣城前有晉順陽太守丁穆碑郡民范甯立之丹水逕流兩縣之間歷于 朱趙作於 中之北所謂商於者也故張儀說楚絕齊許以商於之地六百里謂以此矣呂氏春秋曰堯有丹水之戰以服南蠻即此水也又南合均水謂之析口 官本曰按口近刻訛作水 案朱訛趙改刊誤曰水當作口孫潛校改

水經注卷二十

水經注卷二十一　　長沙王氏校本

後魏酈道元撰

汝水

汝水出河南梁縣勉鄉西天息山

地理志曰出高陵山卽猛山也孫校曰勉猛音相近亦言出南陽魯陽縣之大盂山趙刊誤曰箋曰汝州志大盂山在魯山縣西五十里山頂低窪四圍若城按朱氏以魯山縣箋魯陽縣大繆漢書地理志南陽郡魯陽縣下云有魯山古魯縣未嘗以魯山名縣也至唐初復置魯州始改縣曰魯山至今因之又言出弘農盧氏縣還歸山博物志曰汝出燕泉山並異名也余以永平中蒙除魯陽太守會上臺下列山川圖以方誌參差遂令尋其源流此等既非學徒難以取悉既在逕見官本曰按逕近刻訛作遘　案朱趙作遘不容不述今汝水西出魯陽縣之大盂山蒙柏谷官本曰按蒙近刻訛作黃　案朱訛趙改刊誤曰黃當作蒙說見下巖鄣深高山岫邃密石徑崎嶇人蹟裁交西卽盧氏界也

其水東北流逕太和城西又東流逕其城北左

右深松列植官本曰按近刻脫松列二字 案朱脫趙增刊誤曰深下落松列二字吳琯本校增筠柏交蔭尹公度之

所棲神處也朱箋曰神仙傳云尹軌字公度博學五經尤明天文星氣河洛讖緯晚乃學道常服黃精華日三合許年數百歲腰佩漆竹筒十數枚中皆有藥言可辟兵疫又能銷鉛爲銀銷錫爲金後到太和山中仙去又東屈堯山西嶺下水流兩分

一水東逕堯山南爲滍水也卽經所言滍水出

堯山矣一水東北出爲汝水歷蒙柏谷趙刊誤曰箋曰孫云按上文當作黃柏谷按何焯云以下文觀之則上文黃字亦當作蒙孫氏誤矣左右岫壑爭深山阜競高夾水層松茂

柏傾山蔭渚故世人以名也津流不已北歷長白沙

口狐白溪水注之夾岸沙漲若雪因以取名其水南

出狐白川北流注汝水汝水又東北趣狼皐山

者也朱不重汝水二字趙止增一汝字刊誤曰水上落汝字

東南過其縣北

汝水自狼皐山東出峽謂之汝阨也東歷麻解

城北故鄤鄉城也謂之蠻中左傳所謂單浮餘圍蠻氏蠻氏潰者也杜預曰城在河南新城縣之東南伊洛之戎陸渾蠻氏城也俗以爲麻解城官本曰按此下近刻衍非也二字案朱趙有蓋蠻麻讀聲近故也汝水又逕周平城南京相璠曰霍陽山在周平城東南者也汝水又東與三屯谷水合水出南山北流逕石碣東官本曰按碣近刻訛作堨案朱訛趙改刊誤曰堨當作碣柱側刊云河南界又有一碣題言洛陽南界碑柱相對既無年月竟不知何代所表也其水又北流注于汝水汝水又東與廣成澤水合水出狼皐山北澤中安帝永初元年以廣成一本誤城遊獵地假與貧民元初二年鄧太后臨朝鄧騭兄弟輔政世士以爲文德可興武功宜廢寢蒐狩之禮息戰陣之法于時馬融以文武之道聖賢不墜五材之用無或可廢作廣成頌云大漢之初基也揆厥靈囿官本曰按近刻訛作圃案朱訛趙改刊誤曰圃黄省曾本作囿營于南郊右矕三塗左枕嵩

嶽面據衡陰背箕趙作基王屋浸以波漾演以滎洛金山石林殷起乎其中神泉側出丹水涅池怪石浮磬燿焜于其陂朱箋曰馬融上廣成頌序云陛下履有虞烝烝之孝外舍諸家每有憂疾聖恩普勞遣使交錯稀有曠絕時時寧息又無以自娛樂殆非所以逢迎太和裨助萬福也臣愚以爲方涉冬節農事閒隙宜幸廣成覽原隰觀宿麥勸收藏因講武校獵使寮庶百姓復覩羽旄之美聞鍾鼓之音桓帝延熹元年校獵廣成遂幸函谷關其水自澤東南流逕温泉南與温泉水合温水數源朱趙作殷源趙刊誤曰箋曰殷一作數按非也殷盛也字不誤揚波于川左泉上華宇連蔭茨甍交拒官本曰按近刻訛作池案朱訛趙改說見下方塘石沼官本曰按近刻脫方塘二字案朱脫趙增刊誤曰寰宇記引此文作茨甍交拒方塘石沼今改正錯落其閒頤道者多歸之其水東南流注廣成澤水澤水又東南入于汝水汝水又東得魯公水口水上承陽人城東魯公陂城古梁之陽人聚也秦滅東周徙其君于此陂水東南流合于朱作乎箋曰宋本作于趙改于瀾水水出北山官本曰按北近刻訛作兆案朱訛趙改刊誤曰兆當作北黃省曾本校南流注之又亂流注于汝水汝水之右有霍陽聚汝水逕其北東

合霍陽山水水出南山杜預曰河南梁縣有霍山者也其水東北流逕霍陽聚東世謂之華浮城趙釋曰一清按章懷後漢書注曰俗謂之張侯城非也春秋左傳哀公四年楚侵梁及霍朱箋曰侵左傳作襲服虔曰梁霍周南鄙也建武二年世祖遣征虜將軍祭遵攻蠻中山賊張滿時厭新柏華朱作率箋曰舊本作華趙改華餘賊合攻得霍陽聚卽此趙釋曰一清按後漢書祭遵傳時新城蠻中山賊張滿屯結險隘爲人害詔遵攻之而厭新柏華餘賊復與滿合遂攻得霍陽聚道元抄變其詞耳霍陽山水又逕梁城西朱趙無霍陽山三字按春秋周小邑也于戰國爲南梁矣故經云汝水逕其縣北俗謂之治城非也以北有注城故也今置治城縣治霍陽山水又東北流注于汝水汝水又左朱趙作右朱箋曰一作左合三里水水北出梁縣西北而東南流逕其縣故城西故鄤狐聚也朱鄤作曼箋曰曼當作鄤史記秦取九鼎寶器而遷西周公於鄤狐徐廣曰鄤音摱鄤狐聚在洛陽南百五十里梁新城之閒地理志云秦滅西周徙其君于此因乃縣之杜預曰河南縣西南有梁城卽是縣也水又東

南逕注城南 司馬彪曰河南梁縣有注城史記魏文侯三十二年敗秦于注者也 又與一水合水發注城東坂下東南流注三里水三里水又亂流入于汝汝水又東逕成安縣故城北 按地理志潁川郡有成安縣侯國也史記建元以來功臣侯者年表曰漢武帝元朔五年校尉韓千秋擊南越死封其子韓延年爲成安侯卽此邑矣世謂之白泉城非也俗謬耳 汝水又東爲周公渡 藉承休之徽號而有周公之嘉稱也 汝水又東黃水注之水出梁山東南逕周承休縣故城東爲承休水 縣故子南國也漢武帝元鼎四年幸洛陽巡省豫州觀于周室邈而無祀詢問耆老乃得孽子嘉封爲周子南君以奉周祀按汲冢古文謂衞將軍文子爲子南彌牟 朱作稱矣箋曰稱矣一作彌牟據檀弓衞將軍文子名彌牟趙依改 其後有子南勁紀年勁朝于魏 官本曰按近刻訛作衞 案朱訛趙改又朝朱作期趙改刊誤曰箋曰期當作朝按史記衞世家云

懷君三十一年朝魏懷君卽致也衛字誤黃省曾本作魏後惠成王如衛命子南爲侯秦幷六國衛最後滅疑嘉是衛後一本誤侯故氏子南而稱君也朱箋曰自按汲冢至此六十字皆史記周子南君臣瓚注中語初元五年爲周承休邑地理志曰侯國也元帝置元始二年更曰鄭公趙釋曰一清按漢書地理志亦作鄭公而後漢黃瓊封邟鄉侯章懷注引說文曰邟潁川縣也漢潁川郡有周承休侯國元始二年更名曰邟元袁紹亦封邟鄉侯此云鄭公不詳其故王莽之嘉美也官本曰按美近刻訛作義案朱訛趙改刊誤曰漢書地理志作嘉美故汝渡有周公之名蓋藉邑以納稱世謂之黃城官本曰按世近刻訛作也案朱同趙也下增世字刊誤曰謂上落世字水曰黃水皆非也其水又東南逕白茅臺東又南逕梁瞿鄉西朱箋曰括地志云周承休城一名梁雀塢在汝州梁縣東北二十六里趙瞿改雀下同釋曰一清按方輿紀要云括地志周承休城一名梁雀塢或云卽梁瞿鄉也蓋瞿雀字形相似道元以世謂之期城爲非期瞿音相似然則雀字爲正世謂之期城非也按後漢書官本曰按近刻脫後字案朱脫趙增刊誤曰漢書上落後字此是謝承書世祖自潁川往梁瞿鄉馮魴先詣行所趙刊誤曰箋曰孫云行所當作行在按春秋經書公朝于王所卽行所也不當妄改卽是邑也水積爲陂世謂之黃陂東轉逕其城南東流右合汝水

又東南過潁川郟縣南官本曰按近刻脫過字案朱脫趙增刊誤曰又東南下落過字

汝水又東與張磨泉合水發北阜春夏水盛則南注汝水汝水又東分爲西長湖湖水南北五十餘步東西三百步汝水又東扈㵎水北出大劉山南逕木蓼堆東官本曰按木近刻訛作水朱訛趙改刊誤曰水當作木案郟城西南流入于汝汝水又右迆爲湖湖水南北八九十步東西四五百步俗謂之東長湖湖水下入汝古養水也水出魯陽縣北將孤山北長岡下數泉俱發東歷永仁二堆南又東逕沙川世謂之沙水歷山符壘北又東逕沙亭南故養陰里也

司馬彪郡國志曰襄城有養陰里京相璠曰在襄城郟縣西南

養水名也俗以是水爲沙水故亦名之爲沙城非也又城處水之陽而以陰爲稱更用惑焉但流雜閒居裂漑互移朱作梨漑平移箋曰一作粲澱頻移宋本作裂漑互移趙依宋本致令川

渠異容津途改狀朱作狀改箋曰當作改狀趙乙故物望疑焉又右會堇朱作蓳箋曰蓳宋本作堇趙改堇溝水水出沛公壘西六十許步蓋漢祖入關往征朱箋曰一作往往是由故地擅斯目矣其水東北注養水朱趙無水字養水又東北入東長朱有迪字箋曰一無迪字趙刪湖亂流注汝水也官本曰按近刻脫流字　案朱脫趙增又朱也作縣趙改刊誤曰箋曰縣宋本作也按亂下落流字汝水又逕郟縣故城南春秋昭公十九年楚令尹子瑕之所城也滶水注之水出魯陽縣之將孤山東南流許慎云水出南陽魯陽官本曰按南陽近刻脫陽字　案朱脫趙增刊誤曰南下脫陽字說文校補入父城從水敖聲趙釋曰一清按說文繫傳作父城今說文譌呂忱字林亦言在魯陽滶水東入父城縣與桓水會官本曰按桓近刻作柏　案朱作柏箋曰宋本作桓下同趙改桓水出魯陽北山朱水上有柏字趙改桓字水有二源奇導于賈復城合爲一瀆逕賈復城北復南擊郾所築也俗語訛謬謂之寡婦城水曰寡婦水此瀆官本曰按此近刻訛作北　案朱訛趙改刊誤曰北

當作此水有窮通故有枯渠之稱焉其水東北流至父城縣北右注溵水亂流又東北至郟入汝汝水又東南左合藍水朱趙無又字水出陽翟縣重嶺山東南流逕紀氏城西有層臺官本曰按層近刻訛作增案朱訛趙改謂之紀氏臺官本曰按謂近刻訛作記脫之字案朱訛脫趙改增刊誤曰名勝志引此文作有層臺謂之紀氏臺今補正續漢書曰世祖車駕西征盜賊羣起郟令馮魴爲賊延裒趙作褒所攻力屈上詣紀氏羣賊自降卽是處在郟城東北十餘里其水又東南流逕黃阜東而南入汝水汝水又東南流與白溝水合官本曰按近刻與上衍又字案朱作又趙改右水出夏亭城西官本曰按水出下近刻衍亭城西而南逕六字案朱衍趙刪刊誤曰亭城西而南逕六字衍文又南逕龍城西城西北卽摩陂也縱廣可朱趙有一字十五里魏青龍元年有龍見于郟之摩陂明帝幸陂觀龍于是改摩陂曰龍陂其城曰龍城其水又南入于汝水汝水朱不重二字箋曰宋本疊汝水二字趙增又東

南與龍山水會水出龍山龍溪北流際父城縣

故城東昔楚平王大城城父以居太子建故杜預曰卽襄城之父城縣也官本曰按原本訛作卽襄城之城父縣也近刻又脫縣字左傳集解今本亦誤考楚之城父邑漢置縣改曰父城屬潁川郡晉屬襄城郡晉譙郡有城父縣漢屬沛郡是襄城郡漢晉皆不稱城父也今改正　案朱趙作城父朱脫縣字箋曰按漢地理志潁川有父城縣而沛郡有城父縣此注自說潁川之父城乃忽引楚平王城父事故並舉說苑襄城君與黃帝襄城問塗以實杜注豈父城與城父本爲一耶趙增縣字刊誤曰城父下落縣字黃省曾本校增趙釋曰一清按城父父城本是二縣漢志潁川郡父城縣下云應鄉故國沛郡城父縣下云夏肥水東南至下蔡入淮莽曰思善續志父城屬潁川而城父改隸汝南故特著曰城父故屬沛春秋時曰夷左氏傳云楚遷許于夷實城父杜預注曰此時改城父爲夷故傳實之又後漢書馮異傳云潁川父城人也章懷注云父城縣名故城在今許州葉縣東北汝州郟城縣有父城亦或謂之城父元和郡縣志云父城故殷時應國左傳楚大城城父以居太子建是也杜元凱恐後人誤以此城父爲遷許之舊故云卽襄城之城父明以別于沛郡也史記正義云潁川父城縣沛郡城父縣據郡屬縣其名自分斯言最核也　馮異據之以降世祖用報巾車之恩也　其水又東北流與

二水合俱出龍山北流注之又東北入于汝水

汝水又東南逕襄城縣故城南王隱晉書地道記曰楚靈王築劉向說苑曰襄城君始封之日服翠衣帶玉佩徙倚于流水之上卽是水也楚大夫莊辛所說處後乃縣之朱箋曰說苑云襄城

君衣翠衣帶玉劍履縞舃立于游水之上楚大夫莊辛過而說之遂拜謁曰臣願把君之手其可乎襄城君忿而不言莊辛曰君獨不聞鄂君子晳有感於越人之歌乎襄城君乃奉手而進之呂后元年立孝惠後宮子義爲侯國王莽更名相成（趙作城）也黃帝嘗遇牧童于其野故嵇叔夜讚曰奇矣難測襄城小童倦遊六合來憩茲邦也其城南對氾城周襄王出鄭居氾卽是此城也春秋襄公二十六年楚伐鄭涉氾而歸杜預曰涉汝水于氾城下也晉襄城郡治京相璠曰周襄王居之故曰襄城也今置關于其下

汝水又東南流逕西不羮城南春秋左傳昭公十二年楚靈王曰昔諸侯遠我而畏晉今我大城陳蔡不羮賦皆千乘諸侯其畏我乎東觀漢記曰車騎馬防以前參藥勤勞省闥增封侯國襄城羮亭千二百五十戸卽此亭也

汝水又東南逕繁邱城南而東南出也

又東南過定陵縣北

湛水出犨縣北魚齒山西北東南流歷魚齒山

下爲湛浦方五十餘步春秋襄公十六年晉伐楚報楊梁之役朱梁作渠趙改刊誤曰左傳作楊梁楚公子格及晉師戰于湛阪楚師敗績遂侵方城之外今水北悉枕翼山阜于父城東南湛水之北山有長阪朱作陂箋曰宋本作阪下同趙改阪蓋即湛水以名阪故有湛阪之名也湛水又東南逕蒲城北京相璠曰昆陽縣北有蒲城蒲城北有湛水者是也湛水又東官本曰按湛近刻訛作漢案朱訛趙改刊誤曰漢水當作湛水于汝水九曲北東入汝杜預亦以是水爲湛水矣周禮荆州其浸潁湛鄭玄云未聞蓋偶有不照也今考地則不乖其土言水則有符經文矣趙釋曰一清按漢志註師古曰潁水出陽城陽乾山宜屬豫州許慎又云湛水豫州浸蓋川土相鄰故也全氏曰周禮職方荆州之浸潁湛按湛是汝水支流而潁亦與汝互相出入之水也又豫州之浸波溠波亦汝水支流然則汝雖不見于禹貢而未嘗不重于職方康成既不知湛水又不知波水非啻長之註何以證明汝水又東南逕定陵縣故城北漢成帝元延三年封侍中衛尉淳于長爲侯國王莽更之曰定城矣官本曰按近刻脫曰字案朱脫趙增刊誤曰更之下落曰字東觀漢記曰光武擊

王莽二公還到汝水上于涯以手飲水澡頮塵垢謂傳吏曰今日疲倦諸君寧憊也朱箋曰當作邪卽是水也水右則濦水左入焉左則百尺溝出矣溝水夾岸層崇亦謂之爲百尺堤也自定陵城北通潁水于襄城縣潁盛則南播汝泆朱作佚箋曰當作泆趙改泆則北注溝之東有澄潭號曰龍淵在汝北四里許南北百步東西二百步水至清深常不耗竭官本曰按常近刻訛作嘗朱訛趙改刊誤曰嘗當作常案佳饒魚筍湖溢則東注漷水矣汝水又東南昆水注之水出魯陽縣唐山東南流逕昆陽縣故城西更始元年王莽徵天下能爲兵法者官本曰按近刻脫者字刊誤曰兵法下落者字吳琯本校案朱脫趙增選練武衞招募猛士旌旗輜重千里不絕又驅諸獷獸虎豹犀象之屬以助威武自秦漢出師之盛未嘗有也世祖以數千兵徼朱作激箋曰激宋本作邀後漢書作徼趙改邀之陽關諸將見尋邑兵盛反走入昆陽世祖乃

使成國上公王鳳廷尉大將軍王常留守夜與十三騎出城南門收兵于郾尋邑圍城數十重雲車十餘丈瞰臨城中官本曰按近刻脫中字　案朱脫趙增刊誤曰城下落中字後漢書光武帝紀校補積弩亂發矢下如雨城中人負戶而汲王鳳請降不許世祖帥營部俱進頻破之乘勝以敢死三千人徑衝尋邑兵敗其中堅于是水之上遂殺王尋城中亦鼓譟一本作噪而出中外合勢震呼動天地會大雷風屋瓦皆飛莽兵大潰

昆水又屈逕其城南　世祖建武中封侍中傅俊為侯國故後漢郡國志有昆陽縣蓋藉水以氏縣也趙釋曰一清案漢志潁川郡昆陽縣應劭曰昆水出南陽

昆水又東逕定陵城南又東注汝水汝水又東南逕奇頟朱作雒箋曰一作頟趙改頟城西北今南潁川郡治也濆水出焉世亦謂之大𤅊水爾雅曰河有雍汝有濆然則濆者汝別也趙釋曰全氏曰公羊子曰濆泉者直泉也直泉者涌泉也釋名本之其音讀如濆謂自下而上也𤅊則其聲之轉也後卷小𤅊水下有汾陂善長亦曰汾俗音糞蓋汾即濆之通也詩曰遵彼汝墳蓋汝旁之水為濆則汝旁之土亦為墳謂突起也如禹貢赤埴墳之墳毛公乃以大防解之非也觀

孟子則汝水宜決不宜防也故其下夾水之邑猶流汝陽之名是或潰瀷之聲相近矣亦或下合瀷潁兼統厥稱耳官本曰按近刻作矣　案朱同趙改刊誤曰矣黄省曾本作耳

又東南過郾縣北孫校曰元和志蔡州褒信縣本漢之郾縣汝水經縣東北去縣五十五里郾城縣汝水經縣西北去縣七十里

汝水逕奇頟城西東南流其城衿帶兩水側背雙流汝水又東南流逕郾縣故城北故魏下邑也史記楚昭陽伐魏取郾是也汝水又東得醴水口官本曰按近刻訛作口水　案朱訛趙乙刊誤曰口水二字當互易水出南陽雉縣官本曰按近刻訛作山　案朱訛趙改刊誤曰雉山當作雉縣漢書地理志校亦云導源雉衡山卽山海經云衡山也郭景純以爲南岳非也馬融廣成頌曰面據衡陰指謂是山在雉縣界故世謂之雉衡山山海經不言有水官本曰按此下近刻衍焉字　案朱趙有焉字孫校曰此處星衍駁之見山海經補注然醴水東流歷唐山下卽高鳳所隱之山也醴水又東南與皐水合水

發阜山郭景純言或作章山官本曰按近刻脫言字案朱脫趙增曰字刊誤曰于文落曰字全氏校增東流注于醴水醴水又東南逕唐城北南入城而西流出城城蓋因山以即稱矣醴水又屈而東南流逕葉縣故城北春秋昭公十五年許遷于葉者也楚盛周衰控霸南土欲爭強中國多築列城于北方以逼華夏故號此城爲萬城或作方字官本曰按字近刻訛作城此四字亦注中之小注案朱趙作城唐勒奏土論曰我是楚也官本曰按此語有舛誤世霸南土自越以至葉垂弘境萬里故號曰萬城也余按春秋屈完之在召陵對齊侯曰楚國方城以爲城杜預曰方城山名也在葉南未詳孰是楚惠王以封諸梁子高官本曰按近刻脫高字案朱脫趙增刊誤曰沈諸梁字子高落高字號曰葉公城即子高之故邑也葉公好龍神龍下之河東王喬之爲葉令也每月望常自詣臺朝朱趙臺朝作朝堂朱箋曰後漢書作詣臺朝帝怪其來數而不見車騎顯宗密令太史伺望之言其臨至輒有雙鳧從東南飛來于是候鳧至舉羅張之但

得一隻舃乃詔尚方診視則四年中所賜尚書官屬履也每當朝時葉門下鼓不擊自鳴聞于京師後天下玉棺于堂前吏民推排終不搖動朱無推排二字趙增刊誤曰吏民下落推排二字黃省曾本校補後漢書本傳亦有之喬曰天帝獨欲召我耶乃沐浴服飾寢其中朱無中字趙增刊誤曰其下落中字黃省曾本校增後漢書本傳有之蓋便立覆宿昔葬于城東土自成墳其夕縣中牛皆流汗喘乏而人無知者百姓爲立廟號葉君祠牧守每班錄皆先謁拜之吏民祈禱無不如應若有違犯亦立能爲祟帝乃迎取其鼓置都亭下略無復聲焉或云即古仙人王喬也是以干氏書之于神化朱干作于箋曰神化干寶搜神記篇名趙改干刊誤曰于氏當作干氏醴水又逕其城東與燒車水合水西出苦菜山東流側葉城南而下注醴水朱醴作澧沿改刊誤曰箋曰舊本作醴水醴澧字通用醴水又東逕葉公廟北廟前有沈子高諸梁碑官本曰按沈近刻訛作公案朱作公趙增葉字刊誤曰公字上落葉字如曰公子高則疑于公子矣舊秦漢之世廟道有雙闕几筵黃巾之亂殘毀頹闕趙刊誤曰箋曰一作頓闕案頹字不誤魏太和

景初中令長脩飾舊宇後長汝南陳曄以正始元年立碑碑字破落遺文殆存事見其碑　醴水又東與葉西陂水會縣南有方城山屈完所謂楚國（朱作以箋曰作國趙改國）一方城以爲城者也山有湧泉北流畜之以爲陂陂塘方二里（官本曰按陂近刻作故　案朱同趙改刊誤曰故當作陂）陂水散流又東逕葉城南而東北注醴水醴水又東注葉陂陂東西十里南北七里二陂並諸梁之所堨也（趙刊誤曰箋曰也舊本作地按也字不誤）陂水又東逕潕陽縣故城北又東逕定陵城東南（朱趙作南東以東字下屬）與芹溝水合（朱無水字趙增刊誤曰芹溝下落水字）其水導源葉縣東逕潕陽城北又東逕定陵縣南又東南流注醴其水逕流昆醴之閒纏絡四縣之中疑即呂忱所謂涀水也（官本曰按涀近刻作涀　案朱趙作涀）今于定陵更無別水惟是水可當之醴水東逕郾縣故城南左入汝（趙釋曰一清按漢志南陽郡雉

縣灃水東至郾入汝師古曰郾音屋考灃水東至郾縣入汝今河南許州郾城縣是也郾字誤耳師古更以屋音釋之廣韻集韻始出郾字云地名在南陽皆爲謬也山海經曰醴水東流注于涀水也朱箋曰孫云涀山海經作視注云或曰宜爲瀙瀙水今在南陽也趙改視釋曰一清按郭璞註云或曰視宜爲瀙漢志南陽郡舞陰縣瀙水所出東至上蔡入汝全氏曰山經所云灃水注視灃乃濯字之訛濯水注瀙灃水不注瀙也汝水又東南流逕鄧城西春秋左傳桓公二年蔡侯鄭伯會于鄧者也汝水又東南流潕水注之朱箋曰孫云山海經注云潕音武今在南陽舞陽縣

又東南過汝南上蔡縣西孫校曰元和志蔡州汝南縣本漢舊縣汝水經縣西南二里上蔡縣本漢舊縣汝水西去縣十五里

汝南郡楚之別也漢高祖四年置王莽改郡曰汝汾朱趙作濆趙釋曰一清按漢志汝南郡高帝置莽曰汝汾分爲賞都尉縣故蔡國周武王克殷封其弟叔度于蔡世本曰上蔡也九江有下蔡故稱上竹書紀年曰魏章率師及鄭師伐楚取上蔡者也永初元年官本曰按永初近刻訛作建安　案朱訛趙改刊誤曰安帝改元有建光無建安按後漢書本傳是永初元年封此後人塡寫之誤安帝封鄧隲爲侯國汝水又東逕懸瓠城北孫校曰今汝寧府治卽縣瓠城元和志蔡州理城古縣瓠城也汝水屈曲形若垂瓠故城取名焉王智深云汝南太守周矜起

義于縣瓠者是矣今豫州刺史汝南郡治城之西北汝水

枝別左出西北流又屈西東轉又西南會汝形

若垂瓠者彥云城北名馬灣官本曰按馬近刻訛作焉　案朱訛趙改刊誤曰箋曰疑作城北名焉按孫潛云柳僉本作馬灣若如箋說正不知作何等語也中有地數頃上有栗園栗小殊不並固安之實也朱箋曰魏都賦云信都之棗故安之栗注云故安屬范陽出御栗然歲貢三百石以充天府水渚卽栗州也

樹木高茂望若屯雲積氣矣林中有栗堂射埻甚閑敞牧宰及

英彥多所遊薄其城上西北隅高祖以太和中幸縣瓠平南王

肅起高臺朱箋曰一作齋于小城建層樓于隅阿下際水湄朱作堨箋曰一作湄趙改湄降

眺栗渚官本曰案近刻脫眺字　案朱脫趙增刊誤曰降下落眺字寰宇記校增左右列樹四周參差競跱奇

爲佳觀也

又東南過平輿縣南朱箋曰一作平輿埠按漢書地志汝南有平輿縣輿音豫注同孫校曰今汝寧府東南

溱水出浮石嶺北青衣山亦謂之青衣水也東

南逕朗陵縣故城西應劭曰西南有朗陵山孫校曰元和志朗山縣朗陵一

名大明山在縣西北三十里縣以氏焉世祖建武中封城門校尉臧宮爲侯國也溱水又南屈逕其縣南又東北逕北宜春縣故城北朱箋曰漢地理志汝南郡有宜春縣後漢郡國志作北宜春孫校曰今在確山縣東王莽更名之爲宜屖也豫章有宜春故加北矣元初三年官本曰按元初近刻訛作永元案朱訛趙改刊誤曰後漢書安帝卽位建元永初後改元初后父之封在元初三年見后紀永元字誤安帝封后父侍中閻暢爲侯國溱水又東北逕馬香城北又東北入汝汝水又東南逕平輿縣南安成趙作城縣故城北王莽更名至成也漢武帝元光六年封長沙定王子劉蒼爲侯國矣趙釋曰一清按索隱曰在豫章地理志豫章郡無此縣長沙國有安成縣非汝南之安成也汝水又東南陂水注之官本曰按近刻脫此二字又陂訛作汝案朱趙作汝無注之二字趙又刪水字刊誤曰箋曰孫云汝水當作陂水按水字重文宜衍此卽淯水篇之汝水唐時尚有汝柵港水首受慎水于慎陽縣故城南陂趙釋曰一清按漢志慎陽縣師古曰慎字本作滇音真闞駰云永平五年失印更刻遂誤以水爲心陂水兩分一水自陂北遶朱作逕箋曰宋本作遶趙改遶慎陽城四周城塹官本曰按周近刻作固案朱作固箋曰一作圍趙改圍潁川荀淑遇縣人黄叔度于逆旅與語移日曰

子吾師表也范奕論曰官本曰按奕近刻訛作雖 案朱訛趙改黃憲言論風旨無所傳聞然士君子見之者靡不服深遠朱作深服遠箋曰後漢書作服深遠趙依改去疵吝將以道周性全無得而稱乎塹水又自瀆東北流注北陂官本曰按北近刻訛作七 案朱訛趙改刊誤曰七陂當作北陂此與上南陂陂水兩分也一水自陂東北流積為鮦陂官本曰按鮦近刻訛作同 案朱訛趙改刊誤曰同當作鮦漢書地理志汝南郡鮦陽縣應劭曰在鮦水之陽也陂水又東北又結而為陂世謂之窖陂陂水上承慎陽縣北陂東北流積而為土陂陂水又東為窖陂陂水又東南流注壁陂陂水又東北為太陂陂水又東入汝汝水又東南逕平陵亭北又東南逕陽遂鄉北汝水又東逕櫟亭北官本曰按櫟近刻訛作樂 案朱訛趙改春秋之棘櫟也杜預曰汝陰新蔡縣東北有櫟亭今城在新蔡故城西北城北半淪水汝水又東南逕新蔡縣故城南昔管蔡閒王室放蔡叔而遷之其子胡能率德易行周公舉之為卿士

朱趙爲下並有魯字趙刊誤曰箋曰宋本無魯字按尚書蔡仲之命曰周公以爲卿士孔安國傳云周公圻內諸侯二卿治事孔穎達正義云周公爲畿內諸侯得立二卿左傳定公四年亦云周公舉之以爲己卿士杜預注曰爲周公臣注從史記蔡世家曰爲魯卿士朱氏不審乃託名宋本去之滅裂經史甚矣其妄也以見于王王命之以蔡申呂地也官本曰按申近刻作中　案朱作中箋曰郡國志云汝南郡新蔡縣有大呂亭故呂侯國也此中呂未詳趙改申刊誤曰箋曰中呂未詳按傳云南有荊蠻申呂中當作申以奉叔度祀是爲蔡仲矣宋忠曰故名其地爲新蔡王莽所謂新遷者也世祖建武二十八年官本曰按近刻訛作元年　案朱趙作元年趙釋曰一清按後漢書吳漢傳國封在建武二十八年此云元年誤也封吳國爲侯國汝南先賢傳曰新蔡鄭敬字次都爲郡功曹都尉高懿廳事前有槐樹白露類甘露者懿問掾屬皆言是甘露敬獨曰明府政未能致甘露但樹汁耳懿不悅托疾而去汝水又東南左會濦水水上承汝水別流于奇領城東東南流爲練溝逕召陵縣西官本曰按召近刻作邵　案朱同趙改東南流注至上蔡西岡趙刪至字刊誤曰至字衍文北爲黃陵陂陂水東流官本曰按近刻脫水字　案朱脫趙增刊誤曰陂下落水字于上蔡岡東爲蔡塘又東逕平輿縣故城南爲濦水趙釋曰一清按說文濦水出汝

（南上蔡黑閭澗入汝）縣舊沈國也有沈亭春秋定公四年蔡滅沈以沈子嘉歸後楚以爲縣（官本曰按近刻脱楚字　案朱脱趙增　刊誤曰後下落楚字全氏校增）史記曰秦將李信攻平輿敗之者也建武三十年世祖封銚統爲侯國（趙釋曰朱氏謀㙔箋曰後漢書作銚期傳子統封建平侯非平輿）本（朱作于箋曰宋本作本趙改本）汝南郡治昔費長房爲市吏見王壺公懸壺郡市長房從之因而自遠（朱箋曰改本作退）同入此壺隱淪仙路骨謝懷靈無會而返雖能役使鬼神而終同物化城南里餘有神廟世謂之張明府祠水旱之不節則禱之廟前有圭（朱作石箋曰舊本作圭趙改圭）碑文字紊碎不可復尋碑側有小石函按桂陽先賢畫讚（朱箋曰張熹乃桂陽郡臨武縣人吳本作信陽誤）臨武張熹字季智爲平輿令時天大旱（官本曰按近刻訛作天下大旱　案朱同趙刪　刊誤曰下字衍）熹躬禱雩未獲嘉應（官本曰按近刻脱躬字嘉字又此句之下衍熹字　案朱脱衍箋曰宋本作未獲嘉應趙增刪　刊誤曰熹字衍）乃積薪自焚（官本曰按薪近刻作柴　案朱趙作柴）主簿侯崇（官本曰按近刻脱侯字　案朱脱趙增刊誤曰按主簿下落侯字孫潛校補）小吏張化（朱趙吏作史趙刊誤曰箋曰史宋本作吏小史字不誤）從熹焚焉（朱有矣字箋曰舊本作矣宋本無矣字趙刪）火既燎天靈感應即澍雨此熹自焚處也㶏水又東南左

池爲葛陂陂方數十里水物含靈多所苞育昔費長房投杖于陂而龍變所在也又劾東海君于是陂矣朱箋曰神仙傳云壺公以一竹杖與費長房騎之到家以杖棄葛陂中視之乃青龍耳後到東海値大旱三年謂請雨者曰東海神君前來淫葛陂夫人吾係之故久旱今當赦之令其行雨卽便大雨陂水東出爲鮦水俗謂之三丈陂亦曰三嚴水水逕鮦陽縣故城南應劭曰縣在鮦水之陽趙釋曰一清按漢志汝南郡鮦陽縣孟康曰音紂此是缺誤師古章懷音訓並承其失據太平寰字記蔡州新蔡縣下云鮦音紂紅反說文鮦直龍切此與紂紅之音相近爲可證也漢明帝永平中封衞尉陰興子慶爲侯國也官本曰按與近刻訛作興案朱訛趙改縣有葛陵城建武十五年更封安成侯銚丹爲侯國官本曰按近刻訛作更名封經侯銚丹爲侯國案朱同箋曰宋本作銍侯趙改更封銍侯刊誤曰名字衍文是更封銍侯銚丹爲侯國趙釋曰全氏曰丹以安成倂封非銍城之東北有楚武王冢民謂之楚王琴官本曰按近刻訛作琵下衍城字案朱同箋曰琵城當作琴城三十二卷注云楚人謂冢爲琴六安縣都陂中有大冢民傳曰公琴卽臯陶冢也趙琵改琴刪城字刊誤曰箋曰琵城當作琴城按城字衍文趙釋曰一清按皇覽曰民謂之楚王岑蓋山陵之異名城北祝社里下土中得銅鼎銘曰楚武王是知武王隧也鮦陂東注爲富水官本曰按鮦近刻訛作銅案朱訛趙改刊誤曰銅當作鮦水積之處謂之陂塘津渠交

絡枝布川隰矣瀙水自葛陂東南逕新蔡縣故城東而東南流注于汝汝水又東南逕下桑里左池爲橫塘陂又東北爲青陂者也官本曰按青近刻訛作清朱趙少一汝字下同　案朱作又東爲北清陂趙改刊誤曰箋曰當作又東北爲清陂按清陂當作青陂此陂亦名青龍陂也汝水又東南逕壺邱城北故陳地官本曰按近刻訛作也　案朱訛趙改刊誤曰也當作地春秋左傳文公九年楚侵陳克壺邱以其服于晉是也汝水又東與青陂合孫校曰清水今在正陽縣東水上承慎水于慎陽縣之上慎陂右溝北注馬城陂陂西有黃郵亭陂水又東逕新息亭北又東爲綢陂官本曰按又近刻訛作於　案朱訛趙改刊誤曰於當作又朱箋曰一作綱陂陂水又東逕新息縣結爲牆陂陂水又東逕遂鄉東南而爲壁陂又東爲青陂陂東對大呂亭春秋外傳曰當成周時趙作者南有荊蠻申呂姜姓矣朱箋曰鄭語史伯語鄭桓公曰當成周者南有荊蠻申呂應鄧陳蔡隨唐蔡平侯始封也西南有小呂亭故此稱大也側陂南有青陂廟廟前有

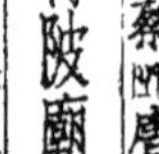

陂官本曰按近刻訛作阪案朱訛趙改刊誤曰阪當作陂漢靈帝建寧三年新蔡長河南緱氏李

言上請脩復青陂司徒臣訓尚書臣襲奏可洛陽宮于青陂東

塘南樹碑官本曰按于字近刻在洛陽宮上案朱同趙改碑稱青陂在縣坤地源起桐柏淮

川別流入于潺湲逕新息牆陂官本曰按近刻訛作坡朱謀㙔云宋本衍入作阪今考阪亦陂之訛案朱訛趙改

褱信界灌瀙五百餘頃陂水又東分為二一水一水南

入淮一水東南逕白亭北又東逕吳城南史記

楚惠王二年子西召太子建之子勝于吳勝入居之故曰吳城

也又東北屈逕壺邱東而北流注于汝水世謂

之薄溪水汝水又東逕褱信縣故城北而東注

矣

又東至原鹿縣

汝水又東南逕縣故城西趙增原鹿二字刊誤曰逕下落原鹿二字杜預釋地曰

朱釋上有所字趙刪刊誤曰所字衍文汝陰有原鹿縣也

南入于淮

所謂汝口側水有汝口戍淮汝之交會也

水經注卷二十一

水經注卷二十二　長沙王氏校本

後魏酈道元撰

潁水　洧水　濦水

濇水　渠　沙水　案朱無渠沙水三字趙作渠水無沙字

潁水出潁川陽城縣西北少室山

秦始皇十七年滅韓以其地爲潁川郡蓋因水以著稱者也漢高帝二年以爲韓國王莽之左隊也

山海經曰潁水出少室山地理志曰出陽城縣陽乾山今潁水有三源奇發右水出陽乾山之潁谷

春秋潁考叔爲其封人

其水東北流中水導源少室通阜東南流逕負黍亭東春秋定公六年鄭伐馮滑負黍者也馮敬通顯志賦曰求善卷之所在遇許由于負黍京相璠曰負黍在潁川陽城縣西南二十七里世謂之黄城也

亦或謂是水

爲濦水東與右水合左水出少室南溪東合潁水故作者互舉二山言水所發也官本曰按近刻互訛作乃山訛作三　案朱趙同朱箋曰宋本乃作于　呂氏春秋曰卞隨恥受湯讓自投此水而死張顯逸民傳嵇叔夜高士傳並言投泂水而死未知其孰是也朱箋曰呂覽作潁水莊子作椆水司馬注本作泂水云泂水在潁陽墰按潁泂古字通用故禮潁衣一作絅是其例也椆泂二字皆誤耳

東南過其縣南官本曰按近刻作又東南又字後人所加　案朱趙有又字

潁水又東五渡水注之其水導源崈高縣朱趙崈作崇趙刊誤曰箋曰崈一作嵩按漢書地理志云崈高武帝置以奉太室山是爲中岳有太室少室山廟古文以崈高爲外方山也師古曰崈古崇字　東北太室東溪縣漢武帝置以奉太室山俗謂之崈陽城及春夏雨泛水自山頂而迭相灌澍嶍流相承爲二十八浦也暘旱輟津官本曰按暘近刻作陽　案朱訛趙改　而石潭不耗道路遊憩者惟得餐飲而已官本曰按餐近刻訛作湌　案朱趙作湌　無敢澡盥其中苟不如法必數日不豫是以行者憚之山下大潭

周數里官本曰按潭近刻訛作澤 案朱趙作澤而清深肅潔水中有立石高十餘丈廣二十許步上甚平整緇素之士多泛舟升陟取暢幽朱作山箋曰當作幽趙改幽情其水東南逕陽城西官本曰按南逕近刻訛作流南 案朱作流南趙改流逕刊誤曰南當作逕石溜縈委溯者五涉故亦謂之五渡水東南流入潁水潁水逕其縣故城南昔舜禪禹禹避商均伯益避啓竝于此也亦周公以土圭測日景處漢成帝永始元年封趙臨爲侯國也趙釋曰沈氏曰本表封成陽不封陽城成陽屬汝南不屬潁川縣南對箕山山上有許由冢堯所封也故太史公曰余登箕山其上有許由墓焉官本曰按其近刻訛作之 案朱趙作之山下有牽牛墟側潁水有犢泉是巢父還牛處也趙刊誤曰箋曰一作樊父按困學紀聞云古今人表許繇巢父爲二人譏周古史考許由夏常居巢故一號巢父則巢許爲一人應休璉又謂之山父石上犢跡存焉又有許由廟碑闕尚存是漢潁川太守朱寵所立潁水逕其北東與龍淵水合其水導源龍淵東南流逕陽城北又東南

入于潁潁水又東平洛溪水注之水發玉女臺下平洛澗世謂之平洛水呂忱所謂勺水出陽城山蓋斯水也又東南流注于潁潁水又東出陽關官本曰按陽下近刻衍城字　案朱衍趙刪刊誤曰章懷後漢書光武帝紀注云陽關聚名下亦云陽關聚城字衍文歷康趙有亭字城南魏明帝封尚書右僕射衞臻爲康鄉侯此卽臻封邑也

又東南過陽翟縣北

潁水東南流逕陽關聚聚夾水相對俗謂之東西二土城也潁水又逕上棘城西又屈逕其城南春秋左傳襄公十八年楚師伐鄭城上棘以涉潁者也縣西有故堰堰石崩褫頹基尚存舊過潁水枝流所出也其故瀆東南逕三封山北今無水渠中又有泉流出焉時人謂之嵎水東逕三封山東東南歷大陵西連山亦曰啓筮亭啓享神于大陵之上朱無下啓字亭作享趙增改刊

誤曰箋曰脫一啓字按亭當作享 卽鈞臺也春秋左傳曰夏啓有鈞臺之饗是也杜預曰河南陽翟縣南有鈞臺 其水又東南流水積爲陂陂方十里俗謂之鈞臺陂 官本曰按鈞字近刻訛在下句指字下案朱同趙增下文不刪刊誤曰臺陂上落鈞字 蓋陂指臺取名也 趙無陂字 又西南流逕夏亭城西又屈而東南爲郟之靡 趙作摩 陂潁水自堨東逕陽翟縣故城北 官本曰按近刻脫縣字 案朱脫趙增刊誤曰陽翟下落縣字 夏禹始封于此爲夏國故武王至周曰吾其有夏之居乎遂營洛邑徐廣曰河南陽城陽翟則夏地也春秋經書秋鄭伯突入于櫟左傳 朱趙有曰字 桓公十五年突殺檀伯而居之服虔曰檀伯鄭守櫟大夫櫟鄭之大都宋忠曰今陽翟也周末韓景侯自新鄭徙都之王隱曰陽翟本櫟也 官本曰按近刻脫陽字 案朱脫趙增刊誤曰翟上落陽字 故潁川郡治也城西有郭奉孝碑側水有九山祠碑 官本曰按側水近刻訛作水側 案朱趙不誤趙刊誤曰箋曰當作水側按側水謂臨側水際也字不誤 叢柏猶茂北枕川流也

又東南過頴陽縣西又東南過頴陰縣西南

應劭曰縣在頴水之陽故邑氏之　按東觀漢記漢封車騎將軍馬防爲侯國防城門校尉位在九卿上絕席朱箋曰後漢書馬援次子馬防貴寵最盛與九卿絕席封頴陽侯　頴水又南逕頴鄉城西頴陰縣故城在東北舊許昌典農都尉治也後改爲縣魏明帝封侍中辛毗爲侯國也頴水又東南逕柏祠曲東趙刊誤曰箋曰自臺北陂以下原錯在東南臨頴縣注後今據宋本改正按黃省曾本之錯誤不待言彼文歷罡之下以臺臨水方百步至水受大濮經注共二十三行計四百十字接入邸城南之上是文當移接後又東公路臺北之下陂陂水南流積爲江陂之上明白易曉朱氏誤割臺北陂至水受大濮經注一百七十二字于此遂至迷瞀幾不復可辨孫潛依柳僉鈔本又爲改正方還舊觀矣歷岡朱此下接後臺北陂云云趙改同官本刊誤出東歷罡三字曰東歷罡下當接後五葉五行邸城南至十葉十九行所未詳丘城南故汾丘城也

春秋左傳襄公十八年楚子庚治兵于汾司馬彪曰襄城縣有汾丘杜預曰在襄城縣之東北也逕繁昌故縣北曲蠡之繁陽亭也魏書國志曰文帝以漢獻帝延康元年行至曲蠡登壇受禪于是地官本曰按近刻脫壇受二字趙增刊誤曰登下落壇受二字案朱脫改元黃初其年以頴

陰之繁陽亭爲繁昌縣城内有二臺時人謂之繁昌臺壇前有二碑昔魏文帝受禪于此官本曰按近刻脫受字案朱脫趙增刊誤曰禪上落受字自壇而降曰舜禹之事吾知之矣故其石銘曰遂于繁昌築靈壇也官本曰按壇近刻訛作臺案朱訛趙改刊誤曰臺黃省曾本作壇于後其碑六字生金論者以爲司馬金行故曹氏六世遷魏而事晉也潁水又東南流逕青陵亭城北北對青陵陂陂縱廣二十里潁水逕其北枝入爲陂陂西則漷水注之水出襄城縣之邑城下官本曰按襄近刻訛作褒案朱訛趙改刊誤曰褒城當作襄城東流注于陂陂水又東入臨潁縣之狼陂潁水又東南流而歷臨潁縣也趙釋曰名勝志引水經注曰潁水又東逕蒙龍城即古蒙龍氏之邑也城西有拒陵岡今本無之一清按寰宇記云蒙龍城在臨潁縣西四十里北周書泉企傳拒陽人杜窋即拒陵也古陽陵字每互用方輿紀要許州臨潁縣有大陵城引注文正同大陵見上陽翟縣及潩水注中

又東南過臨潁縣南又東南過汝南濦强縣北洧水從河南密縣東流注之

臨潁舊縣也潁水自縣西注官本曰按近刻脫注字　案朱脫趙增刊誤曰縣西下落注字小㶏水出焉官本曰按近刻脫焉字　案朱脫趙增刊誤曰出下落焉字孫潛校增爾雅曰潁別爲沙郭景純曰皆大水溢出別爲小水之名也亦猶江別爲沱也潁水又東南逕臯城北官本曰按臯近刻訛作澤　案朱訛澤趙改睪刊誤曰澤當作睪下臯澤字相似之澤亦當作睪卽古臯城亭矣官本曰按臯城近刻訛作城臯　案朱訛趙乙刊誤曰城臯二字當倒互春秋經書公及諸侯盟于臯鼬者也臯澤趙作睪字相似名與字乖耳潁水又東逕㶏陽城南竹書紀年曰孫何取㶏陽㶏强城在東北潁水不得逕其北也趙無也字潁水又東南溵水入焉非洧水也

又東過西華縣北

王莽更名之曰華望也官本曰也上近刻衍縣字　案朱衍趙刪刊誤曰縣字衍有東故言西矣官本曰按矣近刻作也　案朱同趙改世祖光武皇帝建武中封鄧晨爲侯國漢濟北戴封字平仲爲西華令遇天旱慨治功無感乃積柴坐其上以自焚

火起而大雨暴至遠近數服官本曰按近刻訛作伏　案朱趙作伏永元十二年徵太

常焉官本曰按焉近刻作也　案朱同　趙改刊誤曰也名勝志作焉縣北有習陽城潁水逕其

南官本曰按近刻作經其南也　案朱作經趙改逕並有也字經所謂淯水流注之也

又南過女陽縣北官本曰按漢志女陽師古曰女讀曰汝其下女陰亦同近刻女汝二字雜用　案朱作汝趙改女刊誤曰全氏云汝古皆作女道元以爲方俗之音非也但不知漢人何以獨用古字于女陽女陰而其餘則否

縣故城南有汝水枝流故縣得厥稱矣闞駰曰本汝水別流其後枯竭號曰死汝水故其字無水余按汝女乃方俗之音故字隨讀改未必一如闞氏之說以窮通損字也潁水又東大㶏水注之又東南逕博陽縣故城東官本曰按近刻脫故字　案朱脫趙增刊誤曰縣下落故字城在南頓縣北四十里漢宣帝封邴吉爲侯國王莽更名樂嘉趙釋曰一清按漢志作樂家

又東南過南頓縣北㶏水從西來流注之

濦水于樂嘉縣入潁不至于頓頓故頓子國也周之

同姓春秋僖公二十五年楚伐陳納頓子于頓是也俗謂之潁

陰城非也潁水又東南逕陳縣南又東南左會交

口者也

又東南至新陽縣北蒗蕩朱趙作蕩下同渠水從西北來注

之

經云蒗蕩渠者百尺溝之名別趙作別名也潁水南合

交口新溝官本曰按近刻脫潁水二字案朱趙無自是東出潁上有堰謂之

新陽堰俗謂之山陽堨非也新溝自潁北東出

縣在水北故應劭曰縣在新水之陽今縣故城

在東明潁水不出其北蓋經誤耳潁水自堰東

南流官本曰按堰字近刻訛在東字下案朱訛趙乙刊誤曰東堰二字當倒互逕項縣故城北春秋僖

公十七年魯滅項是矣潁水又東右合谷水水上承

平鄉諸陂東北逕南頓縣故城南側城東注春秋左傳所謂頓迫于陳而奔楚自頓徙南故曰南頓也今其城在頓南三十餘里又東逕項城中楚襄王所郭以爲別都都內西南小城項縣故城也舊潁州治谷水逕小城北又東逕魏豫州刺史賈逵祠北官本曰按近刻脫魏豫州三字案朱脫趙增刊誤曰刺史上落魏豫州三字王隱言祠在城北非也廟在小城東昔王凌爲宣王司馬懿趙釋曰一清按懿二字注中注所執屆廟而歎曰賈梁道朱梁作良趙改刊誤曰箋曰當作梁道按注中季梁作季良亦良作袁梁頗多互借此亦其一也王凌魏之忠臣惟汝有靈知之遂仰鴆而死朱箋曰干寶晉紀曰凌到項見賈逵祠呼曰賈梁道王凌固忠於魏之社稷者唯汝有神知之其年八月宣王有疾夢凌逵爲厲遂薨廟前有碑碑石金生趙作生金干寶曰黃金可採爲晉中興之瑞谷水又東流出城東注潁潁水又東朱趙無又字側潁有公路城趙側下刪潁字刊誤曰潁字衍文袁術所築也故世因以術字名城矣潁水又東逕臨潁城北城臨水闕南面又東逕雲陽二城間南北翼水竝非

所具又東逕邱頭邱頭南枕水官本曰按近刻脫南字　案朱脫趙增刊誤曰邱頭下落南字吳琯本校增魏書郡國志曰宣王軍次邱頭王淩面縛水次故號武邱矣趙釋曰危林曰司馬懿雖嘗討王淩至邱頭而武邱之名至司馬昭克諸葛誕始改本注誤潁水又東南流官本曰按近刻脫流字　案朱脫趙增刊誤曰東南下落流字孫潛校增于故城北細水注之趙釋曰一清按細水說文作洵从水囪聲水上承陽都陂官本曰按宋本訛作阪近刻訛作陵改陂刊誤曰箋曰陵宋本作阪按皆非也當作陂　案朱訛陵趙陂水枝分東南出爲細水東逕新陽縣故城北又東南逕宋縣故城北官本曰按宋下近刻衍公字郡國志云宋公國蓋以爲宋是公國耳與他縣云侯國例合　案朱衍趙刪刊誤曰公字衍文師古曰封于新郪號爲宋國後漢書郭憲傳云汝南宋人可證也縣即所謂郪邱者也官本曰按近刻脫即所謂三字　案朱脫趙增刊誤曰郪邱上落即所謂三字全氏校增秦伐魏取郪邱謂是邑矣漢成帝綏和元年詔封殷後于沛以存三統平帝元始四年改曰宋公章帝建初四年徙邑于此故號新郪爲宋公國也王莽之新延矣細水又南逕細陽縣新溝水注之官本曰按近刻脫水字　案朱脫趙增刊誤曰兩新溝下俱落水字溝首受交口官本曰按溝上近刻有新字　案朱有新字趙增水字說見上東北逕新陽縣故城南

漢高帝六年封呂青爲侯國官本曰按青近刻訛作清訛趙改刊誤曰史表作呂青 案朱王莽更名曰新明也故應劭曰縣在新水之陽今無水故渠舊道而已東入澤渚而散流入細細水又東南逕細陽縣故城南官本曰按近刻脫縣字 案朱脫趙增刊誤曰細陽下落縣字王莽更之曰樂慶也世祖建武中封岑彭子遵爲侯國細水又朱作之箋曰宋本作又趙改又東南積而爲陂謂之次塘公私引裂官本曰按引近刻訛作列 案朱作列箋曰宋本作弘趙改引以供田溉又東南流屈而西南入潁地理志曰細水出細陽縣東南入潁趙釋曰一清按今漢志無是文師古曰居細水之陽故曰細陽細水出新郪潁水又東南流逕胡城東故胡子國也春秋定公十五年楚滅胡以胡子豹歸是也杜預釋地曰汝陰縣西北有胡城也官本曰按北近刻訛作地 案朱訛趙改刊誤曰地當作北潁水又東南汝水枝津注之水上承汝水別瀆于奇洛朱趙作頜城東三十里世謂之大灑水也東南逕召陵縣故城南 春秋

左傳僖公四年齊桓公師于召陵責楚貢不入卽此處也城內有大井徑數丈水至清深闞駰曰召者高也孫校曰說文邵高也其地㠭墟井深數丈故以名焉又東南逕征羌縣故召陵縣之安陵鄉安陵亭也世祖建武十一年以封中郎將來歙歙以征定西羌功故更名征羌也趙釋曰一清按後漢書來歙傳曰以歙有平羌隴之功故改汝南之當鄉縣爲征羌國焉漢志汝南郡無此縣名續志云汝南郡召陵縣有安陵鄉征羌侯國有安陵亭與酈注合本傳之云所未詳也闞駰引戰國策以爲秦昭王欲易地謂此非也官本曰按近刻脫非字案朱趙無趙釋曰一清按地理志僞陵李奇曰六國爲安陵在潁川不在汝南汝水別瀆又東逕公路臺北朱無臺北二字趙增刊誤曰箋曰此文原本錯寫入東南過潁陽縣注中今據宋本改正按公路下吳琯本有臺北二字朱氏錯劃入前四葉十四行東歷罡之下今移接于此臺臨水方百步趙無方字袁術所築也汝水別溝趙作瀆又東逕西門城卽南利也漢宣帝官本曰按漢下近刻衍書字案朱衍趙刪刊誤曰書字衍文封廣陵厲王子劉昌爲侯國官本曰按厲字近刻訛在王字下國訛作也案朱厲王不誤國作也箋曰謝云昌下一有寶字一作寶瑋按漢書王子侯表云宣帝本始元年七月封廣陵厲王子昌爲南利侯克家云當作爲侯國也趙改刊誤曰也當作國縣北三十里有孰城號曰北利故瀆出于二利之閒

閔闕女陽之縣官本曰按近刻脫一閔字案朱脫趙增刊誤曰于文當重一閔字世名之趙有曰字死女縣取水名故曰女陽也又東逕南頓縣故城北官本曰按近刻脫北字案朱脫箋曰疑脫一字趙增北字又東南逕鮦陽城北又東逕郖鄉城北又東逕固始縣故城北地理志縣故寢也寢丘在南故藉丘名縣矣趙釋曰全氏曰按漢志汝南郡有寑縣應劭以爲寑邱淮陽國有固始縣顏師古又以爲寑邱故劉奉世疑之曰既別有固始則此寑疑更一地予謂非也睢陽之固始與寑本一地而分爲二縣漢王追項羽至固陵晉灼曰即固始也師古曰後改爲固始耳地理志屬淮陽續志光武改寑爲固始而淮陽之固始則幷省陳之陽夏故陽夏有固陵聚劉昭補注引晉灼云汝南固始縣以實之則二縣本相接也又何疑乎寑之更是一地乎但今漢志則無固始故寑之文未知所據也王莽更名之曰閏治官本曰按近刻脫閏字案朱脫趙增刊誤曰漢書地理志作閏治今校補孫叔敖以土浸薄取而爲封故能綿嗣城北猶有叔敖碑建武二年司空李通又慕叔敖受邑故光武以嘉之更名固始別汝又東逕蔡岡北岡上有平陽侯相蔡昭冢昭字叔明周后稷之胄冢有石闕闕前有二碑碑字淪碎不可復識羊虎傾低殆存而已枝汝又東北流逕胡城南而東歷女陰縣故城

西北東入潁水潁水又東逕女陰縣故城北史記高祖功臣侯者年表曰高祖六年封夏侯嬰爲侯國王莽更名之曰汝墳也縣在汝水之陰故以汝水納稱城西有一城故陶丘鄉也官本曰按鄉近刻訛作縣朱訛趙改刊誤曰縣當作鄉 案汝陰郡治城外官本曰按治近刻訛作汝 案朱訛趙改城外二字下屬官本讀誤趙刊誤曰魏書地形志汝陰郡晉武帝置治社亭城縣曰汝陰下汝字誤當作治趙釋曰全氏曰晉志汝陰郡魏置首汝陰縣後魏志汝陰郡晉武帝置治社亭城東北隅有舊臺翼城若丘俗謂之女郎臺雖經頹毀猶自廣崇上有一井疑故陶丘鄉所未詳官本曰按歷岡丘城南丘字起至此朱謀㙔本訛在後水受大漴陂漴字下原本不誤 案朱訛趙改刊誤曰所未詳之次行接前五葉二行又東南至慎縣經文至五行水受大漴注文朱氏誤劄黄本錯簡今改正

又東南至慎縣東南入于淮

潁水東南流左合上吳百尺二水俱承次塘細陂南流注于潁潁水又東南江陂水注之官本曰按江近刻訛作流 案朱趙不誤刊誤曰箋曰江宋本作流按下文云陂水南流積爲江陂江亦陂名改作流字非水受大漴陂官本曰按經又東南至此句漴字止朱謀㙔本訛在後會淮也後 案朱訛趙改朱作崇箋曰舊本作漴趙改漴刊誤曰水受大崇下接前四葉十四行陂陂水南流至五葉一行蓋潁水之會淮也朱氏誤劄黄本錯簡今

改正大崇之崇當加水作㴾方輿紀要壽州下云大㴾陂在下蔡城西北百二十里淮水篇又作天㴾陂誤也陂水南流積爲江陂南逕愼城西側城南流入于潁潁水又逕愼縣故城南縣故楚邑白公所居以拒吳春秋左傳哀公十六年吳人伐愼白公敗之王莽之愼治也世祖建武中封劉賜爲侯國潁水又東南逕蝴蟟郭東俗謂之鄭城矣趙釋曰一清按功臣侯表宣帝神爵三年封鄭吉爲安遠侯表云愼縣知此城爲吉封邑也又東南入于淮春秋昭公十二年楚子狩于州來次于潁尾蓋潁水之會淮也官本曰按水受大㴾陂陂字起至此朱謀㙔本譌在前歷岡邱城南岡字下而陂字之上岡字之下又誤截逕公路臺北句臺北二字雜入其閒朱氏以爲據宋本實前後舛謬惟永樂大典內此水敘次不紊　案朱訛趙改刊誤出臺北陂水南流(至)蓋潁水之會淮也十五字曰臺北二字係後九葉十八行汝水別瀆又東逕公路下文朱氏誤割昔本錯簡于此今移接于彼陂字上接下五葉五行水受大崇至蓋潁水之會淮也潁水注盡此次行接後十葉二十行洧水經文

洧水出河南密縣西南馬領山孫校曰元和志河南府密縣本漢舊縣馬領山在縣南十五里洧水所出

水出山下亦言出潁川陽城山趙釋曰一清按此是班固說山在陽城縣之東北蓋馬領之統目焉洧水東南流官本曰按

洧近刻訛作清案朱訛趙改刊誤曰清當作洧逕一故臺南俗謂之陽子臺又東逕

馬領塢北塢在山上官本曰按近刻脫塢字案朱脫趙增刊誤曰在上落塢字塢下泉流北

注亦謂洧別源也而入于洧水洧水東流綏水

會焉水出方山綏溪卽山海經所謂浮戲之山

也東南流逕漢宏農太守張伯雅墓塋域四周官本曰按

近刻脫域字案朱脫趙增刊誤曰塋下落域字壘石爲垣隅阿相降列于綏水之陰庚門表

二石闕夾對石獸于闕下家前有石廟列植三碑碑云德字伯

雅河南密人也官本曰按南近刻訛作內案朱訛趙改刊誤曰內當作南碑側樹兩石人有數石柱

及諸石獸矣官本曰按近刻脫矣字案朱脫趙增舊引綏水南入塋域而爲池沼官本曰按

域近刻訛作城案朱訛趙改沼在丑地皆蟾蠩吐水石隍承溜池之南又建石樓

石廟前又翼列諸獸但物謝時淪凋毀殆盡夫富而非義官本曰按夫近

刻訛作矣案朱訛趙改刊誤曰矣隸釋載此文作夫比之浮雲況復此乎王孫士安斯爲達矣

綏水又東南流逕上郭亭南東南注洧洧水又

東襄荷水注之水出北山子節溪亦謂之子節水東南流注于洧官本曰按近刻脫注字　案朱脫趙增刊誤曰流下落注字洧水又東會瀝滴泉水出深溪之側泉流丈餘懸水散注故世士以瀝滴稱南流入洧水也

東南過其縣南官本曰按近刻作又東南又字後人所加　案朱趙有又字

洧水又東南流官本曰按近刻訛作東流南　案朱訛趙乙刊誤曰流南二字當倒互與承雲二水合俱出承雲山二源雙導東南流注于洧世謂之東西承雲水洧水又東微水注之水出微山東北流入于洧洧水又東逕密縣故城南　春秋謂之新城左傳僖公六年會諸侯伐鄭圍新密鄭所以不時城也官本曰按鄭所以近刻訛作以鄭二字　案朱訛趙改刊誤曰左傳是鄭所以不時城也今本誤　今縣城東門南側有漢密令卓茂祠茂字子康南陽宛人溫仁寬雅恭而有禮人有認其馬者茂與之曰若非公馬幸至丞相府歸我遂挽車而去後馬

主得馬謝而還之任漢黃門郎遷密令舉善而教口無惡言教化大行道不拾遺蝗不入境百姓爲之立祠享祀不輟矣洧水又左會璅泉水水出玉亭西北流注于洧水洧水（朱作洧水水三字趙上水字改洧刊誤曰上水字重文當作洧）又東南與馬關水合水出玉亭下東北流歷馬關謂之馬關水又東北注于洧洧水又東合武定水水北出武定岡（官本曰按北出近刻訛作出北案朱訛趙乙刊誤曰出北二字當倒互）西南流又屈而東南流逕零鳥塢西側塢東南流塢側有水懸流赴壑一匹有餘直注淵下淪積成淵嬉遊者矚望奇爲佳觀俗人覩此水掛于塢側遂目之爲零鳥水東南流入于洧洧水又東與虎牘山水合水發南山虎牘溪東北流入洧洧水又東南赤澗水注之水出武定岡東南流逕皇臺岡下又歷岡東東南

流注于洧洧水又東南流潧水注之洧水又東南逕鄶城南世本曰陸終娶于鬼方氏之妹趙方下無氏字謂之女隤官本曰按隤近刻訛作潰　案朱作潰箋曰今據世本云陸終娶鬼方氏之妹謂之女嬇生子六人大戴禮帝繫篇作女隤宋本水經注作女潰趙改隤釋曰朱氏箋引世本作女嬇是生六子孕三年啓其左脅三人出焉破其右脅三人出焉其四曰萊言是爲鄶人官本曰按近刻訛作求言是謂之鄶　案朱趙萊作求朱作是謂之鄶趙改刊誤曰史記註引宋忠世本曰是爲鄶人鄶人者鄭是也今校正鄭字亦誤當作鄶詳本卷說見下鄶人者鄭是也趙釋曰一清按史記楚世家陸終生子六人四日會人裴駰集解引世本曰會人者鄭是也鄭字誤當作鄶小司馬索隱曰系本云四曰求言是爲鄶人毛詩正義曰陸終生子六人四曰會人案世本會人卽檜之祖也鄭桓公問于史伯曰王室多難予安逃死乎史伯曰虢鄶公之民遷之可也鄭氏東遷虢鄶獻十邑焉劉楨云鄶在豫州外方之北北鄰于虢都滎之南官本曰按都滎近刻訛作鄶滎　案朱訛趙改刊誤曰全氏云鄶當作都鄶之國都也左濟右洛居兩水之間官本曰按居下近刻有陽鄭二字衍　案朱趙有趙釋曰全氏曰考潧洧之交竝無陽水但有陰水耳左傳陰阪陰口是也古文陽从阳陰从阴字近致訛食溱洧焉徐廣曰鄶在密縣妘姓矣不得在外方之北也　洧水又東逕陰坂北水有梁焉俗謂是濟爲參辰口左

傳襄公九年晉伐鄭濟于陰坂次于陰口而還是也杜預曰陰坂洧津也服虔曰水南曰陰（官本曰按水近刻訛作登　案朱訛趙改刊誤曰箋曰登當作參按夫參南何以曰陰乎全氏云是水南之誤）口者水口也參陰聲相近蓋傳呼之謬耳又晉居參之分（官本曰按參上近刻衍商字　案朱趙有）實沈之土（官本曰按近刻訛作上　案朱趙作土）鄭處大辰之野（官本曰按大辰近刻訛作辰火　案朱趙作辰火）閼伯之地軍師所次故濟得其名也（趙釋曰全氏曰按商參孫汝澄云當作觜參何焯曰非也參當作曑說文曑商星也非二十八宿之參唐韻讀作所今切予謂義門以說文立異而不細讀此注夫商星之曑何以亦爲實沈之主乎且曑爲晉分見于何書況晉長引服氏語謂參陰聲相近今改而爲所今切幾何不千里而遙也然則尚不如孫說之近是矣且晉長此數語本屬傳會以晉爲實沈之土而軍師所次卽以名其水口固未必然若鄭何嘗是閼伯之土乎此不足深辨者也）

又東過鄭縣南潧水從西北來注之（朱潧作鄫箋曰鄫宋本作潧卽鄭詩溱字）

洧水又東逕新鄭縣故城中（官本曰按近刻脫縣字　案朱脫趙增刊誤曰新鄭下落縣字）左傳襄公元年晉韓厥荀偃帥諸侯伐鄭入其郛敗其徒兵于洧上是也竹書紀年晉文侯二年周惠王子多父伐鄶（官本曰按周近刻訛作同　案

朱趙作同朱箋曰一無惠字克之乃居鄭父之丘名之曰鄭是曰桓公趙釋曰一清按漢志河南郡新鄭縣應劭引國語曰鄭幽王敗桓公死之其子武公與平王東遷洛邑遂伐虢會而幷其地而邑于此京兆尹鄭縣應劭曰宣王母弟友所封也其子與平王東遷更稱新鄭史記鄭世家桓公初封于鄭索隱引系本云桓公居棫林徙拾宋忠曰棫林與拾皆舊地名是封桓公乃名爲鄭耳然則居鄭父之邱者是桓公之子武公而誤以爲桓公者蓋竹書之謬道元于渭水篇已詳辨之皇甫士安帝王世紀云或言縣故有熊氏之墟黃帝之所都也鄭氏徙居之故曰新鄭矣城內有遺祠名曰章乘是也

洧水又東爲洧淵水春秋傳曰龍鬬于時門之外洧淵即朱趙作則此潭也今洧水自鄭城西北入而東南流逕鄭城南城之南門內舊外蛇與內蛇鬬內蛇死六年大夫傅瑕殺鄭子納厲公官本曰按納近刻訛作入案朱趙作入是其徵也官本曰按近刻訛作自是徵也案朱趙同水南有鄭莊公望母臺莊姜惡公寤生與段京居段不弟姜氏無訓莊公居夫人于城穎誓曰不及黃泉無相見也故成臺以望母官本曰按成近刻訛作城案朱作城箋曰疑作成趙改成用伸在心之思感考叔之言忻大隧之賦洩洩之慈有嘉融融之孝得常矣洧水又

東與黃水合經所謂濟水非也黃水出太山南黃泉東南流逕華城西史伯謂鄭桓公曰華君之土也趙刊誤曰箋曰鄭語史伯謂鄭桓公曰鄢蔽補丹依𩑽歷華君之土也似非華字按史記鄭世家號果獻十邑註云虞翻曰十邑謂號鄶鄢蔽補丹依𩑽歷華也索隱引國語亦是華字困學紀聞鄭語依𩑽歷莘引史記鄭世家註及水經注俱作華字以證今本之失蓋宋本原有作莘字者厚齋故特糾正之何焯曰明道二年國語本前華後河正作華字韋昭曰華國名矣史記秦昭王三十三年白起攻魏拔華陽走芒卯斬首十五萬司馬彪曰華陽亭名在密縣嵇叔夜常采藥于山澤學琴于古人卽此亭也朱箋曰靈異志嵇中散嘗西南去洛數十里有亭名華陽投宿一更中操琴聞空中稱善中散呼與相見乃出見形以手持其頭共論音聲因授以廣陵散黃水東南流又與一水合官本曰按一近刻訛作上　案朱趙作上水出華城南岡官本曰按近刻作水出兩塘中　案朱趙同一源兩分泉流派別東爲七虎澗水西流卽是水也其水西南流注于黃水黃卽春秋之所謂黃崖也故杜預云苑陵縣西有黃水者也官本曰按苑近刻訛作宛　案朱趙作苑趙刊誤曰箋曰當作宛陵按通鑑釋文辨誤云魏大都督宇文貴進據潁川東魏行臺任祥退保宛陵史炤曰宛陵宣城邑彭澤聚在西按史炤參取漢書地理志晉書地理志以爲釋殊不知地理志漢河南郡又有苑陵縣晉屬滎陽郡後魏

屬陳留郡天平以後屬廣武郡任祥所退保者也詳考諸志宣城之宛陵與任祥所保之苑陵字有苑宛之異傳寫者誤以苑爲宛史炤遂誤釋爲宣城之宛陵所謂差之毫釐繆以千里也朱氏之誤殆與史同渠水注又改爲菀菀音鬱更爲非矣又東南流水側有二臺朱趙有也字謂之積粟臺臺東即二水之會也捕獐山水注之官本曰按獐近刻訛作章下同　案朱訛趙改刊誤曰章當作獐河南總志校水東出捕獐山朱東出作出東趙改刊誤曰出東二字當倒互西流注于黃水黃水又南至鄭城北東轉于城之東北與黃溝合水出捕獐山東南流至鄭城東北入黃水黃水又東南逕龍淵東南官本曰按龍淵下近刻衍泉字　案朱趙有七里溝水注之水出隙侯亭東南平地東注又屈而南流逕升城東又南歷燭城西官本曰按又南近刻訛作又其南　案朱趙同趙於其字下釋曰一清按此處有脫誤即鄭大夫燭之武邑也又南流注于洧水也

又東南過長社縣北

洧水東南流南濮北濮二水入焉濮音僕　官本曰按近刻脫此三字

此亦注中之小注　案朱趙無洧水又東南與龍淵水合水出長社縣西北有故溝上承洧水水盛則通注龍淵水減則津渠輟流官本曰按近刻減訛作滅津訛作律　案朱作滅箋曰宋本作減趙改減津字並不誤其瀆中潈泉南注東轉爲淵綠水平潭清潔澄深俯視游魚類若乘空矣所謂淵無潛鱗也又東逕長社縣故城北鄭之長葛邑也春秋隱公五年宋人伐鄭圍長葛是也後社樹暴長故曰長社魏穎川郡治也余以景明中出宰茲郡于南城西側脩立客館版築旣興于土下得一樹根官本曰按土近刻訛作上　案朱訛趙改刊誤曰上當作土甚壯大疑是故社怪長暴茂者也稽之故說縣無龍淵水名蓋出近世矣京相璠春秋土地名曰長社北界有稟水但是水導于隍塹之中非北界之所謂又按京杜地名並云官本曰按杜近刻訛作社　案朱訛趙改刊誤曰社當作杜謂京相璠春秋土地名及杜預春秋釋地也長社縣北有長葛鄉斯乃

縣徙于南矣然則是水卽稾水也其水又東南逕棘城北左傳所謂楚子伐鄭救齊次于棘澤者也稾水又東左注洧水洧水又東南分爲二水官本曰按此下近刻衍也字案朱趙有其枝水東北流注沙官本曰按北近刻訛作南案朱訛趙改刊誤曰東南吳琯本作東北一水東逕許昌縣故許男國也姜姓四岳之後矣穆天子傳所謂天子見許男于洧上者也漢章帝建初四年官本曰按此下近刻衍更字案朱趙有封馬光爲侯國春秋佐助期曰漢以許朱趙有昌字失天下及魏承漢歷遂改名許昌也城內有景福殿基魏明帝太和中造準價八百餘萬洧水又東入汶倉城內俗以是水爲汶水故有汶倉之名非也蓋洧水之邸閣耳洧水又東逕鄢陵縣故城南官本曰按鄢近刻訛作隱下同案朱作隱趙改隱下同刊誤曰隱陵當作鄢陵漢書五行志作傿陵地理志作傿陵李奇曰六國爲安陵也孫校曰鄢安聲相近昔秦求易地唐且受使于此趙釋曰春秋分記曰鄢亦曰鄢陵成十六年晉敗楚于鄢陵卽此六國時曰安陵兩漢晉爲鄢陵縣俱屬潁川郡按後漢志曰春秋時曰鄢注曰克段于鄢晉敗楚于鄢陵釋

例亦然知其為鄭之鄢無疑惟是漢陳留郡有曰傿王莽所易為順通在東漢屬梁國者是也應劭于前漢志誤以陳留之傿為克段之鄢水經據以為正謂克段于鄢其地在漢陳留杜預誤作潁川鄢陵蓋從應劭注耳此自應誤何得云杜誤乎一清按今本水經注浚儀渠其一者東南過陳縣也下及睢水出梁郡傿縣卷中俱無克段之文克齋所引豈無明據耶蓋是書多缺失耳寰宇記鄢城在宋州柘城縣北二十九里春秋時實陳株野地鄭伯克段之鄢在潁川不在陳留也漢高帝十二年封都尉朱

濞為侯國官本曰按朱近刻訛作諸 案朱趙作諸朱箋曰孫云按史記年表朱濞封鄢陵侯王莽更名左亭洧水

又東鄢陵陂水注之水出鄢陵南陂東西南流

注于洧水也

又東南過新汲縣東北

洧水自鄢陵東逕桐邱南俗謂之天井陵又曰岡非

也洧水又屈而南流官本曰按此下近刻衍其字 案朱衍趙刪水上有梁謂之桐

門橋官本曰按此下近刻有蓋字 案朱趙有藉桐邱以取稱亦言取桐門亭而著目焉

官本曰按近刻脫著字 案朱趙無然不知亭之所在未之詳也洧水又東南逕

桐邱城春秋左傳莊公二十八年楚伐鄭鄭人將奔桐邱即

此城也杜預春秋釋地曰潁川許昌城東北北京相璠曰鄭地也

官本曰按近刻脫此三字 案朱脫趙增刊誤曰曰下落鄭地也三字黃省曾本校補 今圖趙改國無而城見存西南去許

昌故城可三十五里俗名之曰隄其城南郎長隄固洧水之北

防也官本曰按固近刻訛作因 案朱訛趙改刊誤曰因當作固全氏校 西面桐邱其城邪長而不方蓋憑

邱之稱郎城之名矣洧水又東逕新汲縣故城北漢

宣帝神雀二年置于許之汲鄉曲洧城以河內有汲縣故加新

也官本曰按近刻此下衍漢章帝建初四年封執金吾馬光爲侯國十六字 案朱趙有十六字趙釋曰沈氏曰按後漢書本傳馬光無新汲之封而建初四年所封郎許昌也已見上文此蓋複出之錯簡 城在洧水南隄上又東洧水右迆爲濩陂洧

水又逕匡城南扶溝之匡亭也 又東洧水左迆爲

鴨子陂朱有也字趙刪刊誤曰也字衍文 謂之大穴口也

又東南過茅城邑之東北

洧水自大穴口官本曰按近刻脫大字 案朱脫趙增刊誤曰穴口上落大字 東南逕洧陽城

西南逕茅城東北又南左合甲庚溝官本曰按近刻脫甲字庚訛作庾 案朱脫訛趙增改刊誤曰下云餘波南入甲庚溝此脫甲字庾當作庚亦見渠水注 溝水上承洧水于大穴口

東北枝分東逕淯陽故城南俗謂之復陽城非也蓋淯復字類音讀變漢建安中封司空祭酒郭奉孝爲侯國其水又東南爲鴨子陂陂廣朱趙有一字十五里餘波南入甲庚溝官本曰近刻波訛作陂庚訛作庚　案朱庚作庚趙改刊誤曰箋曰克家云波當作陂按波字不誤汳水經云餘波南入睢陽城中獲水注云水上承安陂餘波北逕阿育王寺側蓋其詞例也惟波流所届乃能入溝注淯若陂是定體何以能入與注乎西注淯官本曰按近刻訛作又東北瀉沙淯水又南逕一故城西世謂之思鄉城西去淯水十五里官本曰按近刻脫水字　案朱趙無淯水又右合䕶陂水水上承淯水于新汲縣官本曰按近刻脫水字于字　案朱脫于字汲作沽趙增改陂下並不重水字刊誤曰箋曰波宋本作汲按淯水下落于字南逕新汲縣故城東官本曰按近刻脫縣字　案朱脫趙增又南積而爲陂陂之西北卽長社城官本曰按社近刻訛作舍　案朱趙作舍趙釋曰全氏曰長舍卽長社之變陂水東翼淯隄西面茅邑自城北門列築隄道迄于此岡世尚謂之茅岡卽經所謂茅城邑也官本曰按茅城邑近刻訛作茅邑地　案朱訛趙改刊誤曰茅邑地當作茅城邑陂水北出東入淯津西納北異流官本曰按

此句有脫誤未詳　案朱同趙改西北納潩流刊誤曰子文當作西北納潩流謂潩水也

又東過習陽城西折入于潁

洧水又東南逕辰亭東俗謂之田城非也蓋田辰聲相近城亭音韻聯故也經書魯宣公十一年楚子陳侯鄭伯盟于辰陵也京相璠曰潁川長平有故辰亭杜預曰長平縣東南有辰亭今此城在長平城西北長平城在東南或杜氏之謬傳書之誤耳長平東南淋陂北畔有一阜東西減里朱減作減趙改刊誤曰減當从水作減南北五十許步俗謂之新亭臺又疑是杜氏所謂辰亭而未之詳也洧水又南逕長平縣故城西王莽之長正也洧水又南分爲二水枝分東出官本曰按分近刻訛作水　案朱趙作水謂之五梁溝逕習陽城北又東逕赭邱南邱上有故城郡國志曰長平故屬汝南縣有赭邱城即此城也又東逕長平城南東注澇陂洧水南出謂之雞籠水故水

會有籠口之名矣洧水又東逕習陽城西官本曰按洧近刻訛作河　案朱訛趙改刋誤曰河水當作洧水西南折入潁地理志曰洧水東南至長平縣入潁者也

潩水出河南密縣大騩山

大騩卽具茨山也黄帝登具茨之山升于洪隄上趙隄下增之字刋誤曰洪隄下落之字受神芝圖于華朱趙作黄蓋童子卽是山也潩水出其阿流而爲陂官本曰按近刻潩訛作溪流而訛作而流　案朱並訛箋曰溪水疑作潩水趙改刋誤曰而流二字當倒互俗謂之玉女池東逕陘山北史記魏襄王六年敗楚于陘山者也山上有鄭祭仲冢冢西有子産墓累石爲方墳墳東有廟並東北向鄭城杜元凱言不忘本際廟舊有一枯柏樹其塵根故株之上多生稚柏成林官本曰按近刻脫此二字　案朱趙無列秀青青望之奇可嘉矣潩水又東南逕長社城西北官本曰按城字上近刻有林字卽上成林二字訛在此　案朱同箋曰當作長社故城趙林改故上又增縣字南濮北濮二水出焉劉澄之著永

初記云水經濮水源出大騩山東北流注泗衛

靈聞音于水上殊爲乖矣余按水經爲渠水不

爲濮也是水首受渠水(官本曰按渠近刻訛作溪 案朱趙不誤)川渠雙引俱

東注洧(官本曰按近刻訛作有 案朱趙作有)洧與之過沙枝流派亂(朱派作脈 趙改刊誤

曰脈當作派)互得通稱(官本曰按互近刻訛作牙 案朱訛趙改)是以春秋昭公九年

遷城父人于陳以夷濮西田益之京相璠曰以

夷之濮西田益也杜預亦言以夷田在濮水西

者與城父人服虔曰濮水名也且字類音同津

瀾邈別不得爲北濮上源師氏傳音于其上矣

渠水又南逕鍾亭西又東南逕皇臺西(官本曰按近刻脫東字西字

案朱脫又臺作帝趙改亭不補刊誤曰箋曰孫云按下文當作皇臺按黃省曾本作皇亭)又東南逕關亭西又東

南逕宛亭西　鄭大夫宛射犬之故邑也　渠水又南分

爲二水(官本曰按近刻脫爲字 案朱脫趙增刊誤曰分下落爲字)　一水南出逕胡城東故

潁陰縣之狐人亭也其水南結爲陂謂之胡城陂濮水自枝渠東逕曲强城東官本曰按近刻脫城字　案朱脫趙增刊誤曰曲强下落城字皇陂水注之水出西北皇臺七女岡北皇陂即古長社縣之濁澤也史記魏惠王元年韓懿侯與趙成侯合軍伐魏戰于濁澤是也趙釋曰方輿紀要云濁澤括地志云出解縣東北平地即涿水涿音濁史記趙成侯六年伐魏取涿澤魏世家魏惠王元年韓懿侯趙成侯合兵伐魏戰于濁澤大破之遂圍魏是時魏都安邑或以爲河南之濁澤誤也一清按史記韓世家注云徐廣曰長社有濁澤酈說蓋有所據其陂官本曰按陂下近刻衍水字　案朱趙有水字趙釋曰寰宇記尉氏縣下引水經注云魏惠王元年韓懿侯會伐魏于島澤陂北對鷄鳴城一清按其陂水下疑有脫誤北對雞鳴城即長社縣之濁城也官本曰按長近刻訛作是　案朱訛趙改刊誤曰是社當作長社陂水東朱作又箋曰舊本作陂水東南流吳本改作又南流趙改東南流逕胡泉城北故潁陰縣之狐宗鄉也又東合胡城陂水官本曰按胡近刻訛作狐　案朱訛趙改水上承皇陂官本曰按近刻訛作承陂水　案朱同趙增皇字刊誤曰陂水上落皇字而東南流注于黃水謂之合作口而東逕曲强城北東流入濮水時人謂之勑水非也勑濮音相類故字從聲變耳趙釋曰一清按說文濮水出河南密縣大隗山南入潁从水異聲與職切與水經合又有瀷水出河南密縣東

入頳从水翼聲與職切溭瀷音同而字相近其源委又同豈卽一水而重出者與惟其爲與職切故與勑音相類若讀作異相去遠矣溭水又逕東

西武亭閒官本曰按近刻訛作又東逕武亭閒 案朱同趙改東西二武亭閒刊誤曰當作又逕東西二武亭閒下云兩城相對是也兩城

相對疑是古之岸門官本曰按岸近刻訛作岑下同 案朱趙同趙是作卽史遷所謂走犀首于

岸門者也徐廣曰潁陰有岸亭未知是否趙釋曰沈氏曰續志潁陰縣有岸門史記魏世家哀王五年走犀首于岸門徐廣曰潁陰有岸亭張守節曰括地志云岸門在長社縣西北二十八里今名西武亭然則岑字誤也索隱引劉昭曰河東皮氏縣有岸頭亭蓋爲謬矣一清按漢書衞青傳張次公封岸頭侯晉灼曰河東皮氏亭也顧景范曰岸頭亭在河津縣南古岸門也史記秦孝公二十四年與晉戰于岸門虜其將魏錯又惠文王後十一年敗韓于岸門斬首十萬魏世家襄王五年秦使樗里子伐取我曲沃走犀首于岸門 今河津漢皮氏縣地與曲沃近河東亦有岸門因致斯誤溭水又南逕射犬

城東卽鄭公孫射犬城也蓋俗謬耳溭水又南逕潁陰

縣故城西 魏明帝封司空陳羣爲侯國 其水又東南

逕許昌城南官本曰按其水下近刻衍城西二字東南逕脫南字 案朱作俱水城西趙俱改其水下增自字不增東下南字刊誤曰箋曰俱宋本作其按其水下落自字又東南與宣梁陂水合朱箋曰孫云舊作宣帝陂誤陂上承狼

陂趙上承上增水字刊誤曰陂下落水字于文是陂水上承狼陂于潁陰城西南陂南北二十

里東西十里春秋左傳曰楚子伐鄭師于狼淵

是也官本曰按近刻脫淵字　案朱脫趙增刊誤曰左傳作狠淵今校補事在文公九年其水東南入許昌縣

逕巨陵城北朱巨作臣趙改刊誤曰箋曰一作巨陵按春秋分記引京相璠土地名作巨陵顧祖禹曰又謂之大陵鄭地也春

秋左氏傳莊公十四年鄭厲公獲傅瑕于大陵京相璠曰潁川

臨潁縣東北二十五里有故巨陵亭古大陵也　其水又東

積而爲陂謂之宣梁陂也陂水又東南入潩水

潩水又西南流逕陶城西又東南逕陶陂東

東南入于潁

潧水出鄭縣西北平地趙釋曰全氏曰按溱水說文以出桂陽臨武者當之而水經注汝水篇亦有出平輿之溱水若其出鄭縣者說文以爲潧水其音如溱其字不作溱也不知何時盡毛詩外傳國語孟子史漢諸書之潧胥改爲溱猶幸水經存其舊稍留說文之學

潧水出鄶城西北雞絡塢下官本曰按西北近刻訛作北西　案朱訛趙改朱箋曰絡御覽作洛

東南流逕賈復城西東南流左合淵水水出賈

復城東南流注于潧潧水又南左會承雲山水

水出西北承雲山東南歷渾子岡東注世謂岡

峽爲五鳴口東南流注于潧潧水又東南流歷下田川逕鄶城西謂之爲柳泉水也故史伯答桓公曰君以成周之衆奉辭伐罪若克虢鄶君之土也如前華後河官本曰按華近刻作莘　案朱同趙改刊誤曰國語若前華後河韋昭解華華國也道元注洧水能引韋氏之說則此莘字是後人傳寫之誤無疑右洛左濟官本曰按近刻訛作左洛右濟　案朱訛趙改主芣騩而食溱洧官本曰按芣近刻訛作丕　案朱作丕箋曰鄭語作主芣騩而食溱洧韋昭云芣騩山名在密縣趙改芣脩典刑以守之官本曰按脩近刻訛作循　案朱趙作循趙刊誤曰循國語作脩可以少固卽謂此矣潧水又南懸流奔壑崩注丈餘其下積水成潭廣四十許步淵深難測又南注于洧趙釋曰全氏曰按潧水不得入洧道元已詳辨之則此注注洧之說疑衍文詩所謂溱與洧者也世亦謂之爲鄶水也官本曰按亦近刻訛作所　案朱訛趙改刊誤曰所孫潛校改亦趙釋曰春秋分記曰鄭之溱水故會國居之亦曰會水是也

東過其縣北又東南過其縣東又南入于洧水

自鄶潧東南更無別瀆不得逕新鄭而會洧也鄭城東入洧者黃崖水也蓋經誤證耳趙釋曰一清按此條又不錯則

知上注必無注消之說

渠出滎陽北河東南過中牟縣之北

風俗通曰渠者水所居也渠水自河與濟亂流官本曰按濟近刻訛作沛下同案朱訛趙改刊誤曰沛當作泲東逕滎澤北官本曰按近刻脫逕字案朱脫又滎作榮趙增改刊誤曰東下落逕字滎澤之滎當从水作滎經傳相承朱氏箋云舊本作榮其陋如此東南分濟歷中牟縣之圃田澤北與陽武分水澤多麻黃草故述征記曰踐縣境便覩斯卉窮則知踰界今雖不能然諒亦非謬詩所謂東有圃草也皇武子曰鄭之有原圃猶秦之有具圃官本曰按近刻訛作圃案朱訛趙改刊誤曰具圃當作具囿澤在中牟縣西西限長城東極官渡北佩渠水東西四十許里南北二十許里官本曰按二十近刻訛作二百案朱趙作百中有沙岡上下二十四浦津流徑通官本曰按近刻重一津字徑訛作逕案朱重趙刪徑並作逕刊誤曰津字重文宜衍淵潭相接各有名焉有大漸小漸官本曰按近刻二漸字皆訛作斬案朱趙作斬趙刊誤曰箋曰御覽引此文作大漸小漸按今御覽正作斬字大灰小灰義魯練秋

大白楊小白楊散𣸣禺中官本曰按近刻訛作禺中　案朱訛趙改羊圈官本曰按近刻訛作牟圈　案朱訛趙改大鵠小鵠官本曰按近刻脫此二字　案朱脫趙增龍澤蜜羅官本曰按近刻訛作𤇾罷　案朱訛趙改大哀小哀大長小長大縮小縮伯邱大蓋牛眼官本曰按近刻訛作眠　案朱趙作眠朱箋曰御覽引此注斬作漸禺作禺牟作羊又有小鵠𤇾罷作蜜羅餘皆同等浦水盛則北注渠溢則南播故竹書紀年梁惠成王十年趙刊誤曰御覽引此文作十五年竹書紀年事在周顯王八年正梁惠成王之十年御覽誤也入河水于甫田又為大溝而引甫水者也又有一瀆自酸棗受河導自濮瀆官本曰按濮近刻訛作漢　案朱趙作漢歷酸棗逕陽武縣南出世謂之十字溝而屬于渠或謂是瀆為梁惠之年所開官本曰按梁近刻訛作渠　案朱趙不誤而不能詳也斯浦乃水澤之所鍾為鄭隰之淵藪矣渠水右合五池溝官本曰按水近刻訛作又　案朱訛趙改刊誤曰又當作水溝上承澤水官本曰按近刻脫溝字　案朱趙無下流注渠官本曰按近刻脫注字　案朱下作中流下脫一字趙改下增入字刊誤曰箋曰中宋本作下按流下落入字謂之五池口魏嘉平三年官本曰按近刻訛作二年　案朱訛趙改刊誤曰按

三國志司馬懿取王淩在嘉平三年二字誤司馬懿帥中軍討太尉王淩于壽春自彼而還

帝使侍中韋誕勞軍于五池者也今其地為五池鄉矣 渠水

又東不家溝水注之水出京縣東南梅山北溪朱無二水字趙增刊誤曰箋曰宋本作十家溝按寰宇記云鄭水一名不家溝不姓也晉書束晳傳有不準不姓之不轉注古音音彪或云與不丕字通春秋傳之丕鄭亦作不蓋其地有不姓人居之故即姓以名溝也朱箋所引宋本非矣渠下落水字出京縣上又落水字

春秋襄公十八年楚蒍子馮公子格官本曰按近刻脫楚字 案朱脫趙增刊誤曰蒍子馮上落楚字率銳師侵費右迴梅山杜預曰在密東北即是山也其水自溪東北流逕管城西 故管國也周武王以封管叔矣官本曰按近刻脫王字 案朱趙無成王幼弱周公攝政管叔流言曰公將不利于孺子公賦鴟鴞以伐之即東山之師是也左傳宣公十二年晉師救鄭楚次管以待之杜官本曰按師近刻訛作詩 案朱趙作詩預曰京縣東北有管城者是也俗謂之為管水又東北分為二水官本曰按又字近刻訛在上句俗字下 案朱訛趙改刊誤曰又字當移在東北之上孫潛校正一水東北流注黃雀溝謂之黃淵淵周朱趙有字一百步其一水

東越長城東北流水積爲淵南北一里東西一百

步謂之百尺水北入圃田澤分爲二水一水東

北逕東武强城北漢書曹參傳官本曰按此下近刻有靳字衍　案朱衍趙刪刊誤曰箋曰靳漢書作稱按漢書無此字蓋是衍文擊羽嬰于昆陽追至葉朱作業箋曰漢書作葉趙改葉還攻武强因至滎

陽薛瓚云按武强城在陽武縣卽斯城也漢高帝六年封騎將

莊不識爲侯國又東北流左注于渠爲不朱箋曰宋本作十家

水口也一水東流又屈而南轉東南注白溝也

渠水又東淸池水注之官本曰按此下近刻有淸池二字　案朱趙有水出淸陽

亭西南平地東北流逕淸陽亭南東流卽故淸人

城也詩所謂淸人在彭彭爲高克邑也故杜預春秋釋地云中

牟縣西有淸陽亭是也淸水又屈而北流趙增池字刊誤曰當作淸池水落池字

至淸口澤七虎澗水注之水出華城南岡官本曰按華近刻訛作畢　案朱訛趙改刊誤曰畢城當作華城一源兩派津川趣別西入黃雀溝

官本曰按雀近刻訛作崔 案朱訛趙改刊誤曰全氏云此即濟水注之黃雀溝鄭國別有黃崖溝非此溝也 東爲七虎溪亦謂之爲華水也又東北流紫光溝水注之水出華陽城東北而東流俗名曰紫光澗又東北注華水華水又東逕棐城北即北林亭也春秋文公與鄭伯宴于棐林子家賦鴻鴈者也春秋宣公元年諸侯會于棐林以伐鄭楚救鄭遇于北林服虔曰北林鄭南地也京相璠曰今滎陽苑陵縣 官本曰按苑近刻訛作宛下同 案朱趙作苑趙刊誤曰箋曰苑當作菀按此是世本郡國志誤文朱氏據之非矣詳見洧水篇 有故林鄉在新鄭北故曰北林也余按林鄉故城在新鄭東如北七十許里 官本曰按近刻鄭下衍北字 案朱有趙乙刊誤曰北東二字當倒互 苑陵故城在東南五十許里 官本曰按近刻脫陵字在字 案朱脫箋曰謝云當有在字趙並增刊誤曰苑下落陵字 不得在新鄭北也攷京服之說竝爲疎矣杜預云滎陽中牟縣西南有林亭在鄭北今是亭南去新鄭縣故城四十許里 官本曰按近刻脫縣字 案朱脫趙增刊誤曰新鄭下落縣字 蓋以南有林鄉亭故杜預據是爲北林最爲密矣又以林鄉爲棐亦或疑焉諸侯會

棐楚遇于此寧得知不在是而更指他處也積古之傳趙刊誤曰箋曰宋家云疑作稽古按積古猶詩言振古積字不誤事或不謬矣又東北逕鹿臺南岡北出爲七虎澗東流期水注之水出期城西北平地世號龍淵水東北流又北逕期城西又北與七虎澗合謂之虎溪水亂流東注逕期城北東會清口水司馬彪郡國志曰中牟有清口水即是水也清水又東北自溝水注之水有二源北水出密之梅山東南而東逕靖城南與南水合南水出太山官本曰按南水近刻訛作水南出下衍合字案朱同箋曰宋本作南水屈合太水趙依改西北流至靖城南左注北水即承水也山海經曰承水出太山之陰東北流注于役水者也世亦謂之靖澗水官本曰按亦近刻訛作所案朱訛趙刪刊誤曰所字衍文又朱趙水下有也字又東北流太水注之水出太山東平地山海經曰太水出于太山之

陽而東南流注于役水世謂之禮（朱作澧箋曰舊本作禮水趙改禮）水也東北逕武陵城西東北流注于承水承水（朱趙不重二字）又東北入黃瓮澗北逕中陽城西城內有舊臺甚秀臺側有陂池池水清深　澗水又東屈逕其城北竹書紀年梁惠成王十七年鄭釐侯來朝中陽者也其水東北流爲白溝又東北逕伯禽城北（官本曰按東北近刻訛作北東　案朱訛趙乙刊誤曰北東二字當倒互）蓋伯禽之魯往逕所由也屈而南流東注于清水即潘岳都鄉碑所謂自中牟故縣以西西至于清溝（官本曰按近刻脫鄉字　案朱脫趙增刊誤曰都下落鄉字）指是水也亂流東逕中牟宰魯恭祠南漢和帝時右扶風魯恭字仲康以太尉掾遷中牟令政專德化不任刑罰吏民敬信蝗不入境河南尹袁安疑不實使部掾肥親按行之恭隨親行阡陌坐桑樹下雉止其旁有小兒親曰兒何不擊雉曰將雛親起曰蟲不入境一異

化及鳥獸二異豎子懷仁三異久留非優賢請還是年嘉禾生縣庭安集其治以狀上之徵博士侍中車駕每出恭常陪乘上顧問民政無所隱諱故能遺愛自古祠享來今矣官本曰按享近刻訛作饗案朱趙作饗

清溝水又東北逕沈清亭官本曰按近刻脫亭字案朱趙無釋曰一清按沈清下疑脫亭字疑即博浪亭也服虔曰博浪陽武南地名也官本曰按南地名近刻訛作二水沙名案朱同趙改沙水二名刊誤曰此文誤也當作博浪陽武沙水二名也詳見本卷今有亭趙釋曰一清按漢書張良傳注引服虔曰博浪河南陽武南地名今有亭史記索隱曰服虔云博浪地名在陽武南而晉志滎陽郡卷縣下云有博浪長沙道元既以博浪爲澤水所鍾又是長沙故云沙水二名但所引服說全與史漢注異未知所據所未詳也歷博浪澤昔張良爲韓報仇于秦以金椎擊秦始皇不中中其副車于此又北分爲二水枝津東注清朱作汲趙改役水清水自枝流北注渠謂之清溝口渠水又左逕陽武縣故城南東爲官渡水又逕曹太祖壘北有高臺謂之官渡臺渡在中牟故世又謂之中牟臺朱無之字趙增刊誤曰又謂下落之字建安五年太祖營官渡袁紹保陽武紹連營稍前依沙

堆爲屯東西數十里公亦分營相禦合戰不利紹進臨官渡起土山地道以逼壘公亦起高臺以捍之即中牟臺也今臺北土山猶在山之東悉紹舊營遺基並存（官本曰按基近刻訛作臺 案朱訛趙改刊誤曰臺通鑑地理通釋作基）

渠水又東逕田豐祠北袁本初慙不納其言害之時人嘉其誠謀無辜見戮故立祠于是用表袁氏覆滅之宜矣

又東役水注之水出苑陵縣西隙（朱趙作隟）候亭東世謂此亭爲卻城（趙卻改郄刊誤曰卻當作郄）非也蓋隙卻（朱箋曰疑作郄）聲相近耳（趙釋曰沈氏曰左傳襄公十一年諸侯之師次于瑣杜註苑陵縣西有瑣侯亭續志苑陵縣有瑣侯亭若隟是隟字不與瑣通考字書瓆與瑣通或是瓆字之誤文）中平陂（趙釋曰一清按中平陂上有脫文）世名之泥墨泉也即古役水矣山海經曰役山役水所出北流注于河疑是水也東北流逕苑陵縣故城北東北流逕焦城東（朱北流作流北趙乙刊誤曰流北二字當倒互）陽邱亭西世謂之焦溝水（官本曰按世近刻訛作也朱訛趙改刊誤曰也當作世）案竹書紀年梁惠成王十六年秦公孫壯率師伐鄭（官本曰按近刻脫率師二字 案朱脫師伐二字趙增刊誤曰箋曰

率當作伐按率下落師伐二字孫潛校增今本竹書無此二字蓋以意增圍焦城不克即此城也俗謂之驛城非也役水自陽邱亭東流逕山民城北官本曰按民近刻訛作氏下同案朱趙作氏爲高榆淵竹書紀年梁惠成王十六年秦公孫壯率師城上枳安陵山民者也又東北爲酢溝又東北魯溝水出焉役水又東北埿溝水出焉又東北爲八丈溝又東清水枝津注之水自沈城東派注于役水役水朱趙不重二字又東逕曹公壘南東與沫水合山海經云沫山官本曰按近刻脫此二字案朱脫趙增沫作末沫水所出北流注于役今是水出中牟城西南疑即沫水也東北流逕中牟縣故城西官本曰按近刻脫西字案朱脫趙增南字刊誤曰城下落南字孫潛校增昔趙獻侯自耿都此班固云趙自邯鄲徙焉趙襄子時佛肸以中牟叛置鼎于庭不與己者烹之田英趙釋曰朱氏謀㙔箋曰說苑作田基新序作田卑將褰裳赴鼎處也薛瓚注漢書云中牟在春秋之時爲鄭之堰也趙堰改𨽻刊誤曰史記趙世家

集解引瓚說作爲鄭之疆內也左傳定 / 九年正義亦同此堰字是疆之譌 及三卿分晉則在魏之邦土趙自漳北不及此也春秋傳曰衛侯如晉過中牟非衛適晉之次也汲郡古文曰齊師伐趙東鄙圍中牟此中牟不在趙之東也按中牟當在漯水之上矣 官本曰按漯近刻作濕下同　案朱作濕趙改漯不同上改北 / 刊誤曰濕當作漯古漯字春秋分記云定九年晉車千乘在中 / 牟晉地也在河北趙世家曰獻侯卽位治中牟趙界自漳水以北不及 / 河南臣瓚曰此中牟在漯水之上又史記注引汲郡古文上作北 按春秋齊伐晉夷儀晉車千乘在中牟衛侯過中牟中牟人欲伐之衛褚師圃亡在中牟曰衛雖小其君在未可勝也齊師克城而驕遇之必敗乃敗齊師服虔不列中牟所在杜預曰今滎陽有中牟迴遠疑爲非也然地理參差土無常域隨其強弱自相吞并疆里流移 官本曰按流近刻訛作 / 留　案朱趙作留 寧可一也兵車所指逕紆難知自魏徙大梁趙以中牟易魏故趙之南界極于浮水匪直專漳也 官本曰按漳近 / 刻訛作張　案 / 朱趙不 / 誤 趙自西取後止中牟齊師伐其東鄙于宜無嫌而瓚徑指漯水 官本曰按近刻訛作逕脫指字　案朱訛脫 / 趙逕上增但字刊誤曰而瓚下全氏校增但字 空土言中牟所在非論證也

趙釋曰全氏曰有河南之中牟有河北之中牟張守節以鄴西牟山爲趙中牟者近之管子所謂築五鹿中牟鄴者三城相接也然則非獨滎陽有之矣一清按春秋定九年傳晉車千乘在中牟杜預曰今滎陽有中牟縣迴遠疑非也孔穎達正義曰此中牟在晉境內也趙世家云獻侯即位治中牟漢書地理志云河南郡有中牟縣趙獻侯自耿徙此又云三家分晉河南之中牟魏分也杜言今滎陽有中牟縣謂此河南之中牟也晉世分河南爲滎陽郡中牟屬焉此地乃在河南計非晉竟故云迴遠疑非也又三家分晉中牟屬魏則非趙得都之趙獻侯治中牟亦非河南之中牟也此言晉車在中牟哀五年趙鞅伐衞圍中牟論語佛肸爲中牟宰與趙獻侯所都或別是一地必非河南中牟當于河北別有中牟但不復知其處耳有臣瓚者不知其姓或云姓傅作漢書音義云臣瓚案河南中牟春秋之時在鄭之疆內及三卿分晉則爲魏之邦土趙界自漳水以北不及此也春秋衞侯如晉過中牟案此中牟非衞適晉之次也汲郡古文曰齊師伐趙東鄙圍中牟此中牟不在趙之東也案中牟當在溫水之上瓚言河南中牟非此中牟誠如其語謂此中牟當在溫水之上不知其所案據也溫水宜是濟漯之漯此爲文誤方輿紀要中牟城在湯陰縣西五十里此即河北之中牟也

漢高帝十一年封單父聖爲侯國趙釋曰一清按漢表作單右車此從史表

沫水又東北注于役水

昔魏太祖之背董卓也閒行出中牟爲亭長所錄郭長公世語云朱趙無云字爲縣所拘趙釋曰一清按九字注中注功曹請釋焉役水又東北逕中牟澤即鄭太叔攻萑蒲朱作雚蒲箋曰左傳作萑苻趙改萑蒲之盜于是澤也其水東流北屈注渠官本曰按屈近刻訛作徙案朱訛趙改刊誤曰徙吳琯本作屈續述征記官本曰按近刻訛作水征續記案朱趙水字上屬朱作征續記箋曰征當作伍伍續之有述征記趙改同官本所謂自醬魁城到酢溝十里者也朱無也字趙增刊誤曰者下落也字渠水

又東流而左會淵水官本曰按近刻水訛作流案朱訛趙改刊誤曰流當作水其水上承聖女陂陂周二百餘步水無耗竭湛然清滿而南流注于渠渠水又東南而注大梁也

又東至浚儀縣

渠水東南逕赤城北官本曰按近刻脫渠字逕下衍西字案朱脫衍趙增刪刊誤曰水上落渠字西字衍孫潛校戴延之所謂西北有大梁亭非也竹書紀年梁惠成王二十八年穰疵率師及鄭孔夜戰于梁赫官本曰按疵近刻訛作亘案朱趙作亘趙釋曰朱氏謀㙔箋曰今竹書作穰疵鄭師敗逋即此城也左則故瀆出焉秦始皇二十年王賁斷故渠引水東南出以灌大梁謂之梁溝

又東逕大梁城南本春秋之陽武高陽鄉也于戰國爲大梁周梁伯之故居矣官本曰按近刻訛作之居也案朱同趙也改矣刊誤曰也名勝志作矣梁伯好土功大其城號曰新里民疲而潰秦遂取焉後魏惠王自安邑徙都之故曰梁耳竹書紀年梁惠成王六年四月甲寅徙都于大梁

是也趙釋曰日知錄曰左傳桓九年梁伯伐曲沃註梁國在馮翊夏陽縣郤芮曰梁近秦而幸焉是也漢書地理志云馮翊夏陽故少梁也水經注乃誤以少梁爲大梁而不知大梁不近秦也後漢志河南尹梁故國伯翳後註引博物記云梁伯好土功今梁多有城亦誤全氏曰少梁左傳文十年晉所取秦邑也漢志河南郡梁縣臣瓚曰此梁周之小邑見于春秋蓋卽指楚人侵梁及霍之梁在戰國爲南梁蓋大梁在浚儀少梁在夏陽南梁在汝水之傍三梁不可混也秦滅魏以爲縣漢文帝封孝王于梁孝王以土地下溼官本曰按近刻訛作濕　案朱訛趙改東都睢陽又改曰梁自是置縣以大梁城廣居其東城夷門之東夷門卽侯嬴抱關處也續述征記以此城爲師曠城朱記下有曰字趙刪刊誤曰名勝志校衍曰字言郭緣生曾遊此邑踐夷門升吹臺終古之跡緬焉盡在余謂此乃梁氏之臺門魏惠之都居官本曰按都近刻訛作朝　案朱趙作朝趙刊誤曰箋曰舊本作卽居疑當作所居按朝居猶皇居也非吹臺也當是誤證耳西征記論儀封人卽此縣又非也竹書紀年梁惠成王三十一年三月爲大溝于北郛朱北作此趙改刊誤曰箋曰此一作北按輿地廣記玉海引此文竝作北明北字是後人所改然而宋本誤也以行圃田之水陳留風俗傳曰縣北有浚水像而儀之故曰浚儀余謂故汳沙爲陰溝矣官本曰按近刻脫爲字　案朱作汴涉無爲字趙改汴沙增爲字刊誤曰箋曰當作汴沙按汴沙下落爲字全氏校增浚之故曰浚

其猶春秋之浚洙乎官本曰按近刻脫乎字案朱脫趙增漢氏之浚儀水官本曰按近刻脫浚字　案朱脫趙增刊誤曰箋曰一作浚儀水按此下有錯簡孫潛依柳僉鈔本改正浚儀水下接後三十二葉九行無佗也至三十三葉十一行所謂東氾者也下接此葉五行又東北逕中牟縣南至三十二葉九行楚東有沙水謂此水也止本條浚儀縣注盡此次行接三十三葉十二行又屈南至扶溝縣北經文王海二十一卷浚儀渠下引水經注云浚儀縣竹書紀年梁惠成王三十一年三月爲大溝于北郛以行圃田之水陳留風俗傳曰縣北有浚水像而儀之故曰浚儀續述征記曰汴沙到浚儀而分汴東注沙南流雖于字句有芟節然續述征記之文次于陳留風俗傳之下足證柳本較朱箋爲長又柳本于又東北逕中牟縣南上有其水二字蓋謂氾水也左傳僖公三十年秦軍氾南杜預曰此東氾也在滎陽中牟縣孔穎達正義引釋土地名曰此東氾也滎陽中牟縣南氾澤是也今以中牟縣南之文接在所謂東氾之下以其水二字貫之益見柳本之善注末云楚東有沙水與下扶溝縣注沙水又東南逕牛首鄉東南文義尤順也方輿紀要云氾水在中牟縣南東北入官渡水杜預曰此爲東氾水左傳秦軍氾南蓋此水之南也又云官渡水在中牟縣北中牟臺下其說亦與酈注合無佗也皆變名矣趙釋曰一清按顧景范曰詩爰有寒泉在浚之下志云今祥符縣西三十里有寒泉陂即詩所稱浚水爲汴所奪故汴水經大梁北亦兼浚水之名蓋不始於漢氏也浚城寒泉岡亦見瓠子注其國多池沼時池中出神劍到今其民像而作之號大梁氏之劍也渠水又北屈分爲二水續述征記曰汳朱趙作汴下同沙到浚儀而分也汳東注沙南流其水更南流趙更改東刊誤曰更當作東逕梁王吹臺東孫校曰吹臺在開封府城東南三里陳留風俗傳曰縣有倉頡師曠城孫校曰倉頡城在開封府城北上有列

僊之吹臺北有牧澤澤中出蘭蒲官本曰按近刻脫一澤字 案朱趙無上多儁髦趙上改土衿帶牧澤方朱趙有一字十五里俗謂之蒲關澤卽謂此矣梁王增築以爲吹臺城隍夷滅略存故跡今層臺孤立于牧澤之右矣其臺方朱趙有一字百許步卽阮嗣宗詠懷詩所謂駕言發魏都南向望吹臺簫管有遺音梁王安在哉晉世喪亂乞活憑居削墮趙作隳故基遂成二層上基猶方四五十步高一丈餘世謂之乞活臺又謂之繁臺城官本曰按繁近刻訛作婆 案朱趙作婆趙釋曰一清按文昌襍錄繁臺梁孝王按歌吹之臺後有繁氏居其側里人呼爲繁臺繁婆音相近卽婆臺也日知錄建昭三年七月戊辰衞府李延壽爲御史大夫一姓繁師古曰繁音蒲元反陳湯傳御史大夫繁延壽師古曰繁音蒲胡反蕭望之傳師古音蒲谷反傳師古音蒲何反蒲元則音盤蒲胡則音蒲蒲何則音婆三音互見竝未歸一然繁字似有蒲音左傳定四年殷民七族繁音步何反儀禮鄉射禮注今文皮樹爲繁豎皮古音婆史記張丞相世家丞司直繁君索隱繁音婆文選繁休伯呂音步何反則繁之音婆久矣渠水于此官本曰按渠近刻訛作梁 案朱訛趙改刊誤曰梁當作渠有陰溝鴻溝之稱焉項羽與漢高分王指是水以爲東西之別朱趙有故字蘇秦說魏襄王曰大王之地南有鴻溝是也故尉氏縣有波鄉波亭鴻溝鄉鴻溝亭官本曰按波鄉下近刻衍亭字 案朱衍趙刪刊誤曰亭字衍文皆藉水以立

稱也今蕭縣西亦有鴻溝亭梁國睢陽縣東有鴻口亭先後談

者亦指此以爲楚漢之分王非也蓋春秋之所謂紅澤者矣趙釋

曰一清按晉長之辨非楚漢分畫之鴻溝是矣其言春秋之紅澤則非也說見獲水注中渠水右與汜水合水上

承役水于苑陵縣官本曰按苑近刻訛作宛下同案朱訛趙改縣故鄭都也王莽之

左亭縣也役水枝津東派爲汜水者也而世俗謂

之泥上朱作汜箋曰舊本作泥溝水趙改涇溝水也春秋左傳僖公三十年

晉侯秦伯圍鄭晉軍函陵秦軍汜南所謂東汜

者也官本曰按無他也至此近刻訛在後楚東有沙水謂此水也之下原本不誤案朱訛趙改其水又東北逕中

牟縣南朱無其水二字趙增刊誤曰又東北上落其水二字柳僉本校增又東北逕中牟澤趙釋曰一清按

漢志河南郡中牟縣下云圃田澤在西豫州藪卽是澤也與淵水合水出中牟縣故城北官本

曰按近刻脫故字案朱脫趙增城有層臺按郭長公世語官本曰按郭長公近刻作郭頒案朱趙同及

干寶晉紀竝言中牟縣故魏任城王臺下池中

有漢時鐵錐長六尺入地三尺頭西南指不可

動正月朔自正官本曰按正月近刻訛作止月朱作止箋曰一作至趙改至案以爲晉氏中
興之瑞官本曰按近刻訛作端案朱訛趙改而今不知所在或言在中陽城
池臺未知焉是淵水自池西出屈逕其城西而東
南流注于汜汜水又東逕大梁亭南又東逕梁
臺南東注渠渠水又東南流逕開封縣睢渙二
水出焉右則新溝趙有水字注之其水出逢池趙釋曰一清按漢志河南郡開
封縣下云逢池在東北或曰宋之逢澤也臣瓚曰汲郡古文梁惠王發逢忌之藪以賜民今浚儀有逢陂忌澤是也池上承役水于苑
陵縣別爲魯溝水東南流逕開封縣故城北漢
高帝十一年封陶舍爲侯國也陳留志稱阮簡官本曰按簡近刻訛作蘭下二簡字俱作阮朱趙作阮
案朱作蘭箋曰一作阮簡趙改簡字茂宏爲開封令縣側有劫賊外白甚急數簡
朱箋曰一作簡下同方圍棊長嘯吏云劫急簡曰局上有劫亦甚急其耽樂
如是故語林曰王中郎以圍棊爲坐隱或亦謂之爲手談又謂
之爲棊聖魯溝南際富城東南入百尺陂卽古之

逢澤也徐廣史記音義曰秦使公子少官率師會諸侯逢澤陂官本曰按近刻訛作秦孝公會諸侯于逢澤陂陂　案朱同下陂字下箋曰一云衍趙刪陂字汲郡墓竹書紀年作秦孝公會諸侯于逢澤官本曰按近刻脫秦孝公會諸侯于七字　案朱趙無七字趙釋曰一清按史記秦本紀孝公二十年會諸侯逢澤徐廣曰開封東北有逢澤不如酈所云斯其處也故應德璉西征賦曰鸞衡東指弭節逢澤其水東北流爲新溝新溝又東北流逕牛首鄉北謂之牛建城又東北注渠官本曰按近刻訛作梁　案朱作梁箋曰一作渠趙改渠即沙水也音蔡許慎正作沙音言水散石也從水少水少沙見矣官本曰按水少沙見近刻脫少字　案朱趙無趙釋曰一清按二十字注中注楚東有沙水謂此水也

又屈南至扶溝縣北官本曰按近刻脫縣字　案朱脫趙增刊誤曰扶溝下落縣字

沙水又東南逕牛首鄉東南魯溝水出焉官本曰按溝近刻訛作渠　案朱趙同孫校曰見地理志亦謂之宋溝也又逕陳留縣故城南孟康曰留鄭邑也後爲陳所并故曰陳留矣魯溝水又東南逕圉縣故城北朱無水字趙增刊誤曰魯溝下落水字下同孫校曰圉縣在杞縣南五十里縣苦楚難

脩其干戈以圉其患故曰圉也或曰邊陲之號矣 歷萬人

散 王莽之篡也東郡太守翟義興兵討莽莽遣奮威將軍孫建擊之于圉北義師大敗尸積萬數血流溢道號其處爲萬人散百姓哀而祠之 趙釋曰一清按郡國志圉有高陽亭劉昭補註引陳留志云有萬人聚王邑破翟義積尸處今高陽文穎曰高陽聚邑名 又

歷魯溝亭又東南至陽夏縣故城西 漢高祖六年封陳豨爲侯國魯溝 趙有水字 又南入渦 趙釋曰一清按漢志陳留郡陳留縣魯渠水首受狼蕩渠東至陽夏入渦正國語所謂啓魯之溝 今無水也沙水又東南逕斗城西左傳襄公三十年子產殯伯有尸其臣葬之于是也 官本曰按近刻是下有城字案朱趙有

沙水又東南逕牛首亭東 孫校曰牛首亭在今陳留 左傳桓公十四年宋人與諸侯伐鄭東郊取牛首者也俗謂之車牛城矣 沙水

又東南八里溝水出焉 朱無水字趙增刊誤曰八里溝下落水字 又東南逕陳

留縣裘氏鄉裘氏亭西又逕澹臺子羽冢東與

八里溝合 按陳留風俗傳曰陳留縣裘氏鄉有澹臺子羽

冢又有子羽祠民祈禱焉官本曰按近刻脫民字　案朱脫趙增刊誤曰祠下落民字孫校曰今在陳留縣京相璠曰今泰山南武城縣有澹臺子羽冢縣人也未知孰是因其方志所敘就記纏絡焉溝水上承沙河而西南流逕牛首亭南與百尺陂水合其水自陂南逕開封城東三里岡左屈而西流南轉注八里溝又南得野兔水口水上承西南兔氏亭北野兔陂　鄭地也春秋傳云鄭伯勞屈生于兔氏者也朱無者字趙增刊誤曰兔氏下落者字陂水東北入八里溝八里溝水又南逕石倉城西官本曰按石近刻訛作右　案朱訛趙改刊誤曰寰宇記陳留縣下云石倉城在縣西南七十里城冢記云鄭莊公理開封東南築此城積倉粟因名盛倉城盛與石音相近故號石倉城右字誤又南逕兔氏亭東又南逕召陵亭西官本曰按召陵亭近刻訛作邵亭　案朱同趙增刊誤曰當作召陵亭落陵字東入沙水沙水南逕扶溝縣故城東縣即潁川之穀平鄉也有扶亭又有洧水溝故縣有扶溝之名焉建武元年漢光武封平狄將軍朱鮪爲侯國　沙水又東

與康溝水合水首受洧水于長社縣東東北逕向岡西卽鄭之向鄉也後人過其上口今水盛則北注水耗則輟流又有長明溝水注之趙有改西刊誤曰有當作西水出苑陵縣故城西北縣有二城此則西城也二城以東悉多陂澤卽古制澤也京相璠曰鄭地杜預曰澤在滎陽菀陵縣東朱在作卽趙改刊誤曰卽當作在卽春秋之制田也故城西北平地出泉謂之龍淵泉泉水流逕陵邱亭西官本曰按泉水近刻作淵水案朱趙同又西重泉水注之水出城西北平地官本曰按城西近刻訛作西城案朱訛趙乙刊誤曰西城二字當倒互泉湧南流逕陵邱亭西西南注龍淵水龍淵水又東南逕凡陽亭西而南入白雁陂陂在長社縣東北官本曰按近刻脫縣字案朱脫趙增刊誤曰長社下落縣字東西七里南北十里在林鄉之西南司馬彪郡國志曰苑陵有林鄉亭趙釋曰一清按今續志無是文劉昭補註于苑陵縣下引杜預曰縣東南有林鄉白雁陂又

引瀆南流謂之長明溝東轉北屈又東逕向城

北城側有向岡官本曰按近刻脫有字 趙增刊誤曰城側下落有字 案朱脫 左傳襄公十一年諸侯

伐鄭師于向者也又東右迆爲染澤朱作二箋曰疑作染工 宋本作染澤趙改染工 陂

而東注于蔡澤陂長明溝水又東逕尉氏縣故

城南朱無水字趙增刊誤 曰長明溝下落水字 圈稱云尉氏鄭國之東鄙弊獄官名也鄭

大夫尉氏之邑朱箋曰弊獄謂斷獄也見周禮秋官注 應劭曰古獄官曰尉氏鄭之別獄也 故欒盈曰盈將歸死

于尉氏也趙釋曰全氏曰欒孺子所對周尉氏之官 也善長以此證鄭尉氏之邑則誤矣 溝瀆自是三分北

分爲康溝東逕平陸縣故城北高后元年封楚元王

子禮爲侯國趙釋曰全氏曰按本表是景帝所封索隱云西河 又云東平陸在東平胡三省曰東平近楚爲得之 建武元年以戶

不滿三千罷爲尉氏縣之陵樹鄉又有陵樹亭漢建安中封尚

書荀攸爲陵樹鄉侯故陳留風俗傳曰陵樹鄉故平陸縣也趙釋

曰一清按漢志陳留郡無平陸縣也劉昭續志補註于尉氏縣下引陳 留志云有陵樹鄉則東京廢省之說有如酈言抑或班固之失記耳 北有大澤名曰

長樂廄趙釋曰一清按劉昭補註尉氏縣下引陳留志曰北有大澤澤有 天子苑有長樂廄漢諸帝以馴養猛獸然則廄非澤名善長誤矣 康溝又

東逕扶溝縣之白亭北朱扶作城趙改康溝下增水字刊誤曰箋曰宋本作扶溝按康溝下落水字下同陳
留風俗傳曰扶溝縣有帛鄉帛亭名在七鄉十二亭中康溝
又東逕少曲亭陳留風俗傳曰尉氏縣有少曲亭俗謂之
朱趙有爲字小城也又東南逕扶溝縣故城東而東南注
沙水沙水又南會南水其水南流又分爲二水
一水南逕關亭東官本曰按逕近刻訛作合　案朱趙作合又東南流與左水
合其水自枝瀆南逕召陵亭西　疑即扶溝之亭也
而東南合右水官本曰按右近刻訛作石朱訛趙改刊誤曰石當作右案世以是水與鄢
陵朱作隱陵箋曰隱陵當作傿陵前漢地志潁川郡有傿陵縣後漢郡國志作鄢陵趙改傿下同陂水雙導亦謂之雙
溝又東南入沙水沙水南與蔡澤陂水合水出
鄢陵城西北　春秋成公十六年晉楚相遇于鄢陵呂錡射
中共王目王召養由基使射殺之亦子反醉酒自斃處也　陂
東西五里南北十里陂水東逕匡城北故城在新汲

縣之東北即扶溝之匡亭也亭在匡城鄉春秋文公元年諸侯朝晉衛成公不朝使孔達侵鄭伐緜訾及匡即此邑也今陳留長垣縣南有匡城即平邱之匡亭也襄邑又有承匡城然匡居陳衛之間亦往往有異邑矣

陂水又東南至扶溝城北又東南入沙水沙水又南逕小扶城西而東南流也朱作又南逕小扶城西而流也趙而改南刊誤曰而當作南城即扶溝縣之平周亭東漢和帝永元中官本曰按近刻訛作順帝永平中案朱訛趙改說見下封陳敬王子參為侯國官本曰按近刻訛作王孫子恭為侯國案朱訛趙改刊誤曰箋曰永平一作永元按後漢書陳敬王羨傳永元十二年封敬王子思王鈞六弟為侯註云伏侯古今注曰番為陽都鄉侯千秋為新平侯參為周亭侯譚為樂陽亭侯寵為博平侯且為高平侯周亭侯即平周亭侯也名參不名恭永元和帝年號非順帝孫字衍文

沙水又東南逕大扶城西城即扶樂故城也官本曰按近刻訛作扶鄉故縣也案朱趙同城北二里有袁良碑官本曰按良近刻訛作梁下同案朱趙同云良陳國扶樂人官本曰按近刻脫國字案朱脫趙增刊誤曰隸釋國三老袁良碑云良陳國扶樂人郡國志陳國有扶樂縣落國字趙釋曰隸釋漢國三老袁君碑云君諱良字厚卿陳國扶樂人也洪氏适曰碑在開封之扶溝袁君名良歷郎中謁者將作大匠丞相令史廣陵太守議郎符節令國三老梁相以順帝永建六年卒其孫衛尉滂立此石滂以光和年為相其作九卿當在靈帝之初水經云扶溝有袁梁碑者誤也一清按袁君名良碑字足據無可疑者酈注

作梁亘梁音同互用左傳季梁湨水注作季亘亦其類也後漢世祖建武十七年更封劉隆爲扶樂侯卽此城也渦水于是分焉不得在扶溝北便分爲二水也

其一者東南過陳縣北官本曰按北近刻訛作也 案朱訛作也趙刊誤曰箋曰克家云也疑作北按也字不誤承上其一者爲文

沙水又東南逕東華城西又東南沙水枝瀆西南逹洧謂之甲庚溝今無水沙水又南與廣漕渠合上承龐官陂云鄧艾所開也雖水流廢興溝瀆尚夥昔賈逵爲魏豫州刺史通運渠二百里餘亦所謂賈侯渠也而川渠逕復交錯畛陌無以辨之沙水又東逕長平縣故城北又東南逕陳城北故陳國也伏羲神農竝都之城東北三十許里猶有羲城實中官本曰按城近刻訛作神 案朱譌作神趙刊誤曰箋曰謝兆申云當作羲城按全氏云非也神卽祠也舜後嬀滿

爲周陶正武（朱作城箋曰當作武王趙改武）王賴其器用妻以元女太姬而封諸陳以備三恪太姬好祭祀故詩所謂坎其擊鼓宛邱之下宛邱在陳城南道東王隱云漸欲平今不知所在矣楚討陳殺夏徵舒于栗門以爲夏州後（趙釋曰一清按此下有缺文蓋敘楚莊王因申叔時之言而復封陳也然云楚討陳以爲夏州則尙有不合者左氏傳曰因縣陳又曰乃復封陳鄉取一人焉以歸謂之夏州孔氏正義曰謂之夏州者討夏氏鄉取一人以歸楚而成一州故謂之夏州蓋未嘗以陳爲夏州也）城之東門內有池池水東西七十步南北八十許步水至清潔而不耗竭不生魚草水中有故臺處詩所謂東門之池也城內有漢相王君造四縣邸碑文字剝缺（官本曰按近刻作落　案朱趙作落）不可悉識其略曰惟茲陳國故曰淮陽郡云云（趙釋曰一清按漢志淮陽是國名不知此碑何以有郡稱也）清惠著聞（趙清上增王君二字刊誤曰清惠上隸釋校補王字又落君字此即上漢陳相王君造四縣邸閣之碑也）爲百姓畏愛求賢養士千有餘人賜與田宅吏舍自損俸錢助之成邸五官掾西華陳騏等二百五人以延熹二年云云故其頌曰脩德立功四縣回附（朱回作內箋曰舊本作四縣回附疑當作向吳改作內趙改回）今碑之左右遺

猶尚存基礎猶在時人不復尋其碑證云孔子廟學非也後楚襄王爲秦所滅徙都于此文穎曰西楚矣三楚斯其一焉城南郭裏又有一城名曰淮陽城子產所置也漢高祖十一年以爲淮陽國王莽更名郡爲新平官本曰按近刻脫郡爲二字　案朱趙無縣曰陳陵官本曰按近刻訛作陵陳　案朱訛趙乙刊誤曰陵陳二字當倒互漢書地理志校正故豫州治王隱晉書地道記云城北有故沙名之爲死沙而今水流津通漕運所由矣沙水又東而南屈逕陳城東謂之百尺溝又南分爲朱作於箋曰宋本作爲趙改爲二水新溝水出焉官本曰按新溝水近刻訛作沙水　案朱作沙水趙改新水刊誤曰沙當作新溝水東南流谷水注之水源上承澇陂陂在陳城西北南暨犖城官本曰按犖近刻訛作華　案朱訛趙改刊誤曰寰宇記引此文作犖城下云槿卽犖也華字誤皆爲陂矣陂水東流謂之谷水東逕澇城北趙澇作犖刊誤曰澇城當作犖城王隱曰犖北有谷水是也犖卽槿矣經書公會齊宋于槿者也杜預曰槿卽犖也在陳縣西北爲

非樫小城也在陳郡西南谷水又東逕陳城南官本曰按又東下近刻有流字　案朱趙有又東流入于新溝水官本曰按近刻訛作入于沙沙水　案朱趙同又東南注于潁官本曰按東南下近刻有流字　案朱趙有謂之交口水次有大堰卽古百尺堰也魏書國志曰司馬宣王討太尉王淩大軍掩至百尺竭官本曰按近刻脫掩字　案朱脫趙增刊誤曰大軍下落掩字三國志王淩傳校卽此竭也今俗呼之爲山陽堰非也蓋新水首受潁于百尺溝官本曰按此下近刻有王莽名郡爲新平七字係重出衍文　案朱趙有趙釋曰一清按此文與上複出故堰兼有新陽之名也以是推之悟故俗謂之非矣

又東南至汝南新陽縣北

沙水自百尺溝東逕寧平縣之故城南晉陽秋稱晉太傅東海王越之東奔也石勒追之焚尸于此數十萬衆斂手受害勒縱騎圍射尸積如山王夷甫死焉余謂俊者所以智勝羣情辨者所以文身袪惑夷甫雖體荷儁令口擅雌黄汙辱

君親獲羿羯勤史官方之華王官本曰按近刻訛作舉正　案朱訛趙改刊誤曰箋曰一作華正按當作華王謂華歆王朗誎爲褒矣沙水又東積而爲陂謂之陽都陂官本曰按近刻脫陂字　案朱脫趙增刊誤曰陽都下落陂字明水注之水上承沙水枝津官本曰按近刻枝訛作之　案朱無承字枝訛之趙增改刊誤曰箋曰上字下宋本有承字按之當作枝東出逕汝南郡之宜祿縣故城北王莽之賞都亭也明水又東北流注于陂陂水東南流謂之細水又東逕新陽縣北又東高陂水東出焉沙水又東分爲二水卽春秋所謂夷濮之水也趙釋曰一清按春秋無夷濮之水之名杜預曰此時改城父爲夷又云夷田在濮水西道元所引前後殆自相伐也枝津北逕譙縣故城西朱作南箋曰宋本作西趙改西側城入渦沙水東南逕城父縣西南枝津出焉俗謂之章水官本曰按此下近刻有也字　案朱趙有也字趙章改漳刊誤曰章水當作漳水卽漳頭水互見陰溝水篇一水東注卽濮水也官本曰按濮近刻訛作注　案朱訛趙改刊誤曰注水春秋分記作濮水卽春秋傳註所謂夷田在濮水西者是也俗謂之艾水官本曰按艾近刻訛作欠　案朱作欠趙改父並有也字刊誤曰欠水當作父水寰宇記城父縣下云父水在縣東四里受漳水南流經縣入蒙水經云沙水支分東注東逕城父縣之

故城南東流注也官本曰按東字近刻訛在南字上也訛作之　案朱趙同

又東南過山桑縣北

山桑故城在渦水北沙水不得逕其北明矣經言過北誤也

又東南過龍亢縣南

沙水逕故城北官本曰按近刻脫逕字　案朱脫趙增刊誤曰沙水下落逕字又東南逕白鹿城北而東注也

又東南過義成縣西官本曰按成近刻訛作城注內同　案朱趙同南入于淮

義成縣故屬沛後隸九江　沙水東流注于淮謂之沙汭京相璠曰楚東地也春秋左傳昭公二十七年楚令尹子常以舟師及沙汭而還杜預曰沙水名也

水經注卷二十二

水經注卷二十三

長沙王氏校本

後魏酈道元撰

陰溝水　汳水　獲水朱無二字

陰溝水出河南陽武縣蒗蕩渠官本曰按蒗近刻訛作蕩下同案朱趙作蕩孫校曰太平寰宇記陽武縣有莨宕渠即汴河之別名一名通濟渠又陽武故城在縣東南二十八里

陰溝首受大河于卷縣官本曰按于字近刻訛在大河上案朱訛趙改刊誤曰于字當移在大河之下故瀆東南逕卷縣故城南又東逕蒙城北史記秦莊襄王元年蒙驁擊取成皋滎陽初置三川郡疑即驁所築也于事未詳故瀆東分爲二世謂之陰溝水京相璠以爲出河之濟又非所究俱東絕濟隧官本曰按近刻訛作隊案朱訛趙改刊誤曰隊當作隧然古亦通用右瀆東南逕陽武城北官本曰按近刻訛作右溝東西逕陽池城北案朱訛趙改刊誤曰右溝當作右瀆東西當作東南陽池當作陽武東南絕長城趙增又字刊誤曰東南上落又字逕安亭北又東北會左瀆左瀆又東絕長城逕垣雍城

南　昔晉文公戰勝于楚周襄王勞之于此故春秋書甲午至于衡雝作王宮于踐土呂氏春秋曰尊天子于衡雝者也郡國志曰卷縣有垣雝城即史記所記趙作謂韓獻秦垣雍是也又東逕開光亭南又東逕清陽亭南又東合右瀆又東南逕封丘縣絕濟瀆東南至大梁合蒗蕩渠梁溝既開蒗蕩渠故瀆實兼陰溝浚儀之稱故二云出陽武矣官本曰按近刻訛作出武陽又脫矣字　案朱訛趙改並無矣字刊誤曰武陽當倒互作陽武東南逕大梁城北官本曰按近刻脫東南二字　案朱趙無左屈與梁溝合官本曰按溝字近刻訛在屈字下　案朱訛趙改刊誤曰溝字當移在梁字下浚儀渠水注云王賁斷故渠引水東南出謂之梁溝是也俱東南流同受鴻溝沙水之目其川流之會左瀆東導者即汳水也蓋津源之變名矣故經二云陰溝出蒗蕩渠也官本曰按渠近刻訛作者　案朱同趙增渠不刪者刊誤曰箋曰者一作渠按蒗蕩下落渠字非者字當作渠

東南至沛爲過水

陰溝始亂蒗蕩終別于沙而過水出焉過水受沙水朱無水字箋曰謝云一作受沙水趙增水字于扶溝縣許慎又曰過水首受淮陽扶溝縣蒗蕩渠不得至沛方爲過水也官本曰按此二十五字原本及近刻並訛在後老子生于曲過間之下過水又屈東逕相縣故城南之上　案朱趙同爾雅曰過爲洵郭景純曰大水泆爲小水也官本曰按近刻泆作溢下有出別二字　案朱趙同呂忱曰洵過水也過水逕大扶城西城之東北悉諸袁舊墓碑字傾低官本曰按字近刻訛作字　案朱訛趙改刊誤曰字當作宇隸釋校改羊虎碎折惟司徒滂蜀郡太守騰博平令光碑字所存惟此自餘殆不可尋過水又東南逕陽夏縣西又東逕邈城北城實中而西有隙郭官本曰按近刻作璅郭　案朱趙作璅過水又東逕大棘城南故鄭之大棘鄉也春秋宣公二年宋華元與鄭公子歸生戰于大棘獲華元左傳曰華元殺羊食士不及其御將戰羊斟曰官本曰按食士下近刻作其御羊斟不與及戰曰九字蓋後人據左傳之文所改　案朱趙同疇昔之羊子爲政今日之事我爲政遂御

入鄭故見獲焉後其地爲楚莊所幷官本曰按近刻脫莊字 案朱趙無故圈稱曰大棘楚地官本曰按楚近刻訛作也 案朱訛趙改刊誤曰全氏云也地當作楚池有楚太子建之墳及伍員釣臺池沼具存濄水又東逕安平縣故城北陳留風俗傳曰大棘鄉故安平縣也士人敦惷易以統御濄水又東逕鹿邑城北世謂之虎鄉城非也春秋之鳴鹿矣杜預曰陳國武平西南有鹿邑亭是也城南十里有晉中散大夫胡均碑元康八年立濄水之北有漢溫令許續碑續字嗣公陳國人也舉賢良拜議郎遷溫令延熹中立濄水又東逕武平縣故城北官本曰按近刻脫北字 案朱脫趙增刊誤曰故城下落北字城之西南七里許有漢尚書令虞詡碑官本曰按近刻脫令字 案朱脫趙增刊誤曰尚書下落令字隸釋校後漢書本傳云永和初遷尚書令碑題云虞君之碑諱詡字定安虞仲之後官本曰按近刻脫之字 案朱脫趙增朱虞作康趙改刊誤曰箋曰康一作虞按後漢書本傳注引此文云虞仲之後爲朝歌令武都太守文字多缺不復可尋按范曄趙改氏漢書詡字升卿陳國武平人祖爲縣獄吏治存寬恕嘗曰于公爲

里門子爲丞相吾雖不及于公子孫不必不爲九卿趙不改未刊誤曰箋曰宋本作亦不失爲九卿按後漢書本傳作子孫何必不爲九卿隸釋引此文云子孫未必不爲九卿今校正作未故字翊曰升卿定安蓋其幼字也魏武王初封于此終以武平華夏矣過水又東逕廣鄉城北圈稱曰襄邑有蚍上亭故廣鄉矣官本曰按近刻脫廣字案朱脫趙增刊誤曰鄉上落廣字改曰廣世後漢順帝陽嘉四年封侍中摯墳爲侯國即廣鄉也過水又東逕苦縣西南分爲二水枝流東北注于賴城入谷官本曰按注于二字近刻訛在東北上案朱趙同謂死過也趙謂改爲刊誤曰謂當作爲過水又東南屈官本曰按近刻訛作又南東屈案朱訛趙改刊誤曰南東二字當倒互逕苦縣故城南郡國志曰春秋之相也王莽更名之曰賴陵矣城之四門列築馳道東起賴鄉南自南門越水直指故臺西面南門一本作面列道逕趣廣鄉道西門馳道西屈武平北門馳道暨于北臺過水又東北屈官本曰按東下近刻衍而字案朱衍趙刪刊誤曰按而字衍文至賴鄉西官本曰按近刻脫西字案朱脫趙增朱賴作類趙改刊誤曰箋曰類當作賴賴鄉下落西字谷水注之谷水首受渙

水于襄邑縣東東逕承匡城東春秋經書夏叔仲彭生官本曰按近刻脫仲字案朱趙無刊誤曰有謂叔下脫仲字者非陸氏釋文云仲衍字石經亦無會晉郤缺于承匡左傳曰謀諸侯之從楚者官本曰按近刻訛作也案朱趙作也趙釋曰全氏祖望曰傳文是謀諸侯之從楚者今鈔變作也字則其義乖矣京相璠曰今陳留襄邑西三十里有故承匡城　谷水又東南逕已吾縣故城西陳留風俗傳曰縣故宋也趙作地雜以陳楚之地故梁國寧陵縣之徙種龍鄉也以成哀之世戸至八九千冠帶之徒趙刊誤曰箋曰徒舊本作徙按徒衆也字不誤求置縣矣永元十一年陳王削地朱箋曰後漢書陳王鈞坐殺人事削西華項新陽三縣以大棘鄉直陽鄉十二年自鄢隸之官本曰按近刻脫十二年三字鄢訛作隱案朱脫訛趙增改刊誤曰自上落十二年三字黃省曾本校補隱當作鄢漢書陳留郡有鄢縣命以嘉名曰已吾猶有陳楚之俗焉　谷水又東逕柘縣故城東　地理志淮陽之屬縣也城內有柘令許君清德頌石碎字紊惟此文見碑城西南里許有漢陽臺令許叔種碑官本曰按近刻臺字種字互訛案朱訛趙改刊誤曰漢書地理志廣平國有陽臺縣許叔臺當作許叔種字倒互耳光和中立又有漢故樂成陵令太尉掾許

嬰碑嬰字處卿司隸校尉之子建寧元年立朱作六年趙改刊誤曰箋曰一作元年按建寧止于五年元年爲是餘碑文字碎滅不復可觀趙作覩當似司隸諸碑也谷水又東逕苦縣故城中水泛則四周隍塹耗則孤津獨逝谷水又東逕賴鄉城南其城實中東北隅有臺偏高俗以是臺在谷水北官本曰按近刻訛作比案朱訛趙改其城又謂之谷陽臺非也谷水自此東入渦水渦水又北逕老子廟東廟前有二碑在南門外漢桓帝遣中官管霸祠老子官本曰按中官近刻作宦臣案朱中官作尼宮脫遣字趙改遣宦官刊誤曰箋曰宋本作桓帝遣宦臣按孫潛校改作宦官命陳相邊韶撰文官本曰按近刻脫文字案朱趙無碑字上屬爲句趙釋曰隸釋云老子銘篆額在亳州苦縣苦屬陳國故其文陳相邊韶所作碑云延熹八年八月帝夢老子尊而祀之帝紀此年春冬兩遣中常侍至苦祠老子水經載蒙城王子喬碑亦云延熹八年八月帝遣使致祠國相王璋乃銘紀遺烈蓋威宗方脩神仙之事故一時郡國竝作碑表此石立于延熹無疑杜子美云苦縣光和尙骨立誤也一清按注無立碑年月碑云延熹八年八月甲子日是也碑北有雙石闕甚整頓石闕南側魏文帝黃初三年經趙作逕譙所勒闕北東側有孔子廟廟前有一碑西面是陳相魯國孔疇建和三年立北則老君廟廟東院中有九

井焉又北過水之側又有李母廟官本曰按李下近刻衍老字　案朱衍趙删刊誤曰箋曰宼家曰舊本作李母前廟疑當作李老君母廟按老字衍文廟在老子廟北廟前有李母冢冢東有碑是永興元年譙令長沙王阜所立碑云老子生于曲過間趙釋曰一清按晉書地道記云曲仁里老子里也又此下朱趙有許慎又云過水首受淮陽扶溝縣蒗蕩渠不得至沛方爲過水也二十五字趙釋曰全氏曰此二十五字疑是注首扶溝縣下之錯簡今次于此是不比也官本移前扶溝縣下過水又屈東逕相縣故城南其城卑小實中邊韶老子碑文云官本曰按文近刻訛作又　案朱訛作又老子楚相縣人也相縣虛荒今屬苦故城猶存在賴鄉之東官本曰按賴下近刻衍游字　案朱趙有過水處其陽疑郎此城也官本曰按疑近刻訛作然　案朱訛趙改刊誤曰然當作疑自是無郭以應之過水又東逕譙縣故城北春秋左傳僖公二十二趙作三年楚成得臣帥師伐陳遂取譙城頓而還是也朱箋曰孫云按左傳僖公二十三年秋楚成得臣帥師伐陳遂取焦夷城頓而還注焦譙城夷城父也王莽之延成亭也魏立譙郡沇州治沙水自南枝分北逕譙城西而北注過過水四周城側城南有曹嵩冢冢北有碑碑北有廟堂餘基尚存柱礎仍在廟北有二石

闕雙峙高一丈六尺榱櫨及柱皆雕鏤雲矩官本曰按近刻訛作炬朱謀㙔云當作烟非也今考瀙水注內亦云杜側悉鏤雲矩案朱趙作炬趙刊誤曰箋曰當作雲烟按炬火炬也字不誤上罘罳已碎闕北有圭碑題云漢故中常侍長樂太僕特進費亭侯曹君之碑延熹三年立碑陰又刊詔策官本曰按詔近刻訛作石案朱訛趙改刊誤曰石策何焯校改詔策二碑文同夾碑東西列對兩石馬高八尺五寸石作麤拙不匹光武隧道所表象馬也有騰兄冢官本曰按近刻作有兄騰冢案朱同趙改刊誤曰箋曰舊本作騰兄冢按司馬彪續漢書曹節四子長伯與次仲與次叔與騰字季興所謂騰兄則伯仲與叔也騰更無弟吳本作兄騰似誤又騰少除黃門從官自小黃門遷至中常侍大長秋在省闥三十餘年亦未嘗爲潁川太守也按隸釋載此文正作有騰兄冢伯仲叔季騰最知名餘則有字而無名三國志魏書曹仁傳云仁太祖從弟裴松之註引魏書曰仁祖褒潁川太守斯其人也朱氏乃以騰未嘗爲潁川太守嘵嘵不置眞癡人說夢也冢東有碑題云漢故潁川太守曹君墓延熹九年卒而不刊樹碑歲月趙釋曰一清按魏志曹仁傳裴松之註引魏書曰仁祖褒潁川太守斯其人也墳北有其元子熾冢冢東有碑題云漢故長水校尉曹君之碑歷太中大夫司馬長史侍中官本曰按侍上近刻衍引字案朱衍趙刪刊誤曰引字衍文隸釋校遷長水年三十九卒熹平六年造熾弟胤冢冢東有碑題云漢謁者曹君之碑熹平六年立城東有曹太祖

舊宅所在負郭對壥側隍臨水魏書曰太祖作議郎告疾歸鄉里築室城外春夏習讀書傳官本曰按近刻脫春夏二字　案朱脫趙增刊誤曰習讀上落春夏二字三國志註校補秋冬射獵以自娛樂文帝以漢中平四年生于此上有青雲如車蓋終日乃解即是處也後文帝以延康元年幸譙大饗父老立壇于故宅壇前樹碑碑題云大饗之碑碑之東北過水南有譙定王司馬士會冢冢前有碑晉永嘉三年立碑南二百許步有兩石柱高丈餘半下爲束竹交文作制極工官本曰按近刻訛作乃士　案朱同箋曰作制乃士字誤當云制作工巧趙改工巧石牓云晉故使持節散騎常侍都督揚州朱揚作楊趙改刊誤曰楊州當作揚州江州諸軍事安東大將軍譙定王河內溫司馬公墓之神道過水又東逕朱龜墓北東南流冢南枕道有碑官本曰按近刻重冢南二字　案朱重趙刪刊誤曰冢南二字重文宜衍碑題云漢故幽州刺史朱君之碑龜字伯靈官本曰按伯近刻訛作泪　案朱訛趙改光和六年卒官故吏別駕從事史右北平無終年化趙刊誤曰箋曰年化當作牟化即造碑故吏姓名也按隸釋引此文作年化年亦姓也中平二年造碑陰

刊故吏姓名悉劚琢及上谷北平等人趙釋曰一清按隸釋云漢幽州刺史朱君之碑有陰在亳州朱君名龜石有碎落不能詳其官閥其可考者嘗以御史中丞督捕益州蠻又爲幽州刺史禦鮮卑爾靈帝光和六年卒後漢西南夷傳蜀郡都夷反執太守雍陟遣御史中丞朱龜討之不能剋李顒發板楯蠻平之碑所載與傳合濄水東南逕層邱北邱阜獨秀巍然介立故壁壘所在也濄水又東南逕城父縣故城北官本曰按近刻脫北字　案朱脫趙增刊誤曰故城下落北字沙水枝分注之水上承沙水于思善縣世謂之章水官本曰按章近刻作漳下同考章水又見渠水注內亦無水旁　案朱趙作漳下同故有章頭之名也東北流逕城父縣故城西官本曰按近刻脫縣字　案朱脫趙增刊誤曰城父下落縣字側城東北流入于濄濄水又東逕下城父北郡國志曰山桑縣有下城父聚者也濄水又屈逕其聚東郎山西又東南屈逕郎山南山東有垂惠聚世謂之禮城袁山松郡國志曰山桑縣有垂惠聚卽此城也濄水又東南逕濄陽城北臨側濄水官本曰按注內言臨側者不一朱謀㙔云當作側臨非也　趙刊誤曰箋曰當作側臨按臨側字屢見魏太和中爲濄州治官本曰按近刻脫濄字　案朱趙無趙釋曰一清按寰宇記云後魏孝文

帝置渦州理山桑城其地後入于梁復入魏改爲譙州改譙縣爲渦陽縣州治上疑落渦字 以蓋表爲刺史後罷州立郡 官本曰按朱謀㙔云舊本作立碑吳本改爲立郡今考原本作郡非吳所改 趙刊誤曰箋曰舊本作罷州立碑吳本改爲立郡按魏書地形志譙州景明中置渦陽郡孝昌中陷領南譙郡渦陽縣屬焉此即所謂罷州立郡者也 衿帶過 趙作堨 戍過水又東南逕龍亢縣故城南漢建武十三年世祖封傅昌爲侯國 趙釋曰沈氏曰按本傳昌由昆陽徙無湖不聞爲龍亢也 故語曰沛國龍亢至山桑者也 趙釋曰巵林曰酈駰十三州志曰山桑縣人俗貪僞好持馬鞭行邑故語曰沛國龍亢至山桑詐紿旅使若奔喪道遇寇抄遂失資糧酈氏取其一語殊爲不備 渦水又屈而南流出石梁 梁石崩褫夾岸積石高二丈水歷其間 又東南流逕荆山北 官本曰按近刻脫北字 案朱趙無 而東流注也

又東南至下邳淮陵縣入于淮

過水又東左合北肥水北 朱趙無北字 肥水出山桑縣西北澤藪東南流左右翼佩數源異出同歸蓋微脈涓注耳東南流逕山桑邑南 俗謂之北平城 昔文欽之封山桑侯疑食邑于此城東南有一碑碑文悉破無

驗惟碑背故吏姓名尚存熹平元年義士門生沛國蕭劉定興立官本曰按士近刻訛作北　案朱訛趙改刊誤曰趙琦美云下有義城北字是城字之誤隸辨引此文作義士按義士猶今云信士宋避太宗諱改義爲信至今因之又朱箋曰謝云蕭下疑有縣字趙增縣字

北肥水又東逕山桑縣故城南

俗謂之都亭官本曰按此下近刻衍城字　案朱趙有非也今城內東側猶有山亭桀立陵阜高峻非洪臺所擬十三州志所謂山生于邑其亭有桑官本曰按亭近刻作庭　案朱趙作庭因以氏縣者也郭城東有文穆冢碑二世二千石穆郡戸曹史徵試博士太常丞以明氣候擢拜侍中右中郎將遷九江彭城陳留三郡官本曰按近刻訛作四部　案朱同趙部改郡刊誤曰部當作郡趙釋曰一清按所歷止三郡四字疑誤抑或脫失一郡也光和中卒故吏涿郡太守彭城呂虔等立

北肥水又東積而爲陂謂之瑕陂陂水又東南逕瑕城南

春秋左傳成公十六年楚師還及瑕即此城也故京相璠曰瑕楚地

北肥水又東南逕向縣故城南

地理志曰故向國也世本曰許州向申姜姓也炎帝後京相璠曰向沛國縣今并屬譙國

龍亢也杜預曰龍亢縣東有向城漢世祖建武十三年更封富波侯王霸爲侯國卽此城也俗謂之圓城非 又東南逕義成南（官本曰按成近刻訛作城 案朱趙作城）世謂之楮城非（趙釋曰一清按水經渠水篇云又東南過義成縣西南入于淮此篇注云過水受沙水東南流逕荆山左合北肥水又東注于淮今鳳陽府懷遠縣東北十五里有渦口城又東北四十五里有向城卽過水入淮之處與漢志合故道元以經言下邳淮陵入淮爲非此義城卽沛郡之義成縣胡渭云義成故城今名拖城顧祖禹云渦口城今訛爲攎城過攎音韻聯而注又有楮城之目殆字形之變耳） 又東入于過過水又東注淮經言下邳淮陵入淮誤矣

汳水出陰溝于浚儀縣北

陰溝卽蒗蕩渠也亦言汳受旃然水又云丹沁亂流（官本曰按沁原本及近刻訛作泌今改正 案朱訛趙改刊誤曰泌當作沁）于武德絕河南入滎陽合汳故汳兼丹水之稱河濟水斷（官本曰按濟近刻訛作沛 案朱訛沛趙改沛）汳承旃然而東自王賁灌大梁水出縣南而不逕其北（趙釋曰一清按漢志河南郡滎陽縣卞水馮池皆在西南）夏水洪泛則是瀆津通故渠卽陰溝也于大梁北又曰浚水矣故圈

稱著陳留風俗傳曰浚水逕其北者也又東汳
水出焉故經云汳出陰溝于浚儀縣北也趙釋曰一清按禹貢
錐指曰浮于淮泗達于河蘇氏傳曰自淮泗入河必道于汴世謂隋煬帝始通汴入泗禹時無此水道以疑禹貢之言按漢書項羽與漢約中分天下割鴻溝以西爲漢以東爲楚文穎注云于滎陽下引河東南爲鴻溝以通宋鄭陳蔡曹衞與濟汝淮泗會卽今官渡是也魏武與袁紹相持于官渡乃楚漢分裂之處蓋自秦漢以來有之安知非禹迹耶禹貢九州之水皆記入河水道而淮泗獨不能入河帝都所在理不應爾意其必開此道以通之其後或爲鴻溝或爲官渡或爲汴上下百餘里閒不可必然皆引河水而注之淮泗也故王濬伐吳杜預與之書曰足下徑取秣陵自江入淮逾于泗汴泝河而上振旅還都濬舟師之盛古今絕倫而自泗汴泝河可以班師則汴水之大小當不減于今又足以見秦漢魏晉皆有此水道非煬帝創開也吳王夫差闕溝通水與晉會于黃池而江始有入淮之道禹時則無之故禹貢曰沿于江海達于淮泗明非自海入淮則江無入淮之道今直云浮于淮泗達于河不言自海則鴻溝官渡汴水之類自禹以來有之明矣按蘇氏因說者有謂河當作菏而以爲不必然故發此論閻百詩曰禹貢濟入于河南溢而爲滎而陶邱而菏而汶而海此禹時之濟瀆發源注海也史記河渠書禹功施乎三代自是之後滎陽下引河東南爲鴻溝以通宋鄭陳蔡曹衞與濟汝淮泗會此禹後代人于滎澤之北引河東南流故水經謂河水東過滎陽縣蒗蕩渠出焉者是亦引濟水分流故漢志謂滎陽有蒗蕩渠首受泲東南流者是又自是之後代有疏濬枝津別瀆不可勝數則酈注所謂滎波河濟往復逕通者也雖然其來古矣蘇秦說魏襄王曰大王之地南有鴻溝則戰國前有之晉楚之戰楚軍于邲邲卽汳水則春秋前有之爾雅水自河出爲灉灉本汳水則爾雅前有之然莫不善于酈道元之言曰大禹塞滎澤滎澤𦳝時方枯豈禹塞之乎又曰昔禹塞其淫水而于滎陽下引河滎陽非禹引而謂禹之時已有乎余是以斷自河渠書參以滎陽下引河不見禹貢之書爲出禹之後頗自幸其考訂比蘇氏差詳矣按河渠書有自是之後四字百詩據此判鴻溝非禹迹真老吏斷獄手而愚更有進者謂由泗入菏由菏入濟是矣而自陶邱以西舍鴻溝無達河之道也焉得不指爲禹迹乎謂滎陽下引河出禹以後是矣而由濟

達河莫知其所經不顯示以一塗終何以破千古之疑乎是當于濟漯之間求之蓋兗青徐揚
之貢道皆由濟入漯以達河而宋儒謂濟漯二水無相通之處則浮濟者泝陶邱而西且北勢
不得不出于滎陽此蘇氏之論所以近理而人不敢深折其非也誠知經所謂浮于濟者乃至
荷會汶之濟而非陶邱滎澤之濟則濟之所以通河者漯也非鴻溝官渡汴水也而紛紜之說
不攻自破矣又曰黃文叔云蒗蕩出河斷非禹迹禹之行河本以河湍悍難行平地故釃二渠
以引河而載之高地二渠非得已也後世不識聖人之意妄鑿河為瀆或不順地防或附屬不
理故其勢易決蓋非獨蒗蕩也其下濮水通河而酸棗決瓠水通河而瓠子決汴渠亦屢決至
王景治汴鑿山開澗十里置水門使更相回注紊亂渠脈而禹迹益壞矣且所為通淮泗者以
舟楫之利也菏已通矣而何更用通蒗蕩哉其曰禹塞淫水而鑿之者春秋戰國之世商權功
利而忽遠圖並植私欲而不顧大經等謀之士託其名于禹而世不之察也河渠書滎陽下引
河東南為鴻溝以通宋鄭陳蔡曹衛與濟汝淮泗會其在春秋戰國
之際明矣偉哉此論善發禹貢之蘊并可以證徐州達于河之誤 汳水東逕倉
垣城南即浚儀縣之倉垣亭也 官本曰按浚儀近刻訛作大梁 案朱趙同趙釋曰一清按漢志陳留郡浚儀縣下云故大梁續志亦云浚儀本大梁是未嘗以大梁名縣也 城臨汳水陳留相畢邈治此征東將軍荀
晞之西也 官本曰按荀晞近刻訛作苟晞 案朱訛趙改刊誤曰晉書列傳是荀晞朱箋既引晉書尚仍苟字之誤何也 邈走歸京晞使
司馬東萊王讚代據倉垣斷留運漕 汳水又東逕陳留
縣之鉼鄉亭北 陳留風俗傳所謂縣有鉼鄉亭即斯亭也
汳水又逕小黃縣故城南 神仙傳稱靈壽光扶風人
死于江陵胡罔家罔殯埋之後百餘日人有見光于此縣寄書

輿罔官本曰按與近刻訛作於案朱趙同罔發視之惟有履存汳水又東逕鳴

雁亭南春秋左傳成公十六年衞侯伐鄭至于鳴雁者也杜

預釋地云在雍丘縣西北今俗人尚謂之爲白雁亭汳水又

東逕雍丘縣故城北逕陽樂城南 西征記曰城在

汳北一里周五里雍丘縣界 汳水又東有故渠出焉

孫校曰其故渠在今開封之東今無復有水南通睢水謂之董生決或言董氏

作亂引水南通睢水故斯水受名焉今無水汳

水又東枝津出焉俗名之爲落趙作洛下同架口西征

記曰落架水名也續述征記曰在董生決下二

里汳水又逕外黃縣南又東逕莠倉城北 續述

征記曰莠倉城去大游墓二十里 又東逕大齊城南 陳

留風俗傳曰外黃縣有大齊亭又東逕科城北陳留風俗

傳曰縣有科稟亭是則科稟亭也官本曰按科近刻訛作料朱訛趙改刊誤曰料當作科 案 汳水

又東逕小齊城南汳水又南逕利望亭南風俗傳曰故成安也朱趙故下有曰字趙刊誤曰箋曰謝云曰字疑衍按曰字乃陳留風俗傳文不宜衍地理志陳留縣名官本曰按近刻訛作志曰陳留舊名　案朱趙志下有曰字縣作舊趙釋曰一清按舊名當作縣名漢武帝以封韓延年爲侯國趙釋曰全氏曰按小司馬曰表在郟志在陳留蓋疑未能決也予謂延年郟人則潁川之郟是也以爲陳留非也善長亦據本志言之耳一清按地理志潁川郡本有成安縣分註云侯國也而小司馬以陳留之成安當之道元則又兩釋之而不知擇也汳水又東龍門故瀆出焉瀆舊通睢水故西征記曰龍門水名也門北有土臺高三丈餘上方數十步汳水又東逕濟陽考城縣故城南爲菑獲渠考城縣周之采邑也于春秋爲戴國矣孫校曰說文作戴左傳隱公十年秋宋衞蔡伐戴是也漢高帝十一年秋封彭祖爲侯國趙釋曰一清按索隱曰漢表彭祖姓祕音轡韋昭音符篋反非也今檢史記諸本竝作祕今見有姓祕氏陳留風俗傳曰秦之穀縣也後遭漢兵起邑多災年故改曰菑縣王莽更名嘉穀官本曰按此下近刻有漢字　案朱有趙刪刊誤曰漢字衍文趙釋曰一清按道元此說非也漢書傅寬傳略梁別西擊邢說軍菑南破之師古曰菑縣名也後爲考城則秦時已名菑縣非自漢始蓋因王莽更爲嘉穀而造作是說章帝東巡過縣詔曰陳留菑縣官本曰按近刻脫留字　案朱脫趙增刊

誤曰郡國志考城縣屬陳留郡落留字又按春秋左傳正義曰地理志云梁國甾縣故戴國應劭曰章帝改曰考城古者甾戴聲近故鄭元詩箋讀依戴如熾甾是其音大同故漢于戴國立甾縣可以補酈注之遺 其名不善高祖鄙柏人之邑世宗休聞喜而顯獲嘉應亨吉元符趙元作之刊誤曰元全氏校改之嘉皇靈之顧朱作故箋曰宋本作顧趙改顧賜越有光列考武皇朱光作先皇作王趙改又列改烈刊誤曰箋曰先一作光按當作烈考武皇謂武帝其改菑縣曰考城是瀆蓋因縣以獲名矣 汳水又東逕寧陵縣之沙陽亭北故沙隨國矣春秋左傳成公十六年秋會于沙隨謀伐鄭也杜預釋地曰在梁國寧陵縣北沙陽亭是也世以為堂城非也 汳水又東逕黃蒿塢北續述征記曰堂城至黃蒿二十里 汳水又東逕斜城下續述征記曰黃蒿到斜城五里陳留風俗傳曰考城縣有斜亭 汳水又東逕周塢側朱無又字趙增刊誤曰汳水下落又字續述征記曰斜城東三里晉義熙中劉公遣周超之自彭城緣汳故溝斬樹穿道七百餘里以開水路停泊于此官本曰按泊近刻作薄案朱趙作薄故茲塢流稱矣 汳水又東逕葛城北故

葛伯之國也孟子曰葛伯不祀湯問曰何爲不祀稱無以供祠

祭遺葛伯葛伯又不祀湯又問之曰無以供犧牲湯又遺之又

不祀湯又問之曰無以供粢盛湯使亳衆往爲之耕老弱饋食

葛伯又率民奪之不授者則殺之湯乃伐葛葛于六國屬魏魏

安釐王以封公子無忌官本曰按安釐王近刻訛作襄王忌訛作咎　案朱訛趙咎改忌餘同釋曰朱氏謀㙔箋云史記云魏公子無忌者魏昭王少子而魏安釐王異母弟也昭王薨安釐王卽位封公子爲信陵君此云襄王誤也號信陵君其地葛鄉卽是城也

在寧陵縣西朱作四箋曰一作西趙改西十里汳水又東逕神坑塢又

東逕夏侯長塢趙釋曰一清按三國志魏武帝紀袁術退保封邱遂圍之未合術走襄邑追到太壽決渠水灌城走寧陵又追之走九江太壽地無考大約在寧陵襄邑之間又夏侯惇傳領陳留濟陰太守惇乃斷太壽水作陂身自負土率將士勸種稻民賴其利此夏侯長塢蓋以惇得名續述征記曰

夏侯塢至周塢各相距五里汳水又東逕梁國睢陽

縣故城北而東歷襄鄉塢南續述征記曰西去夏侯

塢二十里東一里卽襄鄉浮圖也汳水逕其南漢熹平中某君

所立官本曰按近刻脫中某二字　按朱脫趙增刊誤曰箋曰按熹平是漢靈帝年號此云熹平君知有脫誤也宋本亦然其墜失久矣按全氏云錢遵王本熹平下有中某二字

從之死因葬之其弟刻石樹碑官本曰按近刻脫其字增刊誤曰弟上落其字全氏校增　案朱脫趙以旌厥德朱作進箋曰宋本作旌厥德趙改旌隧前有獅朱趙作師子天鹿累塼作百達柱八所官本曰按近刻脫累字達訛作樹　案朱脫訛又塼作博趙增改刊誤曰箋曰博宋本作塼按隸釋載此文作累塼作百達柱黃省曾本同惟誤以塼爲博荒蕪頹毀彫落略盡矣

又東至梁郡趙釋曰一清按漢志秦碭郡高帝五年爲梁國續志同作經者乃改云梁郡此與陳縣漢相王君造四縣碑以淮陽國爲淮陽郡正相類後獲水睢水經文亦云蒙縣爲獲水官本曰按獲原本訛作睢近刻訛作濉考後獲水出汳水于梁郡蒙縣北而睢水出梁郡鄢縣可證此乃爲獲水甚明今改正　案朱作濉趙改睢餘波南入睢陽城中朱睢作淮趙改刊誤曰淮陽當作睢陽漢西京梁國治睢陽續志睢陽亦居梁國領縣之第一注云唯睢陽城南側有小水南流入于睢是也

汳水又東逕貫城南官本曰按貫近刻訛作貫趙改刊誤曰貫城當作貫城　案朱訛俗謂之薄城非也闞駰十三州志以爲貫城也官本曰按貫近刻訛作貫　案朱訛趙改在蒙縣西北春秋僖公二年齊侯宋公江黃盟于貫杜預以爲貫也云貫貫字相似貫在齊謂貫澤也是矣官本曰按近刻訛作以　案朱趙作以非此也今于此地更無他城在蒙西北惟是邑耳考文準地貫邑明矣非亳

可知趙釋曰一清按亳與上薄字同音汳水又東逕蒙縣故城北官本曰按蒙原本及近刻並訛作違今改正　案朱訛趙改刊誤曰違縣當作蒙縣俗謂之小蒙城也西征記城在汳水南十五六里即莊周之本邑也爲蒙之漆園吏郭景純所謂漆園有傲吏者也悼惠施之沒杜門于此邑矣　汳水自縣南出今無復有水惟睢陽城南側有小水南流入于睢　城南二里有漢太傅掾橋載墓碑載字元賓梁國睢陽人也睢陽公子熹平五年立城東百步有石室刊云漢鴻臚橋仁祠城北五里有石虎石柱而無碑誌不知何時建也汳水又東逕大蒙城北自古不聞有二蒙疑即蒙亳也所謂景薄趙作亳爲北亳矣官本曰按北近刻訛作此　案朱訛趙改椒舉云商湯有景亳之命者也闞駰曰湯都也亳本帝嚳之墟在禹貢豫州河洛之間今河南偃師城西二十里尸鄉亭是也皇甫謐以爲考之事實學者失之如孟子之言湯居亳與葛爲鄰是即亳與葛比也湯地七十里

葛又伯耳封域有限而寧陵去偃師八百里官本曰按陵近刻訛作陂案朱作陂箋曰寧陂據郡國志當作寧陵乃葛伯國也趙改陵不得童子饋餉而爲之耕今梁國自有二亳南亳在穀熟北亳在蒙非偃師也古文仲虺之誥曰葛伯仇餉征自葛始即孟子之言是也崔駰曰湯冢在濟陰薄縣北皇覽曰薄城北郭東三里平地有湯冢冢四方方各十步高七尺上平也漢哀帝建平元年大司空史郤長卿按行水災因行湯冢在漢屬扶風今徵之迴渠亭有湯池徵陌是也官本曰按池近刻訛作地案朱訛趙改釋曰全氏曰按漢志徵屬左馮翊不屬右扶風然不經見難得而詳按秦寧公本紀云二年伐湯三年與亳戰亳王奔戎遂滅湯然則周朱有穆字箋曰疑衍趙刪桓王時自有亳王號湯爲秦所滅乃西戎之國葬于徵者也非殷湯矣劉向言殷湯無葬處爲疑杜預曰梁國蒙縣北有薄伐城城中有成湯冢其西有箕子冢今城內有故冢方墳疑即杜元凱之所謂湯冢者也而世朱作先箋曰孫云當作世謂之趙改世謂之王子喬冢冢側有碑題云

仙人王子喬碑曰王子喬者蓋上世之真人聞其仙不知興何代也博問道家官本曰按問近刻訛作聞案朱訛趙改刊誤曰聞當作問隸釋校或言潁川或言產蒙初建此城則有斯邱傳承先民曰王氏墓暨于永和之元年冬十二月當臘之時夜上有哭聲其音甚哀附居者王伯怪之明則祭朱箋曰當作登趙改登而察焉時天鴻雪下無人徑有大鳥跡在祭祀處左右咸以為神其後有人著大冠絳單衣杖竹立冢前呼採薪孺子伊永昌曰我王子喬也勿得取吾墳上樹也忽然不見時令泰山萬熹官本曰按近刻訛作喜案朱訛趙改刊誤曰箋曰喜當作熙按當加灬作熹稽故老之言感精瑞之應乃造靈廟以休厥神于是好道之儔自遠方集或絃琴以歌太一或覃思以歷丹邱官本曰按近刻覃訛作譚邱訛作思案朱作思箋曰當作田趙改田覃並作譚知至德之宅兆實真人之祖先延熹八年秋八月皇帝遣使者奉犧牲致禮祠濯朱箋曰一作致祀祇懼之敬趙釋曰全氏曰隸釋改作祗懼非是之敬肅如也國相東萊王璋字伯儀官本曰按近刻訛作義案朱訛趙改刊誤曰後漢書黨錮傳王璋字伯儀東萊曲成人少府卿以為神聖所興必有銘

表乃與長史邊乾遂樹之玄石紀頌遺烈觀其碑文意似非遠既在逕見［官本曰按近刻作既有經見　案朱同趙改有仍經刊誤曰有黃省曾本作在］不能不書存耳［官本曰按近刻作存焉　案朱趙作焉］

獲水出汳水于梁郡蒙縣北［孫校獲改雉曰說文雉字犬聲睢陽有雉水廣韻曰雉同惟徐引孫愐五佳切案說文曰犬聲則是後人誤以佳爲聲也］

漢書地理志曰獲水首受甾獲渠［官本曰按獲水下近刻有也字又有十三州志曰五字並係衍文　案朱趙同甾趙作甾釋曰一清按漢志梁國蒙縣獲水首受甾獲渠汳水注云汳水又東逕濟陽考城縣故城南爲甾獲渠道元是注蓋割裂班志又雜引闞駰說以成文殆好博之過也］亦兼丹水之稱也竹書紀年曰宋殺其大夫皇瑗［朱作緩箋曰今紀年宋本作皇瑗趙改瑗］于丹水之上又曰宋大水［官本曰按原本及近刻並訛作宋大夫竹書紀年作水黃省曾本元是水字　案朱訛趙改刊誤曰］丹水壅不流蓋汳水之變名也獲水自蒙東出［官本曰按近刻訛作山　案朱訛趙改刊誤曰山當作出］水南有漢故繹幕令匡碑匡字公輔魯府君之少子也碑字碎落不可尋識竟不知所立歲月也獲水又東逕長樂固北己氏縣

南東南流逕于蒙澤　十三州志曰蒙澤在縣東春秋莊公十二年宋萬與公爭博殺閔公于斯澤矣　獲水又東官本曰按獲近刻訛作汳　案朱訛趙改刊誤曰汳水當作獲水逕虞縣故城北古虞國也昔夏少康逃奔有虞爲之庖正虞思于是妻之以二姚者也王莽之陳定亭也城東有漢司徒盛允墓碑官本曰按近刻脫碑字　案朱脫趙增刊誤曰墓下落碑字隸釋校補允字伯世官本曰按允近刻訛作公　案朱訛趙改刊誤曰公當作允盛允爲司徒在桓帝延熹二年見范史桓帝紀何焯云當作盛允見姓氏急就篇然當以史爲正梁國虞人也其先奭氏至漢中葉避孝元皇帝諱改姓曰盛世濟其美以迄于公察孝廉除郎累遷司空司徒延熹中立墓中有石廟廟宇傾頹基構可尋　獲水又東南逕空桐澤北澤在虞城東南春秋哀公二十六年冬宋景公遊于空澤官本曰按近刻脫宋景二字案朱脫趙增　辛巳卒于連中大尹左師與空澤之士千甲朱箋曰千甲左傳杜預注謂甲士千人也吳本改作壬午今復正之　奉公自空桐入如沃宮者矣獲水又東逕龍譙固官本曰按近刻脫東字固訛作國　案朱趙同趙釋曰一清按龍譙國未詳實字記亳州下云後漢熹平五年黃龍見譙太史令單颺以爲其國當有王者興

不及五十年亦當復見後如其言及文帝卽位黃初元年以先人舊都立爲譙國與長安許昌鄴洛陽號爲五都事見後漢書方術傳及三國志魏文帝紀熹平之朝譙尙爲縣屬沛國占侯者卽云其國若豫知當塗受命改制之事史氏多誣此其驗矣又東合黃水口水上承黃陂朱無水字趙增刊誤曰上承上落水字下注獲水獲水又東入櫟林世謂之九里柞朱作祚箋曰祚宋本作柞陸機詩疏云秦人謂柞爲櫟河內人謂木蓼爲櫟趙改柞獲水又東南逕下邑縣故城北楚考烈王滅魯頃公亡遷下邑又楚漢彭城之戰呂后兄澤軍于下邑官本曰按兄澤近刻訛作弟周　案朱趙同趙釋曰全氏曰按項羽本紀云呂后兄高帝紀亦云呂后兄非弟也且是周呂侯名澤周呂其封國非名周也高祖敗還從澤朱趙作周軍于房肇捐地之策收垓下之鄧陸機所謂卽趙有謀字下邑者也王莽更名下治朱趙作治朱箋曰舊本作下治矣獲水又東逕碭縣故城北官本曰按碭下近刻衍山字　案朱衍趙刪刊誤曰兩漢志後魏志俱作碭縣無山字按漢志碭縣下云山出文石續志鈔變其詞曰碭山出文石連作大字非以碭山名縣也山字衍文應劭曰縣有碭山山在東出文石秦立碭郡蓋取山之名也王莽之節碭縣也山有梁孝王墓其冢斬山作郭穿石爲藏行一里到藏中有數尺水水有大鯉魚黎民謂藏有神不敢犯神官本曰按近刻民訛作萌犯神訛作犯之　案朱趙同凡到藏皆潔

齋而進不齋者至藏輒有獸噬其足獸難得見見者云似狗朱無云字趙增刊誤曰見者下落云字黃省曾本校增所未詳也山上有梁孝王祠獲水又東穀水注之上承碭陂官本曰按碭近刻訛作陽　案朱訛趙改上上增水字刊誤曰上承上落水字陽陂當作碭陂陂中有香城城在四水之中承諸陂散流爲零水濮水清水也官本曰按爲近刻作謂　案朱趙作謂積而成潭謂之碭水趙人有琴高者以善鼓琴爲康王舍人行彭涓之術浮遊碭郡間二百餘年後入碭水中取龍子與弟子期日皆潔齋待于水旁設屋祠果乘赤鯉魚出入坐祠中碭中有可萬人觀之官本曰按可近刻作千　案朱趙作千留月餘復入水也陂水東注謂之穀水東逕安山北卽碭北山也山有陳勝墓秦亂趙增覩字刊誤曰秦亂上落覩字孫潛校增首兵伐秦弗終厥謀死葬于碭謚曰隱王也穀水又東北注于獲水獲水又東歷藍田鄉郭又東逕梁國杼秋縣故城南王莽之予秋也官本曰按予近刻訛作子　案朱訛趙改刊誤曰漢書地理志作予秋子字誤獲水又

東歷趙釋曰一清按下有脫文洪溝東注官本曰按此下近刻衍之字案朱趙有之字趙東改水刊誤曰下東字當作水南北各一溝朱趙南上有水字溝首對獲世謂之鴻溝官本曰按鴻近刻訛作洪　案朱趙作洪非也春秋昭公八年秋蒐于紅杜預曰沛國蕭縣西有紅亭卽地理志之虹縣也朱趙無也字朱虹作虹趙改刊誤曰虹爲螮蝀音戸公切漢書地理志沛郡虹縣莽曰貢師古曰虹亦音貢是與虹字有別郡國志作虹縣斯則司馬彪之異詞非班固之實錄也趙釋曰一清按此說亦見晉書地道記而顧景范非之郡國志泰山郡奉高邑劉昭補註曰左傳昭八年大蒐于紅紅亭在縣西北漢志沛郡虹縣莽曰貢師古曰虹亦音貢音義竝異景帝三年官本曰按近刻訛作高后三年　案朱趙同趙釋曰朱氏謀瑋箋云王子侯表景帝三年更封富爲紅侯作高后誤一清按索隱曰楚元王傳休侯富免後封紅侯紅休蓋二鄉名王莽封劉歆爲紅休侯一云紅卽虹縣封楚元王子富爲侯國王莽之所謂貢矣蓋溝名音同官本曰按音近刻訛作是　案朱趙作是非楚漢所分也趙釋曰全氏曰鴻溝史記年表作洪渠漢書音義作洪溝晉志浚儀縣下亦作洪溝則鴻洪字本通故有指此洪溝爲鴻溝者善長特起而糾正之又東過蕭縣南睢水北流注之官本曰按此六字原本及近刻竝訛入注內睢訛作獲考注云卽經所謂睢水也實指此經之文而言今改正　案朱訛趙改刊誤曰六字是經混作注獲當作睢蓋睢水入獲也注云疑卽經所謂睢水蓋指此也蕭縣南對山世謂之蕭城南山也朱城作縣趙改刊誤曰縣黃省曾本作城戴延之謂之同孝山云取漢陽城侯劉德所居里

名目山也劉澄之云縣南有冒山未詳孰是也山有箕谷谷水北流注獲世謂之西流水言水上承梧桐陂陂水西流因以爲名也余嘗逕蕭邑城右惟是水北注獲水（趙無水字）更無別水（朱無水字箋曰謝兆申云當作更無別水趙增水字）疑卽經所謂睢水也城東西及南三面臨側獲水故沛郡治縣亦同居矣城南舊有石橋耗處（官本曰按近刻訛作處耗案朱訛趙乙刊誤曰箋曰耗字疑衍按處耗二字當互易謂水痕減落之處也）積石爲梁高一丈今荒毀殆盡亦不具誰所造也縣本蕭叔國宋附庸楚滅之春秋宣公十二年楚伐蕭蕭潰申公巫臣曰師人多寒王巡三軍撫之士同挾纊（官本曰按近刻作拊而勉之三軍之士皆同挾纊乃後人據左傳之文所改　案朱趙同）蓋恩使之然矣蕭女聘（朱趙作娉）齊爲頃公之母郤克所謂蕭同叔子也　獲水又東歷龍城　不知誰所創築也獲水又東逕同孝山北山陰有楚元王冢上圓下方累石爲之高十餘丈廣百許步經十餘墳悉結石也　獲

水又東淨淨溝水注之水上承朱趙作結朱箋曰宋本作承梧桐陂西北流即劉中書澄之所謂白溝水也官本曰按溝近刻訛作瀆案朱訛趙改刊誤曰箋曰謝云白溝當作白瀆按蕭縣志云白溝在縣西北二十里溝字不誤又北入于獲俗名之曰淨淨溝也趙刊誤曰箋曰宋本但作名之曰淨溝也按淨淨溝之義如深深渠[illegible]水源源水涓涓水之類朱氏不察必欲去此重文亦昧矣

又東至彭城縣北東入于泗

獲水自淨淨溝東逕阿育王寺北或言楚王英所造非所詳也蓋遵育王之遺法因以名焉與安陂水合水上承安陂餘波北逕阿育王寺側水上有梁謂之玄注橋水旁有石墓宿經開發石作工奇殊爲壯朱作莊箋曰宋本作壯構趙改壯構而不知誰冢疑即澄之所謂淩冢也水北流注于獲獲水又東逕彌黎城北劉澄之永初記所謂城之西南有彌黎城者也獲水于彭城西南迴而北流逕彭城城西北舊有楚大夫龔勝宅即楚老趙有父字哭勝處也朱箋曰漢書王莽遣謁者

持安車印綬節拜楚國龔勝爲太子師友祭酒勝不應徵不食而死時年七十九矣有老父來弔哭甚哀曰嗟乎薰以香自燒膏以明自銷龔生竟夭天年非吾徒也勝居彭城廉里後世刻石表其里門獲水又東轉逕城北而東注泗水北三里有石冢被開傳言楚元王之孫劉向冢未詳是否城即殷大夫老彭朱作彭祖箋曰宋本作老彭之國趙改老彭之國也于春秋爲宋地楚伐宋并之以封魚石崔子季珪述初賦曰想黃公于邳圯勤魚石于彭城官本曰按勤近刻訛作勤 案朱訛趙改刊誤曰勤孫濳校改勤事在春秋襄公九年郎是縣也孟康曰舊名江陵爲南楚陳爲東楚彭城爲西楚朱箋曰按史記正義曰淮南北沛郡汝南郡爲西楚彭城以東東海吳廣陵爲東楚衡山九江江南豫章長沙爲南楚文穎曰朱穎作類趙改刊誤曰文穎之穎當从禾不从水彭城故東楚也項羽都焉朱無焉字趙增刊誤曰都下落焉字謂之西楚漢祖定天下以爲楚郡封弟交爲楚王都之宣帝地節元年更爲彭城郡朱箋曰孫按史記楚元王世家地節二年中人上書告楚王謀反王自殺國除入漢爲彭城郡王莽更之曰和樂郡也徐州治城內有漢司徒袁安魏中郎將徐庶等數碑官本曰按近刻脫將字 案朱脫趙增刊誤曰中郎下落將字竝列植于街右咸曾爲楚相也大城之內有金城東北小城劉公更開廣之皆壘石高四丈列壍環

之小城西又有一城官本曰按近刻脫有字案朱脫趙增刊誤曰又下落有字是大司馬琅邪王所修因項羽故臺經始即構宮觀門閣官本曰按近刻訛作閤案朱訛趙改刊誤曰閣黃省曾本作閤說文閤門旁戶正韻內中小門也周圻名義考曰閤爲皮閣之閣禮內則天子之閣漢天祿等閣皆謂重屋也閣爲闔閤之閤文翁傳閤閤公孫宏東閤皆謂門也音義並異非可混稱下邑閣如初之閣亦同惟新厥制義熙十二年霖雨驟澍汳朱趙作汴水暴長城遂崩壞冠軍將軍彭城劉公之子也登更築之悉以塼壘宏壯堅峻樓櫓赫奕南北所無宋平北將軍徐州刺史河東薛安都舉城歸魏魏遣博陵公尉苟仁城陽公孔伯恭援之邑閣如初官本曰按閣近刻作閤案朱訛趙改覩不異昔自後毀撤一時俱盡趙釋曰一清按此處疑有脫文魏書堯暄傳初暄使徐州見州城樓觀嫌其華盛乃令往往毀撤由是更損落及高祖幸彭城聞之曰暄猶可追斬閣遺工雕鏤尚存龍雲逞勢奇爲精妙矣城之東北角起層樓于其上號曰彭祖樓地理志曰彭城縣古彭祖國也官本曰按古近刻作故案朱同趙改刊誤曰故漢書地理志作古世本曰陸終之子其三曰籛是爲彭祖彭祖城是也下曰彭祖冢彭祖長年八百綿壽永世于此有冢蓋亦元極之化矣其樓之側襟汳帶泗官本曰按近刻脫襟字案朱

東北爲二水之會也聳望川原極目清野斯爲佳處脫趙增刊誤曰汳上落襟字矣

水經注卷二十三

水經注卷二十四　長沙王氏校本

後魏酈道元撰

睢水　瓠子河朱趙作水　汶水

睢水出梁郡鄢縣

睢水出陳留縣西蒗蕩渠官本曰按蕩近刻作湯　案朱趙作蕩東北流地理志曰睢水首受陳留浚儀狼湯水也官本曰按狼湯近刻作蒗蕩　案朱趙同經言出鄢非矣又東逕高陽故亭北俗謂之陳留北城非也蘇林曰高陽者陳留北縣也按在留故鄉聚名也官本曰按故近刻訛作使　案朱訛趙改刊誤曰漢志陳留縣下註臣瓚曰留屬陳故稱陳留蓋留本鄭邑爲陳所幷是以酈釋高陽爲故留之鄉聚名也使字誤當作故有漢廣野君廟碑延熹六年十二月雍邱令董生趙釋曰何氏曰隸釋作董之乃董督之義一清按斯言未安仰餘徽于千載遵茂美于絕代命縣人長照爲文官本曰按長近刻作萇　案朱趙同用章不朽之德其略云轂洗分餐諮謀帝猷陳鄭有逐鹿之功海岱無牧野之戰大康華夏綏靜黎物生民以來功盛莫

崇今故宇無聞而單碑介立矣官本曰按近刻字訛作字單訛作軍案朱趙不誤陳留風俗傳
曰鄺氏居于高陽沛公攻陳留縣鄺食其有功封高陽侯趙釋曰全氏曰
按食其生前未嘗封侯是因其子高梁侯疥而誤有鄺峻字文山官至公府掾大將軍商有功
食邑于涿故自陳留徙涿官本曰按近刻脫此二字案朱脫趙增刊誤曰陳留下落徙涿二字全氏校增縣有餅
亭餅鄉建武二年世祖封王常爲侯國也趙釋曰一清按王常封山桑侯不聞在陳留也豈由鄉亭進封
而史傳失之乎睢水又東逕雍丘縣故城北縣舊杞國也殷
湯周武以封夏后繼禹之嗣楚滅杞秦以爲縣圈稱曰縣有五
陵之名故以氏縣矣城內有夏后祠昔在二代享祀不輟秦始
皇因築其表爲大城而以縣焉官本曰按因近刻訛作圖案朱趙作圍睢水又東水
積成湖俗謂之白羊陂陂方四十里右則姦梁
陂水注之其水上承陂水東北逕雍丘城北又
東分爲兩瀆謂之雙溝俱入白羊陂陂水官本曰按近刻訛作
之案朱訛趙改刊誤曰之當作水東合洛架口官本曰按近刻口上衍水字案朱趙有水上承汳水

謂之洛架水東南流入于睢水睢水又東逕襄邑縣故城北又東逕雍邱城北睢水又東逕寧陵縣故城南故葛伯國也王莽改曰康善矣歷鄢縣北二城南北相去五十里 故經有出鄢之文 城東七里水次有單父令楊彥尚書郎楊禪字文節兄弟二碑漢光和中立也

東過睢陽縣南 官本曰按東上近刻衍又字 案朱趙有

睢水又東逕横城北 春秋左傳昭公二十一年樂大心禦華向于横 官本曰按近刻作樂大心豐愆華牼禦華向于横蓋後人據左傳增加四字 案朱趙同 杜預曰梁國睢陽縣南有横亭今在睢陽縣西南世謂之光城蓋光横聲相近習傳之非也 睢水又逕新城北 卽宋之新城亭也春秋左傳文公十四年公會宋公陳侯衞侯鄭伯許男曹伯晉趙盾盟于新城者也 睢水又東逕高鄉亭北又東逕亳城

北南亳也卽湯所都矣睢水又東逕睢陽縣故城南周成王[官本曰按近刻訛作武王 案朱趙作武]封微子啓于宋以嗣殷後爲宋都也[趙釋曰一清按尚書序史記周本紀宋微子世家皆云周公承成王命以封微子于宋注云武王誤也]昔宋元君夢江使乘輜車被繡衣而謁于元君元君感衞平之言而求之于泉陽男子余且獻神龜于此矣秦始皇二十二年以爲碭郡漢高祖嘗以沛公爲碭郡長天下旣定五年爲梁國[趙釋曰全氏曰閻若璩云睢陽是梁都而班志置之第八其第一縣乃碭也案秦立碭郡則碭縣乃秦之治所及漢改治睢陽孟堅或仍秦地圖之舊而未及改正耳]文帝十二年封少子武爲梁王太后之愛子景帝寵弟也是以警衞貂侍飾同天子藏珍積寶多擬京師招延豪傑士咸歸之長卿之徒免官來遊廣睢陽城七十里大治宮觀臺苑屏樹勢並皇居其所經構也役夫流唱必曰睢陽曲[官本曰按近刻脫曲字 案朱脫趙增刊誤曰劉昭補註郡國志引地道記曰梁孝王築城三十里小鼓唱節杵下而和之稱睢陽曲注落曲字]創傳由此始也城西門卽寇先鼓琴處也先好釣居睢水旁宋景公問道不告殺之後十年止此門鼓琴而去宋人家家奉事之南

門曰盧門也春秋華氏居盧門里叛杜預曰盧門宋城南門也司馬彪郡國志曰睢陽縣有盧門亭城內有高臺甚秀廣巍然介立超焉獨上謂之蠡臺亦曰升臺焉當昔全盛之時故與雲霞競遠矣續述征記曰迴道似蠡故謂之蠡臺非也余按闞子朱箋曰漢藝文志縱橫家有闞子一篇宋本作關誤稱宋景公使工人為弓九年乃成公曰何其遲也對曰臣不復見君矣臣之精盡于弓矣獻弓而歸三日而死景公登虎圈之臺援弓東面而射之矢踰于孟霜之山朱趙孟作西朱箋曰舊本注及御覽與文選鮑照詩注俱作西霜唯藝文類聚作孟霜趙釋曰朱氏謀㙔箋曰藝文類聚作孟霜之山集于彭城之東官本曰按城近刻訛作梁案朱訛趙改刊誤曰梁當作城餘勢逸勁猶飲羽于石梁然則蠡臺即是虎圈臺也蓋宋世牢虎所在矣晉太和中大司馬桓温入河命豫州刺史袁真開石門鮮卑堅戍此臺真頓甲堅城之下不果而還蠡臺如西官本曰按如近刻作而案朱同趙改刊誤曰而當作如又有一臺俗謂之女郎臺臺之西北城中有涼馬臺臺東有曲池池北列兩釣臺水周六七百

步螽臺直東又有一臺世謂之雀臺也城內東西道北有晉梁
王妃王氏陵表竝列二碑碑云妃諱粲字女儀東萊曲城人也
齊北海府君之孫司空東武景侯之季女咸熙元年嬪于司馬
氏泰始二年妃于國太康五年薨營陵于新蒙之 官本曰按此下有脫文 趙釋曰朱
氏謀𡍶箋云此下疑有脫誤 太康九年立碑東即梁王之吹臺也 官本曰按臺近刻訛作宮 案朱訛趙改刊誤
曰宮當作臺 基陛階礎尚在今建追明寺故宮東即安梁之舊地也齊
周五六百步 官本曰按齊近刻作廣 案朱趙作廣 朱箋曰舊本作齊周吳本改作廣周 水列釣臺池東又有一
臺世謂之清泠臺北城憑隅又結一池臺晉灼曰或說平臺在
城中東北角亦或言兎園在平臺側如淳曰平臺離宮所在今
城東二十里有臺寬廣而不甚極高俗謂之平臺余按漢書梁
孝王傳稱王以功親爲大國築東苑方三百里廣睢陽城七十
里大治宮室爲複道自宮連屬于平臺三十餘里複道自宮東
出楊之門 官本曰按楊下近刻衍州字 案朱同趙改楊門之左刊誤曰沈炳巽云當作東出楊門之左州字衍文 左陽門 趙以左字上屬陽作楊

卽睢陽東門也連屬于平臺則近矣朱則作側箋曰御覽引此作則近趙改則字屬之城隅則不能是知平臺不在城中也梁王與鄒枚司馬相如之徒極遊于其上故齊隨郡王山居序所謂西園多士平臺盛賓鄒馬之客咸在伐木之歌屢陳是用追芳昔娛神遊千古故亦一時之盛事謝氏賦雪亦曰梁王不悅遊于兔園今也歌堂淪宇律管埋音孤基塊立無復曩日之望矣城北五六里便得漢太尉橋玄墓官本曰按橋近刻訛作喬下同案朱作喬箋曰舊本作橋玄趙改橋冢東有廟卽曹氏孟德親酹處操本微素嘗候于玄玄曰天下將亂能安之者其在君乎操感知己後經玄墓祭云操以頑質見納君子士死知己懷此無忘又承約言徂沒之後路有經由不以斗酒隻雞過相沃酹車過三步腹痛勿怨雖臨時戲言非至親篤好胡肯爲此辭哉悽愴致祭以申宿懷冢列數碑一是漢朝羣儒英才哲士感橋氏德行之美乃共刊石立碑以示後世一碑是故吏司徒博陵崔

列官本曰按近刻作烈案朱趙作烈廷尉河南吳整等以為至德在己揚之由人苟

不皦述夫何考焉官本曰按近刻皦訛作驕考訛作舍案朱同趙改刊誤曰箋曰蔡中郎集載此碑作苟不皦述夫何考焉按金石文載此碑作苟

不矯述夫何舍焉隸釋改作稱述乃共勒嘉石昭明芳烈一碑是隴西枹罕北次陌

碭守長騭為左尉漢陽獂道趙馮孝高以橋公嘗牧涼州感三

綱之義慕將順之節以為公之勳美宜宣舊邦乃樹碑頌以昭

令德光和七年官本曰按近刻訛作元年案朱趙作元主記掾李友字仲僚作碑文碑

陰有右鼎文建寧三年拜司空又有中鼎文建寧四年拜司徒

又有左鼎文光和元年拜太尉鼎銘文曰朱銘作名趙改刊誤曰名當作銘故臣門

人相與述公之行咨度體則文德銘于三鼎武功勒于征鉞書

于碑陰以昭光懿又有鉞文稱是用鏤石假象作茲征鉞軍鼓

陳之于東階亦以昭公之文武之勳焉趙釋曰隸辨曰按後漢書橋玄傳光和六年卒蔡邕集太尉橋公碑

有二俱云光和七年酈水經注謂是碑作于光和元年恐誤也其載鼎銘文云文德銘于三鼎云云乃是蔡邕橋公碑中語非鼎銘文也邕有東中西鼎三銘見于集中又有黃戊銘所云鉞

文稱是用鏤石假象作茲征鉞亦邕銘中語而謂碑文為李友所作豈後人搜采邕集誤入他人之文耶廟南列二柱趙增石字刊誤曰二下落石字黃省曾本

校增柱東有二石羊羊北有二石虎廟前東北有石駝趙增二字刊誤曰石駝上落二字黃省曾本校增駝西北有二石馬皆高大亦不甚彫毀官本曰按近刻訛作雕飾案朱訛趙改刊誤曰飾黃省曾本作敍惟廟頹構麤傳遺墉石鼓仍存鉞今不知所在睢水于城之陽積而為逢洪陂趙刊誤曰箋曰御覽引水經注作積而為逢淇陂按淇乃誤文何足據也陂之西南有陂又東合明水水上承城南大池池周千步南流會睢謂之明水絕睢注渙睢水又東南流歷于竹圃水次緣竹蔭渚菁菁實望世人言梁王竹園也趙釋曰太平御覽引水經注曰睢陽有隕石水一名漆溝左傳云隕石于宋五隕星也故老云此水有時竭涸五石存焉故名隕石水墜處為津今本無之睢水又東逕穀熟縣故城北睢水又東蘄水出焉睢水又東逕粟縣故城北地理志曰侯國也王莽曰成富睢水又東逕太丘縣故城北地理志曰故敬丘也漢武帝元朔三年封魯恭王子節侯劉政為侯國趙釋曰朱氏謀㙔箋曰漢書王子侯表魯共王子政封瑕邱地理志瑕邱屬山陽郡而敬邱即太邱屬沛郡注似誤引也一清案酈氏所言未可非也地理志山陽郡瑕邱下不云侯國沛郡敬邱下云侯國侯表

中無敬邱侯安知道元所見之本之不作敬邱乎漢明帝更從今名列仙傳曰仙人文賓邑人賣鞾履爲業以正月朔日會故嫗于鄉亭西社教令服食不老卽此處矣官本曰按近刻脫以正月至卽此處共二十二字　案朱脫趙增刊誤曰爲業下落以正月朔日會故嫗于鄉亭西社教令服食不老卽此處二十二字据名勝志所引校補又朱箋曰列仙傳云文賓者太丘鄉人也賣草履爲業數取嫗數十年輒棄之後時故嫗年九十餘續見賓年更壯拜賓問道賓令其至正月朔會鄉亭西社教令服菊花地膚桑寄生松子嫗亦更壯睢水又東逕芒縣故城北漢高帝六年封耏跖爲侯國王莽之傳治趙增也字刊誤曰傳治下落也字名勝志校增孫校曰漢志作博治世祖改曰臨睢城西二里水南有豫州從事皇毓碑殞身州牧陰君之罪時年二十五臨睢長平輿朱趙作與朱箋曰宋本作輿李君二千石丞綸氏夏文則官本曰按近刻丞訛作承綸訛作輪　案朱趙同朱箋曰郡國志潁川郡有輪氏縣夏文則蓋其邑人也高其行而悼其殞州國咨嗟旌閭表墓昭敘令德式示後人城內有臨睢長左馮翊王君碑善有治功累遷廣漢屬國都尉吏民思德縣人公府掾陳盛孫郎中兒定興官本曰按近刻兒作倪　案朱趙作倪劉伯鄜等共立石表政以刊遠績縣北與碭縣分水有碭山芒碭二縣之閒官本曰按近刻脫二字　案朱脫趙增刊

誤曰芒碭下落二字御覽引此文校補山澤深固多懷神智有仙者涓子主柱並隱碭

山得道朱箋曰列仙傳云涓子齊人也餌朮接食其精至三百年乃見於齊隱於宕山能致風雨受伯陽九仙法又云主柱者與道士共上宕山餌丹砂三年得神砂飛雪

服之五年能飛行漢高祖隱之呂后望氣知之即于是處也京房易候曰何以知賢人隱師曰視四方常有大雲五色具而不雨其下賢人隱矣

又東過相縣南屈從城北東流當蕭縣南入于陂

官本曰按原本及近刻並訛作入于睢者睢水與梧桐陂水互相通注故經敘睢水言入于陂今改正案朱趙作睢趙釋曰一清按睢水豈可云入睢乎漢志云睢水東至取慮入泗注云睢水東南流入泗謂之睢曰經止蕭縣非也所謂得其一而亡其二矣獲水經云又東過蕭縣南睢水北流注之此篇經文入于睢之睢蓋別水支流所匯而非首受蒗蕩渠之睢道元故以出入迴環更相通注調停之孫校曰星衍曰入于睢見前睢水文

相縣故宋地也秦始皇二十三年以爲泗水郡漢高帝四年改曰沛郡治此漢武帝元狩六年封南越桂林監居翁爲侯國曰湘成也趙作相成釋曰一清按史漢表並作湘成索隱曰在堵陽然則非沛郡之相王莽更名郡曰吾符官本曰按近刻作更名之吾符案朱趙同縣曰吾符亭官本曰按此下近刻有也字案朱趙有朱箋曰舊本作吾符高亭漢地理志王莽改沛郡曰吾符改相縣曰吾符亭

睢水東逕石馬亭亭西有漢故伏波將軍馬援墓睢水又東逕相縣故城南宋共公之所都也官本曰按共近刻作恭案朱同趙改刊誤曰恭當作共國府園中猶有伯姬黃堂基堂夜被火左右曰夫人少避伯姬曰婦人之義保傅不具夜不下堂遂逮火而死斯堂即伯姬燌死處也城西有伯姬冢昔鄭渾為沛郡太守于蕭相二縣興陂堰民賴其利刻石頌之號曰鄭陂睢水又左合白溝水官本曰按溝近刻訛作瀆案朱訛趙改刊誤曰白瀆水當作白溝水見前獲水注水上承梧桐陂陂側有梧桐山陂水西南流逕相城東而南流注于睢睢盛則北流入于陂陂溢則西北注于睢出入迴環更相通注故經有入陂之文官本曰按入陂原本及近刻亦訛作入睢今改正案朱趙作睢睢水又東逕彭城郡之靈壁東東南流漢書項羽敗漢王于靈壁東即此處也又趙釋曰一清按二云下有脫文東通穀泗服虔曰水名也在沛國相

界未詳官本曰按未近刻訛作又朱訛趙改刊誤曰又當作未　案睢水逕穀熟兩分睢水而爲蘄水官本曰按而字近刻訛在睢水上　案朱訛趙改刊誤曰而字當移在爲蘄水之上故二水所在枝分通謂兼稱官本曰按謂近刻訛作爲　案朱同趙改刊誤曰爲當作謂穀水之名蓋因地變然則穀水卽睢水也又云漢軍之敗也睢水爲之不流睢水又東南逕竹縣故城南　地理志曰王莽之篤亭也李奇曰今竹邑縣也　睢水又東與滭湖水合水上承甾丘縣之渒趙作滭陂南北百餘里東西四十里東至朝解亭西屈彭城甾丘縣之故城東　王莽更名之曰善丘矣其水自陂南系于睢水又東睢水南官本曰按近刻作睢水又東南　案朱趙同八丈故溝水注之水上承蘄水而北會睢水又東逕符離縣故城北朱符作苻趙改刊誤曰漢書地理志作符離漢武帝元狩四年官本曰按近刻訛作元光四年　案朱趙作光趙釋曰沈氏曰是元狩四年封又案漢表曰邳離屬朱虛此從史記年表封路博德爲侯國王莽之符合也　睢水又東逕臨淮

郡之取慮縣故城北官本曰按近刻脫又字縣字刊誤曰睢水下落又字取慮下落縣字 案朱脫趙增昔汝南步游張少失其母及爲縣令遇母于此乃使良馬踟躕輕軒罔進顧訪病姬乃其母也誠願宿憑而冥感昭徵矣睢水又東合烏慈水水出縣西南烏慈渚潭漲東北流與長直故瀆合瀆舊上承蘄水官本曰按瀆近刻訛作溝 案朱訛趙改刊誤曰溝當作瀆卽長直故瀆也北流八十五里注烏慈水烏慈水又東逕取慮縣南又東屈逕其城東而北流注于睢睢水又東逕睢陵縣故城北漢武帝元朔元年封江都易王子劉楚爲侯國朱箋曰孫云案史記年表江都易王子劉定國封睢陵侯索隱曰在淮陽趙改劉定釋曰一清按索隱曰表在淮陵王莽之睢陸也睢水又東與潼水故瀆會舊上承潼趙作僮下同縣西南潼陂東北流逕潼縣故城北又東北逕睢陵縣下會睢水官本曰按近刻脫水字 案朱趙無睢水又東南流逕下相縣故城南高祖十二年封莊侯泠耳爲侯國

應劭曰相水出沛國相縣官本曰按相水上近刻衍下字　案朱趙有故此加下也然則相又是睢水之別名也官本曰按相字上近刻亦衍下字　案朱趙有趙釋曰一清案漢志下相縣應劭曰相水出沛國故加下不名下相水道元誤矣東南流入于泗謂之睢口

經止蕭縣非也所謂得其一而亡其二矣

瓠子河出東郡濮陽縣北河

縣北十里即瓠河口也尚書禹貢雷夏既澤雝沮會同爾雅曰水自河出爲雝許慎曰雝者河雝水也趙釋曰一清按道元敘雷澤甚詳而灉沮甚略殆以不見班志故耶括地志曰雷夏澤在濮州雷澤縣郭外西北灉沮二水在澤西北平地元和志云去縣十四里則明有其處矣曾彥和則引爾雅水自河出爲雝許慎曰河雝水在宋灉之下流入于睢水睢水其沮水與晁以道亦引河出爲灉濟出爲濋求之于韻沮有濋音胡朏明非之以爲泲睢皆出豫入徐於兗無涉又云灉沮皆濟水所出而河不與焉故鄭康成欲破周禮職方兗州其浸盧維爲雷雝通典不從以濟陽盧縣自有盧水高密莒縣自有維水胡朏明又非之以周時徐幷于青兗不得越青而東有維濟陽之盧水古不著名周禮多古字盧似盧雝似維也且裴駰史記集解引康成說云雍水沮水相觸而合入此澤中閻百詩曰下一觸字鄭蓋以目驗知之惟雷澤之下流未知何往大抵不南注濟則北注濮濮亦終歸於濟也二水爲禹貢著名之水不容不詮要在雷澤之傍者近是道元注甚觕突且移而被之岐西之雍沮專門名家之學疏繆若此真卷中一話柄也暨漢武帝元光三年官本曰按近刻脫武帝二字三訛作之　案朱趙同河水

南泆(趙作決)漂害民居元封二年(官本曰近刻作武帝元封二年係上文訛併在此　案朱趙同)上
使汲仁郭昌發卒數萬人塞瓠子決河于是上
自萬里沙還臨決河沈白馬玉璧令羣臣將軍
以下皆負薪塡決河上悼功之不成乃作歌曰
瓠子決兮將奈何浩浩洋洋慮殫爲河(官本曰按近刻脫此八字　案朱趙無趙釋曰一清案漢書此下有浩浩湯湯慮殫爲河句方叶韻)殫爲河兮地不寧功無已時
兮吾山平吾山平兮巨野溢魚沸鬱兮柏冬日
正道弛兮離常流蛟龍騁兮放遠遊歸舊川兮
神哉沛不封禪兮安知外皇謂河公兮(朱箋曰史記作爲我謂河伯兮)
何不仁泛濫不止兮愁吾人齧桑浮兮淮泗滿
久不返兮水維緩(官本曰按維近刻訛作唯　案朱趙作唯)一曰河湯湯兮激
潺湲北渡迴兮汛流難搴長茭兮湛美玉河公
許兮薪不屬薪不屬兮衛人罪燒蕭條兮噫乎

何以禦水官本曰按近刻脫此二十四字　案朱趙無趙釋曰一清案漢書此下有河公許兮薪不屬薪不屬兮衛人罪燒蕭條兮噫乎何以禦水屬字與玉字叶隤竹林兮揵石菑宣防塞兮萬福來于是卒塞瓠子口築宮于其上名曰宣房宮故亦謂瓠子堰爲宣房堰而水亦以瓠子受名焉平帝已後未及修理河水東浸日月彌廣永平十二年顯宗詔樂浪人王景治渠築堤起自滎陽東至千乘一千餘里景乃防遏衝要疏決壅積瓠子之水絕而不通惟溝瀆存焉河水舊東決官本曰按近刻訛作河　案朱同趙改流刊誤曰河字當作流逕濮陽城東北故衛也趙作地帝顓頊之墟昔顓頊自窮桑徙此號曰商丘或謂之帝丘本陶唐氏火正閼伯之所居亦夏伯昆吾之都殷相土又都之官本曰按相土近刻訛作之相　案朱同趙相下增土字刊誤曰當作相土詧土字史記殷本紀昭明卒子相土立索隱曰相土佐夏功著於商詩頌曰相土烈烈海外有截是也左傳曰昔陶唐氏火正閼伯居商邱相土因之始封商也故春秋傳曰閼伯居商邱相土因之是也趙釋曰全氏曰帝邱豈商邱耶閼伯之商邱在睢陽非帝邱也王伯厚曰此蓋

出于帝王世紀之繆一清按寰宇記云衞南縣東北七十里土山村即古帝邱衞成公遷于此酈氏以商邱當之眞屬臆說衞成公自楚邱遷此

秦始皇徙衞君角于野王置東郡治濮陽縣濮水逕其南故曰濮陽也章邯守濮陽官本曰按章邯近刻訛作沛公案朱趙同環之以水張晏曰依河水自固趙釋曰一清按漢書謂章邯守濮陽耳非沛公也所引張晏註亦抄變其詞元文是張晏曰依河水以自環繞作壘也又東逕鹹城南官本曰按近刻脫此六字案朱脫趙增刊誤曰自固下落又東逕鹹城南六字全氏云以先司空本校增春秋僖公十三年夏會于鹹杜預曰東郡濮陽縣東南官本曰按近刻脫此二字案朱脫趙增刊誤曰春秋左傳註濮陽縣下有東南二字有鹹城者是也官本曰按近刻鹹訛作咸又是字訛在也字之下案朱訛趙改刊誤曰咸城當作鹹城也是二字當倒互瓠子故瀆又東逕桃城南春秋傳曰分曹地自洮以南東傅于濟官本曰按近刻脫此六字案朱趙無趙釋曰一清案傳文是分曹地自洮以南東傅于濟盡曹地也今鄄朱作甄箋曰一作鄄城趙改鄄城西南五十里有姚城官本曰按姚近刻訛作桃案朱趙作桃趙釋曰一清按方輿紀要桃城亦曰姚城因姚墟而名援神契舜生姚墟應劭曰姚墟與雷澤相近世稱爲姚城是也或謂之洮也瓠瀆又東南逕清丘北春秋宣公十二年經書楚滅蕭晉人宋衞曹同盟于清丘京相璠曰在今東郡濮陽縣東南三十里魏東都尉治官本曰按近刻脫東字案朱脫趙增東部二

字刊誤曰魏分立東西兩都尉此爲東部都尉治落二字

東至濟陰句陽縣爲新溝朱箋曰漢地志濟陰郡句陽縣春秋句瀆之丘也音鉤

瓠河故瀆又東逕句陽縣之小成陽官本曰按近刻脫縣字小字案朱脫趙增刊誤曰句陽下落縣字成陽上落小字城北側瀆　帝王世紀曰堯葬濟陰成陽西北四十里是爲穀林官本曰按近刻脫林字案朱脫趙增刊誤曰穀字下落林字墨子以爲堯堂高三尺土階三等北教八狄道死葬蛩山之陰山海經曰堯葬狄山之陽一名崇山二說各殊以爲成陽近是堯冢也余按小成陽在成陽西北朱作南箋曰舊本作西北趙改北半里許實中俗喭以爲囚堯城士安蓋以是爲堯冢也　瓠子北有都關縣故城縣有羊里亭瓠河逕其南爲羊里水蓋資城地而變名猶經有新溝之異稱矣　黃初中賈逵爲豫州刺史與諸將征吳于洞浦有功魏封逵爲羊里亭侯邑四百戶即斯亭也朱箋曰魏志云賈逵征吳破呂範於洞浦進封陽里亭侯俗名之羊子城非也蓋韻近字轉耳又東

右會濮水枝津水上承濮渠東逕沮邱城南官本曰按沮近刻訛作鉏案朱趙作鉏京相璠曰今濮陽城西南十五里有沮邱城六國時沮楚同音官本曰按近刻脫音字案朱脫趙增刊誤曰同下落音字以爲楚邱非也又東逕浚城南西北去濮陽三十五里官本曰按西近刻訛作而案朱訛趙改刊誤曰而當作西城側有寒泉岡卽詩所謂爰有寒泉在浚之下世謂之高平渠非也京相璠曰濮水故道在濮陽南者也又東逕句陽縣西句瀆出焉濮水枝渠又東北逕句陽縣之小成陽東垂亭西官本曰按小成陽下近刻衍縣故二字案朱同趙縣改城故東二字乙刊誤曰小成陽縣之縣當作城故東二字當倒互而北入瓠河地理志曰濮孫校曰志有渠字水首受泲于封邱縣東北至都關入羊里水者也又按地理志山陽郡有都關縣今其城在廩邱城西考地志句陽廩邱俱屬濟陰官本曰按句陽原本及近刻竝訛作山陽今據上文與郡國志訂正案朱趙作山則都關無隸山陽理又按地理志郕都亦是山陽之屬縣矣官本曰按郕都漢書今本作城都而京杜考地驗城官本曰按杜近刻訛作相案朱作東杜

趙改京杜刊誤曰箋曰當作京相按非也當作京杜謂京相璠及杜預耳與洧水篇京杜地名文義正同 又竝言在廩邱城南推此

而論似地理志之誤矣 官本曰按原本及近刻竝脫理字今據上文訂補 案朱趙無 或亦疆理參差所

未詳瓠瀆又東逕垂亭北 春秋隱公八年宋公衞侯遇

于犬邱經書垂也 趙刊誤曰箋曰左傳作犬邱按注引經傳俱不誤箋說云云于義何取 京相璠曰今濟陰

句陽縣小成陽東五里有故垂亭者也

又東北過廩邱縣爲濮水

瓠河又左逕雷澤北其澤藪在大成陽縣故城

西北十餘里 官本曰按成近刻訛作城 案朱訛趙改又十上竝有一字 昔華胥履大跡處也其

陂東西二十餘里南北 朱趙有一字 十五里即舜所漁

也 澤之東南即成陽縣故史記曰武王封弟叔武 朱趙作季載 于成

應劭曰其後乃遷于成之陽故曰成陽也地理志曰成陽有堯

冢靈臺今成陽城西二里有堯陵陵南一里有堯母慶都陵于

城爲西南稱曰靈臺 官本曰按近刻訛作都 案朱訛趙改刊誤曰後漢書章帝紀注引述征記作靈臺隸釋載此文亦作臺都字誤也 鄉

曰崇仁邑號修義皆立廟四周列水潭而不流水澤通泉泉不耗竭至豐魚筍不敢採捕前竝列數碑栝柏數株檀馬成林朱箋曰檀馬或謂檀與駮馬也詩疏云駮馬梓榆也諺曰斫檀不諦得繫迷繫迷尙可得駮馬言三木之相似也二陵南北列馳道逕通皆以磚砌之尙修整堯陵東城西五十餘步中山夫人祠堯妃也石壁階墀仍舊南西北三面長櫟聯蔭扶疏里餘中山夫人祠南有仲山甫冢冢西有石廟羊虎傾低破碎略盡于城爲西南在靈臺之東北按郭緣生述征記自漢迄晉二千石及丞尉多刊石述敘堯卽位至永嘉三年二千七百二十有一載記于堯妃祠官本曰按近刻脫祠字 案朱脫趙增刊誤曰堯妃下落祠字卽中山夫人祠也見漢建寧五年五月官本曰按五年近刻訛作四年 案朱趙作四年趙釋曰一清按四年當作五年成陽靈臺碑云建寧五年五月造後漢書靈帝紀以夏五月己巳始改建寧五年爲熹平元年故建寧無五年也造碑時尙未知有改元事故碑題仍稱五年酈以紀元建寧無五年遂作四年豈得其實乎抑或後人妄更未可知也成陽令管遵所立碑文云堯陵北仲山甫墓南官本曰按近刻脫仲字 案朱脫趙增刊誤曰山甫上落仲字二冢間有伍員祠官本曰按近刻脫有字 案朱脫趙增刊誤曰伍員上落有字晉大安中立一碑是永興中建今碑祠竝無

處所又言堯陵在城南九里中山夫人祠在城南二里東南六里堯母慶都冢堯陵北二里有仲山甫墓考地驗狀咸爲疎僻蓋聞疑書疑耳趙釋曰一清按隸釋有濟陰太守孟郁修堯廟碑威宗永康元年又帝堯碑靈帝熹平四年又成陽靈臺碑建寧五年三碑俱云水經有今本祇有漢建寧四年五月成陽令管遵所立碑卽成陽靈臺碑也上二碑無之蓋缺失矣洪氏适曰成陽靈臺碑篆額靈帝建寧五年立與堯廟二碑在成陽皆有陰堯葬慶都于成陽名曰靈臺上立黄屋爲奉祠之所漢綴其祀至亡新而鐖於是廷尉仲定奏請與治郡守審晃縣令管遵各遣大掾助成之案兩漢地志濟陰成陽有堯冢靈臺不明言靈臺爲堯母冢也章帝紀元和二年使使者祠唐堯於成陽靈臺注引郭緣生述征記曰成陽有堯陵陵南一里有堯母慶都陵稱曰靈臺據此則與碑合靈臺有堯母冢明矣集古錄曰案皇覽云堯冢在濟陰城陽呂氏春秋云堯葬穀林皇甫謐云穀林卽成陽也然自史記地志及水經諸書皆無堯母葬處惟見于此碑蓋亦葬成陽也而諸書俗本多爲城陽獨此碑爲成陽當以碑爲正金石錄跋尾云成陽屬今雷澤歐陽公以爲自史記地志及水經諸書皆無堯母葬處余案班固西漢劉昭東漢書地理志皆曰成陽有堯冢靈臺而東漢志章帝元和二年東巡狩將至泰山道使使者奉一太牢祠帝堯于濟陰成陽靈臺與章帝紀所載正同帝紀章懷太子注引郭緣生述征記云成陽東南有堯母慶都墓上有祠廟堯母陵俗亦名靈臺文母水經注今成陽城西二里有堯陵南一里有堯母慶都陵于城爲西南稱曰靈臺蓋兩漢史所載似以靈臺爲堯冢惟此碑與述征記水經乃直指爲堯母冢爾然水經云在成陽西南而述征記云在東南余爲淄州同官李堯雷澤人云冢正在城西南蓋述征記誤路史辨帝堯冢曰堯冢在濟陰成陽堯母靈臺在南歐陽文忠公集古錄言靈臺碑以爲史記地志水經諸書皆無堯母葬處粤稽地志及范氏志水經注言堯陵慶都陵明白若此惡得云無耶然述征記云在成陽東南今之所識乃在成陽西南四十里穀林則古今疆場相出入有不同者郭氏所記乃小成陽小成陽在成陽西北五十里隸于河南有山曰成陽穀林在其下小成陽以山得名乃堯葬母所在有堯冢故名文忠跋謂俗本多作城陽獨此碑爲成陽夫成陽與城陽正自二所成陽隸濟陰乃古之成昔成

王封母弟于成後遷于成之陽遂曰成陽而城陽乃漢齊悼惠王之子章所食之國今之兗州是矣不得混爲一也雷澤西南十許里有小山孤立峻上亭亭傑峙謂之歷山山北有小阜南屬巡澤之東北官本曰按巡近刻訛作池　案朱訛趙改刊誤曰池御覽引此文作巡有陶墟緣生言舜耕陶所在墟阜聯屬濱帶瓠河也鄭玄曰歷山在河東今有舜井皇甫謐或言今濟陰歷山是也與雷澤相比余謂鄭玄之言爲然故揚雄河水趙作東賦曰登歷觀而遙望兮聊浮游于河之巖今雷首山西枕大河校之圖緯于事爲允士安又云定陶西南陶丘舜所陶處也官本曰按近刻脫所陶處三字　案朱脫趙增所陶二字刊誤曰箋曰舜一作亭按全氏云非也舜下落所陶二字朱氏但見漢志注有陶邱亭之文故改舜字以遷就之而不知其有脫文也不言在此緣生爲失瓠河之北即廩丘縣也王隱晉書地道記曰廩丘者春秋之所謂齊邑矣實表東海者也竹書紀年晉烈公十一年田悼子卒田布殺其大夫公孫孫官本曰按近刻脫一孫字　案朱脫孫字下脫會字趙增刊誤曰箋曰今竹書作田布殺其大夫公孫孫公孫孫以廩邱叛于趙案索隱曰紀年齊宣公十五年立田悼子悼子卒乃次立田和是爲太公和田太公相齊宣公宣公卒田會自廩邱叛于趙下公孫乃公孫會也今朱氏引竹書作兩公孫孫殺者是人而叛者又即其人豈可通乎史記齊世家亦云宣公五十一年卒田會

反廩邱也公孫會以廩邱叛于趙官本曰按近刻脫會字 案朱脫趙增說見上田布圍廩邱翟角趙孔屑韓師朱箋曰竹書作氏救廩邱及田布戰于龍澤田師敗逋官本曰按近刻訛作田布敗遁 案朱同趙遁改逋是也瓠河與濮水俱東流經所謂過廩丘爲濮水者也縣南瓠北有羊角城春秋傳曰烏餘取衞羊角官本曰按近刻脫烏餘二字衞訛作晉 案朱脫趙增衞並作晉刊誤曰傳曰下落烏餘二字遂襲我高魚有大雨朱趙有作天趙刊誤曰箋曰天舊本作有按天字不誤自竇入介于其庫官本曰按近刻脫于字 案朱趙無登其城克朱趙作剋而取之者也京相璠曰衞邑也今東郡廩丘縣南有羊角城高魚魯邑也官本曰按此五字近刻訛作今魯邑也四字 案朱訛趙改刊誤曰今字誤當作高魚二字今廩丘東北有故高魚城俗謂之交魚城謂羊角爲角逐城皆非也瓠河又逕陽晉城南史記蘇秦說齊曰過衞陽晉之道趙釋曰全氏曰按胡三省曰所謂衞陽晉者以魏境有陽晉故稱衞陽晉以別之史記秦取魏陽晉是也逕于亢父之險者也今陽晉城在廩丘城東南朱趙有一字十餘里與都關爲左右趙有者字也張儀曰秦下甲攻衞陽晉大關天下之匈徐廣史記音義云關一作開趙釋曰一清按此十一字注中注東

之亢父則其道矣瓠河之北又有郕都城官本曰按漢書今本作城都春秋隱公五年官本曰按近刻訛作三年 案朱趙作三郕侵衛京相璠曰東郡廩丘縣南三十里有郕都故城官本曰按近刻訛作有故郕都地理志曰山陽郷也十二字 案朱同趙都下增城字釋曰一清按鄉當作縣褚先生曰漢封金安上爲侯國官本曰按史記今本金安上所封國作都成 朱箋曰孫案史記年表金安上封都成侯埤按漢書地志山陽郡有城都縣而無都成不審何在趙釋曰案褚表金安上封都成侯漢表同索隱曰志屬潁川而地理志無之然金日磾封秺侯秺屬濟陰安上之封必與日磾附近山陽濟陰又地界連接也王莽更名之曰城穀者也瓠河又東逕黎縣故城南王莽改曰黎治矣孟康曰今黎陽也薛瓚言按黎陽在魏郡非黎縣也官本曰按近刻訛作非此黎陽也 案朱趙同趙釋曰一清按師古註引瓚曰黎陽在魏郡非黎縣也道元蓋抄變其詞世謂黎侯城昔黎侯寓于衛官本曰按黎侯下近刻衍陽字 案朱趙有趙釋曰全氏曰據善長說陽似黎侯名誤矣詩所謂胡爲乎泥中毛云泥中邑名疑此城也土地汙下城居小阜魏濮陽郡治也瓠河又東逕庇縣故城南官本曰按府原本及近刻並訛作秺說文云庇从广秅聲濟陰有庇縣今改正 案朱趙作秺地理志朱趙有曰字濟陰之屬縣也褚先生曰漢武帝封金日磾爲侯國王莽之萬歲矣世猶謂之爲萬歲亭也瓠河又

東逕鄆城南春秋左傳成公十六年公自沙隨還待于鄆京相璠曰公羊作運字今東郡廩丘縣東八十里有故運城即此城也

又北過東郡范縣東北爲濟渠與將渠合

瓠河自運城東北逕范縣與濟濮枝渠合故渠上承濟瀆于乘氏縣北逕范縣左納瓠瀆故經有濟渠之稱又北與將渠合官本曰按近刻脫此二字案朱趙無渠受河于范縣西北東南逕秦亭南杜預釋地曰官本曰按近刻脫曰字案朱脫趙增東平范縣西北有秦亭者也官本曰按近刻脫者字案朱趙無又東南逕范縣故城南王莽更名建睦也漢與平中靳允爲范令曹太祖東征陶謙于徐州張邈迎呂布郡縣響應程昱說允曰君必固范我守東阿田單之功可立官本曰按近刻脫此二字案朱脫趙增刊誤曰之功下落可立二字黄省曾本校增三國志程仲德傳元有之即斯邑也將渠又東會濟渠自下通謂之將

渠北逕范城東俗又謂之趙溝非也

又東北過東阿縣東

瓠河故瀆又東北左合將渠枝瀆枝瀆上承將渠于范縣官本曰按近刻脫枝瀆二字案朱趙不重二字趙校改故刊誤曰當作故瀆枝字誤東北逕范縣北又東北逕東阿城南而東入瓠河故瀆又北逕東阿縣故城東 春秋經書冬及齊侯盟于柯左傳曰冬盟于柯始及齊平杜預曰東阿卽柯邑也按國語曹沫挾七首刼齊桓公返遂邑于此矣趙釋曰全氏曰事見公羊非國語

又東北過臨邑縣西又東北過茌平縣東爲鄧里渠

自宣防已下將渠已上無復有水將渠下水首受河自北爲鄧里渠

又東北過祝阿縣爲濟渠

河水自四瀆口出爲濟水官本曰按原本及近刻並訛作自泗口出考濟水注云河水自四瀆口東北流而爲濟又河水注云自河入濟自濟入淮自淮達江水逕周通故有四瀆之名也卽此今改正　案朱訛趙改又爲改會刊誤曰河水注云四瀆津西側岸臨河有四瀆祠東對四瀆口河水分沛亦曰沛水受河也濟水注云河水自四瀆口東北流而爲清清卽沛也泗口是四瀆口之誤爲當作會濟水二字重文宜衍濟水二瀆合而東注于祝阿也官本曰按濟水二瀆四字有舛誤考河水注云濟水受河始自是出東北流九里與清水合故濟瀆也是河水自四瀆口分流入濟與政濟瀆合然則二瀆當是故瀆之訛　案朱同趙刪濟水二字

又東北至梁鄒縣西分爲二

脈水尋梁鄒濟無二流蓋經之誤

其東北者爲濟河其東者爲時水又東北至濟西濟河東北入于海時水東至臨淄縣西屈南過太山華縣東又南至費縣東入于沂

時卽耏水也音而趙釋曰一清按二字注中注　春秋襄公二年齊晉盟于耏者也京相璠曰今臨淄惟有澅水西北入濟官本曰按近刻訛作沛下同　案朱訛沛趙改沛卽地理志之如水矣官本曰按之近刻訛作曰　案朱訛趙改刊誤曰曰當作之名勝志

校改 酏如聲相似然則濜水即酏水也蓋以濜與時合得通稱矣時水自西安城西南分爲二水枝津別出西流德會水注之水出昌國縣黃山西北流逕昌國縣故城南 昔樂毅攻齊有功燕昭王以是縣封之爲昌國君 德會水又西北五里泉水注之水出縣南黃阜北流逕城西北入德會又西北世謂之滄浪溝又北流注時水地理志曰德會水出昌國西北至西安入如是也 官本曰按如近刻訛作洳 案朱訛趙改

時水又西逕東高苑 趙作宛下同 城中而西注也俗人過令側城南注又屈逕其城南 官本曰按近刻脫逕字 案朱脫趙增刊誤曰又屈下落逕字

史記漢文帝十五年分齊爲膠西王國都高苑 官本曰按近刻訛作邑 案朱訛趙改刊誤曰漢書地理志千乘郡有高苑縣邑字誤 徐廣音義曰樂安有高苑城故俗謂之東高苑也 官本曰按近刻脫高字 案朱脫趙增刊誤曰東下落高字趙釋曰一清按道元此注是據史記漢興以來諸侯年表而文帝紀及漢志皆云十六年又史記世家膠西王卬齊悼

惠王子以昌平侯文帝十六年爲膠西王十一年與吳楚反漢擊破殺卬地入于漢爲膠西郡又五宗世家膠西王端用皇子世子爲膠西王立四十七年卒國除爲郡而地理志云宣帝本始元年更爲高密國首高密縣豈膠西國廢復置高密國而改治者與巨洋水注又云高密郡治桑犢亭世謂之故郡城地志桑犢北海之屬縣也後漢郡縣皆廢故續志無之其水又北注故瀆又西蓋野溝水注之源導延鄉城東北平地出泉西北逕延鄉城北地理志朱趙有曰字于乘有延鄉縣世人謂故城爲從城延從字相似讀隨字改所未詳也西北流世謂之蓋野溝又西北流逕高苑縣北注時水時水又西逕西高苑縣故城南漢高帝六年封丙倩爲侯國王莽之常鄉也其水側城西注京相璠曰今樂安博昌縣南界有時水西通濟其源上出盤陽官本曰按源上近刻訛作上源案朱訛趙乙刊誤曰上源二字當倒互漢書地理志濟南郡有般陽縣應劭曰在般水之陽後魏地形志作盤陽北至高苑下有死時中無水杜預亦云時水于樂安枝流旱則竭涸官本曰按近刻作耗案朱同趙改刊誤曰耗黃省曾本作涸爲春秋之乾時也左傳莊公九年齊魯戰地魯師敗處也

時水西北至梁鄒城入于濟朱訛沛趙改泲刊誤曰沛當作泲趙釋曰全氏曰時水二支一至梁鄒入濟者其流甚短一東行至鉅定入馬車瀆者其流甚長別見淄水注此道元所以補經也非濟入時蓋時來注濟若濟分東流明不得以時爲名尋時濟更無別流南延華費之所斯爲謬矣

汶水出泰山萊蕪縣原山西南過其縣南官本曰按其原本及近刻並訛作嬴蓋後人因注內言汶水又西南逕嬴縣故城南遂憑臆妄改考注云故不得過其縣南也此句乃舉經文之誤今訂正　案朱趙作嬴孫校曰原山在今萊蕪縣東北七十里嬴縣故城在縣西北

萊蕪縣在齊城西南原山又在縣西南六十許里地理志汶水與淄水俱出原山西南入濟故不得過其縣南也趙釋曰一清按經自謂汶水過嬴縣南耳不云過萊蕪縣南也酈之詮詁殆自相伐從征記曰汶水出縣西南流又言自入萊蕪谷夾路連山百數里水隍多行石澗中出藥草官本曰按近刻訛作草藥刊誤曰草藥二字當倒互名勝志校改　案朱訛趙乙饒松柏林藿綿濛崖壁相望或傾岑阻徑或迴巖絕谷清風鳴條山壑俱響凌高降深兼惴慄之懼危蹊斷徑官本曰按近刻脫斷字　案朱趙斷作絕過懸

度之艱未出谷十餘里有別谷在孤山谷有清泉泉上數丈有石穴二口容人行入穴丈餘高九尺許廣四五丈言是昔人居山之處薪爨煙墨猶存谷中林木緻密行人鮮有能至矣又有少許山田引灌之蹤尚存出谷有平邱面山傍水土人悉以種麥云此邱不宜殖稷黍而宜麥齊人相承以殖之意謂麥邱所棲愚公谷也何其深沈幽翳可以託業怡生如此也余時逕此爲之躊（朱趙作踟）躕爲之屢眷矣余按麥邱愚公在齊川谷猶傳其名不在魯（官本曰按此三字近刻訛在川谷上　案朱趙同）蓋誌者之謬耳汶水又西南逕嬴縣故城南春秋左傳桓公三年公會齊侯于嬴成婚于齊也

又西南過奉高縣北（官本曰按西近刻訛作東　案朱趙作東孫校曰今泰安州東有奉高廢縣）

奉高縣漢武帝元封元年立以奉泰山之祀泰山郡治也（官本曰按近刻脫之祀泰山四字　案朱脫趙增刊誤曰以奉下落太山之祀四字全氏校增）縣北有吳季札子墓在汶水南曲中

季札之聘上國也喪子于嬴博之間卽此處也從征記曰嬴縣西六十里有季札兒冢冢圓其高可隱也前有石銘一所漢末奉高令所立無所述敘標誌而已自昔恆𤅢民戶灑埽之今不能然碑石糜碎靡有遺矣惟故跌存焉官本曰按近刻脫故字　案朱脫趙增刊誤曰惟下落故字隸釋校

補

屈從縣西南流

汶出牟縣故城西南阜下孫校曰今萊蕪縣東有牟縣故城俗謂之胡盧堆淮南子曰汶出弗其孫校曰今萊蕪縣東有碁山高誘曰山名也或斯阜矣官本曰按近刻作也　案朱趙作也趙釋曰一清按高誘曰弗其山名在朱虛縣東此青州之東汶其水東北流入濰見下二十六卷道元以牟縣胡盧堆當之誤矣牟縣故城在東北古牟國也春秋時牟人朝魯故應劭曰魯附庸也俗謂是水爲牟汶也又西南逕奉高縣故城西官本曰按近刻訛作而　案朱訛趙改刊誤曰而當作西西南流注于汶汶水又南右合北汶水水出分水溪朱不重水字趙增刊誤曰出上落水字源

與中川分水孫校曰今泰安州南泮水出泰山分水嶺蓋當此水牟泮字形相似東南流逕泰山東右合天門下溪水官本曰按近刻脫合字　案朱脫趙右改合刊誤曰右當作合水出泰山天門下谷東流古者帝王升封咸憩此水水上往往有石竅存焉蓋古設舍所跨處也馬第伯書云光武封泰山第伯從登山去平地二十里南向極望無不覩其爲高也如視浮雲其峻也朱無也字箋曰當有也字趙增石壁窅窱如無道徑遙望其人或爲白石或雪久之白者移過乃知是人官本曰按近刻脫此二十四字　案朱趙無仰視巖石松樹鬱鬱蒼蒼如在雲中俯視溪谷碌碌不可見丈尺官本曰按近刻脫見字　案朱趙無直上七里天門官本曰按七下近刻衍十字　案朱趙有仰視天門如從穴中視天矣朱箋曰今封禪儀記曰不可丈尺遂至天門之下仰視天門窔遼如從穴中視天直上七里賴其羊腸逶迤名曰環道往往有絙索可得而登也應劭漢官儀云泰山東南山頂名曰日觀日觀者官本曰按近刻脫日觀二字　案朱趙無雞一鳴時見日始欲出長三丈許故以名焉其水自溪而東濬波注壑東南流逕龜陰之田官本曰按田字近刻訛在下句龜字下　案朱訛趙乙刊誤曰左傳齊人來歸鄆讙龜陰之田龜田二字

當到互孫校曰今泰安博城北三里有龜陰埠龜山在博縣北朱趙有一字十五里昔夫子傷政道之

陵遲官本曰按此下近刻衍故字　案朱趙有望山而懷操故琴操有龜山操焉山北卽

龜陰之田也春秋定公十年齊人來歸龜陰之田是也　又合

環水水出泰山南溪南流歷中下兩廟間官本曰按下近刻訛作趙　案朱階作階從征記曰泰山有下中上三廟牆闕嚴整廟中柏樹夾

兩階大二十餘圍蓋漢武所植也赤眉嘗斫一樹見血而止今

斧創猶存門閣三重樓榭四所三層壇一所高丈餘廣八尺樹

前有大井極香冷異于凡水不知何代所掘不常浚渫而水旱

不減庫趙作廟中有漢時故樂器及神車木偶皆靡密巧麗又有

石虎建武十三年官本曰按虎近刻訛作勒　案朱趙作勒趙刊誤曰箋曰後漢祭祀志云建武三十年羣臣上言宜封禪泰山詔不許三十二年正月上讀河圖感動乃求元封時封禪故事是年二月東巡狩至于岱宗辛卯封泰山甲午禪于梁陰此云十三年乃三十年之誤也案注明云石勒建武十三年朱氏以漢建武證之以爲當作三十年可哂甚矣但建武是石虎年號注云石勒誤耳趙釋曰一清案建武是石虎年號注誤證永貴侯張余上金馬一匹高

二尺餘形制甚精中廟去下廟五里屋宇又崇麗于下廟廟東

西夾澗上廟在山頂卽封禪處也 其水又屈而東流官本曰按此下近刻衍入于汶水四字 案朱趙有趙釋曰一清案四字羨文 又東南逕明堂下官本曰按近刻作又東南流逕南明堂下 案朱趙同趙刊誤曰下南字衍文趙釋曰一清按南字羨文或漢字之誤蓋周明堂與漢明堂爲二矣 漢武帝元封元年封泰山降坐明堂朱作常趙改堂刊誤曰常當作堂 于山之東北阯武帝以古處險狹而不顯也欲治明堂于奉高傍而未曉其制濟南人公玉帶上黃帝時明堂圖圖中有一殿四面無壁以茅蓋之通水圜宮垣爲複道上有樓從西南入名曰崑崙天子從之入以拜祀上帝焉于是上令奉高作明堂于汶上官本曰按近刻訛作水 案朱訛趙改刊誤曰汶水漢書郊祀志作汶上 如帶圖也古引水爲辟雝處基瀆存焉 世謂此水爲石汶孫校曰石汶一名天津河

山海經曰環水出泰山東流注于汶官本曰按近刻訛作江 案朱趙作江趙釋曰一清按郭璞曰江一作海此江字固誤海字亦非當作汶 卽此水也環水又左入于汶水

汶水數川合注官本曰按近刻脫此四字 案朱趙無 又西南流逕徂徠山西山多松柏詩所謂徂徠之松也廣雅曰道梓松也抱朴子

稱玉策記曰千歲之松中有物或如青牛或如青犬或如人皆壽萬歲又稱天陵有偃蓋之松也所謂樓松也魯連子曰松樅高十仞而無枝（官本曰按十近刻訛作千　案朱趙作千）非憂正室之無柱也（官本曰按正室近刻訛作王實宋本訛作王室　案朱訛趙改刊誤曰箋曰宋本作王室案當作正室何焯校改）爾雅曰松葉柏身曰樅鄒山記曰徂徠山在梁甫奉高博三縣界猶有美松亦曰尤徠之山也赤眉渠帥樊崇所保也（官本曰按保近刻訛作堡　案朱趙作堡趙師改帥刊誤曰師當作帥）故崇自號尤徠三老矣山東有巢父廟（官本曰按近刻脫有字　案朱脫趙增刊誤曰山東下落有字名勝志校增）山高十里山下有陂水方百許步三道流注一水東北沿溪而下屈逕縣南西北流入于汶一水北流歷澗西流入于汶一水南流逕陽關亭南（孫校曰在今泰安西南）春秋襄公十七年逆臧紇自陽關者也　又西流入于汶水也

過博縣西北（孫校曰博縣故城在今泰安州東南）

汶水南逕博縣故城東春秋哀公十一年會吳伐齊取

博者也官本曰按近刻脫齊取二字　案朱趙無趙釋曰一清按左氏傳云爲郊戰故公會吳子伐齊五月取博杜預曰博齊邑注所引未備　灌嬰破田橫于城下　屈從其城南西流不在西北也汶水又西南逕龍鄉故城南　春秋成公二年齊侯圍龍龍囚頃公嬖人盧蒲就魁朱無魁字箋曰左傳作盧蒲就魁趙增　殺而膊諸城上齊侯親鼓取龍者也漢高帝八年封謁者陳署爲侯國　汶水又西南逕亭亭山東　黃帝所禪也山有神廟水上有石門舊分水下澨處也　汶水又西南逕陽關故城西　本鉅平縣之陽關亭矣官本曰按此下近刻有春秋襄公十七年逆臧紇自陽關者矣十五字係重出衍文　案朱趙有趙釋曰一清按十五字已見上此複出　陽虎據之以叛趙刊誤曰箋曰舊本作居之案據亦作拠箋說非　伐之虎焚萊門而奔齊者也汶水又南左會淄水孫校曰淄水今蜀河　水出泰山梁父縣東西南流逕菟裘城北趙釋曰全氏曰此又一淄水杜預所云入汶水者也鄭樵誤以爲萊蕪之淄王士禎不知而妄非之　春秋隱公十一年營之公謂羽父曰吾將歸老焉故郡國志曰梁父有菟裘聚　淄水又逕梁父縣故城南　縣北有梁父山

開山圖曰泰山在左亢父在右亢父知生梁父主死王者封泰山禪梁父故縣取名焉　淄水又西南逕柴縣故城北地理志泰山之屬縣也朱趙有曰字　世謂之柴汶矣淄水又逕郕縣北官本曰按近刻脫縣字　案朱脫趙增刊誤曰郕下落縣字續志濟北國成本國劉昭補註曰左傳衛師入郕杜預曰東平剛父縣西南有郕鄉剛父晉志作剛平　漢高帝六年封董渫爲侯國趙釋曰一清按史表作成侯索隱曰屬涿郡地理志涿郡成縣侯國　春秋齊師圍郕郕人伐齊飲馬于斯水也昔孔子行于郕之野遇榮啓期于是衣鹿裘被髮琴歌三樂之歡夫子善其能寬矣朱箋曰列子榮啓期曰天生萬物唯人爲貴吾得爲人一樂也男女之別男尊女卑吾得爲男二樂也人生有不見日月不免襁褓者吾行年九十矣是三樂也　淄水又西逕陽關城南西流注于汶水汶水又南逕鉅平縣故城東而西南流　城東有魯道詩所謂魯道有蕩齊子由歸者也今汶上夾水有文姜臺　汶水又西南流詩云汶水滔滔矣淮南子曰貉渡汶則死天地之性倚伏難尋固不可以情理窮也趙釋曰全氏曰按王伯厚云列子釋文史記汶與岷同謂汶江也今江邊人云狐不渡江然則非東州之汶

汶水又西南逕魯國汶陽縣北孫校曰故城在今泰安縣西南寗陽縣東北王莽之汶亭也縣北有曲水亭官本曰按亭上近刻衍池字趙刪刊誤曰池字衍文左傳註校案朱衍春秋桓公十二年經書公會杞侯莒子盟于曲池朱無盟字趙增刊誤曰春秋經文有盟字今校補左傳曰平杞莒也故杜預曰魯國汶陽縣北有曲水亭漢章帝元和二年官本曰按近刻訛作三年案朱訛趙改刊誤曰後漢書章帝紀是二年東巡泰山立行宮于汶陽執金吾耿恭屯于汶上城門基塹存焉官本曰按城門二字近刻訛在于字上案朱趙同世謂之闞陵城也汶水又西逕汶陽縣故城北而西注官本曰按近刻脫西字案朱脫趙而改西刊誤曰而當作西趙釋曰禹貢錐指元和志乾封縣界五汶源别而流同五汶者曰北汶嬴汶柴汶牟汶其一則經流也按酈注無嬴汶嬴汶在今萊蕪縣南三十里源出宮山之陰流合牟汶宮山者新甫之別名也山在新泰縣西北洋水源出泰山分水嶺卽北汶州志謂之塹汶在今泰安州南五汶之外有小汶在州東南七十里源出宮山流逕徂徠山南又西入汶水所謂大汶口也嬴汶合牟汶故酈注不言五汶以小易嬴斯爲當矣又有水出萊蕪縣寨子村流合牟汶者近志指爲浯汶據漢志琅琊靈門縣有高杲山浯水所出東北入濰說文水出靈門山世謂之浯汶在今莒州界與萊蕪無涉志妄言耳東汶出朱虛縣小泰山北流至淳于縣入濰在今臨朐安邱縣界淮南子曰汶出弗其流入濟高誘曰弗其山名在朱虛縣東是卽入濰之東汶言入濟者淮南之誤也一清案五汶之名始于郭緣生述征記曰泰山郡水皆名曰汶汶凡有五北汶嬴汶柴汶浯汶皆源别而流同浯汶遠在瑯琊闞入泰山郡域近志因之而誤東樵正之是矣乃欲以小汶易嬴汶則非考泰安圖志嬴汶與牟汶合自萊蕪縣東北流逕縣西南至泰安縣東北之故縣鎮與出仙臺嶺水會名曰大汶亦

曰塹汶東樵以北汶爲塹汶亦非又西南流與石汶合石汶者環水也又西南流與北汶合北汶者泮水也濟水篇注云半水出分水谿者是也四汶共流而西南小汶水會之小汶出新泰縣東北龍堂山西流百二十里入泰安縣東南境至縣西南逕徂徠山南故柴城北而合于大汶尋其川脈即古柴汶之道柴汶本出梁父縣東西流逕菟裘城又西流逕梁父縣故城又西流逕柴縣故城又西流逕郕縣北又西流逕陽關城南而西合于汶水今梁父縣東之上源已絶而下流僅至古柴城即入于大汶不能至陽關城陽關城更在古柴城之西然小汶之行甚遠其吐納衆水亦甚夥儻古有是水道元無容不詳記之此必溝通之以合于柴汶其後水流既盛而柴汶遂爲所奪大汶小汶之名皆起于後世彼以合嬴牟北石四汶故名之曰大此則專合柴汶故名曰小是五汶者又并而爲二以出于大汶口西歷堈城壩又西北歷戴村壩入于大清河即古濟水之故道也蓋嬴牟二汶由東達西橫水也北石二汶自南注北直水也柴汶出東北以注西南亦横水也五汶之名不當去嬴以郭記李志皆先記之矣道元不别出嬴汶者以嬴爲汶水發源經流也郭記書中屢引之而此獨不從其說未知何故豈亦以其誤歟浯汶爲不足據耶予有五汶考五篇辭多不載

又西南過蛇丘縣南孫校曰今肥城縣南有蛇邱故城本魯蛇淵囿漢置縣

汶水又西洸水注焉朱洸作洸趙改刊誤曰箋曰謝兆申云洸當作洸克家云出焉當作注焉按出字不誤洙水注云洸水出東平陽上承汶水又云洸水又東南流注于洙水則洸水所注者洙水也非汶水也又西逕蛇丘縣南縣有鑄鄉城官本曰按近刻訛作縣治鑄鄉故城案朱趙同趙刊誤曰箋曰宋本作治鑄耶按非也蛇邱縣治鑄鄉故城豈可改治爲治乎春秋左傳宣叔娶于鑄官本曰按此下衍是也二字案朱趙有杜預曰濟北蛇邱縣所治鑄鄉城者也官本曰按左傳集解無鑄鄉城三字

又西南過剛縣北官本曰按近刻剛訛作岡下同孫校曰今甯陽縣北有岡城近汶　案朱趙作岡地理志剛故闡也官本曰按近刻剛訛作鄉刊誤曰漢書地理志泰山郡剛故闡鄉字誤　案朱訛鄉趙改岡王莽更之曰柔朱趙有也字趙釋曰一清按地理志本作剛縣故新莽以柔易稱應劭曰春秋經書齊人取讙及闡今闡亭是也官本曰按近刻脫今闡二字　案朱無二字趙刪亭字杜預春秋釋地曰闡在剛趙唯此作剛疑傳寫誤縣北剛城東有一小亭今剛縣治俗人又謂之闡亭官本曰按近刻訛作關亭　案朱訛趙改刊誤曰關亭當作闡亭京相璠曰剛縣西四十里有闡亭未知孰是汶水又西蛇水注之水出縣東北泰山西南流逕汶陽之田齊所侵也自汶之北平暢極目僖公以賜季友蛇水又西南逕鑄城西左傳所謂蛇淵囿也故京相璠曰今濟北有蛇邱城城下有水魯囿也俗謂之濁須水非矣蛇水又西南逕夏暉城南經書公會齊侯于下讙是也今俗謂之夏暉城蓋春秋左傳桓公三年公子翬如齊齊侯送姜氏于下讙非禮也官本曰按近刻也上衍是字又增也字刊誤曰傳文曰非禮也此落也字　案朱有是字趙世

有夏暉之名矣　蛇水又西南入汶汶水又西溝水
注之水出東北馬山西南流逕棘亭南春秋成公
三年經書秋叔孫僑如帥師圍棘左傳曰取汶陽之田棘不服
圍之南去汶水八十里　又西南逕遂城東　地理志曰蛇
邱遂鄉故遂國也春秋莊公十三年齊滅遂而戍之者也京相
璠曰遂在蛇邱東北十里杜預亦以爲然然縣東北無城以擬
之今城在蛇邱西北蓋杜預傳疑之非也又西逕下讙城
西而入汶水汶水又西逕春亭北　考古無春名惟
平陸縣有崇陽亭然是亭東去剛城四十里官本曰按近刻脫亭字　案朱脫趙增刊誤曰然是下落亭字推朱作進箋曰一作推趙改璠所注則符竝所未詳也趙釋曰一清按推璠所注謂京相璠春秋土地名也是注既不引其書何爲濫及乎

又西南過東平章縣南官本曰按原本及近刻竝脫東字今補　案朱脫趙增刊誤曰漢書地理志東平國有章縣落東字孫校曰今東平州東有章縣故城

地理志曰東平國故梁也景帝中六年官本曰案中下近刻衍和字朱衍趙刪刊誤曰和字衍文案別爲濟東國武帝元鼎元年爲大河郡宣帝甘露二年爲東平國王莽之有鹽也官本曰按近刻也上衍城字案朱衍趙刪刊誤曰城字衍文章縣按世本任姓之國也趙增春秋二字齊人降章者也故城官本曰按近刻脫城字刊誤曰城字當移在故字之下案朱脫趙增在無鹽縣東北五十里官本曰按縣近刻訛作城同趙移城字于上不補縣字案朱汶水又西南有泌水注之水出肥成縣東北原官本曰按近刻訛作肥縣東北自源案朱同趙改肥成縣東北白原刊誤曰漢書地理志泰山郡有肥成縣肥下落成字自源全氏校改白原西南流逕肥成縣故城南樂正子春謂其弟子曰子適齊過肥肥有君子焉左逕句窳亭北章帝元和二年鳳凰集肥成朱趙作城句窳亭復其租而巡泰山即是亭也泌水又西南逕富成朱趙作城縣故城西王莽之成富也趙刊誤曰箋曰舊本作城富按漢書地理志正作成字何舊本之足云其水又西南流注于汶汶水又西南逕桃鄉縣故城西王莽之鄣亭也世以此爲鄣城非蓋因巨趙作亡新之故目耳

又西南過無鹽縣南又西南過壽張縣北又西南至安民亭入于濟孫校曰無鹽故城在今東平州東壽張故城在州西南安民亭即州西南十里安山鎮汶上志壽張故城北有安民亭也汶水自桃鄉四分當其派別之處謂之四汶口其左二水雙流西南至無鹽縣之郈鄉城南郈昭伯之故邑也官本曰按郈昭伯近刻訛作魯叔孫昭伯　案朱趙同禍起鬬雞矣官本曰按起近刻訛作及　案朱趙作及趙釋曰全氏曰郈昭伯以鬬雞啓禍昭伯亡後郈始歸叔孫昭子書長誤矣春秋左傳定公十二年叔孫氏墮郈今其城無南面汶水又西南逕東平陸縣故城北應劭曰古厥國也官本曰按近刻脫國字　案朱脫趙增刊誤曰漢書地理志註引仲瑗云古厥國落國字今有厥亭孫校曰寰宇記中都縣漢爲東平陸縣亦古之厥國地今邑界有厥亭存汶水又西逕危山南世謂之龍山也漢書宣元六王傳曰官本曰按近刻訛作漢書五行志曰　案朱趙同哀帝時無鹽危山土自起覆草如馳道狀又瓠山石轉立晉灼曰漢注作報山趙釋曰全氏曰八字注中注一清按漢志北海郡瓡縣師古曰瓡即報字而宣元六王傳瓠山晉灼曰漢注作報山師古曰報山古作瓡字爲其形似瓠耳又通而爲狐地理志河東狐讘之狐史漢表俱作瓡徐廣曰音胡索隱曰即狐字可證也山脅石一枚朱作丈箋曰漢書作一枚趙改枚轉側起立高九尺六寸

旁行一丈廣朱作高箋曰漢書作廣趙改廣四尺官本曰按晉灼曰至此乃注文此下又屬漢書本文東平王雲及后
謁曰漢世石立宣帝起之表也官本曰按近刻脫曰字世訛作書表訛作象又此十字訛在下國除之下　案朱訛脫趙改增刊誤曰后謁下有錯簡漢書石立宣帝起之表也十字當移于此后謁下落曰字書當作世全氏校正自之石所祭治石象報山
立石束倍草并祠之建平三年息夫躬告之王自殺后謁棄市
國除趙釋曰何氏曰事在宣元六王傳非五行志也善長誤矣汶水又西合為一水西南入
茂都淀孫校曰此茂都淀即今南旺淀陂水之異名也淀水西南出
謂之巨野溝又西南逕致密城南　郡國志曰須昌
縣有致密城孫校曰寰宇記中都縣邑界有致密城古中都也官本曰按近刻訛作城訛趙改刊誤曰城吳琯本作也　案朱即
夫子所宰之邑矣制養生送死之節長幼男女之禮路不拾遺
器不彫僞矣巨野溝又西南入桓公河孫校曰寰宇記中都縣汶水北去縣二十四里桓水在縣西八十里晉桓溫進軍北次今鄉人鑿鉅野三百里通舟運自清水入河以溫所鑿故曰桓水俗呼桓河北水西出淀謂
之巨朱作臣箋曰一作巨良趙改巨良水西南逕致密城北西南流注
洪瀆次一汶西逕郈亭北又西至壽張故城東

瀦爲澤渚官本曰按瀦近刻訛作遂 案朱作遂趙改逕刊誤曰遂當作逕初平三年曹公擊黃巾于壽張東鮑信戰死于此其右一汶西流逕無鹽縣之故城南舊宿國也齊宣后之故邑所謂無鹽醜女也漢武帝元朔四年封城陽共王子劉慶爲東平侯即此邑也王莽更名之曰有鹽亭汶水又西逕郈鄉城南官本曰按郈原本及近刻並訛作洽下同今據漢書改正 案朱訛趙改刊誤曰洽鄉當作郈鄉師古曰郈音后地理志朱有曰字趙刪刊誤曰曰字衍文所謂無鹽有郈鄉者也汶水西南流逕壽張縣故城北春秋之良縣也縣有壽聚漢曰壽良應劭曰世祖叔父名良官本曰按父近刻訛作母 案朱訛趙改刊誤曰母當作父即趙孝王也後漢書校故光武改曰壽張也建武十二年官本曰按近刻訛作十五年 案朱趙作五世祖封樊宏爲侯國汶水又西南長直溝水注之水出須昌城東北穀陽山南逕須昌城東又南漆溝水注焉水出無鹽城東北五里阜山下西逕無鹽縣故城北水側有東平憲王倉冢碑闕存焉趙倉改蒼刊誤曰倉當作蒼後

漢書校元和二年官本曰按近刻訛作三年 案朱訛趙改 刊誤曰三當作二後漢書章帝紀校章帝幸東平祀以太

牢親拜祠坐賜御劍于陵前 其水又西流注長直溝

溝水奇分爲二一水西逕須昌城南入濟官本曰按近刻訛作

浦浦下同 案朱訛趙改刊誤曰浦當作沛 一水南流注于汶汶水又西流入濟

故淮南子曰汶出弗其西流合濟朱作浦箋曰今淮南子云汶出弗其流合于濟趙改

沛 高誘云弗其山名在朱虛縣東余按誘說是

乃東汶非經所謂入濟者也蓋其誤證耳

水經注卷二十四

水經注卷二十五　　　　長沙王氏校本

後魏酈道元撰

泗水　沂水　洙水

泗水出魯卞縣北山

地理志曰出濟陰乘氏縣又云出卞縣北 趙釋曰閻氏若璩潛邱劄記曰泗水出乘氏此出字乃後人所加班固自註原無出字漢書未可輕也一清按地志卞縣下亦無出字孫校曰地理志魯國及濟陰自是兩水不得合爲一 經言北山皆爲非矣山海經曰泗水出魯東北余昔因公事沿歷徐沇路逕洙泗因令尋其源流水出卞縣故城東南桃墟西北 春秋昭公七年謝息納季孫之言以子孟氏成邑與晉而遷于桃杜預曰魯國卞縣東南有桃墟 趙釋曰一清按舜後姓姚又賜姓嬀此桃墟當因姚墟而訛沔水亦有姚墟嬀墟之稱也 世謂之曰陶墟舜所陶處也 官本曰按近刻脫陶字 案朱脫趙增 井曰舜井皆爲非也 趙刊誤曰箋曰御覽引此注云皆爲此也按道元以舜不居泗上故以陶墟舜井之說爲非矣 墟有漏澤 官本曰按漏近刻訛作澤 案朱訛趙改 方 朱趙有一字

十五里朱箋曰御覽引此云陶墟舜所陶處也井曰舜井皆爲此也墟有漏澤方一十五里淥水瀲趙作澂淳三丈如減澤西際阜俗謂之嫣亭山蓋有陶墟舜井之言因復有嫣亭之名矣阜側有三石穴官本曰按側近刻訛作則案朱訛趙改廣圓三四尺穴有通否水有盈漏漏則數夕之中官本曰按近刻脫一漏字又則字訛在此句之下案朱脫訛趙增改傾陂竭澤矣朱箋曰御覽引此云阜側有三石穴廣圓三四尺穴有通否水有盈漏漏則數夕之中傾陂竭澤矣左右民居識其將漏預以木爲曲洑官本曰按近刻訛作狀訛趙改刊誤曰狀全氏校改洑案朱約障穴口魚鼈暴鱗不可勝載矣自此連岡通阜西北四十許里岡之西際便得泗水之源也博物志曰泗出陪尾蓋斯阜者矣石穴吐水五泉俱導泉穴各徑尺餘水源南側有一廟栝柏成林時人謂之原泉祠官本曰按人近刻訛作則案朱訛趙改刊誤曰則孫潛校改人非所究也泗水西逕其縣故城南春秋襄公二十九年官本曰按近刻脫九字刊誤曰左傳是二十九年落九字案朱脫趙增季武子取卞曰聞守卞者將

叛臣率徒以討之是也南有姑蔑城春秋隱公元年公及邾儀父盟于蔑者也水出二邑之間西逕郚城北春秋文公七年經書公伐邾三月甲戌取須句遂城郚杜預曰魯邑也卞縣南有郚城備邾難也泗水自卞而會于洙水也

西南過魯縣北朱過作逕趙改刊誤曰逕當作過孫校曰今曲阜縣治即魯故城

泗水又西南流逕魯縣分為二流水側有一城為二水之分會也北為洙瀆春秋莊公九年經書冬浚洙京相璠服虔杜預官本曰按近刻脫服虔二字京相璠下衍曰字案朱同趙增服虔不刪曰字刊誤曰曰下全氏校增服虔二字並言洙水在魯城北浚深之為齊備也南則泗水夫子教于洙泗之間今于城北二水之中即夫子領徒之所也從征記曰洙泗二水交于魯城東北十七里闕里背洙面泗官本曰按近刻脫面字又此句之下衍牆字案朱同趙改刊誤曰閻若璩云正義引從征記泗牆二字作面泗章懷後漢書注亦云南北朱趙有一字

百二十步東西六十步四門各有石閫北門去洙水百步餘後
漢初闕里荆棘自闢從講堂至九里鮑永爲相因修饗祠以誅
魯賊彭豐等　郭緣生言泗水在城南非也余按國
語宣公夏濫于泗淵里革斷罟棄之韋昭云泗
在魯城北　趙釋曰一清按日知錄公羊閔公二年傳桓公使高子將南陽之甲立僖公而城魯或曰自鹿門至于爭門者也或曰自爭門至于吏門者也注鹿門魯南城東門也據左傳臧紇斬鹿門之關出奔邾是也爭門吏門並闕按說文淨魯城門池也从水爭聲上耕切是爭門即以此水名省文作爭爾後人以瀞字省作淨音才性切而梵書用之自南北史以下俱爲才性之淨而魯之爭門不復知之今考道元所記魯城北爲泗水則此地當是引泗以爲濠而失記之　史記冢記　趙增墓字刊誤曰全氏云當作冢墓記　王隱地道記咸言葬孔子于魯城北泗
水上今泗水南有夫子冢　春秋孔演圖曰烏化爲書
孔子奉以告天赤爵銜書上化爲黃玉刻曰孔提命作應法爲
赤制說題辭曰孔子卒以所受黃玉葬魯城北即子貢廬墓處
也譙周云孔子死後魯人就冢次而居者百有餘家命曰孔里
孔叢曰　官本曰按孔叢下近刻有子字係後人妄加　案朱同趙刪刊誤曰何焯云子字衍文後人所妄加黃省曾本無子字義門之言良是　夫子墓

塋方一里在魯城北六里泗水上諸孔氏封五十餘所人名昭穆不可復識有銘碑三所獸碣具存皇覽曰弟子各以四方奇木來植故多諸異樹不生棘木刺草今則無復遺條矣朱箋曰聖賢冢墓記云孔子冢塋中樹以百數皆異種世世無能名其樹者其樹皆弟子持其方樹來種之有柞枌雒離女貞五味毚檀之屬泗水自城北南逕魯城西南合沂水沂水出魯城東南尼邱山西北山即顏母所祈而生孔子也山東朱趙有一字十里有顏母廟山南數里孔子父葬處禮所謂防墓崩者也平地發泉流逕魯縣故城南水北東門外即爰居所止處也國語曰海鳥曰爰居止于魯城東門之外三日臧文仲祭之展禽譏焉故莊子曰海鳥止郊魯侯觴之奏以廣樂具以太牢三日而死此養非所養矣門郭之外亦戎夷死處呂氏春秋曰昔戎夷違齊如魯天大寒而後門與弟子宿于郭門外寒愈甚謂弟子曰子與我衣我活我與子衣子活我國士也爲天下惜子不肖人不

足愛弟子曰不肖人惡能與國士并衣哉戎（趙有夷字）歎曰不濟夫解衣與弟子半夜而死沂水北對稷門昔圉人犖有力能投蓋于此門服虔曰能投千鈞之重過門之上也杜預謂走接屋之桷反覆門上也春秋僖公二十年經書春新作南門左傳曰書不時也杜預曰本名稷門僖公更高大之今猶不與諸門同改名高門也（官本曰按改近刻作故案朱趙作故）其遺基猶在地八丈餘矣亦曰雩門春秋左傳莊公十年公子偃請擊宋師竊從雩門蒙皐比而出者也門南隔水有雩壇壇高三丈曾點所欲風舞處也高門一里餘道西有道兒君碑是魯相陳君立昔曾參居此梟不入郭（趙作境）縣即曲阜之地少昊之墟有大庭氏之庫春秋豎牛之所攻也故劉公幹魯都賦曰戢武器于有炎之庫放戎馬于巨野之垧周成王（官本曰按近刻訛作武王案朱趙同）封姬旦于曲阜曰魯秦始皇二十三年以爲薛郡漢高后元年爲魯國（趙釋曰全氏曰按是文引漢志然實班氏之誤高后以城陽爲

魯國不以薛郡其時薛郡屬楚國阜上有季氏宅宅有武子臺今雖崩夷猶高數丈臺西百步有大井廣三丈深十餘丈以石壘之石似磬制官本曰按近刻似訛作以案朱訛趙改刊誤曰以孔宏復曲阜志引此注文作似春秋定公十二年公山不狃帥費人攻魯官本曰按近刻脫人字案朱脫趙增刊誤曰費下落人字左傳校補公入季氏之宮登武子之臺也臺之西北二里有周公臺高五丈周五十步臺南四里許則孔廟卽夫子之故宅也宅大一頃所居之堂後世以爲廟漢高祖十三年過魯以太牢祀孔子自秦燒詩書經典淪缺漢武帝時魯恭王壞孔子舊宅得尚書春秋論語孝經時人已不復知有古文謂之科斗書漢世秘之官本曰按世近刻作時案朱同趙改刊誤曰箋曰宋本作漢時全氏校改世希有見者于時聞堂上有金石絲竹之音乃不壞官本曰按近刻此下衍矣字案朱趙有廟屋三間夫子在西間東向官本曰按近刻訛作面案朱趙作面顏母朱箋曰舊本作徵母在中間南面夫人隔東一間東向夫子牀前有石硯一枚作甚朴云平生時物也魯人藏孔子所乘車于廟中是顏路所請者也獻帝時廟遇

火燒之永平中鍾離意爲魯相到官出私錢萬三千文付戶曹孔訢治夫子車身入廟拭几席劍履男子張伯除堂下草土中得玉璧七枚伯懷其一以六枚白意意令主簿安置几前孔子寢堂牀首有懸甕意召孔訢問何等甕也對曰夫子甕也背有丹書人勿敢發也意曰夫子聖人所以遺甕欲以懸示後賢耳發之中得素書文曰後世修吾書董仲舒護吾車拭吾履發吾笥會稽鍾離意璧有七張伯藏其一意卽召問伯果服焉魏黃初元年官本曰按沂刻譌作二年　案朱趙作二趙釋曰金石錄跋尾曰魏志文帝以黃初二年正月下詔令以碑考之乃黃初元年詔語亦小異當以碑爲正也文帝令郡國修起孔子舊廟置百石吏卒官本曰按石沂刻譌作夫　案朱作夫箋曰夫舊作尺吳改作夫墠按曹植撰孔羨奉家祀碑云以議郎孔羨爲宗聖侯邑百戶奉孔子之祀令魯郡修起舊廟置百戶吏卒以守衛之趙改戶釋曰一清按原本作百夫吏卒誤也曹植撰孔羨奉家祀碑作百戶吏卒今是碑載隸釋闕里志作百戶卒史三國志魏紀黃初二年以議郎孔羨爲宗聖侯邑百戶奉孔子祀令魯郡修起舊廟置百戶吏卒以守衛之與碑足相證明隸釋闕里志所改則非也而顧炎武金石文字記曰百石卒史者秩百石之卒史也漢書儒林傳郡國置五經百石卒史倪寬傳補廷尉文學卒史臣瓚曰漢注卒史秩百石是也然其自注又云杜氏通典作百戶吏卒三國志同蓋未能審定爾何焯曰亭林舊據桓帝永興元年魯相乙瑛置孔子廟百石卒史不知黃初自置百戶吏卒未可執此例彼也百石卒史掌領禮器選年四十以上經通六

藝雜試通利能奉宏先聖之禮爲宗所歸者乃是孔氏子孫爲之百戶吏卒則守衞之人耳廟有夫子像列二弟子執卷立侍穆穆有詢仰之容漢魏以來廟列七碑二碑無字栝柏猶茂趙釋曰一清按注云廟列七碑二碑無字則五碑有文字可知矣並見隸釋一孔廟置守廟百石孔龢碑威宗永興元年一魯相韓勑造孔廟禮器碑永壽二年一韓勑修孔廟後碑永壽三年一魯相史晨祠孔廟奏銘靈帝建寧二年一史晨饗孔廟後碑俱云水經有故知卽是七碑中之五碑也孔宏復闕里志云語云世遠言湮文獻難徵之謂也曲阜爲天下宗國歷代表揚無遺矣累朝典禮疆域規模陵廟增飾猶多湮沒惟水經注存漢魏之迹東遊記詳魯疆之槩斯文不亡闕里之幸也東遊記是元皇慶中紫陽楊奐著廟之西北二里有顏母廟廟像猶嚴有修栝五株孔廟東南五百步有雙石闕卽靈光之南闕北百餘步卽靈光殿基東西二十四丈南北十二丈高丈餘東西廊廡別舍中間方七百餘步闕之東北有浴池方四十許步池中有釣臺方十步臺之基岸悉石也官本曰按此七字近刻訛作池臺悉石也五字　案朱訛趙改刊誤曰池字衍文御覽引此注云臺之基岸悉石也今校正遺基尚整故王延壽賦曰周行數里仰不見日者也是漢景帝程姬子魯恭王之所造也殿之東南卽泮宮也在高門直北道西宮中有臺高八十尺臺南水東西朱趙有一字百步南北六十步臺西水南北四百步東

西六十步臺池咸結石爲之詩所謂思樂泮水也沂水又西逕圜朱趙作圜丘北丘高四丈餘沂水又西流昔韓雉射龍于斯水之上尸子曰韓雉見申羊于魯有龍飲于沂韓雉曰吾聞之官本曰按近刻訛作也　案朱訛趙改刊誤曰也當作之出見虎搏之入見龍射之今弗射是不得行吾聞也遂射之沂水又西右注泗水也官本曰按近刻也上衍者字　案朱趙有之

又西過瑕丘縣東屈從縣東南流漷水從東來注

瑕邱魯邑春秋之負瑕矣哀公七年季康子伐邾囚諸負瑕是也應劭曰瑕邱在縣西南昔衛大夫公叔文子升于瑕邱蘧伯玉從文子曰樂哉斯邱死則我欲葬焉伯玉曰吾子樂之則瑗請前刺其欲害民良田也瑕邱之名蓋因斯以表稱矣曾子弔諸負夏鄭玄皇甫謐並言衛地魯衛雖殊土則一也趙釋曰屆林曰縣邑同號地志

已多于時魯有瑕邱何知衞無茲爾周之典制國有分土行李所過聚櫜是防若瑕邱獨爲魯田寸壤皆非衞有未聞銜命介使憑覽敵國之墟而終沒大夫卜答强鄰之陌者也且此處所敘咸在邾魯封域忽入衞事于理殊乖又負夏可爲負瑕則虞舜所遷豈亦在是乎一清按衞瑕邱在今開州東南三十里鬹疑濮陽郡即衞之帝邱成公自楚邱來遷者也公叔之云宜在彼地道元誤以魯瑕邱當之誠如方叔所譏

漷水出東海合鄉縣漢安帝永初七年官本曰按沂刻訛作和帝永寧九年　案朱趙同說見下封馬光子朗爲侯國官本曰按沂刻朗作復　案朱趙作復趙釋曰一清按此注皆誤據范史云永初七年復紹封光子朗爲合鄉侯則復非其名且事在安帝永初七年非和帝永寧九年永寧亦安帝紀年次年之七月即改建元元年其水西南流入邾官本曰按入邾二字有舛誤春秋哀公二年季孫斯伐邾取漷東田及沂西田是也漷水又逕魯國鄒山東南而西南流春秋左傳所謂嶧山也邾文公之所遷今城在鄒山之陽官本曰按近刻脫在字　案朱脫趙增刊誤曰今城下落在字孫潛校增依巖阻以墉固故邾婁之國曹姓也叔梁紇之邑也孔子生于此後乃縣之因鄒山之名以氏縣也趙釋曰全氏曰以鄹爲鄒則孔子乃邾婁國人耶害長可謂大繆矣王莽之鄒亭矣京相璠曰地理志嶧山在鄒縣北趙釋曰一清按漢志作騶縣繹邑之所依以爲名也官本曰按近刻脫以字　案朱脫趙增刊誤曰所依下落以字通鑑注校補山東西二十里高秀獨出積石相臨殆無土壤石間多孔

穴洞達相通往往有如數間屋處其俗謂之嶧孔遭亂輒將家

入嶧官本曰按家近刻訛作處下衍人字　案朱趙同朱箋曰處當作居外寇雖衆無所施害晉永嘉中官本曰按近刻脫晉字　案朱脫趙增說見下太尉郗鑒將鄉曲保此山官本曰按保近刻作逃　案朱同趙改刊誤曰通鑑注引此文永嘉上有晉字逃作保胡賊攻守不能得今山南有大嶧名曰郗公嶧山北有絕巖秦始皇觀禮于魯登于嶧山之上命丞相李斯以大篆勒銘山嶺趙作頂名曰晝朱箋曰御覽引此注作盡門俱誤唯山東通志作書門近是趙改書門詩所謂保有鳧嶧者也官本曰按有近刻訛作其　案朱訛趙改刊誤曰其經文是有字

漷水又西南逕蕃縣故城南又西逕薛縣故城北孫校曰薛縣故城在今滕縣南四十里地理志曰夏車正奚仲之國也竹書紀年梁惠成王三十一年邳遷于薛改名徐州孫校曰郡國志魯國薛本國六國時曰徐州城南山上有奚仲冢孫校曰在今滕縣奚山旁晉太康地記曰官本曰按近刻脫曰字　案朱趙無奚仲冢在城南二十五里山上孫校曰後漢郡國志注引地道記作二十里又引皇覽曰靖郭君冢在城中東南陬孟嘗君冢在城中向門東北邊百姓謂之神靈也齊封田文于此號孟嘗君有惠喻朱箋曰惠喻當作惠譽卽馮煖焚券事也趙改譽今郭側猶有文冢結石爲郭

作制嚴固瑩麗可尋行人往還莫不逕觀以為異見矣漷水

又西逕仲虺城北孫校曰在滕縣東南晉太康地記曰奚仲遷于邳仲虺居之以為湯左相其後當周爵稱侯後見侵削霸者所絀為伯任姓也應劭曰邳在薛徐廣史記音義曰楚元王子郢客官本曰按近刻脫客字案朱脫趙增以呂后二年封上邳侯也朱箋曰按史記楚元王子劉郢客封上邳侯有下故此為上矣晉書地道記曰仲虺城在薛城西三十里漷水又西至湖陸縣入于泗官本曰按西下近刻衍逕字案朱衍趙刪刊誤曰逕字衍文故京相璠曰薛縣漷水首受蕃縣西注山陽湖陸是也經言瑕邱東誤耳

又南過平陽縣西孫校曰平陽故城在今鄒縣南

縣即山陽郡之南平陽縣也竹書紀年曰梁惠成王二十九年齊田肸官本曰按近刻訛作聁案朱訛趙改刊誤曰聁當作肸及宋人伐我東鄙圍平陽者也王莽改之曰黽平矣泗水又南逕故城西世謂之漆鄉應

劭十三州記曰漆鄉邾邑也杜預曰平陽東北有漆鄉官本曰按此下近刻衍鄉字案朱有趙改鄉刊誤曰鄉當作郭今見有故城西南方一里所未詳也

又南過高平縣西孫校曰高平故城在今鄒縣南洸水從西北來官本曰按西北近刻訛作北西案朱訛趙乙刊誤曰北西二字當倒互流注之

泗水南逕高平山山東西十里南北五里高四里與衆山相連其山最高頂上方平故謂之高平山縣亦取名焉泗水又南逕高平縣故城西漢宣帝地節三年封丞相魏相爲侯國趙釋曰全氏曰姜宸英曰此二句是後人所妄加蓋耆長既知高平是王莽所改則魏相所封非此高平明矣豈尙引之乎何焯曰弱翁所封蓋臨淮之高平地志注曰侯國者也予按漢表高平屬柘柘是淮陽之屬縣也一清按今江南宿遷縣疑是弱翁封邑高帝七年官本曰按近刻訛作八年案朱趙作八封將軍陳鍇爲槖侯官本曰按鍇原本及近刻並訛作錯史記索隱音揩引三倉云九江人名鐵曰鍇不得爲錯明矣今改正又槖史記漢書功臣表並訛作橐索隱云屬山陽而臣瓚于地理志云音拓則橐乃槖之訛耳案朱趙作錯趙刊誤曰箋曰史記漢書功臣表並作槖侯陳鍇爲將從擊陳豨有功舊本水經注亦作橐侯此注改作槖侯未知何據豈酈君所見史漢別本有異乎按非也世本史漢表俱作橐侯師古音公老翻而小司馬則以爲山陽之屬縣也山陽之屬縣曰槖臣瓚音之曰拓酈在顏前想六朝時漢表元作槖字至唐始誤作橐師古不能據地理志以正之朱氏乃云舊本水經注作橐此注改作槖而且揶揄之曰豈酈君所見史漢別本有異乎一似舊本更屬他人之書而此注爲酈

君所手定借曰異同要是後來傳寫翻刻之訛朱氏寧亦知之否乎又史表是陳錯故索隱曰漢表作鍇音揩三蒼云九江人名鐵曰錯今云史漢表並作鍇豈其然乎趙釋曰全氏曰按八年當作七年陳錯漢表作陳鍇沈氏曰橐今史漢表皆作橐誤也小司馬曰屬山陽則是橐矣臣瓚曰音拓然師古音漢表讀作公老翻是唐人已誤橐爲橐矣一清按郡國志亦作橐東平憲王傳仍是橐字橐之與橐未能一定寧得據志以駁表乎

地理志山陽之屬縣也官本曰按近刻訛作地理志曰縣故山陽之橐也　案朱趙同朱箋曰舊本橐作橐趙釋曰全氏曰按漢志無是文

王莽改曰高平應劭曰章帝改孫校曰今地理志脫應劭此注

按本志曰王莽改趙作更名章帝因之矣所謂洸水者洙水也蓋洸洙相入互受通稱矣官本曰按近刻脫互字　案朱脫趙增刊誤曰相入下落互字

又南過方與縣東朱作方輿箋曰方輿晉灼音房豫趙改與孫校曰今魚臺縣北有方與故城縣東南有湖陵故城

漢哀帝建平四年縣女子田無嗇生子先未生二月兒啼腹中及生不舉葬之陌上三日人過聞啼聲母掘養之

菏水從西來注之官本曰按菏近刻訛作荷　案朱作荷箋曰荷當作菏趙改菏

菏水卽濟水之所苞注以成湖澤也朱濟作泲趙改刊誤曰泲當作濟孫校曰地理志魯國卞泗水西南至方與入泲過縣三蓋自此而止因菏水畜爲湖澤實泲水之下流耳

而東與泗水合于湖陵縣西六十里穀庭城下俗謂之黃水口黃水

西北通巨野澤蓋以黃水沿注于菏故因以名

焉趙釋曰禹貢錐指曰地記之言水也凡二水大小相敵既合流自下皆得通稱多至五六水亦然漢志魯國卞縣泗水至方與入泲說文泗受泲水東入淮其所謂泲卽菏水也又漢志蕃縣南梁水西至湖陵入泲渠酈善長云泲在湖陸西而左注泗泗泲合流地記或言泲入泗泗亦言入泲故有入泲之文按觀魚臺下臨菏水而公羊傳以棠爲濟上邑則以菏爲濟漢初已然故班固謂泗入濟許慎謂泗受濟而不言菏以菏卽濟也水經濟水篇所敘自乘氏以至湖陸卽分濟之菏自沛縣以至睢陵卽入淮之泗而皆以爲濟水蓋本漢志以立文也然又云濟水東至乘氏縣西分爲二南爲菏水北爲濟瀆而泗水篇則自方與受菏以至睢陵入淮皆以爲泗水是又與禹貢合水經非一時一手作觀于此而益驗竊謂濟雖小水而能專達于海故得與四瀆之列使合泗入淮者亦濟則是因淮以達海矣安得謂之瀆禹主名山川不相假借而後世地記以菏泗爲濟本支不分大戾經旨不詳辨之何以使禹貢之書著明如日月哉

又屈東南過湖陸縣南涓朱作涓箋曰宋本作涓涓水注同趙改涓涓水從東北來流注之

地理志故湖陵縣也官本曰按原本及近刻並訛作地理志曰故湖陸縣也今改正案朱同趙不刪曰字陸改陵刊誤曰前漢爲湖陵續志云湖陸故湖陵章帝更名此引班書不得曰故湖陸菏水在南王莽改趙作更曰湖陸應劭曰官本曰按此下原本及近刻並衍尚書二字案朱趙有一名湖陵章帝封東平王蒼子爲湖陸侯更名湖陸也官本曰按原本及近刻並訛作爲湖陵侯更名湖陵也考後漢書郡國志山陽郡湖陸故湖陵章帝更名劉昭注云前漢志王莽改曰湖陸章帝復其號又郡國志高平侯國故槖

章帝更名劉昭注云前漢志王莽改曰高平章帝復莽此號蓋光武中興凡莽所改郎不行用至章帝改湖陵爲湖陸改橐爲高平偶與莽同以莽不足道故直曰章帝更名耳光武永平二年以橐湖陵益東平國見光武十王列傳注云橐縣一名高平其正文及注兩橐字皆橐之訛是光武時仍前漢之舊稱橐湖陵章帝已後則稱高平湖陸也今漢書地理志山陽郡湖陵下云禹貢浮于泗淮通于河水在南莽曰湖陸應劭曰尚書一名湖章帝封東平王倉子爲湖陵侯更名湖陵此條舛誤者入泗淮當作淮泗一也通于河當作通于菏二也水在南當作菏水在南三也尚書二字當在禹貢二字上不當在應劭曰下四也應劭時稱湖陸已久所引應劭語宜爲地理風俗記湖陸縣之文一名湖當是一名湖陵校漢書者妄刪陵字以起下文有陵字爲更名耳五也倉當作蒼六也爲湖陵侯當作爲湖陸侯七也更名湖陵當作更名湖陸八也道元此注亦有尚書二字蓋校是書者據漢志訛本增入說文菏字下云菏澤水在山陽湖陵引禹貢浮于淮泗達于菏而水經濟水內敘菏水云又東南過湖陸縣南東入于泗水道元注亦引尚書浮于淮泗達于菏今尚書本皆訛作達于河以尚書及前後漢書水經注互有舛誤彼此紛糾僅就一處訂正終難了徹故備論之　案朱趙陸作陵趙釋曰一清按此注全是襲用漢志而又誤者漢志山陽郡湖陵縣下云禹貢浮于淮泗達于河水在南莽曰湖陸應劭曰尚書一名湖章帝封東平王蒼子爲湖陵侯更名湖陵通于河據說文是達于菏一名湖之湖亦當是菏字蓋仲瑗引尚書之菏以證世本漢書通于河之誤傳寫者更訛而爲湖道元不察又加陵字遂有尚書一名湖陵之繆詞此酈氏之疏非應氏之過又按後漢書光武帝紀建武五年幸沛進幸湖陵則復號不始于章帝抑或史家追書之詞耶更考郡國志山陽郡湖陸故湖陵章帝更名劉昭補註云前漢志王莽改曰湖陸章帝復其號晉以後總曰湖陸經文陸字疑亦後人所改

泗水又東逕郗鑒所築城北又東逕湖陵城東南

昔桓温之北入也朱無之字趙增刊誤曰桓温下落之字

范懽擒慕容忠于此城東有度尚碑

趙釋曰一清按隸釋有漢荊州刺史度尙碑尙字博平山陽湖陸人威宗永康元年立洪适曰此碑在湖陸荒野政和壬辰巡檢王當世見之始遷于官廨其後邑令滕君欲徙碑于沛舟三載而三覆繼因大水漲沒不出劉宗儀攝

事乃能立之使星亭云泗水又左會南梁水孫校曰南梁水在今滕縣東北即趵突泉地理志
曰水出蕃縣孫校曰今滕縣今縣之東北平澤出泉若輪
焉發源成川西南流分爲二水北水枝出西逕
蕃縣北官本曰按近刻訛作北枝水西出逕蕃縣北改刊誤曰此文誤也當作北水枝出西逕蕃縣北　案朱訛趙西逕滕城
北趙西上有又字春秋左傳隱公十一年滕侯薛侯來朝爭長薛侯曰
我先封滕侯曰我周之卜正也薛庶姓也我不可以後之公使
羽父請薛侯曰君辱在寡人周諺有之曰山有木工則度之賓
有禮主則擇之周之宗盟異姓爲後寡人若朝于薛不敢與諸
任齒君若辱貺寡人則願以滕君爲請薛侯許之乃長滕侯者
也漢高祖封夏侯嬰爲侯國號曰滕公趙釋曰全氏曰夏侯嬰嘗爲滕令故號滕公非封于滕也嬰封汝陰善長誤矣鄧晨曰今沛郡公邱也其水又逕于邱焉官本曰按于近刻訛作公　案朱趙不誤刊誤曰箋曰於邱當作公邱按邱即公邱也單舉之以見義耳縣故城在滕西北城周二十里內有子城官本曰按近刻脫此九字　案朱脫趙增刊誤曰西北下落城周二十里內有子城九字名勝志校補孫校曰子城在今滕縣西南十五里按地理志即滕

也周懿王子錯叔繡文公所封也朱箋曰世本云周文王子錯叔繡封于滕杜預世譜並同唯漢書地志沛郡公丘縣注謂滕是周懿王子錯叔繡所封故水經注仍其說趙釋曰朱氏謀㙔箋曰漢志沛郡公丘縣注謂滕是周懿王子錯叔繡所封故注仍其說一清按顏師古亦云未詳其義蓋古傳記有之第文公字又未知所出耳齊滅之秦以爲縣漢武帝元朔三年封魯恭王子劉順爲侯國世以此水溉我良田遂及百稱故有兩溝之名焉南梁水自枝渠西南逕魯國蕃縣故城東俗以南鄰于漷亦謂之西漷水南梁水又屈逕城南應劭曰縣古小邾邑也地理志曰其水西流注于濟渠官本曰按濟近刻訛作沛下同又脫渠字　案朱訛趙改不增渠字刊誤曰漢書地理志魯國蕃縣下云南梁水西至湖陵入沛渠此世本之誤沛當作泲下沛字俱當作泲趙釋曰一清按漢志魯國蕃縣南梁水西至湖陵入沛渠沛當作泲濟在湖陸西而左注泗泗濟合流故地記或言濟入泗泗亦言入濟互受通稱故有入濟之文闞駰十三州志曰西至湖陸入泗是也經無南梁之名而有涓涓之稱官本曰按近刻訛作淯涓之水下同　案朱訛趙改疑即是水也戴延之西征記亦

言湖陸縣之東南有涓涓水亦無記于南梁謂是吳王所道趙作導之瀆也余按湖陸西南止有是水延之蓋以國語云吳王夫差起師將北會黃池掘溝于商魯之間北屬之沂西屬于濟以是言之故謂是水爲吳王所掘官本曰按近刻脫謂字案朱脫趙增刊誤曰故下落謂字非也余以水路求之止有泗川耳官本曰按有近刻訛作自案朱作自趙改是刊誤曰自當作是蓋北逵沂西北逕于商魯而接于濟矣官本曰按近刻無矣字案朱趙無吳所浚廣耳非謂起自東北受沂西南注濟也假之有通非吳所趣年載誠眇人情則近廁官本曰按則近刻作廁案朱趙作廁以今忖古益知延之之不通情理矣官本曰按益知近刻訛作知一案朱訛趙改刊誤曰於文當作益知一字誤泗水又南漷水注之孫校曰今滕縣東南有漷河又逕薛之上邳城西而南注者也趙釋曰全氏曰前已言漷水自湖陸入泗矣此又忽出漷水逕上邳南注泗之文不幾複與儀所謂西漷水近是

又東趙作又南過沛縣東孫校曰元和志沛縣泗水自西北流入東去縣五十步

昔許由隱于沛澤卽是縣也縣蓋取澤爲名宋滅屬楚在泗水之濱官本曰按在近刻訛作左訛趙改刊誤曰左當作在案朱于秦爲泗水郡治黃水注之黃水出小黃縣黃鄉黃溝國語曰吳子會諸侯于黃池者也黃水東流逕外黃縣故城南張晏曰魏郡有內黃縣故加外也闞駰曰縣有黃溝故縣氏焉圈稱陳留風俗傳曰縣南有渠水于春秋爲宋之曲棘里故宋之別都矣春秋昭公二十五年宋元公卒于曲棘是也宋華元居于稷里宣公十五年楚鄭圍宋晉解揚違楚官本曰按近刻揚訛作楊違訛作圍案朱訛趙改作揚楚圍刊誤曰圍楚二字當倒互言入楚圍以致命楚圍上仍有脫字趙釋曰一清按下有脫字致命于此宋人懼使華元乘闉夜入楚師登子反之牀趙釋曰全氏曰乘闉是穀梁傳文登牀是左氏傳文善長合而成書曰寡君使元以病告弊趙作敝邑易子而食析骸以爨城下之盟所不能也子反退一舍宋楚乃平今城東闉上猶有華元

祠祠之不毁城北有華元冢　黃溝自城南東逕葵邱下　春秋僖公九年齊桓公會諸侯于蔡邱宰孔曰齊侯不務德而勤遠略北伐山戎南伐楚西爲此會東略之不知西則否矣其在亂乎　官本曰按在近刻訛作有　案朱訛趙改刊誤曰有左傳是在字　君務靖亂無勤于行晉侯乃還即此地也　黃溝又東注大澤蒹葭萑葦生焉　官本曰按萑近刻作莞　案朱趙作莞　即世所謂大薺陂也陂水東北流逕定陶縣南又東逕山陽郡成武縣之楚邱亭北　官本曰按此十四字原本及近刻並截上六字訛作經下八字仍屬注文考之上下皆注內敘黃溝所逕不得承接經文泗水今改正　案朱訛趙改刊誤曰六字是注混作經趙釋曰一清按此即班固誤以爲衞文公所遷之楚邱而道元因之然分注云有楚邱亭則以成武本有此名耳乃春秋隱公七年戎伐凡伯之地詳見濟水注二　黃溝又東逕成武縣故城南　官本曰按東逕下近刻有郜城北三字係下文衍複在此　案朱衍趙刪　王莽更之曰成安也　黃溝又東北逕郜城北　春秋桓公二年經書取郜大鼎于宋戊申納于太廟左傳曰宋督攻孔父而取其妻殺殤公而立公子馮以郜大鼎賂公臧哀伯諫爲非禮　官本曰按哀近刻訛

作僖　案朱趙作僖趙釋曰一清按傳是哀伯此酈氏誤記十三州志曰今成武縣東南有郜城俗謂之北郜者也黃溝又東逕平樂縣故城南又東右合泃水即豐水之上源也水上承大薺陂東逕貰城北官本曰按貰近刻訛作貫　案朱趙作貫又東逕已氏縣故城北王莽之已善也縣有伊尹冢孫校曰在今曹縣崔駰曰殷帝沃丁之時官本曰按近刻重一時字　案朱衍趙刪刊誤曰時字重文疑衍伊尹卒葬于薄皇覽曰伊尹冢在濟陰已氏平利鄉皇甫謐曰伊尹年百餘歲而卒大霧三日沃丁葬以天子之禮親自臨喪以報大德焉又東逕孟諸澤杜預曰澤在梁國睢陽縣東北又東逕郜成縣故城南官本曰按近刻脫又東二字郜成訛作卬城　案朱脫訛趙增改仍城字刊誤曰逕上落又東二字卬城是郜城之誤地理志朱趙有曰字山陽縣也王莽更名之曰告成矣官本曰按告成近刻訛作郜城　案朱訛趙改刊誤曰郜城字誤當作告成漢書地理志校故世有南郜北郜之論也又東逕單父縣故城南官本曰按近刻脫縣字　案朱脫趙增刊誤曰單父下落縣字昔宓子賤之治也孔子使巫馬期觀政入其境見夜漁者問曰子

得魚輒放何也曰小者吾大夫欲長育之故也子聞之曰誠彼
形此子賤得之善矣惜哉不齊所治者小也王莽更名斯縣爲
利父矣官本曰按近刻父訛作善　案朱訛趙改刊誤曰漢書地理志山陽郡單父縣莽曰利父師古曰音善甫後人誤寫作利善也世祖建武十
三年封劉茂爲侯國又東逕平樂縣右合泡水水上
承睢水于下邑縣界官本曰按睢近刻訛作濉下同　案朱趙作濉趙刊誤曰箋曰一作濉水下同按濉古字通用詳濉水篇東北注一水上承睢水于杼秋縣界北流趙釋曰一清按兩濉水俱是睢水之誤漢下邑縣在今河南歸德府夏邑縣西南睢水在縣東南漢杼秋縣在江南徐州府豐縣西七十五里睢水在縣南五十里蓋睢河自河南陳留縣東北分河水東南流逕商邱夏邑永城以達于江南之豐縣而下入徐宿二州二泡之水一于下邑分睢者獲水也一于杼秋分睢者穀水也而統謂之睢則以獲水與睢水合流入泗穀水亦入泗與睢水往復逕通互攝兼稱二泡下流乃有豐水之目可知濉字與睢形似致訛世又謂之瓠盧溝水積爲
渚渚水東北流二渠雙引左合灃趙作豐下同水俗謂
之二泡也自下灃泡並得通稱矣故地理志曰平
樂侯國也泡水所出又逕豐西澤官本曰按近刻訛作潭　案朱訛潭趙改澤刊誤曰潭當作澤
謂之豐水　漢書稱高祖送徒麗山徒多亡到豐西澤有大

蛇當徑拔劍斬之此卽漢高祖斬蛇處也又東逕大堰官本曰按近刻訛作偃案朱訛趙改水分爲二又東逕豐縣故城南王莽之吾豐也水側城東北流右合枝水上承豐西大堰派流東北逕豐城北東注灃水灃水又東合黃水時人謂之狂水蓋狂黃聲相近俗傳失實也自下黃水又兼通稱矣水上舊有梁謂之泡橋王智深宋史云宋太尉劉義恭于彭城遣軍主朱箋曰舊本作遣軍王吳本改作軍正並誤六朝時每謂將帥爲軍主如梁書韋粲令軍主鄭逸逆擊侯景是其例也今改定稽玄敬北至城覘侯魏軍魏軍于清西望見玄敬士衆魏南康侯杜道儁引趣泡橋沛縣民逆燒泡橋又于林中打鼓儁謂宋軍大至爭渡泡水水深酷寒凍溺死者殆半清水卽泡水之別名也官本曰按泡近刻訛作泗案朱訛趙改刊誤曰泗水當作泡水趙釋曰全氏曰濟水入汶謂之清水睢水入泗亦謂之清水六朝所爭皆泗上之清水而非濟水也其地有曰清西則元嘉二十七年魏將拓跋建自清西屯蕭城曰清東則魏將步尼公自清東屯留城曰清南則天監五年梁將藍懷恭築城清南曰清中則永明三年齊角城戍主張蒲入清中是也宋沈攸之魏尉元齊周山圖所爭皆在其地以其爲泗水合睢水入淮之地故亦謂之睢清口泰始三年宋將陳顯達引兵

入睢清口是也建元三年齊角城將李安民敗魏師于孫谿渚胡三省曰渚在清水之濱一清按泡水泡橋通鑑俱作苞字葢文異耳沈約宋書稱魏軍欲渡清西非也趙釋曰一清按宋史索虜傳楚王樹洛真南康侯杜道雋進軍清西至蕭城步尼公進軍清東至留城乃清東之軍既遇嵇元敬還趨泡橋則自東而西今云魏軍欲渡清西似失當時形勢矣泡水又東逕沛縣故城南秦末兵起蕭何曹參迎漢祖于此城高帝十一年封合陽侯劉仲子濞爲侯國趙釋曰一清按史漢表傳沛侯濞卽高祖兄劉仲之子後封吳王國除城內有漢高祖廟廟前有三碑後漢立廟基以青石爲之階陛尚存劉備之爲徐州也治此袁術遣紀靈攻備備求救呂布布救之屯小沛招靈請備共飲布謂靈曰玄德布弟也布性不喜合鬬但喜解鬬乃植戟于門布彎弓曰觀布射戟小枝中者當各解兵不中可留決鬬一發中之遂解此卽布射戟枝處也述征記曰城極大四周壍通豐水豐水于城南東注泗卽泡水也地理志曰泡水自平樂縣東北至沛入泗者也趙釋曰一清按漢志山陽郡平樂縣淮水東北至沛入泗道元兩引班書俱作泡水淮字誤明嘉靖年刊本尙作包字惟去水傍耳猶可按也泗水南逕小沛縣東縣治

故城南垞上官本曰按城近刻訛作縣改刊誤曰故縣之縣黃省曾本作城案朱訛趙東岸有泗水亭漢祖爲泗水亭長即此亭也故亭今有高祖廟官本曰按近刻脫祖字趙增刊誤曰高下落祖字案朱廟前有碑延熹十年立廟闕崩褫朱褫作虒趙改刊誤曰虒字誤刻當作褫略無全者水中有故石梁處遺石尚存高祖之破黥布也過之置酒沛宮酒酣歌舞慷慨傷懷曰遊子思故鄉也 泗水又東南流逕廣戚縣故城南孫校曰今滕縣西北有戚城 漢武帝元朔元年封劉擇爲侯國官本曰按擇近刻訛作澤案朱趙作澤趙釋曰全氏曰按晉長引史漢表之例王子侯必稱某王之名則此文當云魯共王子擇擇漢表作將今云澤亦誤也 王莽更之曰力聚也 泗水又逕留縣而南逕垞城東孫校曰寰宇記彭城縣垞城在縣北三十里桓魋冢在縣北二十七里 城西南有崇侯虎廟道淪遺愛不知何因而遠有此圖 泗水又南逕宋大夫桓魋冢西山枕泗水官本曰按枕近刻訛作抗趙改刊誤曰抗寰宇記引此文作枕 案朱訛 西上盡石官本曰按西上近刻訛作上而趙改刊誤曰而當作西上西二字當倒互 案朱訛 鑿而爲冢今人謂之石郭者也郭有二重石作工巧夫子以爲不如死之速朽也

又東南過彭城縣東北

泗水西有龍華寺是沙門釋法顯遠出西域浮海東還持龍華圖首創此制法流中夏自法顯始也其所持天竺二石官本曰按竺近刻訛作基　案朱訛趙改刊誤曰天基當作天竺仍在南陸東基堪中其石尚光潔可愛泗水又南獲水入焉官本曰按獲原本及近刻並訛作淮今改正獲水入泗見卷二十三汳水內　案朱趙作淮孫校作雎趙釋曰一清按泗水于下邳淮陰入淮所謂淮泗之會即角城也彭城之境未為淮水所逕疑是雎水之誤杜元凱所謂雎水首受汴渠東經陳留梁譙沛彭城入泗者也而南逕彭城縣故城東　周顯王四十二年九鼎淪沒泗淵秦始皇時而鼎見于斯水始皇自以德合三代大喜使數千人沒水求之不得所謂鼎伏也亦云系而行之未出龍齒齧斷其系故語曰稱樂大早絕鼎系當是孟浪之傳耳趙釋曰全氏曰按周鼎何以過彭城而沒泗水李復疑之審矣且赧王五十九年而亡次年秦始取九鼎見于周本紀上距顯王四十二年乃惠文王之十一年顯王又六年而崩閱以慎靚王六年至赧王之五年乃武王之元年其八年武王薨據甘茂傳武王葬周蓋舉鼎絕臏而死則是時鼎猶未入泗又歷五十一年而九鼎始不保以道里計之浮河入渭即至秦士豈由泗乎又況在六十二年之前也其妄明矣史記封禪書又謂宋太邱社亡而鼎沒泗水是周鼎早在宋也夫周鼎何以在宋太邱之社更不可曉矣且使果然則事在顯王三十三年又前乎此亦非四十二年又秦始皇紀是祠泗水以求鼎非鼎見也張守節曰赧王十九

年秦昭王取九鼎其一飛入泗水其八入秦是又一說也泗水又逕龔勝墓南墓碣尚存又經（趙作逕）亞父冢東皇覽曰亞父冢在廬江縣郭東居巢亭中有亞父井吏民親事皆祭亞父于居巢廳上後吏造祠于郭東至今祠之按漢書項羽傳歷陽人范增未至彭城而發疽死不言之居巢今彭城南有項羽涼馬臺（官本曰按涼近刻訛作掠朱訛趙改刊誤曰掠當作涼　案）臺之西南山麓上即其冢也增不慕范蠡之舉而自絕于斯可謂褊矣推考書事墓近于此也（官本曰按墓字近刻訛在事字上朱訛趙乙刊誤曰墓事二字當倒互　案）

又東南過呂縣南（孫校曰今徐州北有呂縣故城呂梁山在州東南五十里）

呂宋邑也春秋襄公元年晉師伐鄭及陳楚子辛救鄭侵宋呂留是也　縣對泗水　漢景帝三年有白頸烏與黑烏羣鬭于縣白頸烏不勝墮泗水中死者數千京房易傳曰逆親親厥妖白黑烏鬭時有吳楚之反　泗水之上有石梁焉故曰呂梁也昔宋景公以弓工之弓彎弧東射矢集彭城之東飲

羽于石梁即斯梁也懸濤崩湃實爲泗險孔子所謂魚鼈不能游又云懸水三十仞流沫九十里今則不能也蓋惟嶽之喻未便極天明矣趙釋曰一清按呂梁洪之險道元時已不能如古矣至明嘉靖二十三年管河主事陳洪範惡其石破害運船鑿之使平而禹迹蕩然無存矣晉太康地記曰水出磬石書所謂泗濱浮磬者也泗水又東南流丁溪水注之溪水上承泗水于呂縣東南流北帶廣隰山高而注于泗川泗水冬春淺澀常排沙通道是以行者多從此溪即陸機行思賦所云官本曰按近刻脫機行思三字　案朱脫趙增刊誤曰此是陸機行思賦全氏校補三字乘丁水之捷岸排泗川之積沙者也晉太元九年朱元作原趙改刊誤曰晉武帝建元太元原字誤也左將軍謝玄于呂梁遣督護聞人奭用工九萬擁水立七拕以利運漕者官本曰按朱謀㙔云拕當作埭　案朱作七拕箋曰拕當作埭晉書謝玄堰呂梁水植柵立七埭爲派擁二岸之流以利漕運趙拕改埭運漕作漕運刪者字刊誤曰者字衍文

又東南過下邳縣西孫校曰下邳故城在今邳州東三十里

泗水歷縣逕葛嶧山東趙釋曰一清按漢志東海郡下邳縣葛嶧山在西古文以爲嶧陽即奚仲所遷邳嶧者也泗水又東南逕下邳縣故城西東南流沂水流注焉官本曰按流下近刻衍納字　案朱衍趙刪刊誤曰納字衍文故東海屬縣也應劭曰奚仲自薛徙居之故曰下邳也漢徙齊王韓信爲楚王都之後乃縣焉王莽之閏儉矣官本曰按近刻脫矣字　案朱脫趙增刊誤曰閏儉下落矣字孫潛校增東陽郡治文穎曰秦嘉東陽郡人官本曰按近刻脫人字　案朱脫趙增刊誤曰郡下落人字漢書高帝紀註校增詳本卷今下邳是也晉灼曰東陽縣本屬臨淮郡明帝分屬下邳後分屬廣陵故張晏曰東陽郡今廣陵郡也漢明帝置下邳郡矣趙釋曰一清按漢書高帝紀云東陽甯君秦嘉立景駒爲楚王註引文穎曰秦嘉東陽郡人爲甯縣君晉灼曰東陽縣也臣瓚曰陳勝傳云凌人秦嘉然則嘉非東陽人嘉初起于郯號大司馬又不爲甯縣君東陽甯君自一人秦嘉又一人史記項籍本紀裴駰集解引陳涉世家云秦嘉廣陵人城有三重其大城中有大司馬石苞官本曰按近刻脫大字　案朱脫趙增刊誤曰司馬上落大字鎮東將軍胡質司徒王渾監軍石崇四碑南門謂之白門魏武擒陳宮于此處矣趙釋曰白林曰白門所禽者乃奉先非公臺也唐太

子賢注范氏書引此注蓋未知善長之誤也中城呂布所守也小城晉中興北中郎將荀羨郗曇所治也昔泰山吳伯武少孤與弟文達相失二十餘年遇于縣市文章欲毆伯武心神悲慟因相尋問官本曰按尋近刻作詢　案朱同趙改刊誤曰箋曰風俗通云因相借問按黃省曾本作尋問乃兄弟也縣爲沂泗之會也又有武原水注之水出彭城武原縣西北會注陂南逕其城西王莽之和樂亭也官本曰按近刻脫和字　案朱脫趙增刊誤曰樂亭上落和字漢書地理志校增縣東有徐廟山山因徐徙卽以名之也官本曰按卽以近刻訛作以卽　案朱訛趙乙刊誤曰以卽二字當倒互山上有石室徐廟也武原水又南合武水謂之泇水趙釋曰全氏曰漢志太山郡南武陽縣冠石山治水所出南至下邳入泗應劭曰武水所出南入泗水經注則以爲泇水而不云出冠石山至沂水篇注云治水出南武陽之冠石山顧不云入泗而云入沂其舛錯如此南逕剛亭城又南至下邳入泗謂之武原水口也孫校曰今東泇水源發費縣西泇水在嶧縣治北抱犢山東南流至三合村與東泇合又南合武河至邳州入泗謂之泇口又有桐水趙釋曰一清按漢志作祠水出西北東海容邱縣東南至下邳入泗泗水東南逕下相縣故城東官本曰按逕近刻訛作至　案朱訛趙改刊誤曰至黃省曾本

作逕王莽之從德也城之西北有漢太尉陳球墓墓前有二碑是弟子管寧華歆等所造趙釋曰金石錄目錄百四十九漢太尉陳球碑光和元年百五十漢陳球後碑百五十一漢陳球碑陰隸釋跋曰水經云下邳陳球墓前有三碑是弟子管寧華歆等造此所見皆故吏故民而無管華姓名豈與劉寬碑相類其一則弟子所立乎又云陳公兩碑皆在淮陽莫識爲先後趙氏但有一碑陰而水經謂墓前有三碑似亦指碑陰爲一碑也一清按洪景伯之言非也酈注明云墓前有三碑弟子管寧華歆等所造今隸釋所載二碑皆無管華姓名則弟子所立一碑已亡故金石錄僅有二碑而乃以碑陰充數何耶初平四年曹操攻徐州破之拔取慮睢陵夏邱等縣以其父避難被害于此屠其男女十萬泗水爲之不流自是數縣人無行跡亦爲暴矣泗水又東南得睢水口泗水又逕宿預城之西又逕其城南故下邳之宿留縣也王莽更名之曰康義矣趙釋曰全氏曰水經注引漢志有爲今書所無者或是闕文然亦有絕非闕文而出于酈氏之妄者西京無下邳郡下邳東海郡之屬縣耳安得下邳郡有宿留縣乎本無此縣又何以云王莽更名之曰康義乎一清按宿預故城在今邳州宿遷縣東南漢臨淮郡厹猶縣之境也東漢省晉義熙中置宿預縣班志厹猶縣下云莽曰秉義康秉字形相似道元引之蓋實宿預之即厹猶也而不著厹猶之名是其疏略之過如以爲造作無端則太甚矣晉元皇之爲安東也督運軍儲而爲邸閣也魏太和中南徐州治後省爲戍梁將張惠紹北入水軍所次憑固斯城更增修郭趙改廓刊誤曰郭當作廓塹

其四面引水環之今城在泗水之中也

又東南入于淮孫校曰在今清河縣入淮也今其故道自徐州以南悉爲黄河所經尙書淮會于泗之文不可考矣

泗水又東逕陵趙作淩下同柵南西征記曰舊陵縣之治也泗水又東南逕淮陽城北城臨泗水上官本曰按城字近刻訛在北字上案朱訛趙乙刊誤曰箋曰一本無城字按非也下城北二字當倒互於文是泗水又東南逕淮陽城北句城臨泗水昔菑邱訢飲馬斬蛟眇目于此處也朱箋曰韓詩外傳東海有勇士菑邱訢過神泉飲馬馬爲蛟所取訢拔劍入水三日三夜殺二蛟而出雷神隨而擊之眇其左目吳越春秋作椒丘訢云訢爲齊王使吳過淮津飲馬於淮水神取其馬訢大怒袒裼持劍入水求神決戰連日乃出眇其一目泗水又東南逕魏陽城北城枕泗川陸機行思賦曰行魏陽之枉渚故無魏陽疑即泗陽縣故城也王莽之所謂淮平亭矣蓋魏文帝幸廣陵所由或因變之未詳也泗水又東逕角城北孫校曰角城縣故城在今清河縣西南晉義熙中置而東南流注于淮考諸地說或言泗水于睢陵入淮亦云于下相入淮皆非實錄也

沂水出泰山蓋縣艾山孫校曰史記索隱引此作汶山

鄭玄云出沂山亦或云臨樂山水有二源官本曰按二近刻訛作三案朱訛趙改南源所導世謂之柞泉北水所發官本曰按北近刻訛作屯案朱訛趙改俗謂之魚窮泉朱作山箋曰御覽引此三源作二源屯水作北水山作泉趙改泉孫校曰今蒙陰縣東北南河川小皐下有泉俗名狗泉是南原也其水東北逕馬頭固山有泉東流注之北望沂山五十里是北原也俱東南流合成一川右會洛預水水出洛預山東北流注之沂水東南流左合桑預水水北出桑預山東官本曰按近刻脫流字案朱脫趙增刊誤曰東南下落流字注于沂水朱注作流箋曰一作注趙作東流注于沂沂水又東南螳蜋水入焉水出魯山朱無水字趙增刊誤曰出上落水字東南流右注沂水沂水又東逕蓋縣故城南朱無下沂字趙上水字改沂刊誤曰上水字當作沂東會連綿之水水發連綿山南流逕蓋城東而南入沂沂水又東逕浮來之山春秋經書公及莒人盟于浮來者也即公來山也在邳鄉西故號曰邳來之間也浮來之水注之其水左控三川右會甘水而注于沂沂水又南

逕爆山西山有二峯相去一里雙巒齊秀圓峙若一沂水

又東南逕東莞縣故城西官本曰按莞近刻訛作菀下同　案朱訛趙改下同與小沂

水合官本曰按近刻脫小字　案朱脫趙增刊誤曰沂水上胡渭校增小字孟康曰縣故鄆邑官本曰按鄆近刻訛作鄆下同　案朱訛趙改刊誤曰兩鄆字漢志註俱作鄆今校改今鄆亭是也漢武帝元朔二年封城陽共王

子吉爲東莞侯官本曰按子近刻訛作弟　案朱訛趙改刊誤曰箋曰孫按史漢年表俱作東莞侯索隱曰屬琅琊按史漢表皆作子注云弟誤也下盧侯稀亦誤以子爲弟魏文帝黃初中立爲東莞郡朱箋曰晉書地志云太康元年分琅琊置東莞郡此云黃初中立未詳東

燕錄謂之團城劉武帝北伐廣固登之以望王難官本曰按此二字有舛誤朱謀㙔云當作五龍廣固有五龍口見二十六卷　案朱作王難趙改五龍魏南青州治左氏傳曰莒魯爭鄆爲日

久矣今城北鄆亭是也趙釋曰全氏曰按十三州志曰有東西二鄆魯昭公所居爲西鄆在兖州東平郡莒魯所爭爲東鄆此邑是也亦卽汶陽之田所謂鄆讙龜陰之田者也京相璠曰琅邪姑幕縣南四十里員亭故魯鄆邑

世變其字非也郡國志東莞有鄆亭今在團城東北四十里猶

謂之故東莞城矣小沂水出黃孤山西南流逕其

城北西南注于沂沂水又南與閭山水合水出

閭山東南流右佩二水總歸于沂沂水南逕東安縣故城東而南合時密水水出時密山 春秋官本曰按近刻脫春秋時三字　案朱脫趙增刊誤曰山下落春秋時三字時莒地 左傳官本曰按近刻脫左傳二字　案朱脫趙增左氏傳三字刊誤曰莒地下落左氏傳三字方輿紀要引此文校增莒人歸共仲于魯及密而死是也時密水東流官本曰按近刻脫時字下同　案朱脫趙增刊誤曰密水上落時字下同逕東安城南漢封魯孝王子彊為東安侯趙釋曰一清按漢表彊以宣帝時甘露四年封時密水又東南流入沂

沂水又南桑泉水北出五女山東南流孫校曰五女山在今蒙陰縣西南有桑泉水出巨圍水注之水出巨圍之山東南注于桑泉水桑泉水又東南堂阜水入焉其水導源堂阜 春秋莊公九年管仲請囚鮑叔受之及堂阜而稅之杜預曰東莞蒙陰縣西北有夷吾亭者是也 堂阜水又東南注桑泉水桑泉水又東南逕蒙陰縣故城北 王莽之蒙恩也 又東南與蒉崮水合水有二源雙會

東導一川俗謂之汶水也（趙釋曰一清按此又一汶非入泲及東入濰之水于欽以爲齊有三汶是已）東逕蒙陰縣注桑泉水又東南（官本曰按近刻訛作又南東　案朱訛趙乙刊誤曰南東二字當倒互）盧川水注之（官本曰按盧近刻訛作廬　案朱訛趙改刊誤曰廬川當作盧川趙釋曰全氏曰按漢志太山郡有盧縣即濟北王國都也城陽國有盧縣即是注所云盧川水者也盧爲周禮職方兗州浸之一班氏遺之師古則曰盧水在濟北盧縣今考太山之盧縣無盧水而城陽乃有之得毋師古偶誤以城陽爲濟北耶又瑯邪郡橫縣亦有盧水入濰然其源流似遜于城陽之盧竊謂師古所指爲城陽無疑也今本漢書城陽之盧作慮字慮有盧音如昌慮取慮之類）水出鹿嶺山東南流左則二川臻湊右則諸葛泉源斯奔亂流逕城陽之盧縣　故蓋縣之盧上里也漢武帝元朔二年封城陽共王子劉豨爲侯國（官本曰按子近刻訛作弟豨訛作稀　案朱同箋曰漢書王子侯表云城陽共王弟豨封雷侯埠按盧與雷古字通用周禮盧維讀作雷雍是也趙改子仍稀釋曰一清按漢表作雷侯豨此從史表鄭康成破周禮雷雝爲盧維雷盧字通用又本表以爲東海而注以爲城陽）王莽更名之曰著善矣又東南注于桑泉水桑泉水又東南右合蒙陰水（官本曰按陰下近刻衍二字　案朱衍趙刪刊誤曰二字衍文）水出蒙山之陰（官本曰按近刻訛作蒙陰山　案朱同趙改刊誤曰水出蒙陰山當作蒙山之陰）東北流昔琅邪承宮避亂此山立性好仁不與物競人有認其豕者捨之而去　其水東

北流入于沂朱趙無于字沂水又南逕陽都縣故城東孫校曰地理志術水入沂自陽都以下與術水通稱矣縣故陽國也齊同盟齊利其地而遷之者也漢高帝六年封將軍丁復爲侯國沂水又南與蒙山水合水出蒙山之陰東流逕陽都縣南東注沂水沂水又左合溫水水上承溫泉陂而西南入于沂水者也

南過琅邪臨沂縣東又南過開陽縣東孫校曰臨沂開陽故城俱在今沂州北

沂水南逕中邱城西春秋隱公七年夏城中邱左傳曰書不時也沂水又南逕臨沂縣故城東郡國志曰琅邪有臨沂縣故屬東海郡有治水注之官本曰按治近刻訛作洛下同案朱訛趙改刊誤曰漢書地理志泰山郡南武陽縣冠石山治水所出洛當作治下同水出泰山南武陽縣之冠石山孫校曰冠石山在今費縣北費縣故城在縣西北二十里地理志曰冠石山治水所出應劭地理風俗記曰武水出焉蓋水異名也東流

逕蒙山下有祠朱作有蒙祠趙刪蒙字刊誤曰漢書地理志校衍蒙字趙釋曰一清按漢志太山郡有蒙陰縣禹貢之蒙山在其西南有祠

治水又東南逕顓臾城北郡國志曰縣有顓臾城季氏將伐之孔子曰昔者先王以爲東蒙主社稷之臣官本曰按近刻此下有也字案朱趙有何以伐之爲官本曰按近刻無之字案朱趙無冉有曰今夫顓臾固而便近于費者也

治水又東南流逕費縣故城南地理志東海之屬縣也爲魯季孫之邑子路將墮之公山弗擾帥襲魯弗克後季氏爲陽虎所執弗擾以費畔卽是邑也漢高帝六年封陳賀爲侯國王莽更名之曰順從也許慎說文云沂水出東海費縣東西入泗從水斤聲呂忱字林亦言是矣斯水東南所注者沂水在西不得言東南趣也皆爲謬矣故世俗謂此水爲小沂水

治水又東南逕祊城南春秋隱公八年鄭伯請釋泰山之祀而祀周公使宛歸泰山之祊而易許田杜預釋地曰祊鄭祀泰山之

邑也在琅邪費縣東南治水又東南流注于沂趙釋曰一清按善長既引漢志以爲治水爲出南武陽之冠石山矣顧不云入泗而云入沂何也泗水篇有武水云至下邳入泗而其出不云南武陽之冠石山乃云武原水又南合武水謂之泇水已耳此注敘治水于臨沂之下殆因漢志東萊曲成縣出陽邱山之治水云南至沂入海之文而誤也顧宛溪爲之說曰泇河有二東泇入沂西泇入泗蓋泗沂交會之處故有此繆今按西泇河出嶧縣之君山即在嶧縣界中與東泇河合遂南入宿遷境今爲運道其流甚盛而東泇河源出費縣山中或云出榜山蓋即今芙蓉湖其流稍短然則西泇河即漢志冠石山之治水無疑總與東萊曲成出陽邱山之治水無與也沂水又南逕開陽縣故城東縣故鄅國也春秋左傳昭公十八年邾人襲鄅鄅盡俘以歸鄅子曰余無歸矣從帑于邾是也後更名開陽矣春秋哀公三年經書季孫斯叔孫州仇帥師城啓陽者是矣縣故琅邪郡治也

又東過襄賁縣東孫校曰襄賁故城在今沂州西南屈從縣南西流官本曰按近刻作西南流案朱趙同

又屈南過郯縣西孫校曰今郯城縣西南有郯縣故城

魯連子稱陸子謂齊湣王曰魯費之衆臣甲舍于襄賁者也王莽更名章信也郯故國也少昊之後春秋昭公十七年郯子朝魯公與之宴昭子叔孫婼趙釋曰一清按三字注中注問曰少昊鳥名官何也郯

子曰吾祖也我知之矣（官本曰按近刻無矣字　案朱趙無）黃帝炎帝以雲火紀官太皞以龍紀少皞瑞鳳鳥統歷鳥官之司議政斯在孔子從而學焉既而告人曰天子失官學在四夷者也竹書紀年晉烈公四年（趙釋曰一清按竹書是晉烈公六年當周威烈王之十二年）越子朱句滅郯以郯子鴣歸（朱箋曰今竹書紀年晉烈公六年於越子朱句伐郯以郯子鴣歸趙未改朱）縣故舊魯也東海郡治秦始皇以爲郯郡漢高帝二年更從今名（趙釋曰全氏曰按郯非秦郡而秦已有東海郡治郯史記陳涉世家云鄿東海守慶于郯是也此蓋承應劭之誤）卽王莽之沂平者也

又南過良城縣西又南過下邳縣西南入于泗（孫校曰良城故城在今邳州北下邳故城今州東三十里）

春秋左傳曰昭公十三年秋晉侯會吳子于良吳子辭水道不可以行晉乃還是也地理志曰良城王莽更名承翰矣　沂水于下邳縣北西流分爲二一水一水于城北西南入泗一水逕城東屈從縣南亦注泗謂之小沂

水 水上有橋徐泗間以爲圯昔張子房遇黃石公于圯上卽此處也建安三年曹操圍呂布于此引沂泗灌城而擒之

洙水出泰山蓋縣臨樂山

地理志曰臨樂山洙水所出西北至蓋入泗水或作池字 孫校曰今本作池 蓋字誤也 趙釋曰一清按八字注中注 洙水自山西北逕蓋縣漢景帝中五年封后兄王信爲侯國 官本曰按近刻脫王字 案朱脫趙增又朱中下有元字趙刪刊誤曰元字衍文后兄下落王字 又西逕泰山東平陽縣 春秋宣公八年冬城平陽杜預曰今泰山平陽縣是也河東有平陽故此加東矣晉武帝元康九年改爲新泰縣也

西南至卞縣入于泗

洙水西南流盜泉水注之泉出卞城東北卞山之陰尸子曰孔子至于暮矣而不宿 至于下趙增勝母二字 于盜泉渴矣而不飲惡其名也 朱箋曰史記鄒陽傳注引尸子曰孔子至勝母縣暮矣而不宿而淮南子及鹽鐵論並云里名勝母曾子不入故論語比

考識曰（官本曰按語比二字近刻訛作撰字　案朱趙同）水名盜泉仲尼不漱即斯泉矣西北流注于洙水洙水又西南流于卞城西西南入泗水亂流（朱無入字箋曰此西南二字疑衍或有脫誤趙改而與刊誤曰西南全氏校改而與）西南至魯縣東北又分爲二水水側有故城兩水之分會也洙水西北流逕孔里北（朱作此趙改北刊誤曰此當作北）是謂洙泗之閒矣春秋之浚洙非謂始導矣蓋深廣之耳洙水又西南枝津出焉又南逕瑕丘城東而南入石門古結石爲水門（官本曰按古近刻作又　案朱作又趙改右石門下朱趙重門字朱箋曰此門字疑衍趙刊誤曰又黃省曾本作右）跨于水上也西南流世謂之杜武溝洙水又西南逕南平陽縣之顯閭亭西邾邑也春秋襄公二十一年經書邾庶其以漆閭丘來奔者也（朱無也字趙增刊誤曰者下落也字）杜預曰平陽北有顯閭亭十三州記曰山陽南平陽縣又有閭丘鄉從征記曰杜謂顯閭閭丘也（官本曰按近刻脫一閭字　案朱趙無）今按漆鄉在縣東北

漆鄉東北十里見有閭丘鄉顓閭非也然則顓閭自是別亭未知孰是 又南洸水注之呂忱曰洸水出東平陽官本曰按近刻脫陽字 案朱脫趙增刊誤曰漢書地理志泰山郡有東平陽縣落陽字 上承汶水于剛朱趙作岡下同縣西闡亭東爾雅曰汶別爲闡其猶洛之有波矣朱作其曰洛之波矣箋曰一作其由洛之有波矣趙依改其由 洸水西南流逕盛鄉城西京相璠曰剛縣西南有盛鄉城者也 又南逕泰山寧陽縣故城西 漢武帝元朔三年封魯共王子劉恬爲侯國趙釋曰一清按史表恬作怯索隱曰表在濟南今漢表無濟南字地理志泰山郡寧陽縣曰侯國是也 王莽改之曰寧順也 又南洙水枝津注之水首受洙趙增水字刊誤曰洙下落水字 西南流逕瑕邱城北又西逕寧陽城南又西南入于洸水洸水又西南逕泰山郡乘邱縣故城東 趙肅侯二十年韓將舉與齊魏戰于乘邱朱箋曰史記世家趙肅侯二十三年韓舉與齊魏戰死于桑邱漢地志太山郡有桑丘乃史誤也趙釋曰一清按史記趙世家肅侯二十三年韓舉與齊魏戰死于桑邱裴駰集解引地理志云泰山有桑邱縣今漢志是桑邱桑乘字形相近致訛又韓世家宣惠王八年魏敗我將韓舉六國年表同韓宣惠王之八年乃周烈王之四

十四年實趙武靈王之元年也去肅侯之二十三年事隔兩朝年歷三週舉爲趙將前已敗死
又復爲韓將以與魏戰可怪也是以徐廣曰韓將夫韓將而何以書于趙世家乎索隱曰舉是
韓將而紀年云趙將蓋舉本趙將後入韓此亦爲史遷作調人耳考之紀年則又不合當周威
烈王之十六年正晉烈公之十年齊田肸與邯鄲韓舉戰于平邑獲韓舉然則舉是趙將稍可
據其時韓武子趙獻侯田齊宣公耳年數相去八十六年之久舛錯如
此索隱引紀年云其敗當韓威王八年是不同也而韓又無威王
卽此縣也漢武帝元朔五年封中山靖王子劉將夜爲侯國也趙釋曰一清按史表作桑邱侯索隱曰表在深
澤今漢表作乘邱無深澤字蓋桑乘字相似然中山之封何以在魯宋之郊蓋善長所見之漢
書已脫誤矣今直隸安肅縣西南有桑邱城安肅本漢中山國北新城地將夜之封宜在彼而
此則非也洸水又東南流注于洙洙水又南至高平縣
官本曰按近刻脫縣字　案朱不重洙字脫縣字趙
增刊誤曰洙下當重一洙字高平下落縣字南入于泗水西有茅鄉
城東去高平三十里京相璠曰今高平縣西三十里有故茅鄉
城者也

水經注卷二十五

水經注卷二十六　　長沙王氏校本

後魏酈道元撰

沭水　巨洋水　淄水

汶水　濰水　膠水

沭水出瑯邪東莞縣西北山朱箋曰漢地理志術水出瑯邪郡東莞縣南至下邳入泗過郡三行七百一十里青州寖

大弁山與小泰山連麓而異名也引控衆流積以成川東南流逕邳鄉南南去縣八十許里城有三面而不周于南故俗謂之平城沭水又東南流左合峴水官本曰按合近刻訛作右案朱訛趙改刊誤曰右當作合通鑑注校水北出大峴山東南流逕邳鄉東東南流注于沭水也

東南過其縣東

沭水左與箕山之水合水東出諸縣西箕山官本曰按

東出近刻訛作出東　案朱趙同趙改城刊誤曰漢書地理志無東諸縣而諸縣別有東諸城見濰水篇縣當作城劉澄之以爲許由之所隱也更爲巨謬矣其水西南流注于沭水也

又東南過莒縣東

地理志曰莒子之國盈姓也少昊後列女傳曰齊人杞梁殖襲莒戰死其妻將赴之道逢齊莊公朱趙作桓公趙釋曰朱氏謀㙔箋曰列女傳作莊公此云桓公字之譌也公將弔之杞梁妻曰如殖死有罪官本曰按近刻脫死字　案朱脫趙增刊誤曰如殖下落死字孫潛校補君何辱命焉如殖無罪有先人之敝廬在下妾不敢與郊弔公旋車弔諸室妻乃哭于城下七日而城崩故琴操云殖死妻援琴作歌曰樂莫樂兮新相知悲莫悲兮生別離哀感皇天城爲之墮官本曰按近刻訛作隧　案朱作隧趙改壞刊誤曰隧當作壞許規切本作隓說文解字敗城阜曰隓徐鍇曰俗作壞非是今相承通俗用之即是城也其城三重並悉崇峻惟南開一門內城方十二里郭周四十許里尸子曰莒君好鬼巫而國亡無知之難小白奔焉樂毅攻齊守險全國秦始皇縣之漢興以爲城陽國封朱虛侯章治莒王莽之

莒陵也光武合城陽國爲琅邪國以封皇子京雅好宮室窮極伎巧壁帶飾以金銀官本曰按壁近刻訛作璧朱訛趙改刊誤曰璧當作壁案明帝時趙釋曰朱氏謀瑋箋曰後漢書是章帝此云明帝字誤京不安莒移治開陽矣官本曰按開近刻訛作闓後漢書作章帝時又云移治開陽案朱同箋曰趙改開沭水又南袁公水東出清山遵坤維而注沭官本曰按遵近刻訛作尋案朱趙作尋沭水又南尋水注之水出于巨公之山西南流舊堨以溉田官本曰按近刻溉下衍渚字案朱趙有東西二十里南北十五里尋水又西南流入沭沭水又南與葛陂水會水發三柱山朱柱作注趙改刊誤曰注當作柱方輿紀要校改西南流逕辟土城南官本曰按近刻訛作辟城城南訛趙刪城字刊誤曰城字重文宜衍案朱世謂之辟陽城史記建元以來王子侯者年表曰漢武帝元朔二年封城陽共王子節侯劉壯爲侯國也官本曰按節近刻訛作劉案朱訛趙改釋曰全氏曰索隱以爲屬東海而善長曰城陽此從史表其水于邑積以爲陂謂之辟陽湖西南流注于沭水也

又南過陽都縣東入于沂孫校曰陽都故城在今沂水縣西南

沭水自陽都縣又南會武陽溝水水東出倉山山上有故城世謂之監官城非也卽古有利城矣漢武帝元朔四年封城陽共王子劉釘爲侯國也趙釋曰全氏曰按本表曰東海而晉長以爲城陽其城因山爲基水導山下西北流謂之武陽溝又西至卽丘縣注于沭沭水又南逕東海郡卽丘縣孫校曰故城在今沂州東北故春秋之祝丘也桓公五年經書齊侯鄭伯如紀城祝丘左傳曰趙無曰字齊鄭朝紀欲襲之漢立爲縣王莽更之曰就信也郡國志曰自東海分屬琅邪闞駰曰卽祝魯之音官本曰按卽近刻訛作郎案朱訛趙改刊誤曰郎當作卽蓋字承讀變矣沭水又南逕東海厚丘縣孫校曰故城在今沭陽縣北王莽更之曰祝其亭也朱無曰字趙增又之上增名字刊誤曰更之下落曰字分爲二瀆一瀆西南出官本曰按近刻脫一瀆二字案朱趙無今無水世謂之枯沭一瀆南逕建陵縣故城東孫校曰建陵故城在今沭陽縣西北一百五里建陵山下漢景帝六年官本曰按近刻訛作八年案朱趙作八趙釋曰一清按史漢表俱云景帝六年侯注云八年誤也封衛綰爲侯國朱衛作石箋曰史記年表

作六年作衞綰趙改衞刊誤曰史漢表傳皆是衞綰石字誤也又八年亦是六年之誤見本篇王莽更之曰付亭也沭水又南逕建陵山西官本曰按原本及近刻並脫建字今考魏書地形志建陵縣有建陵山　案朱脫趙增刊誤曰陵山上落建字方輿紀要云建陵山在海州沭陽縣西北百里與山東郯城縣接境山南北長而東西狹上多陵漢因以名縣魏正光中官本曰按光近刻訛作元　案朱訛趙改刊誤曰正元曹魏高貴鄉公紀年此是拓跋魏孝明帝正光年中事也齊王即蕭寶夤魏書蕭寶夤傳云神龜中出爲都督徐南兗二州諸軍事車騎將軍徐州刺史正光二年徵爲車騎大將軍是也齊王之鎮徐州也立大堨遏水西流兩瀆之會置城防之曰曲沭戍自堨流三十里官本曰按近刻脫堨字　案朱脫趙增戍字刊誤曰自下落戍字西注沭水舊瀆謂之新渠舊瀆自厚丘西南出官本曰按近刻脫舊瀆二字　案朱趙無左會新渠南入淮陽宿預縣注泗水地理志所謂至下邳注泗者也經言于陽都入沂非矣沭水左瀆自大堰水斷故瀆東南出桑堰水注之水出襄賁縣泉流東注沭瀆又南左合橫溝水水發瀆右東入沭之趙改水故瀆又南暨于遏官本曰按近刻改作堰今考注內堨亦通稱遏　案朱作堰箋曰舊本作暨于渴蓋堨字之誤也吳改作堰趙改堨其水

西南流逕司吾山東又逕司吾縣故城西孫校曰故城在今宿遷縣北春秋左傳楚執鍾吾子以爲司吾縣王莽更之曰息吾也又西南至宿預注泗水也沭水故瀆自下堰東南逕司吾城東又東南歷柤口城中柤水出于楚之柤地春秋襄公十年經書公與晉及諸侯會吳于柤京相璠曰宋地今彭城偪陽縣西北有柤水溝去偪陽八十里東南流逕傅陽縣故城東北官本曰按傅近刻訛作偪案朱趙作偪地理志曰故偪陽國也趙釋曰一清按漢志楚國傅陽縣故偪陽國蓋以傅偪字異故班固申明之續志亦以爲傅陽而劉昭又引左氏傳及杜預註以實之今注直改傅陽作偪陽也春秋左傳襄公十年夏四月戊午會于柤晉荀偃士匄請伐偪陽而封宋向戌焉荀罃曰城小而固勝之不武弗勝爲笑固請丙寅圍之弗克孟氏之臣秦堇父輦重如役偪陽人啓門諸侯之士門焉縣門發郰朱箋曰左傳作聊趙改郰人紇抉之以出門者狄虒彌建大車之輪而蒙之以甲以爲櫓左執之右拔戟以成一隊

孟獻子曰詩所謂有力如虎者也主人縣布堇父登之及堞而絕之隧則又縣之蘇而復上者三主人辭焉乃退帶其斷以徇于軍三日諸侯之師久于偪陽請歸智伯怒曰七日不克爾乎取之以謝罪也荀偃士匄攻之親受矢石遂滅之以偪陽子歸獻于武宮謂之夷俘偪陽妘姓也漢以爲縣漢武帝元朔二年封齊孝王子劉就爲侯國王莽更之曰輔陽也（朱無曰字趙增）郡國志曰偪陽有相水相水又東南（官本曰按近刻訛作相水而南朱訛趙改西刊誤曰而當作西）案亂于沂而注于沭謂之相口 城得其名矣 東南至朐縣入游注海也（孫校曰朐縣故城在今海州南）

巨洋水出朱虛縣泰山北過其縣西

泰山即東小泰山也巨洋水即國語所謂具水矣袁宏謂之巨昧王韶之以爲巨蔑（朱蔑作薎趙改刊誤曰薎當作蔑通鑑注）亦或曰朐瀰皆一水也而廣其目焉（趙釋曰一清按朐瀰之瀰亦作㳽元）

史王磐傳李璮素重磐以禮延致之磐亦樂青州風土乃買瀰河之上題其居曰鹿菴卽胸瀰水也其水北流逕朱虛縣故城西漢惠帝二年封齊悼惠王子劉章爲侯國趙釋曰一清案史表章以高后二年封地理風俗記曰丹山在西南丹水所出東入海丹水由朱虛丘阜矣故言朱虛城西有長坂遠峻名爲破車峴城東北二十里有丹山世謂之凡山縣在西南丼山也丹凡字相類音從字變也官本曰按此下近刻衍山導二字案朱衍趙刪刊誤曰山導二字衍文全氏校趙釋曰一清按丹古篆作凡故與凡相似丹水有二源各導一山世謂之東丹西丹水也西丹水自凡山官本曰按近刻訛作穴山案朱訛趙改朱脫水字趙增刊誤曰西丹下落水字穴山是凡山之誤北流逕劇縣故城東東丹水注之水出方山朱無水字趙增刊誤曰出上落水字山有二水官本曰按二近刻訛作三案朱趙作三一水卽東丹水也北逕縣合西丹水而亂流又東北出逕渏薄澗北渏水亦出方山流入平壽縣積而爲渚水盛則北注東南流屈而東北流逕平壽縣故城西

而北入丹水謂之魚合口丹水又東北逕望海臺東官本曰按近刻脱海字　案朱脱趙增刊誤曰當作望海臺方輿紀要云望海臺在壽光縣東北四十里相傳秦始皇所築下云巨洋水又東北逕望海臺西東北流伏琛晏謨並以爲平望亭是也東北注海蓋亦縣所氏者也趙釋曰一清按漢志北海郡平望縣侯國續志無之蓋東京省范史和熹鄧后紀有平望侯劉毅章懷注云平望縣屬北海郡今青州北海縣西北平望臺是也一名望海臺注無平望之目而云蓋亦縣所氏可爲疎鹵矣亦見此篇注尾

又北過臨朐縣東

巨洋水自朱虛北入臨朐縣熏冶泉水注之水出西溪飛泉側瀨于窮坎之下泉溪之上源麓之側有一祠目之爲冶泉祠朱祠作祀趙改刊誤曰二祀字俱當作祠按廣雅金神謂之清明斯地蓋古冶官所在故水取稱焉水色澄明而清泠特異淵無潛石淺鏤沙文中有古壇參差相對後人微加功飾以爲嬉遊之處南北邃岸凌空疏木交合先公以太和中作鎮海岱余總角之年侍節東州官本曰按侍近刻訛作持　案朱訛趙改刊誤曰持節當作侍節齊乘校脩書麥鐵杖傳云陪鑾問

罪亦其義也至若炎夏火流閑居倦想提琴命友嬉娛永日桂筍尋波官本曰按近刻訛作汳又桂筍朱謀㙔云當作桂櫂 案朱訛趙改輕林委浪琴歌既洽歡情亦暢是焉棲寄實可憑衿 小東有一湖佳饒鮮筍匪直芳齊芍藥實亦潔並飛鱗其水東北流入巨洋謂之熏冶泉又逕臨朐縣故城東 城古伯氏駢邑也漢武帝元朔元年官本曰按近刻訛作二年 案朱趙作二封菑川懿王子劉奴為侯國趙釋曰一清按索隱曰表在東海考漢志東海有朐臨朐屬齊郡東萊亦有之然則未知東海是東萊之誤抑臨朐乃朐縣之訛也應劭曰臨朐山名也趙釋曰一清按朐是山名又是水名縣名臨朐以城臨側之故耳漢志注引應劭曰臨朐山謂臨側朐山也非以臨朐為山之名也酈長誤矣故縣氏之朐亦水名其城側臨朐川官本曰按近刻訛作側川臨朐 案朱趙同是以王莽用表厥稱焉趙釋曰一清按漢志齊郡臨朐縣莽曰監朐此無監朐之名而云莽表厥稱竊所未喻城上下官本曰按近刻作其城上下 案朱趙有其字沿水悉是劉武皇北伐廣固營壘所在矣巨洋又東北逕委粟山東趙增水字刊誤曰巨陽下落水字孤阜秀立官本曰按秀近刻訛作委 案朱訛趙改形若委粟又東北洋水注之水西出石膏山西北石澗口東南逕逢

山祠西(官本曰按祠上近刻衍下字案朱衍趙刪刊誤曰下字衍文漢書地理志校)洋水又東南(官本曰按近刻訛作南東案朱訛趙乙刊誤曰南東二字當倒互)歷逢山下卽石膏山也山麓三成(官本曰按近刻脫山字案朱脫趙增刊誤曰麓上落山字齊乘校補)壁立直上山上有石鼓鳴則年凶郭緣生續述征記曰逢山在廣固南三十里有祠并石鼓齊地將亂石人輒打石鼓聲聞數十里(官本曰按近刻脫聲字案朱脫趙增刊誤曰聞上落聲字方輿紀要校增)洋水歷其陰而東北流世謂之石溝水東北流出于委粟山北而東注于巨洋謂之石溝口然是水下流亦有時通塞及其春夏水泛川瀾無輟亦或謂之爲龍泉水地理志石膏山洋水所出是也(官本曰按近刻脫所字又是字訛在出字上案朱脫訛趙增改刊誤曰漢書地理志臨朐縣石膏山洋水所出此落所字是出二字當倒互)今于此縣惟是瀆當之似符羣證矣巨洋水又東北得邳泉口(朱作巨洋趙改洋水刊誤曰巨洋俱當作洋水落水字後並同蓋卽齊乘之所謂北洋矣)泉源西出平地東流注于巨洋水(朱趙無水字)巨洋水(朱無水字趙增)又北會建德水水

西發逢山阜而東流入巨洋水也

又北過劇縣西

巨洋水又東北合康浪水水發縣西南㟢山無事樹木而圓峭孤峙巑岏分立左思齊都賦曰㟢嶺鎮其左是也官本曰按近刻脫鎮字 案朱脫趙增刊誤曰㟢嶺下落鎮字下引齊都賦牛嶺鎮其南康浪水北流注于巨洋巨洋趙增水字又東北逕劇縣故城西古紀國也春秋莊公四年紀侯不能下齊以與弟季大去其國違齊難也後改曰劇故魯連子曰胸劇之人辯者也漢文帝十八年別爲菑川國後幷北海趙釋曰一清按郡國志云北海國建武十三年省菑川高密膠東三國以其縣屬但前漢志菑川有劇北海亦有之此是菑川之劇非北海之劇也漢武帝元朔二年封菑川懿王子劉錯爲侯國王莽更之曰俞縣也官本曰按近刻脫曰字俞訛作愈 案朱脫訛趙增改刊誤曰愈漢書地理志作俞更之下落曰字趙釋曰一清按漢志菑川首劇自是王國都不應以封王子班固于此縣在但曰莽曰俞而北海之劇註云侯國疑錯所封在北海晉長混而一之非矣菑川國治之劇下壽光縣東南三里亦曰劇南城春秋時紀國地城內有臺俗曰紀臺城者是北海之劇在昌樂縣西北後漢時此劇廢省而移北海郡治菑川之劇也城之北側有故臺臺西有方池

官本曰按近刻訛作地案朱訛趙改刊誤曰地名勝志作池晏謨曰西去齊城九十七里耿
弇破張步于臨淄追至巨洋朱箋曰舊本作巨昧趙改巨昧水上僵尸
相屬即是水也巨洋趙增水字又東北逕晉龍驤將軍
幽州刺史辟閭渾墓東而東北流墓側有一墳甚
高大官本曰按近刻脫墓字案朱墓作渾趙改刊誤曰渾當作墓時人咸謂之爲馬朱作焉箋曰一作馬陵趙改馬陵而不
知誰之丘壟也巨洋水又東北逕益縣故城東王莽
更之曰滌蕩也官本曰按滌蕩今漢書作探陽案朱無曰字趙增釋曰一清案今本漢志作探陽亦誤也范史劉盆子傳有王莽探湯侯田況章懷注曰王莽改北海益縣曰探湯是也晏謨曰南去齊城五十里司馬宣王伐公孫淵徙
豐人住于此城遂改名爲南豐城也又東北積而爲潭
枝津出焉謂之百尺溝西北流逕北益都城官本曰按此下近刻有也字案朱趙有漢武帝元朔二年官本曰按近刻訛作三年案朱訛趙改刊誤曰三表作二封菑川懿王
子劉胡爲侯國趙釋曰一清按史漢表作益都侯而漢志北海郡有益縣續志樂安國下云益侯國故屬北海是也魏書地形志齊郡有益都縣寰宇記云魏于壽光縣南十里置益都城置益都縣屬齊郡宋至後魏並屬齊郡也則益都是三國魏所置治益都城與兩漢之益縣微有分別顧景范曰益都侯邑後并入益縣未知所據矣又青州府壽

光縣下云鉅定城在縣西北八十里漢縣屬齊郡後漢省志云縣西四十里有益城漢益縣也縣北二十里有益都城漢武封淄川懿王子胡爲侯邑處是知侯邑與縣治本屬二城益都始爲侯邑未立縣之明證也又西北流而注于巨淀矣趙刊誤曰箋曰謝云當作注于巨洋按漢志云石膏山洋水所出東北至廣饒入鉅定謝說非是

又東北過壽光縣西

巨洋水自巨淀湖官本曰按近刻脫巨淀二字　案朱脫趙增刊誤曰淄水注云巨淀縣東南則巨淀湖注落二字東北流逕縣故城西王莽之翼平亭也漢光武建武二年封更始子鯉爲侯國城之西南水東有孔子石室故廟堂也中有孔子像弟子問經既無碑誌未詳所立趙釋曰全氏曰按于欽曰水經之言非也乃是倉頡墓中石室

巨洋趙增水字又東北流堯水注之水出劇縣南角崩山官本曰按角近刻訛作有　案朱訛趙改刊誤曰有當作角名勝志校改卽故義山也俗人以其山角若崩官本曰按近刻脫此二字　案朱脫趙增刊誤曰山角下落若崩二字名勝志校補因名爲角崩山亦名爲角林山皆世俗音譌也水卽蕤水矣地理志曰劇縣有義山蕤水所出也北逕嶼山東俗

亦名之爲青山矣官本曰按山近刻訛作水 案朱趙作水堯水又東北逕東西壽光二城閒應劭曰壽光縣有灌亭杜預曰在縣東南斟灌國也又言斟亭在平壽縣東南平壽故城在白狼水西今北海郡治水上承營陵縣之下流東北逕城東西入別畫湖亦曰朕懷湖湖東西二十里南北三十里東北入海斟亭在溉水東水出桑犢亭東覆甑山亭故高密郡治世謂之故郡城山謂之塔山水曰鹿孟水亦曰戾孟水皆非也地理志桑犢官本曰按近刻作地理志曰桑犢故亭 案朱趙同趙釋曰一清按漢志北海郡桑犢縣覆甑山溉水所出北至都昌入海桑犢本漢縣何云故亭乎北海之屬縣矣有覆甑山溉水所出北逕斟亭西北合白狼水官本曰按合白近刻訛作今曰 案朱同趙曰下增白字刊誤曰當作自狼水落白字按地理志北海有斟縣京相璠曰故斟尋國禹後西北去灌亭九十里朱無里字箋曰九十當作九里宋本作九十里恐亦誤耳趙增里字溉水又北逕

寒亭西而入別晝湖官本曰按近刻脫此五字　案朱趙無郡國志曰平壽有斟城有寒亭官本曰按近刻訛作平壽在斟灌東　案朱同趙改城釋曰一清按續志云平壽有斟城不如酈所云薛瓚漢書集注云按汲郡古文相居斟灌東郡灌是也明帝以封周後改曰衞斟尋在河南非平壽也又云太康居斟尋羿亦居之桀又居之尚書序曰太康失國兄弟五人徯于河趙作洛汭此卽太康之居爲近洛也余考瓚所據今河南有尋地朱地作也趙改刊誤曰也當作地衞國有觀土國語曰啓有五觀謂之姦子五觀蓋其名也所處之邑其名曰觀皇甫謐曰衞地官本曰按近刻訛作也　案朱訛趙改刊誤曰也當作地又云夏相徙帝丘官本曰按帝近刻訛作南　案朱訛趙改刊誤曰南丘當作帝丘依同姓之諸侯于斟尋氏官本曰按近刻斟下衍灌斟二字　案朱趙有卽汲冢書云相居斟灌也旣依斟尋明斟尋非一居矣窮后旣伏善射篡相寒浞亦因逢蒙弑羿官本曰按寒近刻訛作韓下同　案朱趙作韓朱箋曰古寒韓字通用卽其居以生澆因其室而有豷故春秋襄公四年魏絳曰澆用師滅斟灌及斟尋氏處澆于過處豷于戈是以伍員言于吳子曰

過澆殺斟灌以伐斟尋是也有夏之遺臣曰靡事羿羿之死也逃于鬲氏官本曰按鬲近刻訛作隔下同 案朱訛趙改下同今鬲縣也收斟灌斟尋二國之餘燼官本曰按斟尋近刻脫斟字 案朱脫趙增刊誤曰斟灌下落斟字殺寒浞而立少康滅之有窮遂亡也是蓋寓其居而生其稱宅其業而表其邑縱遺文沿褫亭郭有傳未可以彼有灌目謂專此爲非捨此尋名而專彼爲是以土推傳官本曰按土近刻訛作上 案朱訛趙改刊誤曰上當作土應氏之據亦可按矣趙釋曰全氏曰按吳仁傑曰原二斟故國蓋不一處應氏以爲壽光平壽縣按靡奔有鬲以收二國餘燼鬲在平原與北海近則應說是瓚以爲在河南與洛汭近則瓚說亦是然則其歸奈何曰汲冢書有之太康居斟尋羿亦居之太康失邦而奔斟尋斟尋本在河南羿伐之乃棄國而保平壽所以有二城不然斟尋未滅羿安得而居之相居在東郡之觀而北海亦有灌亭正類是而後又以淳于縣爲故斟灌國其非一地可知乃必欲以畔觀爲斟灌至此依違兩可復不盡非應說亦頗困矣

堯水又東北注巨洋伏琛晏謨竝言堯嘗頓駕于此故受名焉非也地理志曰甆水自劇東北至壽光入海沿其逕朱作逗箋曰疑作逕趙改逕趣卽是水也

又東北入于海

巨洋水東北逕望海臺西（趙增又字刊誤曰水下落又字孫潛校增）東北流伏琛晏謨竝以爲平望亭在平壽縣故城西北八十里古縣又或言秦始皇升以望海因曰望海臺未詳也按史記漢武帝元朔二年封菑川懿王子劉賞爲侯國　又東北注于海也

淄水出泰山萊蕪縣原山（孫校曰淄當爲菑周禮幽州浸曰菑時）

淄水出縣西南山下世謂之原泉地理志曰原山淄水所出故經有原山之論矣淮南子曰水出自飴山蓋山別名也東北流逕萊蕪谷屈而西北流逕其縣故城南從征記曰城在萊蕪谷當路阻絕兩山閒道由南北門漢末有范史雲爲萊蕪令言萊蕪在齊非魯所得引舊說云齊靈公滅萊萊民播流此谷邑落荒蕪故曰萊蕪禹貢所謂萊夷也夾谷之會齊侯使萊人以兵劫魯侯宣尼稱夷不亂華是也余按泰無萊柞竝山名也郡縣取目焉

漢高祖置左傳曰與之無山及萊柞是也官本曰按左傳季孫以桃邑與孟氏易成還杞謝息辭以無山與之萊柞是言成有山今桃乃無山耳此誤引　趙釋曰何氏曰左傳昭公七年辭以無山與之萊柞蓋有無之無非山名全氏曰按以無爲無𠕋長殆有聞于萊蕪之爲萊毋而不知其非山也　應劭十三州記曰太山萊蕪縣魯之萊柞邑淄水又西北轉逕城西又東北流與一水合水出縣東南俗謂之家桑谷水從征記名曰聖水　列仙傳曰鹿皮公者淄川人也少爲府小史官本曰按史近刻訛作吏下同　案朱訛趙改刊誤曰小吏當作小史下同才巧舉手成器山岑上有神泉官本曰按山岑近刻訛作岑山泉訛作象　案朱訛趙乙仍象字刊誤曰岑山二字當倒互人不能到小史白府君請木工斤斧三十人作轉輪造縣閣意思橫生數十日梯道成上其巔作祠屋留止其旁其二間以自固食芝草飲神泉七十餘年淄水來山下呼宗族得六十餘人命上山半水出盡漂一郡沒者萬計小史辭遣家室令下山著鹿皮衣升閣而去後百餘年下賣藥齊市也　其水西北流注淄水淄水又北出山謂之萊蕪口東北流者也

東北過臨淄縣東官本曰按近刻東上衍又字　案朱趙有孫校曰臨淄故城在今青州府北五十里

淄水自山東北流逕牛山西又東逕臨淄縣故城南東得天齊水口水出南郊山下謂之天齊淵五泉竝出南北三百步廣十步山卽牛山也左思齊都賦曰牛嶺鎭其南者也水在齊八祠中齊之爲名起于此矣朱箋曰封禪書云秦始皇東遊海上禮祠名山大川及八神八神諸一曰天主祠天齊天齊淵水居臨菑南郊山下者二曰地主祠太山梁父三曰兵主祠蚩尤在東平陸監鄉齊之西境也四曰陰主祠三山五曰陽主祠之罘六曰月主祠之萊山七曰日主祠成山八曰四時主祠琅邪地理風俗記曰齊所以爲齊者卽天齊淵名也其水北流注于淄水淄水朱趙不重淄水二字又東逕四豪冢北水南山下有四冢方基圓墳咸高七尺東西直列是田氏四王冢也

淄水又東北逕蕩陰里西水東有冢一基三墳東西八十步是列士公孫接田開疆古冶子之墳也趙釋曰一清按晏子作公孫捷樂府解題作田強固野子晏子惡其勇而無禮投桃以斃之死葬陽里卽此也趙釋曰一清按陽里

亦作陰陽里寰宇記引郡國志云臨淄縣東有陰陽里是也御覽引此文仍作蕩陰里諸葛亮梁父吟步出齊東門遙望蕩陰里樂府解題作追望陰陽里滄浪詩話青州有陰陽里

淄水又北逕其城東城臨淄水故曰臨淄王莽之齊陵縣也爾雅曰水出其前左爲營丘趙釋曰一清按爾雅云水出其前潘邱水出其後沮邱水出其右正邱水出其左營邱善長所引疑有誤下同武王以其地封太公望賜之以四履都營丘爲齊或以爲都營陵史記周成王封師尚父于營丘東就國道宿行遲萊侯與之爭營丘逆旅之人曰吾聞時難得而易失客寢安殆非就封者也太公聞之夜衣而行至營丘陵亦丘也獻公自營丘徙臨淄余按營陵城南無水惟城北有一水世謂之白狼水西出丹山俗謂凡山也東北流由爾雅出前左之文官本曰按由近刻訛作山案朱作山箋曰山字疑衍或有脫誤趙改由刊誤曰山全氏校改由不得以爲營丘矣營丘者山名也詩所謂子之營兮遭我乎猱之間兮作者多以丘陵號同緣陵又去萊差近官本曰按近刻脫緣陵二字趙增刊誤曰又上落緣陵二字案朱脫咸言太公所封考之春秋經書諸侯城緣陵左傳曰遷杞也毛詩鄭注竝無營字瓚以爲非

近之趙釋曰一清按以營陵爲緣陵正是瓚說而道元顧云瓚以爲非近之則瓚別有說而今亡矣又按漢志齊郡臨淄縣分註曰師尚父所封應劭曰齊獻公自營邱徙此臣瓚曰今齊之城中有邱卽營邱也師古曰瓚說是也又北海郡營陵縣分註曰或曰營邱應劭曰師尚父封于營邱陵亦邱也臣瓚曰營邱卽臨淄也營陵春秋謂之緣陵師古曰臨淄營陵皆舊營邱地余謂獻公徙薄姑都治臨淄見于史記齊世家應說遂啓後人之疑且淄水又不逕營陵臣瓚云臨淄卽營邱誠誤祇緣孟堅以臨淄卽太公始封師古諂附班氏而以瓚說爲是不知瓚上句證臨淄之爲營邱下句實營陵之卽緣陵言各有當臨淄營陵皆舊營邱地一語渭突了之然太公始封宜在北海史記云營邱邊萊故萊人與之爭國寰宇記濰州昌樂縣有古營邱城云本夏商已前故國太公所封之處明其不在臨淄也迨獻公新造斯邑猶取故稱故臨淄亦有營邱之號而春秋之先杞自雍邱僻處東夷僖十五年桓公城緣陵而遷之棄地閉田市恩隣國以收救患分災之美霸者所爲大率類是故營陵又有緣陵之目遂爲淳于公之都邑矣不然東樓之裔既非强大焉能與泱泱表海之邦爭此逼處之土乎且瓚所引晏子對景公之語本在薄姑而移之臨淄故知所傳之妄若夫晏子之對亦見韓詩外傳景公游牛山而泣下晏子曰古無死者則太公丁公至今猶存吾君方將披簑笠而立畎畝何暇念死乎又寧可以是作太公封臨淄之據哉又困學紀聞云齊世家胡公始徙都薄姑周夷王之時獻公因徙薄姑都治臨淄詩正義曰詩烝民云仲山甫徂齊傳曰古者諸侯逼隘則王者遷其邑而定其居蓋去薄姑遷于臨淄以爲宣王之時始遷臨淄與世家異毛公在遷之前其言當有據此證尤爲精確顧祖禹曰呂氏春秋太公封營邱之渚海阻山高險固之地其後五世胡公徙薄姑六世獻公徙臨淄蓋自東而西也又云顧氏曰班志云臨淄名營邱此猶晉遷于新田而仍謂之絳楚遷于鄀而仍謂之郢蓋因臨淄城中有小邱而繫以舊名非卽古營邱也晉載記慕容德如齊登營邱卽此地杜氏又謂臨淄後爲營陵夫漢志明言齊郡治臨淄北海郡治營陵豈一城乎此顧氏謂野王杜氏則杜佑也君卿此語原非大繆祇因應劭有云陵亦邱也故以營邱爲營陵不知營邱之號可襲而漢縣之目不可移也若改作臨淄後稱營邱則善矣

今臨淄城中有丘在小城內周迴三百步高九丈北降丈五淄

水出其前故有營丘之名與爾雅相符城對天齊淵故城有齊城之稱是以晏子言始爽鳩氏居之逢伯陵居之太公居之又曰先君太公築營之丘趙釋曰一清按師古曰築營之邱言于營邱地築城邑季札觀風聞齊音曰泱泱乎大風也哉表東海者其太公乎田巴入齊過淄自鏡朱箋曰舊誤作同巴按新序云田巴臨淄水而觀形自知醜惡郭景純言齊之營丘淄水逕其南及東也非營陵明矣獻公之徙其猶晉氏深翼名絳官本曰按名近刻訛作居案朱訛趙改刊誤曰居全氏校改名非謂自營陵而之也趙釋曰全氏曰孔穎達曰臨淄營邱是一地謂自營邱徙臨淄者應劭之繆當云自薄姑徙臨淄一清按史記齊世家云哀公同母弟山怨胡公與其黨率營邱人襲殺胡公而自立是爲獻公因徙薄姑都治臨菑即臣瓚所謂博昌有薄姑城者也濟水注云薄姑去齊城六十里漢志又云琅邪姑幕或曰薄姑闞以爲成王封太公非也蓋周公滅奄之後以薄姑地益太公之封耳其外郭卽獻公所徙臨淄城也世謂之虜城言齊湣王伐燕燕王噲死虜其民實諸郭因以名之官本曰按近刻訛作寶居因郭以名之　案朱同趙改寶居郭因以名之刊誤曰箋曰當作虜其民實居郭因以名之按春秋經莊公六年齊人來歸衞俘孔氏正義曰釋例曰齊人來歸衞寶公羊穀梁經傳及左氏傳皆同唯左氏經獨言衞俘三家經傳有六其五皆言寶說文保從人采省聲古寶保字通用或轉寫作俘此卽虜其民寶之說事見孟子及戰國策蓋湣王虜燕之民寶以居臨淄之外郭齊民故稱之曰虜城民卽旄倪寶卽重器朱氏改寶爲實非也秦始皇二十四年趙作二十六年滅齊爲

郡治臨淄漢高帝六年官本曰按近刻脫帝字　案朱脫趙增刊誤曰漢高下落帝字封子肥于齊爲王

國王莽更名齊南也戰國策曰趙無曰字田單爲齊相過淄水有老

人涉淄而出不能行坐沙中單乃解裘于斯水之上也

又東過利縣東孫校曰利縣故城在今博興縣東

淄水自縣東北流逕東安平城北趙釋曰禹貢錐指曰應劭曰博昌縣西南三十里有安平亭故縣也按淄水自利縣東又東北流不得過博昌之西南今臨淄縣東又有安平故城若以爲是則當先安平後利縣豈注文偶爾失次耶不然則道元誤引利縣東北當別有東安平城也一清按漢志甾川國東安平縣師古注引闞駰曰博陵有安平故此加東然則非博昌也所引應劭語見濟水注安平又是平安之誤博陵後漢質帝置方輿紀要安平城在臨淄縣東十七里本齊邑史記齊世家平公割齊安平以東爲田氏封邑湣王末燕師入齊田單走安平既而齊襄王封田單爲安平君漢置東安平縣屬甾川國後漢改屬北海國安平平安本是二邑皆在利縣西南東安平爲淄水所逕平安爲濟水所逕不可混也此文自縣東北流蒙上臨淄而言故以東安平次于其下觀後別出時水東北逕齊利縣故城北之語可知原無舛誤胡氏乃妄辯之又東逕巨淀縣故城南官本曰按巨淀漢書作鉅定　孫校曰故城在今樂安縣東北征和四年漢武帝幸東萊臨大海三月耕巨淀即此也縣東南則巨淀湖蓋以水受名也淄水又東北逕廣饒

縣故城南孫校曰故城在今樂安縣東北漢武帝元鼎中封菑趙作甾川靖王子劉

國爲侯國趙釋曰一清按王子侯表是元鼎元年封淄水又東北馬車瀆水注之

受巨淀朱箋曰李云當作首受巨淀趙增首字淀卽濁水所注也呂忱曰濁

水一名溷水出廣縣爲山世謂之冶嶺山官本曰按冶近刻訛作治案朱訛

趙改刊誤曰治當作冶東北流逕廣固城西城在廣縣西北四里四周

絕澗阻水深隍晉永嘉中東萊人曹嶷所造也水側山際有五

龍口義熙五年劉武帝伐慕容超于廣固也以藉險難攻兵力

勞弊河間人玄文說裕云昔趙攻曹嶷望氣者以爲澠朱趙作繩水

帶城非可攻拔若塞五龍口城當必陷石虎從之嶷請降降後

五日大雨雷電震開後慕容恪之攻段龕十旬不拔塞口而龕

降降後無幾又震開之今舊基猶存官本曰按近刻脫今字案朱趙無宜試修築官本曰按

試近刻訛作城案朱訛趙改刊誤曰城當作試孫潛校改裕塞之超及城內男女皆悉脚弱病者大

半超遂出奔爲晉所擒也然城之所跨實憑地險其不可固城

者在此趙不改水刊誤曰不孫潛校改水濁水東北流逕堯山東從征記曰

廣固城北三里有堯山祠堯因巡狩登此山後人遂以名山廟在山之左麓廟像東面華宇修整帝圖嚴飾軒冕之容穆然山之上頂舊有上祠今也毀廢無復遺式盤石上尚有人馬之迹徒黃石而已惟刀劒之蹤逼真矣至于燕鋒代鍔魏鋏齊鉎官本曰按近刻訛作銘案朱訛趙改說見下與今劒莫殊以密模寫知人功所制矣朱箋曰齊銘宋本作齊鉎疑當作齊鐔以密模寫謂以蠟模搨其迹也樹提伽經云庶人然脂諸侯然蜜天子然漆晉書山濤傳有蜜章亦謂以蠟封奏章也趙密改蜜西望胡公陵孫暢之所云青州刺史傅弘仁言得銅棺隸書處溷水又東北流逕東陽城北東北流合長沙水孫校曰長沙水即漢志臨朐洋水也水出逢山北阜世謂之陽水也東北流逕廣縣故城西舊青州刺史治亦曰青州城陽水又東北流石井水注之水出南山山頂洞開官本曰按近刻脫一山字案朱脫山及下焉字趙增刊誤曰南山下名勝志重一山字若門下吳琯本有焉字今校補望若門焉俗謂是山爲劈頭山官本曰按劈朱訛璧云當作劈案趙改劈其水北流注井井際廣城東側三面積石高

深一匹有餘長津激浪瀑布而下澎贔之音驚川聒谷淵渀之勢狀同洪河官本曰按近刻訛作井案朱訛趙改刊誤曰井當作河北流入陽水余生長東齊極遊其下于中闊絕乃積綿載後因王事復出海岱郭金紫惠同石井賦詩言意彌日嬉娛尤慰羇心但恨此水時有通塞耳陽水東逕故七級寺禪房南水北則長廡偏駕趙刊誤曰箋曰舊本作偏駕按偏字較長迴閣承阿林之際則繩坐疏班錫鉢閑設所謂修修釋子眇眇禪棲者也陽水又東逕東陽城東南官本曰按東陽近刻脫東字案朱逕東作東逕趙乙刊誤曰箋曰下東字疑衍按非也當移在陽城之上義熙中晉青州刺史羊穆之築此以在陽水之陽卽謂之東陽城官本曰按謂下近刻衍城字案朱衍趙刪刊誤曰上城字衍文世以濁水爲西陽水故也水流亦有時窮通信爲靈矣昔在宋世是水絕而復流劉晃賦通津焉魏太和中此水復竭輟流積年先公除州卽任未朞朱箋曰北史酈範字世則范陽涿鹿人太武時給事東宮太武踐祚追錄先朝舊勳賜爵永寧男爲征南大將軍慕容白曜司馬及

定三齊範多進策白曜皆用其謀遂表爲青州刺史進爵爲侯是水復通澄映盈川所謂幽谷枯而更溢窮泉輟而復流矣海岱之士又頌通津焉平昌尨民孫道相頌曰惟彼澠朱趙作繩泉竭踰三齡祈盡珪璧謁窮斯牲官本曰按謁近刻訛作竭 案朱訛趙改刊誤曰竭孫潛校改謁道從隆替降由聖明耄民河間趙嶷頌云敷化未朞元澤潛施枯源揚瀾涸川滌陂北海郭欽曰先政輟津我后通洋但頌廣文煩難以具載陽水又北屈逕漢城陽景王劉章廟東東注于巨洋後人堨斷令北注濁水時人通謂濁水爲陽水故有南陽北陽水之論二水渾流世謂之爲長沙水也亦或通名之爲澠朱趙作繩下同水故晏謨伏琛爲齊記並云東陽城既在澠水之陽宜爲澠陽城非也世又謂陽水爲洋水余按羣書盛言洋水出臨朐縣而陽水導源廣縣兩縣雖鄰川土不同于事疑焉趙釋曰于氏欽齊乘

云會肇南洋橋記曰俗呼洋水有二曰南洋河今橋所在是也曰北洋河距城北二里者是也北洋傳記無文今出九回山入淄水齊記謂之繩水道元則曰羣書盛言洋水出臨朐陽水導源廣縣兩縣雖鄰川土不同于事疑焉然則洋分南北當後魏時已不能知況後世哉今辯之曰羣書盛言出臨朐者此巨洋也漢志失其原委耳南陽自爲長沙水北陽自爲濁水導源廣縣者是也會氏乃因漢志石膏山之洋水而以陽爲洋誤矣長沙水出其西石溝水出其東洋水自出臨朐沂山漢志讀如祥與蜀之洋州同音故水經稱洋水則有巨洋北洋稱陽水則有南陽北陽四水雖以音同致疑源流可考惜乎會氏之不察也濁水又北逕臧氏臺西又北逕益城西又北流注巨淀地理志曰廣縣爲山濁水所出東北至廣饒入巨淀巨淀之右又有女水注之水出東安平縣之蛇趙作蒐頭山從征記曰水西有桓公冢甚高大墓方七十餘丈高四丈圓墳圍二十餘丈高七丈餘一墓方七丈二墳晏謨曰依陵記非葬禮如承世故與其母同墓而異墳伏琛所未詳也趙未改不刊誤曰未黃省曾本作不冢東山下女水原有桓公祠侍其衡趙刊誤曰箋曰三字未詳按卮林云玉海姓氏急就篇曰侍其氏漢廣野君裔孫賜氏食其後有爲武帝侍中者合官與氏而稱焉漢有侍其元矩魏有侍其衡附曰廣野君在高祖初至武帝時七十年安得遽至裔孫而又曰後爲侍中者何年寡而世多也伏滔青土人物論稱後漢有侍其元矩與孫賓碩劉公山並敘正當魏武時又爲齊人則元矩非即衡字耶奏魏武王所立曰近日路次齊郊瞻望桓

公墳壟在南山之阿請爲立祀趙作祠爲塊然之主郭緣生述征記曰齊桓公冢在齊城南二十里因山爲墳大冢東有女水或云齊桓公女冢在其上故以名水也女水導川東北流甚有神焉化隆則水生政薄則津竭燕建平六年水忽暴竭玄明惡之寢病而亡燕太上四年女水又竭慕容超惡之燕祚遂淪女水東北流逕東安平縣故城南朱安平作平安趙改刊誤曰漢書地理志菑川國東安平縣下云菟頭山女水出東北至臨淄入鉅定闞駰曰博陵有安平故此加東平安二字當倒互續述征記曰女水至安平城南伏流朱趙有一字十五里然後更流北注陽水官本曰按近刻訛作注北楊水案朱同趙改楊仍注北刊誤曰楊當作陽城故酅亭也春秋魯莊公三年紀季以酅入齊公羊傳曰季者何紀侯弟也賢其服罪請酅以奉五祀田成子單之故邑也朱箋曰史記齊襄王入臨淄封田單爲安平君集解云安平城在青州臨淄縣東十九里古紀之酅邑也後以爲縣博陵有安平官本曰按原本及近刻竝脫安字今補案朱脫趙增刊誤曰有下落安字漢志校補故此加東也世祖建武七年封菑川王子劉茂爲侯國趙釋曰一清按范史宗室四王傳泗水王歙歙之子

曰菑川王終歆從父弟曰中山王茂建武十三年宗室諸王降爵茂封穰侯是茂于菑川王爲從父亦不封東安平也然光武紀又云以茂爲單父侯道元載之泗水注中紀傳互異未知所是又逕東安平城東官本曰按近刻脫東字　案朱脫趙增刊誤曰安平上落東字東北逕龍丘東東北入巨淀官本曰按近刻脫巨字　案朱脫趙增刊誤曰淀上落巨字地理志曰菟頭山朱菟作葂趙改刊誤曰葂當作菟漢志校女水所出東北至臨淄入巨淀又北爲馬車瀆北合淄水又北時澠朱趙作繩之水注之時水出齊城西北二十五里官本曰按西下近刻衍南字　案朱衍趙刪刊誤曰南字衍文通鑑注校平地出泉卽如水也趙刊誤曰箋曰孫云如水當作彤水按如水本漢志別作彤水瓠子水注云時卽彤水也意卽地理之如水矣彼入洮而此入淄逕流雖異而名稱是同正不當改如作彤也亦謂之源水因水色黑俗又目之爲黑水西北逕黃山東又北歷愚山東官本曰按東上近刻重一山字　案朱趙重文下屬爲句有愚公冢時水又屈而逕杜山北有愚公谷齊桓公時公隱于谷官本曰按近刻訛作谿　案朱趙作谿鄰有認其駒者公以與之山卽杜山之通阜以其人狀愚故謂之愚公朱箋曰韓非子曰齊桓公入山問父老此爲何谷荅曰臣舊畜牛生犢以子買駒少年謂牛不生駒遂持而去傍鄰謂臣愚遂名爲愚公谷水有石梁官本曰按水上近刻衍故

山二字　案朱有趙刪故存山上屬爲句刊誤曰下故字衍文亦謂之爲石梁水朱無之字趙增刊誤曰亦謂下落之字又
有澅水注之水出時水東去臨淄城十八里所
謂澅中也俗以澅水爲宿留水西北入于時水
孟子去齊三宿而後出澅趙改畫故世以此而變水名也趙釋曰一清按史記惠景閒侯者年表澅清侯朝鮮尼谿相參隱曰澅音獲水名在齊又音乎卦反後漢書耿弇傳云進軍畫中章懷注云畫中邑名畫音胡麥反故城在今西安城東有畫水故名或作晝則字形之似也蓋以孟子三宿于此後人因以宿留目之方俗之音隨之而變酈元遊歷三齊熟其風土故云俗以澅水爲宿留水蓋宿留反語宜爲晝字朱子集註曰或曰晝當作畫是也其後悉改而從澅王應麟困學紀聞引水經注云澅水出時水及黃愼中刊本俱是澅字失古義矣乃毛奇齡作經問必欲強分晝畫爲二邑云晝邑在臨淄西南爲孟子所宿之處畫邑在臨淄西北三十里燕封王歜之地以燕從西北至齊當是畫邑孟子從西南至滕當是晝邑妄生穿鑿故不若酈注之爲當也水南山西有王歜墓昔
樂毅伐齊賢而封之歜不受自縊而死水側有田引水溉跡尚
存時水又西北逕西安縣故城南本渠丘也官本曰按近刻脫丘字　案朱脫趙增刊誤曰左傳昭公十一年楚申無宇曰齊渠邱實殺無知杜預註曰渠邱今西安也齊大夫雍廩邑落邱字齊大夫雝廩朱作雍籛曰左傳作雍廩趙改廩之邑矣王莽更之曰東寧時水又西至石洋堰分
爲二水謂之石洋口枝津西北至梁鄒入濟時

水又北逕西安城西又北京水系水注之水出齊城西南世謂之寒泉也（官本曰按近刻脫之字案朱脫趙增刊誤曰世謂下落之字）東北流直申門西（京相璠杜預並言申門卽齊城南面西第一門矣）爲申池昔齊懿公遊申池邴歜閻職二人（官本曰按近刻歜訛作戎閻訛作庸案朱趙同趙釋曰朱氏箋云左傳作邴歜閻職）害公于竹中今池無復髣髴然水側尚有小小竹木以時遺生也左思齊都賦注申池在海濱齊藪也余按春秋襄公十八年晉伐齊戊戌伐雍門之萩（官本曰按近刻訛作荻案朱訛趙改）己亥焚雍門壬寅焚東北二郭甲辰東侵及濰南及沂（官本曰按近刻脫濰南及三字案朱趙無）而不言北掠于海且晉獻子尚不辭死以逞志何容對仇敵而不懲（官本曰按近刻訛作徵案朱趙作徵）暴草木于海嵎乎又炎夏火流非遠遊之辰懿公見弒蓋是白龍魚服（朱趙作遯朱箋曰遯當作服）見困近郊矣左氏捨近舉遠（官本曰按舉近刻訛作遺案朱趙作遺）考古非矣（官本曰按近刻訛作議案朱趙作議）杜預之言（官本曰按之近刻訛作迮案朱訛趙改）有推據耳系水傍城北流逕陽門西水次

有故封處所謂齊之稷下也當戰國之時以齊宣王喜文學游說之士鄒衍淳于髡田駢接子慎到之徒七十六人皆賜列第爲上大夫不治而論議是以齊稷下學士復盛且數百千人劉向別錄以稷爲齊城門名也談說之士期會于稷門下故曰稷下也鄭志官本曰按此下近刻有曰字案朱趙有張逸問書贊云官本曰按近刻脫書字案朱脫趙增刊誤曰問下落書字何焯校

增我先師棘下生何時人鄭玄答云齊田氏時善學者所會處也齊人號之棘下生無常人也余按左傳昭公二十二年莒子如齊盟于稷門之外漢以叔孫通爲博士號稷嗣君史記音義曰欲以繼踪齊稷下之風矣然棘下又是魯城內地名官本曰按魯原本及近刻並訛作齊今改正案朱訛趙改刊誤曰齊當作魯何焯校改左傳定公八年陽虎劫公伐孟氏入自上東門戰于南門之內又戰于棘下者也蓋亦儒者之所萃焉故張逸疑而發問鄭玄釋而辯之雖異名互見官本曰按互近刻訛作于案朱作于趙改兩刊誤曰于當作兩大歸一也趙釋曰一清按寰宇記棘下齊城內地名棘稷聲相近不得引魯地以釋齊城內有故臺有營

丘有故景王祠卽朱虛侯章廟矣晉起居注云齊有大蛇長三百步負小蛇長百餘步逕于市中市人悉觀自北門所入處也北門外東北二百步有齊相晏嬰冢宅左傳晏子之宅近市景公欲易之而嬰弗更爲誡曰吾生則近市死豈易志乃葬故宅後人名之曰清節里系水又北逕臨淄城西門北而西流逕梧宮南昔楚使聘齊齊王饗之梧宮卽是宮矣其地猶名梧臺里臺甚層秀東西朱趙有一字百餘步南北如減卽古梧宮之臺臺東卽闕子所謂宋愚人得燕石處臺西有石社碑官本曰按社近刻訛作杜重一碑字　案朱訛趙改並重碑字刊誤曰箋曰一作石杜碑按非也隸釋載此文作石社碑猶存漢靈帝熹平五年立其題云梧臺里系水又西逕葵丘北春秋莊公八年襄公使連稱管至父戍葵丘京相璠曰齊西五十里有葵丘地若是無庸戍之官本曰按近刻脫庸字　案朱趙無趙釋曰一清按下有脫字僖公九年齊桓會諸侯于葵丘宰孔曰齊侯不務修德而勤遠略趙無修字明葵丘不在齊也

官本曰按近刻脫明字　案朱脫趙增刊誤曰葵邱上落明字名勝志校增　引河東汾陰葵丘　官本曰按河東原本及近刻竝訛作胡廣今改正

案朱趙同　山陽西北葵城宜在此非也余原左傳連稱管至父之戍

葵丘以瓜時爲往還之期　官本曰按爲近刻訛作而　案朱訛趙改刊誤曰而當作爲　請代弗許將

爲齊亂故令無寵之妹候公于宮　官本曰按妹近刻訛作姝　案朱訛趙改刊誤曰姝當作妹左傳校　因無

知之絀　官本曰按近刻訛作出　趙刊誤曰箋曰絀當作出按左傳云僖公之母弟曰夷仲年生公孫無知有寵于僖公衣服禮秩如適襄公絀之絀字本經傳不可妄改

也　遂害襄公若出遠無代寧得謀及婦人而爲公室之亂乎是

以杜預稽春秋之旨卽傳安之注于臨淄西　官本曰按此句有舛誤　不得捨

近託遠苟成己異于異可殊卽義爲負然則葵丘之戍卽此地

也系水西　官本曰按系原本及近刻竝訛作時今改正　案朱訛趙改刊誤曰下云又西北流注于時此不得云時水也當是系水之誤　左迆

爲潭又西逕高陽僑郡南魏所立也又西北流注

于時時水又東北流澠　朱趙作繩下同　水注之水出營城

東世謂之漢溱水也西北流逕營城北漢景帝四

年封齊悼惠王子劉信都爲侯國　趙釋曰一清按王子侯表是文帝四年封　澠水又西

逕樂安博昌縣故城南官本曰按樂安下近刻衍南字案朱衍趙刪刊誤曰上南字衍文應劭曰昌水出東萊昌陽縣道遠不至取其嘉名趙釋曰一清按漢志注引應劭曰昌水出東萊昌陽臣瓚曰從東萊至博昌經歷宿水不得至也取其嘉名耳師古曰瓚說是今注云云殆合二人之說爲一人而昌陽之昌水水經失去東萊一郡之水故無可考耳闞駰曰縣處勢平故曰博昌澠水西歷貝丘京相璠曰博昌縣南近澠水有地名貝丘在齊城西北四十里官本曰按近刻脫城字案朱脫趙增刊誤曰在齊下落城字春秋莊公八年齊侯田于貝丘見公子彭生豕立而啼齊侯墜車傷足于是處也澠水又西北入時水從征記又曰水出臨淄縣北逕樂安博昌南界西入時水者也自下通謂之爲澠也昔晉侯與齊侯宴齊侯曰有酒如澠指喻此水也時水又屈而東北逕博昌城北趙釋曰一清按漢志千乘郡博昌時水北至巨定入馬車瀆俗本作縣字誤也時水又東北逕齊利縣故城北又東北逕巨淀縣故城北又東北逕廣饒縣故城北東北入淄水地理風俗記曰淄入

濡趙釋曰全氏曰先司空公曰東州無濡水古文濡如通漢志如溪水經作濡溪是也然則所云濡卽彨水一名如故也然淄水支流通濟則由如以達濟非其經流也淮南子曰白公問微言曰若以水投水如何孔子曰淄澠之水合易牙嘗而知之謂斯水矣朱箋曰淮南所引孔子白公語出列子說符篇及呂氏春秋審應覽俱作淄澠

又東北入于海

淄水入馬車瀆亂流東北逕琅槐故城南又東北逕馬井城北與時澠之水互受通稱故邑流其號又東北至皮丘坈入于海官本曰按坈近刻訛作沈案朱訛趙改刊誤曰沈當作坈如馬常坈之坈下同故晏謨伏琛並言淄澠之水合于皮丘坈西地理志曰馬車瀆至琅槐入于海朱趙有也字蓋舉縣言也趙釋曰齊乘云按通志略曰杜預謂淄入汶班固謂淄入濟桑欽謂淄入海考其形勢當以杜爲正豈其然乎諸說惟桑氏爲有據宜其以水名家也蔣氏廷錫尚書地理今釋曰禹時淄水入海不入濟水經注敘述甚明史記河渠書亦云禹治水之後于齊通菑濟之閒是二水不通可知蔡氏因漢書淄水入泲一語云淄水東入泲非是王氏士禎居易錄云鄭夾漈閩人于西北地理水道多不能詳卽就予鄉之水考之淄水杜云出泰山梁父縣西入汶班云出萊蕪原山東至博昌入泲桑欽云出萊蕪原山東北入海漁仲云考其形勢當以杜言爲正按淄水出益都縣顏神鎮東南岳陽山東麓卽原山也北逕馬陵俗名長谷道東北逕牛山折而北漸臨淄城東又東北逕安平故城北又東北逕樂安城東又北至馬

車瀆合時水入海今淄水流經臨淄城南十里沙石迅急東北至樂安境與時水同入海與汶判若秦越安得有西入汶之理以此推之通志之舛訛多矣一清按淄水入海于氏主水經最合禹迹蔡氏主班猶未爲失鄭氏主杜則誤矣然杜元凱所言别一淄水原非禹貢之淄也爽滌不知而妄主之王氏不察而强辨之班云入濟卽應劭所云入濡也是支流非正派地理志于太山萊蕪之淄水千乘博昌之時水皆云幽州浸青之北境卽幽之南境蓋本于職方也合之瓠河經及濟水注引伏琛齊記與本篇注淄時二水原有相通之道而以入海爲歸漢志水經本無異同也

汶水出朱虛縣泰山趙釋曰一清按沂山在青州府臨朐縣南百二十五里周禮職方青州其山鎮曰沂山一名東泰山史記封禪書公玉帶言黃帝封東泰山禪凡山天子旣令設祠具至東泰山山卑小不稱其聲乃令禮官祠之而不封禪隋開皇十四年詔以沂山爲東鎮後代因之載在祀典志云山西宗岱嶽東俯琅琊背負鳳皇嶺東接穆陵關其巓爲百丈崖壁立萬仞形如斧削有飛泉下瀉曰瀑布泉瀰水出其西麓水經巨洋水出朱虛縣泰山酈注云泰山卽東小泰山也沂水亦出其西水經沂水出泰山蓋縣艾山酈注云鄭玄云出沂山亦或云臨樂山是也沭水出其東水經沭水出琅琊東莞縣西北山酈注云大弁山與小泰山連麓而異名是也而入濰之汶亦出其下蓋齊東境內之水大半出于是表青州之鎮也宜哉

山上有長城西接岱山東連琅邪巨海千有餘里蓋田氏之所造也竹書紀年梁惠成王二十年齊築防以爲長城竹書又云晉烈公十二年王命韓景子趙烈子翟員伐齊官本曰按烈子近刻訛作烈侯又翟員二字訛作及我師 案朱同趙改侯仍及我師刊誤曰何焯云據竹書紀年趙烈侯在未命侯以前當依今本作子入長城史記所謂齊威王

越趙侵我伐長城者也官本曰按伐字近刻訛在我字上案朱訛趙乙越改曰刊誤曰史記田齊世家云威王九年趙人歸我長城六國表云威王十一年趙取我長城又趙成侯七年侵齊至長城越黃省曾本作曰奇祈致訛伐我二字當倒互伏琛晏謨竝言水出縣東南峿山山在小泰山東者也

北過其縣東

汶水自縣東北逕郚城北官本曰按郚近刻訛作峿案朱訛趙改刊誤曰沈炳巽云郚諸本誤作峿春秋莊公元年齊遷紀郚杜預曰郚在朱虛縣東南說文郚東海縣故紀侯之邑漢書地理志東海郡有郚鄉縣續志無之蓋東京廢省而劉昭補註朱虛下引左傳杜註皆作郚無从山作峿者是譌因上峿山而譌以為縣名也地理風俗記曰朱虛縣東四十里有郚城亭官本曰按近刻訛作峿亭城案朱訛趙乙峿改郚刊誤曰亭城二字當倒互峿當从阝作郚故縣也又東北逕管寧冢東故晏謨言柴阜西南有魏獨行君子管寧墓墓前有碑又東北逕柴阜山北山之東有徵士邴原冢碑誌存焉汶水又東北逕漢青州刺史孫嵩墓西有碑碣汶水又東逕安丘縣故城北孫校曰與淳于近當是北海之安丘漢高帝八年封將軍張說為侯國孫校曰此琅邪之安丘酈君合為一非也地理志曰王莽之誅郅也孟康曰

今渠丘亭是也官本曰按渠丘亭下近刻有莒渠丘城四字乃下文訛舛在此　案朱趙有伏琛晏謨齊記並言莒渠丘亭在安丘城東北十里非矣官本曰按近刻訛作並言亭在丘城東北十里非城也　案朱同趙增渠字刪下城字刊誤曰邱城上落渠字下城字衍又朱趙矣並作也城對牟山山之西南有孫賓碩兄弟墓碑誌並在也

又北過淳于縣西又東北入于濰官本曰按原本及近刻並訛作縣今改正　案朱訛趙改刊誤曰漢書地理志瑯邪郡朱虛縣下云泰山汶水所出東至安邱入維縣字誤

故夏后氏之斟灌國也周武王以封淳于公號曰淳于國春秋桓公六趙作五年冬州公如曹傳曰淳于公如曹度其國危遂不復也其城東北則兩川交會也趙釋曰一清按漢志琅邪郡朱虛縣東泰山汶水所出東至安邱入濰師古曰前言汶水出萊蕪入濟今此又言出朱虛入濰將桑欽所說有異或者有二汶水乎會彥和曰汶水有二出萊蕪縣原山入濟者徐州之汶也出朱虛縣泰山入濰者青州之汶也于欽曰按入濟之汶見禹貢論語謂之汶上書傳謂之北汶即今大清河入濰之汶見漢書入沂之汶見水經齊有三汶清河為大胡渭曰元和志乾封縣界有五汶源別而流同五汶者曰北汶嬴汶柴汶牟汶其一則經流也酈注無嬴汶嬴汶流合牟汶故不言五汶又有水出萊蕪縣塞子村流合牟汶者近志指為浯汶據漢志琅邪靈門縣有高柔山浯水所出東北入濰說文云水出靈門山世謂之浯汶在今莒州界與萊蕪無涉東汶出朱虛縣小泰山北流至淳于縣入濰在今臨朐安邱界淮南子曰汶出弗其西流入濟高誘云弗其山名在朱虛縣東是即

入濰之東汶言入濟者淮南之誤也

濰水出琅邪箕縣濰山官本曰按近刻脫此二字　案朱脫趙增刊誤曰元和志濰山在密州莒縣東北八十里濰水所出注云濰水導源濰山箕縣下落濰山二字趙釋曰日知錄曰濰水出琅邪箕屋山尚書禹貢濰淄其道左傳襄公十八年晉師東侵及濰是也其字或省水作維或省系作淮又或从心作惟總是一字漢書地理志琅邪郡朱虛下箕下作維靈門下橫下析泉下作淮上文引禹貢維淄其道又作惟一卷之中異文三見古人之文或省或借其旁並从鳥隹之隹則一爾後人誤讀爲淮沂其乂之淮而呼此水爲槐河失之矣孫校曰案琅邪郡治故城卽今諸城縣治

琅邪山名也越王句踐之故國也句踐并吳欲霸中國徙都琅邪秦始皇二十六年滅齊以爲郡城卽秦皇之所築也官本曰按近刻訛皇作王　案朱訛趙改刊誤曰王當作皇下同遂登琅邪大樂之山作層臺于其上謂之琅邪臺朱無之字趙增刊誤曰謂下落之字臺在城東南十里孤立特顯出于衆山上下周二十里餘傍濱巨海秦王趙作皇樂之因留三月乃徙黔首三萬戸于琅邪山下朱三作二趙改刊誤曰二當作三史記校復十二年所作臺基三層層高三丈上級平敞方二百餘步廣五里官本曰按廣近刻訛作高　案朱訛趙改刊誤曰高當作廣刊石立碑紀秦功德臺上有神淵淵至靈焉官本曰按至近刻訛作主　案朱訛趙改刊誤曰主天中記引此文

作至人汙之則竭齋潔則通神廟在齊八祠中漢武帝亦嘗登之

漢高帝呂后七年以爲王國文帝二年更名爲郡趙釋曰全氏曰子文當作漢高后七年以封營陵侯呂澤爲王國文帝元年更爲郡方合王莽改曰塡夷矣濰水導源濰山許愼呂忱云濰水出箕屋山淮南子曰濰水出覆舟山蓋廣異名也東北逕箕縣故城西又西析泉水注之水出析泉縣北松山東南流逕析泉縣東官本曰按近刻脫逕字案朱脫趙增刊誤曰流下落逕字又東南逕仲固山東北流入于濰地理志曰至箕縣北入濰者也趙釋曰一清按漢志瑯邪郡析泉縣析泉水北至莫入淮淮卽濰濰出箕縣濰山莫字是箕字之誤寰宇記引漢志亦作莫云舊地理書並失其所在蓋今莒縣東北分流山之北又云漢志注云夜頭水經禪南至海輿地志云向水南至海夜頭向水蓋異名也地理書皆失其所在今莒縣南七十里故向城春秋時向邑卽禪縣也禪今本漢書作椑說文作椑應劭曰音禪與析泉境相屬樂史所記足補酈注之遺

濰水又東北逕諸縣故城西春秋文公十二年季孫行父城諸及鄆傳曰城其下邑也王莽更名諸幷矣濰水又東北涓水注之水出馬耳山山高百丈上有二石

竝舉望齊馬耳故世取名焉東去常山三十里涓水發于

其陰北逕婁鄉城東 春秋昭公五年經書夏莒牟夷以牟婁防茲來奔者也又分諸縣之東爲海曲縣故俗人謂此城爲東諸城涓水又北注于濰水

東北過東武縣西 官本曰按東武下近刻衍城字 案朱衍趙刪 孫校曰東武故城琅邪郡治也今爲諸城縣治

縣因岡爲城城周三十里漢高帝六年封郭蒙爲侯國王莽更名之曰祥善矣又北左合扶淇之水水出西南常山東北流注濰晏伏竝以濰水爲扶淇之水 官本曰按伏近刻訛作謨 案朱作晏謨趙增伏琛二字 伏琛刊誤曰晏謨下落伏琛二字 以扶淇之水爲濰水非也按經脈誌 趙作志 濰自箕縣北逕東武縣西北流合扶淇之水晏謨伏琛云東武城西北二里濰水者即扶淇之水也濰水又北右合盧水即久台水也地理志曰水出琅邪橫縣故山 趙釋曰一清按漢志琅邪橫縣下云故山久台水所

出東南至東武入淮師古曰台音怡所謂橫故山者山本名橫山縣因山以受氏亦曰橫耳道元依班志以立文乃曰橫縣故山可謂疎鹵矣顧景范曰久當作名漢書誤本後人承其繆又以秦博士盧敖隱處而名其北卽廢橫縣也盧水源出于此按周禮職方兗州其浸盧維班固曰盧水源出盧山北流入濰一名台水近志訛爲久台水又曰盧山在諸城縣東南四十五里僅志禹貢維水而盧水無聞師古以爲在濟北盧縣而泰山之盧又無盧水也故老友全謝山欲以城陽盧縣之盧川水當之竊謂不如用此琅邪之台水本出盧山曰盧水東南至東武入濰見于地理志以此當職方之浸庶爲可據也王莽之令丘也官本曰按令近刻作合案朱訛合趙改刊誤曰合當作令漢書地理志校山在東武縣故城東南世謂之盧山也西北流逕昌縣故城西東北流齊地記曰東武城東南有盧水水側有勝火木方俗音曰樫子其木經野火燒死炭不滅故東方朔云不灰之木者也其水又東北流逕東武縣故城東而西北入濰地理志曰久台水東南至東武入濰者也官本曰按近刻水下有出字至作逕案朱趙同尚書所謂濰淄其道矣

又北過平昌縣東孫校曰平昌故城在今安丘縣南

濰水又北逕石泉縣故城西王莽之養信也地理風俗記曰平昌縣東南四十里有石泉亭故縣也濰水又北

逕平昌縣故城東荆水注之水出縣南荆山阜東北流逕平昌縣故城東漢文帝封齊悼惠王肥子卬爲侯國官本曰按卬近刻訛作永　案朱作永箋曰按史記齊悼惠王子劉卬封平昌侯趙作劉永釋曰一清按永史漢表俱作卬是也卽後立爲膠西王者也又索隱曰平原而晉長以爲瑯邪地理志平原瑯邪俱有平昌縣平原之平昌下云侯國而瑯邪之平昌則無說續志北海國平昌下云侯國故屬瑯邪然則小司馬非矣城之東南角有臺臺下有井與荆水通物墜于井則取之荆水昔常有龍出入于其中故世亦謂之龍臺城也荆水又東北流注于濰濰水又北朱趙少一濰字浯水注之水出浯趙作峿下同山世謂之巨平山也地理志曰靈門縣有高㞕山壺山官本曰按㞕卽柘字近刻訛作有高原山與浯一山　按朱同箋曰按漢地理志云靈門縣有高㞕山壺山浯水所出注云㞕古柘字趙原改㮚浯改峿釋曰一清按漢志瑯邪郡靈門縣高㮚山壺山浯水所出東北入淮師古曰㮚卽柘字浯水所出東北入濰今是山西接浯山許慎說文言水出靈門山趙釋曰一清按說文浯水出瑯邪靈門壺山注云靈門山疑脫壺字世謂之浯汶矣其水東北逕姑幕縣故城東縣有五色土王者封建

諸侯隨方受之故薄姑氏之國也闞駰曰周成王時薄姑與四國作亂周公滅之以封太公是以地理志曰或言薄姑也王莽曰季睦矣應劭曰左傳曰薄姑氏國太公封焉薛瓚漢書注云博昌有薄姑城未知孰是 浯水又東北逕平昌縣故城北古堨此水以溢溉田南注荆水浯水又東北流而注于濰水也

又北過高密縣西孫校曰高密故城在今縣西南

應劭曰縣有密水故有高密之名也然今世所謂百尺水者蓋密水也水有二源西源出奕山亦曰郚日山山勢高峻隔絕陽曦官本曰按近刻脫此八字案朱脫趙增多即此山也四字刊誤曰障日山下落山勢高峻隔絕陽曦即此山也十二字名勝志引此文校補晏謨曰山狀郚日是有此名伏琛曰山上郚日故名郚日山也其水東北流東源出五弩山西北流同瀉一壑俗謂之百尺水古人堨

以漑田數十頃北流逕高密縣西下注濰水自下亦兼通稱焉亂流歷縣西碑產山西又東北水有故堰舊鑿石豎柱斷濰水廣六十許步掘東岸激通長渠東北逕高密縣故城南（官本曰按近刻脫縣字　案朱脫趙增刊誤曰高密下落縣字）明帝永平中封鄧震爲侯國（朱箋曰震鄧禹長子）縣南十里蓄以爲塘方二十餘里古所謂高密之南都也漑田一頃許陂水散流下注夷安澤濰水自堰北逕高密縣故城西　漢文帝十六年別爲膠西國宣帝本始元年（官本曰按本近刻訛作平　案朱訛趙改刊誤曰平始當作本始）更爲高密國王莽之章牟也（趙釋曰一清按漢志王莽改高密國之高密縣爲章牟而國下無說）濰水又北昔韓信與楚將龍且夾濰水而陣於此信夜令爲萬餘囊盛沙以遏濰水引軍擊且僞退且追北信決水水大至且軍半不得渡遂斬龍且於是水水西有厲阜（官本曰按近刻作鴈阜　案朱作鴈趙改礪刊誤曰寰宇記引高士傳曰鄭玄葬於劇東後以墓壞歸葬礪阜在高密縣西北五十里鴈字誤也）阜上

有漢司農鄉鄭康成冢石碑猶存　又北逕昌安縣故城東漢明帝永平中封鄧襲為侯國也郡國志曰漢安帝延光元年復也

又北過淳于縣東 孫校曰淳于故城在今安邱縣東北

濰水又北左會汶水北逕平城亭西又東北逕密鄉亭西郡國志曰淳于縣有密鄉地理志皆北海之屬縣也應劭曰淯于縣東北六十里有平城亭又四十里有密鄉亭故縣也濰水又東北逕下密縣故城西 孫校曰故城在今昌邑縣東南 城東有密阜地理志曰有三戶山祠 官本曰按戶近刻訛作石　案朱訛趙改刊誤曰三石山當作三戶山今本漢志亦誤作石字方輿紀要山東平度州三固山一名三戶山漢書郊祀志宣帝信方士言祠太室山于卽墨三戶山于下密卽此山也 余按應劭曰 官本曰按近刻脫曰字　案朱脫趙增刊誤曰應劭下落曰字 密者水名是有下密之稱俗以之名阜 趙無之字 非也

又東北過都昌縣東 官本曰按過近刻訛作逕　案朱訛趙改刊誤曰逕當作過　孫校曰都昌今昌邑治宋建隆三年以都昌地改置昌

縣邑

濰水東北逕逢萌墓萌縣人也少有大節恥給事縣亭遂浮海至遼東復還在不其山隱學明帝安車徵萌以佯狂免

又北逕都昌縣故城東漢高帝六年封朱軫爲侯國北海相孔融爲黃巾賊管亥所圍于都昌也太史慈爲融求救劉備持的突圍其處也

又東北入于海

膠水出黔陬縣膠山北過其縣西孫校曰膠水出今膠縣

齊記曰膠水出五弩山蓋膠山之殊名也北逕祝茲縣故城東漢武帝元鼎中封膠東康王子延趙多一爲年字侯國趙釋曰一清按索隱曰按志松茲在廬江亦作祝茲表在瑯邪地理志瑯邪無祝茲縣然小司馬欲以廬江之域當膠東之封非矣漢表是元封此云元鼎道元誤記也

又逕扶縣故城西官本曰按扶漢書作邞案朱作扶趙改邞刊誤曰扶漢書地理志作邞地理志琅邪之屬縣也漢文帝元年封呂平爲侯國趙釋曰一清按史記高后紀及惠景閒侯者年表呂平以高后元年

封扶柳侯非文帝索隱曰縣名屬信都亦非瑯邪郡縣也又平爲高后姊長姁子而亦冒姓呂氏者也膠水又北逕黔陬趙有縣字故城西袁山松郡國志曰縣有介亭地理志曰故介國也春秋僖公九年趙增二十二字刊誤曰經傳是二十九年落二十字介葛盧來朝聞牛鳴曰是生三犧皆用之問之果然晏謨伏琛竝云縣有東西二城相去四十里有膠水非也斯乃拒趙作柜下同艾水也水出縣西南拒艾山即齊記所謂黔艾山也東北流逕柜縣故城西官本曰按柜近刻訛作拒　案朱訛趙改王莽之被同也官本曰按祓同近刻訛作秩國　案朱作祓國趙改祓同刊誤曰箋曰宋本作秩國按非也漢書地理志琅邪郡柜縣莽曰祓同祓師古曰音廢世謂之王城又謂是水爲洋水矣官本曰按近刻重一洋字　案朱趙重洋字趙釋曰顧氏祖禹曰蘇林以爲根艾水即膠之洋河又東北流官本曰按近刻訛作逕　案朱趙作逕晏伏所謂趙有西字黔陬城西四十里有膠水者也趙删四下八字刊誤曰四十里有膠水者也八字重文宜衍又東入海地理志朱趙有曰字琅邪有柜縣朱柜作推箋曰宋本作椎縣按前漢地理志云琅邪有柜縣注云根艾水東入海如淳曰柜音巨趙改柜根艾水出焉朱根作拒趙改柜趙釋曰一清按今本漢志作根艾水東入海即斯水也今膠

水北流官本曰按近刻脫流字　案朱趙無又趙今字移下刊誤曰今字當移在高密郡側之上逕西黔陬城東

晏伏所謂官本曰按此四字近刻訛在西黔陬城東上　案朱趙同高密郡側有黔陬縣官本曰按黔陬晉爲高密郡治　案趙高上有今字地理志曰膠水出邦縣官本曰按邦近刻訛作郑　案朱作郑箋曰郑今地志作邦音夫又音扶趙改邦王莽更之純德矣疑卽是縣所未詳也

又北過夷安縣東

縣故王莽更名之原亭也官本曰按近刻脫故字名之下有曰字　案朱脫衍趙增刪刊誤曰縣下落故字曰字衍文應劭曰故萊夷維邑也官本曰按近刻脫維字　案朱脫趙增刊誤曰萊夷下落維字漢志校補太史公曰晏平仲萊之夷維之人也漢明帝永平中封鄧珍爲侯國朱箋曰珍鄧禹子西去濰水四十里膠水又北逕膠陽縣東官本曰按近刻脫縣字　案朱脫趙增刊誤曰膠陽下落縣字晏伏竝謂之東亭自亭結路南通夷安地理風俗記曰淯于縣東南五十里有膠陽亭故縣也又東北流官本曰按近刻訛作逕　案朱訛趙改刊誤曰逕當作流左會一水世謂之張奴水水發夷安縣東南阜下西北流歷膠陽縣注于膠膠水之左爲

澤渚東北百許里官本曰按近刻脫一膠字訛作水之左東北爲澤水渚百許里 案朱趙同謂之夷安潭潭周四十里官本曰按潭下近刻衍之澤二字 案朱趙有亦濰水枝津之所注也膠水又東北逕下密縣故城東孫校曰下密疑當爲高密又東北逕膠東縣故城西漢高帝九年別爲國趙釋曰全氏曰按此實項王事也蓋分三齊而以故王田市國于膠東景帝封子寄爲王國王莽更之郁祑也官本曰按祑今漢書作秩 案趙改秩今長廣郡治伏琛晏謨言膠水東北迴達于膠東城北百里流注于海

又北過當利縣西北入于海

縣故王莽更名之爲東萊亭也官本曰按近刻脫名字爲字 案朱同趙增一名字刊誤曰更下落名字又北逕平度縣漢武帝元朔二年封菑川懿王子劉衍爲侯國趙釋曰一清按漢表作行此從史表王莽更名之曰利盧也縣有土山膠水北歷土山注于海海南土山以北悉鹽坈朱箋曰坈玉篇作䴚音九云鹽澤也北史楊義臣以遼東還兵入豆子䴚討賊譌寫作䴚又省作坈相承修煑不輟北眺巨海杳

冥無極天際兩分白黑方別所謂溟海者也官本曰按
謂下近刻衍之字 案朱衍趙刪刊誤曰之字衍文故地理志曰膠水北至平度入海
也官本曰按也上近刻衍者字 案朱趙有趙釋曰一清按周禮職方九藪具載水經獨缺
貕養漢志瑯邪郡長廣縣有萊山萊王祠奚養澤在西秦地圖曰劇清池幽州藪寰宇記
云萊州萊陽縣本漢昌陽縣地故長廣城在縣東五十里有萊王祠奚養澤在西方輿紀要云
貕養澤其地屬幽州錄異記萊陽縣東北有蘆塘方八九頃深不可測今涸地近高密故宜附
見卷中又幽州之山鎮曰醫無閭漢志遼東郡無慮縣應劭曰音閭師古曰即所謂醫無閭今
在廣寧城西五里也不特此也漢志東萊郡腄縣之罘山祠居上山聲洋丹水所出丹水東北
入海聲洋水寰宇記謂之清陽水側近與海畔之罘山對方輿紀要云清陽水即清洋河在登
州府福山縣東十里北注于海聲清音相近黃縣有萊山松林萊君祠臨朐縣有海水祠師古
曰齊郡已有臨朐而東萊又有此縣蓋各以所近爲名寰宇記漢故城去海三十里去海神祠
約五六里曲成縣參山萬里沙陽邱山治水所出南至沂入海今氏曰曲成陽邱山之治水何
以得至沂入海說文云治水出東萊曲成陽邱山南入海不云至沂也此水但當于膠濰之閒
入海不應閒關二千里歷濟淮二瀆至沂入海自續志晉魏史志及李氏元和樂氏太平王氏
元豐諸志又皆無曲成治水之目則大可疑者竊謂出陽邱山者非治水也乃沽水也左氏傳
姑尤以西杜元凱曰姑大沽水也尤小沽水也魏書地形志東萊郡長廣縣有沽水寰宇記云
沽尤即齊界然則漢志所云南至沂者亦非沂也乃計斤之脫誤耳漢之曲成在今掖縣小沽
水出焉其東則黃縣大沽水出焉逕福山而招遠而萊陽至于平度即墨之閒而合流三百餘
里自東而南直趨膠州之麻灣口明世議海運口者之道也故其時嘗有議東引沽河者其入
海之處正漢計斤縣地東萊之水未有大于沽河者亦未有古于沽河者次之則清陽水耳漢
志說文皆誤以爲治水而沽之名隱矣此與泰山郡南武陽冠石山之治水截然不同故分疏
之如此按地理志瑯邪郡黔陬故介國也計斤莒子始起此後徙莒有鹽官師古曰即春秋左
氏傳所謂介根也語有輕重東漢廢介根入黔陬又析置葛盧故續志東萊郡下云黔陬侯國
故屬瑯邪有介亭劉昭補注云左傳襄公二十四年伐莒侵介根杜預曰縣東北計基城號介

國計基即計斤也又葛盧有尤涉亭即姑尤之水入海之處全氏以漢志沂爲計斤甃然可據
㭬縣有百支萊王祠昌陽應劭曰昌水出師古注引此文于千乘郡博昌縣下不夜縣有成山
曰祠師古曰齊地記云古有日夜出見于東萊故萊立此城以不夜爲
名是皆表表著名卷中一不及之似脫去東萊一郡之水而不可考矣

水經注卷二十六

水經注卷二十七　　　　長沙王氏校本

後魏酈道元撰

沔水朱趙水下有上字趙刊誤曰丏音勉丐音蓋沔水之沔从丏不從丐今文多誤不可不辨也

沔水出武都沮縣東狼谷口朱趙作中孫校曰今略陽縣東有沮縣故城

沔水一名沮水闞駰曰以其初出沮洳然故曰沮水也縣亦受名焉導源南流泉街水注之孫校曰此水出鳳縣紫柏山水出河池縣朱無水字趙增刊誤曰出上落水字東南流入沮縣會于沔趙無流字釋曰一清按漢志武都郡河池縣泉街水南至沮入漢行五百二十里秦隴之大川而漾水注又有河池水出河池北谷西南入濁水別是一水也沔水又東南逕沮水戍而東南流注漢曰沮口官本曰按此十八字原本及近刻竝訛作經　案朱訛趙改刊誤曰十八字是注混作經所謂沔漢者也尚書曰嶓冢導漾東流爲漢山海經所謂漢出鮒嵎山也東北流得獻水口庾仲雍云是水南至關城合西漢水漢水又東北合沮口趙刪漢水二字刊誤曰胡渭校衍漢水二字孫校曰東北當作西北同

爲漢水之源也故如湻曰此方人謂漢水爲沔水官本曰按此近刻訛作北又此句之下衍故字案朱同趙改北存故刊誤曰北漢志註作此今校改孔安國曰漾水東流爲沔蓋與沔合也至漢中爲漢水是互相通稱矣沔水又東逕白馬戍南濜水入焉官本曰按此十三字原本及近刻竝訛作經　案朱訛趙改刊誤曰十三字是注混作經孫校曰今俗稱白馬河在沔州城西三十步水北發武都氐中南逕張魯城東魯沛國張陵孫陵學道于蜀鶴鳴山傳業衡衡傳于魯魯至行寬惠百姓親附供道之費米限五斗故世號五斗米道初平中劉焉以魯爲督義司馬住漢中官本曰按住近刻訛作往　案朱訛趙改說見下斷絕谷道朱趙谷作閣趙刊誤曰蜀志劉焉傳作住漢中从亻不从彳閣道作谷道疑是史誤用遠城治因即嶓嶺周迴五里東臨濬谷杳然百尋西北二面連峰接崖莫究其極從南爲盤道登陟二里有餘濜水又南逕張魯治東水西山上有張天師堂于今民事之庾仲雍謂山爲白馬塞堂爲張魯治東對白馬城一名陽平關濜水南流入沔謂

之澮口其城西帶澮水南面沔川官本曰按近刻訛作州　案朱訛趙改城側二水之交故亦曰澮口城矣沔水又東逕武侯壘南官本曰按此九字原本及近刻並訛作經　案朱訛趙改刊誤曰九字是注混作經諸葛武侯所居也南枕沔水水南有亮壘背山向水中有小城迴隔難解沔水又東逕沔陽縣故城南官本曰按此十一字原本及近刻並訛作經　案朱訛趙改增縣字刊誤曰箋曰原本此十字是注文謝云據宋本作經文按沔水篇多混注作經原本十字是注此蛛絲馬跡之猶可追尋者也謝耳伯又改易之誤矣沔陽下落縣字城舊言漢祖在漢中蕭何所築也官本曰按言字近刻訛在中字下　案朱趙同漢建安二十四年劉備并劉璋北定漢中始立壇卽漢中王位于此官本曰按近刻脫中字又此句之下衍城字　案朱同趙增中存城刊誤曰蜀志先主傳云羣下上先主爲漢中王落中字其城南臨漢水北帶通逵南面崩水三分之一觀其遺略厥狀時傳南對定軍山孫校曰山在今沔縣東南十里曹公南征漢中張魯降乃命夏侯淵等守之劉備自陽平關南渡沔水遂斬淵首保有漢中諸葛亮之死也遺令葬于其山因卽地勢不起墳壟惟深松茂柏攢蔚川阜莫知墓塋所在官本曰按塋近刻訛作營　案朱訛趙改刊誤曰營當作塋山東名高平是亮

宿營處有亮廟亮薨百姓野祭步兵校尉習隆中書郎向充共表云臣聞周人思召伯之德甘棠爲之不伐越王懷范蠡之功鑄金以存其像亮德軌遐邇勳蓋來世王室之不壞實賴斯人而使百姓巷祭戎夷野祀非所以存德念功追述在昔者也今若盡順民心則黷而無典建之京師又逼宗廟此聖懷所以惟疑也臣謂宜近其墓立之沔陽斷其私祀以崇正禮始聽立祀斯廟蓋所啓置也鍾士季征蜀枉駕設祠塋東即八陣圖也官本曰按塋近刻亦訛作營 案朱趙作營遺基略在崩褫難識沔水又東逕西樂城北官本曰按此九字原本及近刻並訛作經 案朱訛趙改刊誤曰九字是注混作經城在山上官本曰按近刻脫城字 案朱同趙改城在沔陽東山上刊誤曰方輿紀要引此文作城在沔陽東山上今校補周三十里甚險固城側有谷謂之容裘谷道通益州山多羣獠諸葛亮築以防遏梁州刺史楊亮以即險之固趙刪以字刊誤曰以字衍文保而居之爲苻堅所敗後刺史姜守潘猛亦相仍守此城官本曰按近刻脫守字 案朱脫趙增刊誤曰相仍下落守字城東容裘溪水注之朱無水字趙增

刊誤曰谿下落水字孫校曰水在今沔縣南北流入漢俗以爲養家河俗謂之洛水也水南導朱作遵箋曰宋本作導趙改導巴嶺山東北流水左有故城憑山即險四面阻絕昔先主遣黃忠據之以拒曹公溪水又北逕西樂城東而北流注于漢官本曰按注內自此以下稱漢漢水又左得度口水孫改度水口下增水字出陽平北山官本曰按此十三字原本及近刻竝截上八字訛作經下五字仍屬注文　案朱訛趙改刊誤曰八字是注混作經孫校曰水在今沔縣東二十五里俗以爲舊州河水有二源一曰清檢出佳鱯一曰濁檢官本曰按一近刻訛作二朱訛趙改刊誤曰二當作一　案出好鮒常以二月八月取之美珍常味朱箋曰爾雅云魾大者鱯小者鮡郭注云鱯似鮎而大白色音畫華陽國志鱯字作鱮或是蜀語或寫誤耳廣雅云鮒一名鰿今之鯽也度水南逕陽平縣故城東又南逕沔陽縣故城東西南流注于漢水官本曰按西近刻訛作而　案朱趙作而漢水朱趙不重二字又東右會温泉水口水發山北平地趙作池方數十步泉源沸湧冬夏湯湯望之則白氣浩然言能瘥百病云洗浴者皆有硫黃氣赴集者常有百數孫校曰今

沔縣東南四十里有金泉水即溫泉池水通注漢水漢水又東黃沙水左
注之官本曰按此十字原本及近刻竝訛作經　案朱訛趙改刊誤曰十字是注混作經孫校曰今黃沙河在沔縣東南四十里源出雲霧山南流至褒城界入漢水
北出遠山山谷邃險人跡罕交溪曰五丈溪水
側有黃沙屯諸葛亮所開也其水南注漢水南有女郎山
孫校曰隋書地理志褒城縣有女郎山山上有女郎冢遠望山墳嵬嵬狀高及即其所
裁有墳形山上直路下出不生草木世人謂之女郎道下有女
郎廟及擣衣石言張魯女也有小水北流入漢謂之
女郎水漢水又東合褒水官本曰按此七字原本及近刻竝訛作經　案朱訛趙改刊誤曰七字是注混作經
水西北出衙嶺山孫校曰衙嶺山在今褒城縣北東南逕大石門歷故
棧道下谷俗謂千梁無柱也諸葛亮與兄瑾書云前
趙子龍退軍燒壞赤崖以北閣道緣谷朱趙有一字百餘里其閣梁一
頭入山腹其一頭立柱于水中今水大而急不得安柱此其窮
極不可強也又云頃大水暴出赤崖以南橋閣悉壞時趙子龍

與鄧伯苗一戍赤崖屯田一戍（趙作屯）赤崖口但得緣崖與伯苗相聞而已後諸葛亮死于五丈原魏延先退而焚之謂是道也自後按舊修路者悉無復水中柱逕涉者浮梁振動無不遙心眩目也褒水又東南逕三交城城在三水之會故也一水北出長安一水西北出仇池（孫校曰此水今名武關河在褒城縣北百四十里）一水東北出太白山是城之所以取名矣（趙釋曰初學記岐州引水經注曰桐沘水東北流入三交水今本無之寰宇記鳳翔府寶雞縣下云三交故城在縣西四十六里者舊傳司馬宣王與諸葛亮相拒于此因築此城）褒水又東南得丙水口水上承丙穴穴出嘉魚常以三月出十月入地穴口廣五六尺去平地七八尺有泉懸注（官本曰按近刻脫有字　案朱脫趙增刊誤曰泉上落有字）魚自穴下透入水穴口向丙故曰丙穴下注褒水故左思稱嘉魚出于丙穴良木攢于褒谷矣褒水又東南歷小石門門穿山通道六丈有餘刻石言漢明帝永平中司隸

校尉犍爲楊厥之所開逮桓帝建和二年朱桓作靈趙改說見下漢中太守同郡王升官本曰按漢下近刻衍大字太守訛作大夫改刊誤曰靈帝當作桓帝漢太中大夫據碑是漢中太守案朱衍訛趙删嘉厥開鑿之功琢石頌德以爲石牛道來敏本蜀論云秦惠王欲伐蜀而不知道作五石牛以金置尾下言能屎金蜀王負力令五丁引之成道秦使張儀司馬錯尋路滅蜀因曰石牛道厥蓋因而廣之矣蜀都賦曰阻以石門其斯之謂也趙釋曰隸釋司隸校尉楊孟文石門頌唯巛靈定位川澤股胘澤有所注川有所通余谷之川其澤南隆八方所達益域爲充高祖受命興於漢中道由子午出散入秦建定帝位以漢詆焉（焉字）後以子午塗路歮難更隨圍谷復通堂光凡此四道垓鬲尤（充字）艱至於永平其有四年詔書開余鑿通石門中遭元二西夷虐殘橋梁斷絶子午復修上則縣峻屈曲流顛下則人（人字）實（冥字）隤寫輸淵平阿源泥常蔭鮮晏木石相距利磨确磍臨危槍碭履尾心寒空輿輕騎遰导弗前惡虫獘狩蛇蛭毒蟳未秋截霜稼苗夭（夭字）殘終年不登匱餧之患卑者楚惡尊者弗安愁苦之難焉可具言於是明知故司隸校尉犍爲武陽楊君厥字孟文深執忠伉數上奏請有司議駮君遂執爭百遼咸從帝用是聽廢子由斯得其度經功飭爾要敞而晏平清涼調和烝二艾寧至建和二年仲冬上旬漢中太守犍爲武陽王升字稚紀涉歷山道推序本原嘉君明知美其仁賢勒石頌德以明厥勳其辭曰君德明二炳煥彌光刺過拾遺厲清八荒奉魁承杓綏億衙彊春宣聖日秋貶若霜無偏蕩二真雎以方寧靜烝庶政與乾通輔主匡君循禮有常咸曉地理知世紀綱言必忠義匪石厥章威宏大節讜而益明揆往卓今謀合朝情醳艱即安有勳有榮禹鑿龍門君其繼蹤上順斗（斗字）極下荅坤皇自南自北四海攸通君子安樂庶士（士字）悅雍商人咸憹農夫永同春秋記異今而紀功垂流億載世二歎誦序曰明哉仁知豫識難易原度天道安危所歸勤二竭誠榮名休麗

五官掾南鄭趙邵字季南屬褒中鼂漢彊字產伯書佐西成王戒字文寶主王府君閔谷道一䦕難分置六部道橋特遣行丞事西成輔服字顯公都督掾南鄭巍整字伯玉後遣趙誦字公梁案察中曹卓行造作石積萬世之基或解高格下就平易行者欣然焉伯玉卽日徙署行丞事守安陽長洪氏适曰華陽國志楊君名渙又曰故司隸校尉楗爲楊君頌隸額在興元威宗建和二年漢中太守王升立碑云司隸校尉楊君厥字孟文水經及歐趙皆謂之楊厥碑蜀中晚出楊淮碑云司隸校尉楊君厥諱淮字伯邳大司隸孟文之元孫也始知兩碑皆以厥爲語助此乃後政頌其勳德故尊而字之不稱其名順帝紀延光四年詔益州刺史罷子午道通褒斜路蓋從其所請也子午長安正南山名褒斜者漢中谷名高祖開石門史策不書亦見鄐閣碑平帝時王莽以皇后有子孫瑞遂通子午永平之詔史亦闕文安帝永初元年先零叛斷隴道寇三輔入益州殺漢中守乃橋梁斷絶時也自明帝永平四年通石門至永初幾五十年自永初褒斜斷絶至延光四年凡十五年水經云石門穿山通道六丈有餘卽秦人取蜀之石牛道楊君因而廣之蜀都賦岨以石門是也門在漢中之西褒中之北褒水南歷褒口北出斜谷碑以余谷爲斜谷充爲衝詆爲抵㴔爲澀陰爲陰遼爲寮彝狩爲獘獸衙爲禦縱爲蹤懷爲喜穡爲積西成爲西城高卽高字㙓卽塗字斲卽斷字㮚卽盤字漽卽滯字㝵卽礙字悳卽惡字彊卽疆字廐卽恢字醳卽釋字繼卽繼字隸辨曰墨寶云褒城縣北五里磨崖額題云故司隸校尉楗爲楊君頌十隸字碑式云碑文六十七行行三十字或有疏密不齊者高祖受命平〔䦕〕命字垂筆甚長所侵兩字許又空二字方書其下一句序曰別作行後一行低二字書趙邵等三人姓名又書王府君分遣官屬事凡三行末行低七字書魏伯玉徙官隸續云宣和殿碑錄以碑爲鼂漢彊書考其碑云五官掾南鄭趙邵屬褒中鼂漢彊書佐西成王戒蓋二人主其事非鼂漢彊書也一清按此碑載張鳴鳳西遷注彼所親睹者惡虫蔽獸是惡蟲敝獸安危所歸是安危所繫可補隸釋之遺寰宇記云洵陽縣心山漢宣帝時北平陽厥爲漢中守經此山有樓遁意不之郡學道感瑞見金羊因易姓羊氏蓋傳聞之繆爾又晉書云山簡與譙郡嵇紹沛郡劉謨宏農楊淮齊名卽蜀中晚出碑其人也

門在漢中之西褒中之北褒水又東南歷褒口卽褒谷之南口也北口曰斜所謂北出

褒斜（官本曰按近刻脫斜字 案朱脫趙增刊誤曰褒下落斜字）褒水又南逕褒縣故城東

褒中縣也本褒國矣漢昭帝元鳳六年置（孫校曰常璩漢中志曰本褒都尉治也今褒城縣）褒

水又南流入于漢漢水又東逕萬石城下（孫校曰在今褒城）

城在高原上原高十餘丈四面臨平形若覆甕水南過水爲阻

西北並帶漢水其城宿是流雜聚居故世亦謂之流雜城 漢

水又東逕漢廟堆下（官本曰按此九字原本及近刻並訛作經 案朱訛趙改刊誤曰九字是注混作經孫校曰今俗名漢山）

（在南鄭縣西南）昔漢女所游側水爲釣臺後人立廟于臺上世人覩其頵

基崇廣因謂之漢廟堆（官本曰按謂近刻訛作爲 案朱同趙改）傳呼乖實又名之爲漢

武堆非也

東過南鄭縣南（官本曰按東上近刻有又字衍 案朱趙有）

縣故褒之附庸也周顯王之世蜀有褒漢之地至六國楚人兼

之懷王衰弱秦略取焉周赧王二年秦惠王置漢中郡因水名

也耆舊傳云南鄭之號始于鄭桓公桓公死于犬戎其民南奔

故以南鄭爲稱（官本曰按近刻脫鄭字　案朱脫趙增刊誤曰南下落鄭字）卽漢中郡治也漢高祖入秦項羽封爲漢王蕭何曰天漢其名也遂都南鄭大城周四十二里城內有小城南憑津流（官本曰按近刻脫此二字　案朱趙無）北結環雉金墉漆井皆漢所脩築地沃川險魏武方之雞肋曰釋騏驥而不乘焉皇皇而更求遂留杜子緒鎮南鄭而還晉咸康中梁州刺史司馬勳斷小城東面三分之一以爲梁州漢中郡南鄭縣治也自齊宋魏咸相仍焉水南卽漢陰城也相承言呂后所居也有廉水出巴嶺山北流逕廉川故水得其名矣（官本曰按近刻脫矣字　案朱脫趙增刊誤曰名下落矣字名勝志校增）廉水又北注漢水漢水右合池水水出旱山（趙釋曰一清按漢志漢中郡南鄭縣旱山池水所出東北入漢寰宇記南鄭縣旱山下有石池水多蓴菜卽此水也）山下有祠列石十二不辨其由蓋社主之流百姓四時祈禱焉俗謂之獠子水（孫校曰今俗名老子河出南鄭縣南）夾溉諸田散流左注漢水漢水又東得長柳渡（官本曰按此八字原本及近刻竝訛作經　案朱訛趙改刊誤曰八字是注混作經）長

柳村名也（孫校曰今城固縣西有柳林鋪即此）漢太尉李固墓碑銘尚存文字剝落不可復識漢水又東逕胡城南義熙十五年城上有密雲細雨五色昭彰（朱趙作章）人相與謂之慶雲休符當出曉而（趙作乃）雲霽乃（趙作及）覺城崩半許淪水出銅鐘十二枚刺史索邈奉送洛陽歸之宋公府（官本曰按近刻脫公字案朱脫趙增刊誤曰宋下落公字何焯校增）南對扁鵲城（當是越人舊所逕涉（趙作陟）故邑流其名耳漢水出于二城之間右會磐余水水出南山巴嶺上泉流兩分飛清派注南入蜀水北注漢津謂之磐余口庾仲雍曰磐余去胡城二十里（孫校曰今俗稱南沙河在成固縣西南三十里）漢水又左會文水（官本曰按此七字原本及近刻並訛作經案朱訛趙改刊誤曰七字是注混作經孫校曰今在成固縣西北四十里）水即門水也出胡城北山石穴中長老云杜陽有仙人宮石穴宮之前門故號其川爲門川水爲門水東南流逕胡城北三城奇對隔谷羅布深溝固壘高臺相距門水右注漢

水謂之高橋溪口漢水又東黑水注之官本曰按此八字原本及近刻竝訛作經　案朱訛趙改刊誤曰八字是注混作經孫校曰今在成固縣西北五里水出北山南流入漢庾仲雍曰黑水去高橋三十里諸葛亮牋云朝發南鄭暮宿黑水四五十里指謂是水也道則百里也

又東過成固縣南官本曰按成近刻訛作城下同　案朱訛趙改下同又東過魏興安陽縣南涔水出自旱山北注之趙釋曰一清按酈道元釋魏興安陽之文此條經文疑後人所續

常璩華陽國志曰蜀以成固為樂城縣也安陽縣故隸漢中魏分漢中立魏興郡安陽隸焉涔水出西南而東北入漢官本曰按此下近刻有左谷水出西面而東北入漢十一字係衍文　案朱趙有刊誤曰箋曰克家云當作西南按面字不誤蓋左谷水與涔水異源而同流也左谷水出西北官本曰按漢書地理志漢中郡安陽鬵谷水出西南北入漢在谷水出北南入漢鬵即涔在乃左之訛　案朱趙西北作漢北趙釋曰一清案漢志漢中郡安陽縣左谷水出北南入漢所云出北出安陽縣之北也道元注云出漢北非是趙刊誤曰朱氏謀㙔箋曰宋本作右按左谷水出漢志亦見上右谷水則未聞也卽埥水也朱埥作智趙改壻下同刊誤曰箋曰六朝埥字皆書作聟此智水智鄉卽聟水聟鄉也後世傳寫誤作智字按埥漢碑作聟與智字形尤近古隸已

然何待六朝北發聽山山下有穴水穴水東南流歷平川中謂之壻鄉水曰壻水川有唐公祠唐君字公房成固人也學道得仙入雲臺山合丹服之白日升天雞鳴天上狗吠雲中惟朱趙作唯以鼠惡留之鼠乃感激以月晦日吐腸胃更生故時人謂之唐鼠也公房升仙之日壻行未還官本曰案壻下近刻有之字 案朱有趙刪刊誤曰寰宇記隸釋引此文俱無之字是也晏公類要作知字知卽聟之缺文後人更加壻字于知字之上作壻知行未還今本之字又從知字音同轉譌金石文字記壻字一傳爲壻再傳爲壻三傳爲聟四傳爲聓皆胥之變也詩有女同車釋文壻音細字林作壻戰國策韓且坐而胥亡乎胥臣之反而行竝作咠書大傳不愛人者及其胥餘作咠晉書五行志諭咠作北音義咠息絘反張駿傳有黃龍見于揖次之嘉泉呂光載記迎大豫于揖次音義揖子魚反次音恣漢書地理志武威郡有揟次縣此皆胥字之誤漢仙人唐公房碑壻字作聟晉王右軍帖有女聟字不獲同階雲路約以此川爲居言無繁霜蛟虎之患其俗以爲信然官本曰按近刻脫此二字 案朱脫趙增刊誤曰箋曰以爲下脫一壻字按非也寰宇記引此文是信然二字今校補隸釋載此文作其俗以爲神蓋盤洲以意增爾因號爲壻鄉故水亦卽名焉百姓爲之立廟于其處也趙刪也字刊誤曰何焯校衍也字刊石立碑表述靈異朱趙有也字趙釋曰隸釋仙人唐公房碑云君字公房成固人蓋帝堯之（闕十字）之故能舉家一闕五字）去上陟皇燿統御陰陽騰清躡浮命壽無疆雖王公之尊四海之富曾（闕五字）毛天地之性斯其至貴者也耆老相傳以爲王莽居攝二季君爲郡吏（闕四字）土域啖瓜旁有

真人左右莫察而君獨進美瓜又從而敬禮之真人者遂與（闕）期聟谷口山上乃與神藥曰服藥以後當移意萬里知鳥獸言語是時府在西成去家七百餘里休謁往徠轉景即至闔郡驚焉白之府君徙爲御史鼠齧輒車被具君乃畫地爲獄召鼠誅之視其腹中果有被具府君（闕）賓燕欲從學道公房頃無所進府君怒敕尉部吏收公房妻子公房乃先歸於谷口呼其師告以厄急其師與之歸以藥飲公房妻子曰可去矣妻子戀家不忍去又曰豈欲得家俱去乎妻子曰固所願也於是乃以藥塗屋柱飲牛馬六畜須臾有大風元雲來迎公房妻子屋宅六畜翛然與俱去昔喬松崔白皆一身得道而公房舉家俱濟盛矣傳曰賢者所存澤流百世故使聟鄉春夏毋蚊蚋秋冬鮮繁霜厲蟲不還去其螟蜮百穀收入天下莫知斯德祐之效也道牟羣仙得潤故鄉知德者鮮歷世莫紀漢中太守南陽郭君諱芝字公載修北辰之政馳周邵之風歆樂唐君神靈之美以爲道重者名邵德厚者廟尊乃發嘉教躬損奉錢倡率羣義繕廣斯廟（闕）和祈福布之兆民刻石昭音揚君靈譽其辭曰（上闕）遂享神藥超浮雲兮翔（下闕）洪氏适曰美即莽字聟即壻字鼠即鼠字孌即戀字

壻水南歷壻鄉溪出山東南流逕通關勢南

山高百餘丈上有匈奴城

趙刊誤曰箋曰舊本作上有匈如城吳改作匈奴城未有所因瑋疑當作上有邱如城按匈奴城即胡城也魏書地形志梁州漢中郡漢陰下云有胡城元豐九域志興元府漢中郡下云有古胡城蜀記云漢張騫使匈奴與胡妻及堂邑父俱還至漢中築城居之即此城也事見漢書張騫傳行水金鑑匈奴城在今成固縣西然則吳琯改本不誤可以釋中尉之疑矣

方五里濬塹三重高祖北定三秦蕭何守漢中敘脩北道逕關中故名爲通關勢

壻水又東逕七女冢

冢夾水羅布如七星高十餘丈周迴數畝元嘉六年大水破墳墳崩出銅不可稱

趙作勝

計得一塼刻云項氏伯無子七女造塚世人

疑是項伯冢水北有七女池池東有明月池狀如偃月皆相通注謂之張良渠蓋良所開也壻水逕樊噲臺南臺高五六丈上容百許人又東南逕大成固北城乘高勢北臨壻水水北有韓信臺高十餘丈上容百許人相傳高祖齋七日置壇設九賓禮以禮拜信也壻水東迴南轉又逕其城東而南入漢水謂之三水口也漢水又東會益口水出北山益谷東南流注于漢水漢水又東至灙城南與洛谷水合官本曰按此十三字原本及近刻並訛作經案朱訛趙改刊誤曰十三字是注混作經水北出洛谷谷北通長安其水南流右則灙水注之水發西溪東南流合爲一水亂流南出際其城西南注漢水趙增所謂洛口也五字刊誤曰漢水下通鑑注引此文有所謂洛口也五字今校補名勝志曰儻谷亦名駱谷南口曰儻北口曰駱駱洛音同通用漢水又東逕小成案朱訛趙改刊固南官本曰按成近刻訛作城下同又此九字原本及近刻並訛作經誤曰九字是注混作經城固之城當作成前後並同孫校曰小成固故城在今洋縣

東州治大成固移縣北故曰小成固城北百二十里有

興勢坂諸葛亮出洛谷戍興勢置烽火樓處通照漢水官本曰按照近刻作臨 案朱趙作臨東歷上濤而逕于龍下蓋伏石驚湍

流屯激怒故有上下二濤之名龍下地名也有丘郭墳墟舊謂此館爲龍下亭自白馬迄此則平川夾勢

水豐壤沃利方三蜀矣度此溯洄從漢爲山行

之始漢水又東逕石門灘官本曰按此八字原本及近刻竝譌作經 案朱訛趙改刊誤曰八字是注混作經

山峽也東會西水孫校曰西水在今洋縣東七里水北出秦嶺西谷南

歷重山與寒泉合水東出寒泉嶺官本曰按近刻脫此二字 案朱脫趙增刊誤曰寒泉下落嶺泉二字下蘀蘀溪口注云陽都坂西連寒泉嶺是也方輿紀要云寒泉水出洋縣東北寒泉山泉涌山頂望之交橫

似若瀑布頹波激石散若雨灑勢同厭原風雨

之池官本曰按原近刻訛作源 案朱作源箋曰雷次宗豫章記云厭原山西北有洪井井北五六里有風雨池山高瀨激霏散遠灑若雨趙改原其水

西流入于西水西水又南注漢謂之西口漢水

又東逕嬀虛灘官本曰按虛下近刻衍爲字又此八字原本及近刻並訛作經案朱衍訛趙刪改刊誤曰九字是注混作經爲字衍文又虛趙作墟下同世本曰舜居嬀汭在漢中西城縣或言嬀墟在西北舜所居也或作姚虛官本曰按姚近刻訛作嬀案朱訛趙改說見下故後或姓姚或姓嬀官本曰按故下近刻有舜所居也四字係重出衍文案朱衍趙刪刊誤曰嬀墟當作姚墟劉昭郡國志補注曰帝王世紀云姚墟在西北困學紀聞曰左傳正義曰世本舜姓姚氏虞思猶姓姚也至胡公周乃賜姓爲嬀是卽姓姚姓嬀之分此文姚墟字故與上嬀墟別也舜所居也四字重文宜衍嬀姚之異是妄未知所從官本曰按是近刻訛作事案朱訛趙改刊誤曰事當作是余按應劭之言是地于西城爲西北也趙釋曰一清按困學紀聞曰舜居嬀汭其後因姓嬀氏左傳正義曰世本舜姓姚氏虞思猶姓姚也至胡公周乃賜姓爲嬀漢水又東逕猴徑灘官本曰按此八字原本及近刻並訛作經猴經灘近刻訛作猴經灘案朱訛經趙改注朱徑作經箋曰舊本作猴徑灘徑與徑通吳本改作經趙改徑刊誤曰箋曰經舊本作徑按八字是注混作經山多猴猿好乘危綴飲故灘受斯名焉漢水又東逕小大黃金南官本曰按此十字原本及近刻並訛作經案朱訛趙改刊誤曰十字是注混作經孫校曰今黃金渡在洋水西山有黃金峭水北對黃金谷有黃金戍傍山依峭險折七里氐掠漢中阻此爲戍與鐵城相對一城在山上容百餘人一城在山下可置百許人言其險峻故以金鐵制名矣昔楊難當令魏興太守薛

健據黃金姜寶據鐵城宋遺秦州刺史蕭思話西討官本曰按近刻脫此二字　案朱脫趙增刊誤曰蕭思話下落西討二字全氏校增話令陰平太守蕭坦攻拔之官本曰按坦近刻訛作祖　案朱作祖趙改坦刊誤曰蕭祖字誤當作蕭坦宋書蕭思話傳校賊退西水矣漢水又東合蘧蒢溪口官本曰按此九字原本及近刻並訛作經　案朱訛趙改又朱溪作漢趙改刊誤曰箋曰克家云當作溪口按九字是注混作經孫校曰今稱金水河在洋縣東百里至黃金峽入漢水北出就谷在長安西南其水南流逕巴溪戍西又南逕陽都坂東坂自上及下盤折朱趙有一字十九曲西連寒泉嶺孫校曰今西鄉有韓仙嶺即寒泉聲相近也西北又有寒泉山當即注中之寒泉嶺漢中記曰自西城涉黃金峭寒泉嶺陽都坂峻崿百重絕壁萬尋既造其峯謂已踰崧岱復瞻前嶺又倍過之言陟羊腸超煙雲之際顧看向塗杳然有不測之險山豐野牛野羊騰巖越嶺馳走若飛觸突樹木十圍皆倒山殫艮阻地窮坎勢矣其水南歷蘧蒢溪謂之蘧蒢水而南流注于漢謂之蒢口漢水又東右會洋水官本曰按此八字原本及近刻並訛作經　案朱訛趙改刊誤曰八字是注混作經孫校曰洋水疑即灊水鄭注尚書曰安陽有灊水其尾入漢地理志安陽

縣有潛谷水出西南北入漢攷今石泉縣則漢安陽境西與西鄉接界其南但有洋水北注之是爲潛水無疑也經云涔水自旱山注之酈君未之說及不可詳究川流漫闊廣幾里許洋水導源巴山東北流逕平陽城漢中記曰本西鄉縣治也趙釋曰一清按寰宇記洋州西鄉縣有平西城後漢書班超平定西域有功封定遠侯晉置西鄉縣于此城方輿紀要云定遠城在西鄉縣治南後漢班超封邑也亦曰平西城晉志西鄉縣治平西城注作平陽城下文又云謂之城陽水口事義全乖矣自成朱趙作城固南入三百八十里官本曰按南下近刻衍城南二字　案朱趙有距南鄭四百八十里洋川者漢戚夫人之所生處也高祖得而寵之夫人思慕本鄉追求洋川米官本曰按近刻脫米字　案朱趙有帝爲驛致長安蠲復其鄉更名曰縣故又目其地爲祥川官本曰按故又近刻訛作又故祥訛作洋　案朱訛趙改刊誤曰又故二字當倒互洋川御覽引此文作祥川用表夫人載誕之休祥也官本曰按載誕近刻訛作誕載　案朱訛趙乙刊誤曰誕載二字當倒互趙釋曰全氏曰西鄉縣本晉置而戚夫人產定陶不聞爲蜀女道元好奇之過城即定遠矣漢順趙作和帝永光趙作元七年封班超以漢中郡南鄭縣之西鄉爲定遠侯即此也洋水又東北流入漢謂之城陽水口也漢水又東歷敖頭官本曰按此七字原本及近刻並訛作經　案朱訛趙改刊誤曰七字是注混作經舊立倉儲之所傍山通道水陸險湊魏興安康縣治

孫校曰安康故城在今漢陰有戍統領流雜漢水又東合直水官本曰按此七字原本及近刻並訛作經案朱訛趙改刊誤曰七字是注混作經孫校曰今名遲河在石泉縣東水北出子午谷岩嶺下又南枝分東注旬水又南逕蓰閣下官本曰按近刻脫逕字案朱脫趙增刊誤曰又南下落逕字山上有戍置于崇阜之上下臨深淵張子房燒絕棧閣示無還也又東南歷直谷逕直城西而南流注漢漢水又東逕直城南官本曰按此八字原本及近刻並訛作經案朱訛趙改刊誤曰八字是注混作經孫校曰地形志金城郡有直城今石泉漢陰界有饕直城又東逕千渡而至蝦蟆頡官本曰按近刻訛作嶺案朱訛趙改刊誤曰嶺黃省曾本作頡蓋頡字之誤音都回切地之高阜隆起形似蝦蟆故以名之亦謂之蝦蟆培趙次公東坡詩註云昔先生與子由自眉州鄉里舟行趨京師過峽州蝦蟆培從舟中望之頭頷口吻甚類蝦蟆即此石也歷漢陽漁口而屆于彭溪龍竈矣並溪潤灘磧之名也漢水又東逕晉昌郡之寧都縣南官本曰按此十三字原本及近刻並訛作經案朱訛趙改刊誤曰十三字是注混作經孫校曰魏興郡有寧都今漢陰縣治松溪口孫校曰松河在今紫陽北八十里又東逕魏興郡廣城縣孫校曰廣城故城在今漢陰縣縣治王谷官本曰按近刻脫一縣字案朱脫趙增刊誤曰治上落縣字谷道南出巴獠有鹽井食之令人癭疾漢

水又東逕魚脯谷口官本曰按谷近刻訛作谿又此九字原本及近刻竝訛作經　案朱訛趙改刊誤曰九字是注混作經谿

黃省曾本作谷舊西城廣城二縣指此谷而分界也

又東過西城縣南孫校曰常璩華陽國志曰魏興郡本漢中西城縣然則漢水於此始過魏興審知前安陽上魏興是後人加之

漢水又東逕鱉池南鯨灘官本曰按南近刻訛作而　案朱訛而趙改爲刊誤曰而當作爲鯨

大也蜀都賦曰流漢湯湯驚浪雷奔望之天迴即之雲昬者

也漢水又東逕嵐谷北口孫校曰饒風嶺在今石泉縣西七十里山下有饒風河又曰嵐河在今興安州西南

發源四川嶂遠溪深澗峽險邃氣蕭蕭以瑟瑟風颸颸

而飀飀故川谷擅其目矣漢水又東右得大勢

官本曰按此八字原本及近刻竝訛作經　案朱訛趙改刊誤曰八字是注混作經孫校曰興安州有吉河是也勢阻急溪故亦曰

急勢也依山爲城城周二里在峻山上梁州督護吉挹所治

苻堅遣偏軍韋鍾伐挹挹固守二年不能下無援遂陷　漢水

右對月谷口官本曰按訛七字原本及近刻竝訛作經　案朱訛趙改刊誤曰七字是注混作經孫校曰口當作山照初學記校山在今興安州西

山有坂月川于中孫校刪山字改作有月坂有月川於中下屬趙誤讀黃壤沃衍而桑麻列

植佳饒水田故孟達與諸葛亮書善其川土沃美也漢水又
東逕西城縣故城南官本曰按此十一字原本及近刻竝訛作經案朱訛趙改刊誤曰十一字是注混作經地理
志漢中郡之屬縣也官本曰按志下近刻衍曰西城故四字案朱趙有漢末爲西城郡建安二
十四年劉備以申儀爲西城太守儀據郡降魏魏文帝改爲魏
興郡治故西城縣之故城也氏略漢川梁州移朱作弘箋曰舊本作私治於此謂氏略漢川梁州而私治於西城也吳改作弘治孫云當作移治趙改移治于此城內有舜祠漢高帝廟置民九戶
歲時奉祠焉漢水又東爲鱣湍官本曰按此七字原本及近刻竝訛作經案朱訛趙改刊誤曰七字是注混作經孫校曰今俗譌爲團山有團山鋪在興安州西洪波渀盪漰涌雲頹古耆舊言有鱣
魚奮鰭遡流望濤直上至此則暴鰓失濟故因名湍矣漢水
又東合旬水官本曰按此七字原本及近刻竝訛作經案朱訛趙改刊誤曰七字是注混作經水北出旬山趙釋曰一清按漢志旬陽縣北山旬水所出南入沔東南流逕平陽戍下與直水枝分
東注逕平陽戍入旬水旬水又東南逕旬陽縣孫校曰旬陽故城在今洵陽縣北與柞水合水西出柞溪南流逕重巖

堡西屈而東流逕其堡南東南注于旬水孫校曰今水西南注

旬旬水又東南逕旬陽縣南縣北山有懸書崖高五十

丈刻石作字人不能上官本曰按人上近刻衍今字　案朱有今字趙刪刊誤曰今字衍文不知所道趙改述刊誤曰

道當作述山下有石壇官本曰按近刻脫育字　案朱脫趙增刊誤曰山下下落育字上有馬跡五所名曰馬

跡山旬水東南注漢謂之旬口官本曰按近刻脫謂字　案朱脫趙增刊誤曰漢下落謂字

漢水又東逕木蘭塞南官本曰按近刻脫塞字又此九字原本及近刻竝訛作經　案朱脫訛趙增改刊誤曰八字是

注混作經木蘭下落寨字吳琯本校增右岸有城官本曰按右近刻訛作石　案朱訛趙改刊誤曰石當作右名伎陵城官本曰按近刻脫伎

字　案朱趙無趙釋曰一清按通鑑注曰晏公類要云伎陵城在金州旬陽縣庾仲雍漢水記即木蘭塞此文疑落伎字周廻數里左岸壘石

數十行重壘數十里中謂是處爲木蘭塞云吳朝遣軍救孟達

于此矣漢水又東左得育溪官本曰按此八字原本及近刻竝訛作經　案朱訛趙改又朱溪作漢趙改刊

誤曰箋曰克家云當作育溪按八字是注混作經孫校曰育溪今俗稱蜀河興晉旬陽二縣分界于是谷官本曰按興近刻訛

作與　案朱訛趙改刊誤曰宋書州郡志魏興太守領興晉令旬陽令興晉令魏立曰平陽晉武帝太康元年更名羊元之封興晉侯即此縣與當作興漢水又

東合甲水口官本曰按合近刻訛作谷上復衍注字　案朱訛衍趙改刪刊誤曰箋曰注一作逕按非也黃省曾本無注字蓋缺文谷字乃合字之誤

水出秦嶺山東南流逕金井城南又東逕上庸郡北與闗祔（朱趙作柎下同朱箋曰宋本作祔）水合水出上洛陽亭縣北青泥西山（官本曰按青近刻訛作清　案朱趙作清孫校曰地形志魏興郡陽亭太和五年置）南逕陽亭聚西俗謂之平陽水南合豐鄉川水水出弘農豐鄉東山西南流逕豐鄉故城南京相璠曰南鄉淅縣（官本曰按淅近刻訛作浙下同　案朱訛趙改下同）有故酆鄉春秋所謂豐淅也（朱箋曰左傳作豐析趙改析）于地理志屬弘農（官本曰按近刻脫志字　案朱脫趙增刊誤曰地理下落志字郡國志南陽郡析故屬弘農有豐鄉城是也）今屬南鄉又西南合闗祔水闗祔水又南入上津注甲水甲水又東南逕魏興郡之興晉縣南（官本曰按興晉近刻訛作與陽脫縣字）（案朱同箋曰宋本作與陽南𡏤按晉書地志魏興郡六縣有洵陽而無興陽宋本亦誤趙改增刊誤曰箋曰晉志魏興郡有洵陽無興陽按當是興晉之譌興晉下落縣字）晉武帝太康中立甲水又東右入漢水（趙釋曰一清按漢志上雒縣甲水出秦嶺山東南至錫入沔過郡三行五百七十里孫校曰寰宇記商州上津縣本漢長利縣地甲水在縣西二百步南注漢水）漢水又東爲龍淵淵上有胡鼻山石類胡人鼻故也下臨龍井諸淵深數丈漢水

又東逕魏興郡之錫縣故城北 官本曰按此十四字原本及近刻竝訛作經 案朱訛趙改刊誤曰十四字是注混作經又朱箋曰應劭曰錫音陽孫校曰錫縣本白河縣 爲白石灘縣故春秋之錫穴地也故屬漢 朱有水字箋曰當衍趙刪 中王莽之錫治也縣有錫義山方圓百里形如城四面有門上有石壇長數十 趙作十數 丈世傳列仙所居今有道士被髮餌朮恆數十人山高谷深多生薇蘅 趙作衡 草其草有風不偃無風獨搖漢水又東逕長利谷南入谷有長利故城 朱利作谷趙改刊誤曰長谷黃省曾本作長利 舊縣也漢水又東歷姚方 官本曰按此七字原本及近刻竝訛作經 案朱訛趙改刊誤曰七字是注混作經 蓋舜後枝居是處故地留姚稱也 趙刊誤曰是卷之尾當接二十九卷一葉七行又東過堵陽縣至八葉三行習鑿齒又爲其宅銘焉上魏興郡錫縣與上粉縣界相連上粉分自房陵房陵錫漢志竝屬漢中郡裴松之三國志註云隆中在襄陽城西二十里沔水上中下三篇當省中篇分爲上下二篇不然二十八卷末已敘沔漢入海之道何緣復歷荊襄之境乎禹貢錐指曰以今輿地言之漢水又東南逕石泉縣南又東逕漢陰縣南又東逕紫陽縣南又東北逕興安州北又東逕洵陽縣南又東逕白河縣北又東逕鄖西縣南又南逕鄖縣南又東逕均州北自均州北又東南逕光化縣西南又東南逕穀城縣東北又東南逕襄陽縣北此即漢水自魏興郡之錫縣故城北至襄陽縣北所流之境也

水經注卷二十七

水經注卷二十八　長沙王氏校本

後魏酈道元撰

沔水 官本曰按此卷經文又東過堵陽縣至注文習鑿齒又爲其宅銘焉原本及近刻竝爲卷二十九之首以又東過襄陽縣北至末爲卷二十八前後互訛今訂正辨說詳後　案朱同趙移接二十七卷末說見上下又朱目作沔水下

又東過堵陽縣 孫校曰此當是注又曰堵陽故城在今湖北鄖縣西南 堵水出自上粉縣 官本曰按堵水出下原本及近刻竝有焉字係後人妄加今刪去　案朱衍趙刪刊誤曰此卷經注當移接二十七卷十六葉二行故地留姚稱也之次焉字衍文 北流注之 趙釋曰全氏曰堵陽卽漢南陽之屬縣也寰宇記云鄖鄉縣古錫穴縣東十里有兜牟山漢中郡與南陽郡分界處此是漢舊縣非唐初所置南豐州之堵陽也兩漢志無上粉縣疑是曹魏暫置而旋廢者寰宇記房陵縣有粉城因粉水爲名疑卽上粉縣故城此經文晚出之證

堵水出建平郡界故亭谷 官本曰按出近刻作自　案朱趙作自 東歷新城郡 趙釋曰一清按寰宇記云堵水出金州平利縣黃平原嶺下圖經云竹山縣郭帶堵水水通漢江舟船往來商賈所湊平利縣漢爲漢中郡西城縣地晉上庸郡之上廉縣也堵水源出于此宋書州郡志云建平太守吳孫休永安三年分宜都立晉又有建平都尉武帝咸寧元年改都尉爲郡於是吳晉各有建平郡太康元年吳平併合堵水蓋經其界也

故漢中之房陵縣也世祖建武元年封鄧晨爲侯國 官本曰按此下近刻有也字　案朱趙有 漢末以爲房陵郡魏文帝合房陵上庸西城立以爲新城

郡以孟達爲太守治房陵故縣有粉水縣居其上故曰上粉縣也堵水之旁有別溪岸側土色鮮黃（朱箋曰舊本作解黃孫云當作蟹黃按內經黃如蟹黃者生趙改解黃）乃云可啖有言飲此水者令人無病而壽豈其信乎又有白馬山 山石似馬望之逼真側水謂之白馬塞（趙作寨）孟達爲守登之而歎曰劉封申耽據金城千里而更失之乎爲上堵吟音韻哀切有惻人心今水次尚歌之堵水又東北逕上庸郡故庸國也春秋文公十六年楚人秦人巴人滅庸庸小國附楚楚有災不救舉羣蠻以叛故滅之以爲縣屬漢中郡漢末又分爲上庸郡城三面際水 堵水又東逕方城亭南（官本曰按近刻訛作而案朱趙作而）東北歷嵺山下而北逕堵陽縣南北流注于漢謂之堵口漢水又東謂之澇灘冬則水淺而下多大石又東爲淨灘夏水急盛川多湍洑行旅苦之故諺曰冬澇夏淨斷官使命

言二灘阻礙 趙增也字刊誤曰阻礙下落也字寰宇記校增

又東過鄖鄉南 官本曰按鄉近刻訛作陽下衍縣字 案朱同趙改陽存縣刊誤曰史志無鄖陽縣晉立鄖鄉縣寰宇記云鄖鄉故錫所改注文可見陽字誤也趙釋曰一清按漢志漢中郡長利縣有鄖關東京省併錫縣故續志無之晉太康五年立爲鄖鄉縣此魏晉間人續經之證又按三國志蜀書劉封申儀俱封員鄉侯則其時雖未立縣而已爲侯邑矣

漢水又東逕鄖鄉縣南之西山上有石蝦蟇倉卒看之與真不別 趙此下補十六字刊誤曰不別下落山北有崖旁視之有一穴甚明號爲星牖十六字寰宇記校補 漢水又東逕鄖鄉縣故城南 官本曰按此十一字原本及近刻竝訛作經 案朱訛趙改刊誤曰十一字是注混作經 謂之鄖鄉灘 縣故黎也即長利之鄖鄉矣地理志曰有鄖關 朱作鄖有趙乙刊誤曰漢書地理志曰有鄖關鄖有二字當倒互 李奇以爲鄖子國晉太康五年立以爲縣

漢水又東逕琵琶谷口 官本曰按此九字原本及近刻竝訛作經 案朱訛趙改刊誤曰九字是注混作經 梁益二州分境于此故謂之琵琶界也

又東北流又屈東南過武當縣東北

縣西北四十里漢水中有洲 趙作州下同 名滄浪洲庾

仲雍漢水記官本曰按近刻脫水字　案朱脫趙增刊誤曰隋書經籍志漢水記五卷庾仲雍撰落水字謂之千齡洲孫校曰滄浪千齡可證庾陽真之通可折顧亭林之唐韻正非也是世俗語訛音與字變矣地說曰水出荊山東南流官本曰按南近刻訛作西　案朱訛趙改刊誤曰西當作南胡渭校爲滄浪之水是近楚都故漁父歌曰滄浪之水清兮可以濯我纓滄浪之水濁兮可以濯我足余按尚書禹貢言導漾水東流爲漢又東爲滄浪之水不言過而言爲者明非他水決入也蓋漢沔水自下有滄浪通稱耳纏絡鄢郢地連紀郡官本曰按近刻訛作郢　案朱訛趙改刊誤曰郢當作郡胡渭校咸楚都矣漁父歌之不違水地考按經傳官本曰按近刻訛作滄浪洲傳　案朱同箋曰宋本作按考洲傳𡍩謂洲字亦譌當作經傳趙改按考經傳宜以尚書爲正耳漢水又東爲佷子潭官本曰按此八字原本及近刻竝訛作經　案朱訛趙改刊誤曰八字是注混作經潭中有石磧洲長六十丈廣十八丈世亦以此洲爲佷子葬父于斯故潭得厥目焉所未詳也漢

水又東南逕武當縣故城北官本曰按此十二字原本及近刻並訛作經　案朱訛趙改刊誤曰十二字是注混作經　世祖封鄧晨子棠爲侯國官本曰按棠近刻訛作堂　案朱趙同趙刊誤曰棠後漢書本傳作棠　內有一碑文字磨滅不可復識俗相傳言是華君銘亦不詳華君何代之士　漢水又東平陽川水注之官本曰按此十字原本及近刻並訛作經　案朱訛趙改刊誤曰十字是注混作經　水出縣北伏親山南歷平陽川逕平陽故城下又南流注于沔官本曰按注內自此以下又復稱沔　沔水又東南逕武當縣故城東又東曾水注之官本曰按近刻脫武當二字及故字又此十八字原本訛作經近刻上九字訛作經下六字仍屬注文　案朱脫訛趙增改刊誤曰九字是注混作經逕下落武當字縣下落故字　水導源縣南武當山　一曰太和山亦曰嵾上山山形特秀又曰仙室荊州圖副記曰山形特秀異于衆嶽峯首狀博山香爐亭亭遠出藥食延年者萃焉晉咸和中歷陽謝允舍羅邑宰隱遁斯山故亦曰謝羅山焉官本曰按近刻脫焉字　案朱趙無　曾水發源山麓逕越山陰東北流注于沔謂之曾口沔水又東逕龍巢山下

官本曰按此九字原本及近刻竝訛作經 案朱訛趙改刊誤曰九字是注混作經 山在沔水中高十五丈廣員一里二百三十步山形峻峭其上秀林茂木隆冬不凋

又東南過涉都城東北 官本曰按近刻過訛作逕城訛作縣 案朱同官本趙改注改縣仍逕刊誤曰箋曰宋本作涉都城按九字是注混作經

故鄉名也按郡國志筑陽縣有涉都鄉者也漢武帝元封元年 官本曰按元封近刻訛作元光 案朱訛趙改 封南海守降侯子嘉爲侯國 均水于縣入

沔謂之均口也

又東南過酇縣之西南

縣治故城南臨沔水謂之酇頭漢高帝五年封蕭何爲侯國也

薛瓚曰今南鄉酇頭是也茂陵書曰在南陽王莽更名南庚者也 官本曰按庚近刻訛作庾 案朱訛趙改刊誤曰庾漢書地理志作庚趙釋曰一清按史表索隱曰音贊縣名屬沛漢書高帝紀注臣瓚曰茂陵書何封國在南陽酇音贊師古曰瓚說是也而或云何封沛郡酇縣音才何反非也按地理志南陽酇縣侯國沛酇縣不云侯國也又南陽酇縣城西見有蕭何廟彼土又有筑水筑水之陽古曰筑陽縣與酇側近連接據何本傳何薨之後子祿無嗣高后封何夫人同爲酇侯小子延爲筑陽侯孝文罷同更封延爲酇侯是知何封酇國兼得筑陽此明驗也但酇字別有鄼音是以沛之鄼縣史記漢書皆作酇明

其音同也班固泗水亭碑以蕭何相國所封與何同韻于義無爽然其封邑實在南陽非沛縣也杜少陵詩云漢陰槎頭遠遁逃又云漫釣槎頭縮項鯿槎頭即鄼頭也亦作才何音矣

又南過穀城東朱過作逕趙改刊誤曰逕當作過又南過陰縣之西

沔水東逕穀城南而不逕其東矣城在穀城山上春秋穀伯綏之邑也墉闉頹毀基塹亦存沔水又東南逕陰縣故城西故下陰也春秋昭公十九年楚工尹赤遷陰于下陰是也縣東有冢官本曰按近刻脫冢字　案朱趙無縣令濟南劉熹字德怡魏時宰縣雅好博古教學立碑官本曰按教學近刻訛作學教　案朱訛趙乙刊誤曰學教二字當倒互載生徒百有餘人不終業而夭者因葬其地號曰生墳沔水又東南得洛溪口官本曰按此九字原本及近刻並訛作經　案朱訛趙改刊誤曰九字是注混作經水出縣西北集池陂東南流逕洛陽城北枕洛溪官本曰按枕近刻訛作抗　案朱訛趙改刊誤曰抗當作枕溪水東南注沔水也趙釋曰一清按高洪謨穀城縣志云洛陽城在縣東一十三里莫詳何人所築遺址尚存顧祖禹曰蓋南北朝時所僑置

又南過筑陽縣東官本曰按近刻脫縣字　案朱脫趙增刊誤曰筑陽下落縣字筑水出自房陵

縣東過其縣南流注之官本曰按此十五字原本訛入注內近刻屬經文　案朱趙作經

沔水又南沔水注之官本曰按水下近刻衍流字　案朱趙有水出梁州閬陽縣魏遣夏侯淵與張郃下巴西進軍宕渠劉備軍沔口卽是水所出也趙釋曰一清按寰宇記房州房陵縣下引水經注沔水作筑水沔口作筑口校勘爲之辨證曰按今記房陵縠城二縣所載則筑水自房陵流至縠城入沔其會沔處謂之筑口縠城卽漢之筑陽距房陵尚三百餘里又自房陵至南鄉千二百餘里夏侯淵張郃屯漢中數暴犯巴界先主令張飛進兵宕渠與郃等戰于瓦口郃等敗收兵還南鄭漢宕渠故城乃在今渠州流江縣界時張飛以巴西太守拒郃等還南鄭則當取道今巴西無緣相拒于縠城之筑口意宕渠自有瓦口而水經注誤以爲沔口今記又誤以爲筑口也宋書州郡志閬陽屬新城郡郡治房陵去閬陽必不遠沔水不應自閬陽東過巴西更歷巴渠上庸復逕筑陽水經之誤審矣筑口沔水皆當在縠城之間竊謂校勘之言似是而非也蓋張飛自拒淵郃于宕渠先主軍沔口以爲聲援非張飛與戰于是處也沔口左接巴西故駐軍以應接之蜀志之瓦口乃是沔口之誤而樂史之改筑口則又非矣隋書五代志房陵郡永清縣有沔水方輿紀要云乾汶河在縠城西南三里或以爲卽沔水也今故流漸湮漢江水漲則乾汶河與古洋河相通水落則乾因名又云古洋河卽筑水口蓋沔水與筑水同入于沔故晉分筑陽置沔陽也宋志扶風太守沔陽令晉武帝太康五年立屬南鄉仍屬順陽大明土斷屬此是也張飛自別道襲張郃于此水郃敗棄馬升山走還漢中趙釋曰一清按方輿紀要云順慶府渠縣漢巴郡宕渠縣地東北七里有八濛山八峯起伏其下平曠江水環之不匝者一里常有烟霧濛其上山下有勒石云漢將張飛大破賊首張郃於八濛山飛所題也江卽渠江則沔水亦是渠江之枝流八濛山卽張飛傳所云宕渠蒙頭盪石是也沔水又東逕巴西歷巴渠北新城上庸東逕沔陽

縣故城南晉分筑陽立自縣以上山深水急枉渚崩湍水陸徑絕又東逕學城南官本曰按此六字原本及近刻並訛作經考上下文義乃注內敘汎水所逕案朱訛趙改刊誤曰六字是注混作經梁州大路所由也舊說昔者有人立學都于此值世荒亂生徒罔依遂共立城以禦難故城得厥名矣汎水又東流注于沔謂之汎口也沔水又南逕闞林山東本郡陸道之所由山東有二碑其一即記闞林山文曰君國者不躋高堙下先時或斷山岡以通平道民多病守長冠軍張仲瑜官本曰按近刻訛作踰案朱訛趙改刊誤曰踰隸釋載此文作瑜乃與邦人築斷故山道作此銘其一郭先生碑先生名輔字甫成有孝友悅學之美其女為立碑于此趙釋曰隸釋郭先生碑先生諱輔字甫成其先出自有周王季之中子爲文王卿士采食于號呈亏武王錫而封之後世謂之郭春秋之時爲晉所幷遭戰國秦漢子孫流分來居荊土氏國立姓焉傳云聖賢之後必有達者先生應焉其少也孝友而悅學其長也寬舒如好施是以宗親歸懷鄉鄰高尚直己而行年五十有二遇疾而終有四男三女咸高賢姣孋富貴顯榮可謂子孫繁者已其季女明文穎川之夫人也感惟考妣克昌之德登山采石致亏墓道邑人縉紳刻石作歌昭示來嗣其辭曰實惟先生號仲之裔盛德遺祀休矣亦世孝友貞信仁恕好惠直己自求不欲榮勢綽綽令人獲道之望篤生七子鍾天之祉堂堂四俊碩大婉敏娥娥三妃行追大姒葉葉昆嗣福祿茂止克昌厥

後身去烈左鐫石作歌昭示萬祀洪氏适曰碑今在襄陽無歲月時代歐陽以爲漢趙以爲魏晉字書今碑有兩昭字晉人所諱疑此是魏刻郭君有四子碑云堂堂四俊碩大婉敏而此碑乃其季女竝朱作蓋箋曰宋本作竝趙改竝所立何也無年號皆不知何代人也沔水又南逕筑陽縣東官本曰按此九字原本及近刻竝訛作經案朱訛趙改刊誤曰九字是注混作經又南筑水注之杜預以爲彭水也水出梁州新城郡魏昌縣界縣以黃初中分房陵立趙釋曰一清按晉志新城郡有昌魏縣宋志云魏立即魏昌也而三國志魏明帝紀作魏陽疑彼文爲誤筑水東南流逕筑陽縣水中有孤石挺出其下澄潭時有見此石根如竹根而黃色見者多凶相與號爲承受石朱無承字箋曰西陽雜俎引此事作承受石趙增承字所未詳也筑水又東逕筑陽縣故城南縣故楚附庸也秦平鄢郢立以爲縣趙釋曰一清按漢志南陽郡筑陽縣故穀伯國春秋桓公七年書穀伯綏來朝是也穀是伯爵蓋近楚之國非楚附庸也道元誤矣王莽更名之曰宜禾也建武二十八年官本曰按近刻訛作元年案朱趙作元說見下世祖封吳盱爲侯國官本曰按盱近刻訛作財案朱訛趙改刊誤曰後漢書吳漢傳作盱章懷註云盱音火俱反財字誤也趙釋曰一清按後漢書吳漢傳盱封亦在建武二十八年元年字誤也與汝水注吳國文正同筑水又東流注于沔謂之筑口沔水又南逕高亭山東山有靈焉士

民奉之所請有驗沔水又東爲漆灘官本曰按此七字原本及近刻並訛作經 案朱訛趙改刊誤曰七字是注混作經新野郡山都縣與順陽筑陽分界于斯灘矣

又東過山都縣東北

沔南有固城城側沔川卽新野山都縣治也舊南陽之赤鄉矣秦以爲縣漢高后四年封衞將軍王恬啓爲侯國沔北有和城卽郡國志所謂武當縣之和城聚官本曰按近刻脫城字 案朱脫趙增刊誤曰續志是和城聚落城字山都縣舊嘗治此故亦謂是處爲故縣灘沔水北岸數里有大石激趙刊誤曰箋曰激當作礉其字从石按激字不誤說文激礙衺疾波也一曰半遮也漢書溝洫志云爲石隄激使東注激者聚石于隄旁衝要之處所以激去其波也濟水注云立激岸側以捍鴻波是也若从石作礉音覈又音敲非其義矣名曰五女激或言女父爲人所害居固城五女思復父怨故立激以攻城城北今淪于水亦云有人葬沔北墓宅將爲水毀其人五女無男皆悉巨富共修此激以全墳宅然激作甚工又云女嫁爲陰縣佷子婦官本曰按近刻脫婦字 案朱同趙爲改於刊誤曰爲當作於家貲萬金官本曰按貲近刻訛作貨 案朱訛趙改

而自少小不從父語父臨亡意欲葬山上恐兒不從故倒言葬我著諸下石磧上官本曰按倒近刻訛作命 案朱趙作命假子曰我由來不奉教今從語遂盡散家財作石冢積土繞之成一洲長數百步元康中始爲水所壞今石皆如半榻許數百枚聚在水中假子是前漢人襄陽太守胡烈有惠化補塞堤決民賴其利景元四年九月百姓刊石銘之樹碑于此 沔水又東偏淺冬月可涉渡謂之交湖 兵戎之交多自此濟晉太康中得鳴石于此水撞之聲聞數里 沔水又東逕樂山北官本曰按此八字原本及近刻並訛作經 案朱訛趙改刊誤曰八字是注混作經 昔諸葛亮好爲梁甫吟每所登遊故俗以樂山爲名 沔水又東逕隆中官本曰按此七字原本及近刻並訛作經 案朱訛趙改刊誤曰七字是注混作經歷孔明舊宅北 亮語劉禪云先帝三顧臣于草廬之中咨臣以當世之事即此宅也車騎沛國劉季和之鎮襄陽也與犍爲人李安共觀此宅命安作宅銘云天子命我于沔之陽聽鼓鞞而永思

庶先哲之遺光朱箋曰蜀志注云劉弘命犍爲李興爲文其詞甚美王隱晉書云李興密之子也一名安後六十餘年永平之五年習鑿齒又爲其宅銘焉官本曰按又東過堵陽縣至此原本及近刻竝訛在沔水之末以沔水下表目而又東過襄陽縣北至注內附敘三江所終竝訛在前以沔水中表目者錫縣故城在今陝西興安州白河縣東堵陽故城在今湖北鄖陽府鄖縣西南白河縣東接鄖縣沔水逕錫縣北歷姚方卽至堵陽又隆中在今襄陽縣西二十里襄陽故城卽今縣治沔水逕隆中歷孔明舊宅卽至襄陽城移祈刻所謂沔水下者于沔水中之前則敘次不紊矣今改正　案朱訛趙改自上爲卷二十終

又東過襄陽縣北官本曰按又東上原本及近刻竝有沔水二字因訛升爲卷二十八之首故表水名于上乃後人所妄加　案朱趙此下竝爲卷二十八之首朱表目作沔水中趙改沔水下又東過上竝有沔水二字

沔水又東逕萬山北官本曰按萬近刻訛作方　案朱趙作方下同趙釋曰一清按初學記太平御覽引注文作萬山元和郡縣志寰宇記竝是萬字廣韻集韻万同萬傳寫作方山上有鄒恢碑趙釋曰沈氏曰晉書郗恢鎮襄陽得民和鄒恢疑是郗恢之誤魯宗之所立也山下潭中有杜元凱碑元凱好尚後名作兩碑竝述己功一碑沈之峴山水中一碑下之于此潭曰百年之後何知不深谷爲陵也山下水曲之隈云漢女昔遊處也故張衡南都賦曰遊女弄珠于漢皐之曲漢皐卽萬山之異名也沔水又

東合檀溪水官本曰按此八字原本及近刻並訛作經案朱訛趙改刊誤曰八字是注混作經水出縣西柳子山下東爲鴨湖湖在馬鞍山東北武陵王愛其峯秀改曰望楚山溪水自湖兩分北渠即溪水所導也北逕漢陰臺西臨流望遠按眺農圃情邈灌蔬朱作疏趙改刊誤曰黃省曾本作蔬二字通用意寄漢陰故因名臺矣又北逕檀溪謂之檀溪水水側官本曰按近刻脫一水字案朱脫趙增有沙門釋道安寺即溪之名以表寺目也溪之陽有徐元直崔州平故宅悉人居故習鑿齒與謝安書云每省家舅縱目檀溪念崔徐之交朱作友箋曰宋本作交趙改交未嘗不撫膺躊躇惆悵終日矣溪水傍城北注昔劉備爲景升所謀乘的顱馬西走墜于斯溪西去城里餘北流注于沔一水東南出應劭曰城在襄水之陽故曰襄陽朱趙有也字是水當即襄水也趙釋曰一清按樂史曰荊楚之地水駕山而上者皆呼爲襄其名無定故陸澄之地記曰襄陽無襄水也城北枕沔水即襄陽縣之故城也王莽之相陽矣楚之北津戍

也（朱也作矣趙改刊誤曰矣黃省曾本作也）今大城西壘是也其土古鄀鄀盧羅之地（官本曰按鄀近刻訛作都案朱訛趙改刊誤曰都當作鄀）秦滅楚置南郡號此為北部（趙有焉字刊誤曰北部下孫潛校增焉字）建安十三年魏武平荊州分南郡立為襄陽郡荊州刺史治邑居殷賑（朱趙作隱賑趙刊誤曰箋曰隱賑當作殷賑薛綜西京賦注云殷賑謂富饒也按蜀都賦邑居隱賑劉淵林註隱盛也賑富也羽獵賦殷殷軫軫李善注殷軫盛貌也殷音隱古字多假借正不必例彼規此）冠蓋相望一都之會也城南門道東有三碑一碑是晉太傅羊祜碑一碑是鎮南將軍杜預碑一碑是安南將軍劉儼碑並是學生所立城東門外二百步劉表墓太康中為人所發見表夫妻其尸儼然顏色不異猶如平生墓中香氣遠聞三四里中經月不歇今墳冢及祠堂猶高顯整頓城北枕沔水水中常苦蛟害襄陽太守鄧遐負其氣果拔劍入水蛟繞其足遐揮劍斬蛟流血丹水自後患除無復蛟難矣昔張公遇害亦亡劍于是水後雷氏為建安從事逕踐瀨溪所留之劍忽于其懷躍出落水初猶是劍後變為龍故吳均劍騎詩云劍是兩

蛟龍張華之言不孤爲驗矣趙釋曰巵林曰茂先遇害在雒安得亡劍沔流考雷次宗豫章記曰張公遇害劍飛入襄城水中郡國志曰南郡在雒陽南千五百里有襄陽縣穎川在雒陽東南五百里有襄城縣酈氏蓋誤以襄城水爲襄陽水也何氏曰道元與吳均同時安得引用其詩疑此書後人附益者多矣一清按南史吳均傳天監初柳惲爲吳興召補主簿當道元之時均名位尚輕文字未必遂行江外義門之言可謂精審矣沔水又逕平魯城南官本曰按此八字原本及近刻並訛作經案朱訛趙改刊誤曰八字是注混作經城魯宗之所築也故城得厥名矣趙釋曰全氏曰城係宗之所築然則何以云平魯也或是宗之北奔後劉宋以此名之東對樊城官本曰按近刻脫此二字案朱脫城趙增刊誤曰樊下落城字顧炎武校增官本以樊字下屬故云脫二樊仲山甫所封也朱趙無樊字趙釋曰全氏曰仲山甫所封之樊在河內所謂陽樊者也非此樊也此城因樊山爲名漢晉春秋稱桓帝幸樊城百姓莫不觀有一老父獨耕不輟議郎張温使問焉父笑而不答温因與之言問其姓名不告而去城周四里南半淪水建安中關羽圍于禁于此城會沔水泛溢三丈有餘城陷禁降龐德奮劍乘舟投命于東岡魏武曰吾知于禁三十餘載至臨危授命更不如龐德矣城西南有曹仁記水碑杜元凱重刊其後書伐吳之事也

又從縣東屈西南清水從北來注之

襄陽城東有東白沙白沙北有三洲東北有宛口趙釋曰一淸按通典樊城有宛水故有宛口之名即淸水所入也沔水中有魚梁洲官本曰按此七字原本及近刻竝訛作經案朱訛趙改刊誤曰七字是注混作經龐德公所居士元居漢之陰在南白沙世故謂是地爲白沙曲矣司馬德操宅洲之陽望衡對宇歡情自接泛舟褰裳率爾休暢豈待還桂柁于千里貢深心于永思哉水南有層臺號曰景升臺蓋劉表治襄陽之所築也言表盛遊于此常所止憩表性好鷹嘗登此臺歌野鷹來曲其聲韻似孟達上堵吟矣沔水又逕桃林亭東官本曰按此八字原本及近刻竝訛作經案朱訛趙改刊誤曰八字是注混作經又逕峴山東山上有桓宣所築城孫堅死于此又有桓宣碑羊祜之鎮襄陽也與鄒潤甫嘗登之及祜薨後人立碑于故處望者悲感杜元凱謂之墮淚碑山上又有征南將軍胡羆碑又有征西將軍周訪碑山下水中杜元凱沈碑處官本曰按近刻脫沈字案朱脫趙增刊誤曰杜元凱下落沈字沔水又東南逕蔡洲官本曰按此八字原

本及近刻並訛作經案朱訛趙改刊誤曰八字是注混作經漢長水校尉蔡瑁居之故名蔡洲朱箋曰襄陽耆舊傳云蔡瑁字德珪性豪自喜少為魏武所親瑁家在蔡洲上屋宇甚好四牆皆以青石結角婢妾數百人別業四五十處洲東岸西官本曰按東近刻訛作大案朱訛趙改刊誤曰大當作東有洄湖停水數十畝長數里廣減百步水色常綠楊儀居上洄楊顒居下洄朱箋曰襄陽耆舊傳云楊儀字威公為蜀相諸葛亮長史亮出軍儀常規畫分部籌度糧穀不稽思慮須臾便了楊顒字子昭為丞相亮主簿後為東曹屬典選舉及顒死亮泣三日曰掾曹非楊顒於朝中多損益矣趙釋曰一清案松陵集皮日休荅陸龜蒙讀襄陽耆舊傳詩云偉哉洄上隱卓爾隆中耦卽指儀顒所居之地集韻洄烏猛切音營郭璞江賦泓汯洄瀯李善注曰水勢回旋之貌與洄字義同而聲畫殊也豈唐人所見之耆舊傳作洄字耶又按武昌縣有大小回乃大江回曲處元次山有歌曰樊水欲東流大江又北來樊山當其南此中為大回叢石橫大江人云是釣臺水石相衝擊此中為小回回卽洄也與蔡洲相對在峴山南廣昌里又與襄陽湖水合水上承鴨湖東南流逕峴山西又東南流注白馬陂水又東入侍中襄陽侯習郁魚池郁依范蠡養魚法作大陂陂長六十步廣四十步池中起釣臺池北亭郁墓所在也列植松篁于池側沔水上郁所居也又作石洑逗官本曰按洑近刻訛作伏案朱訛趙改刊誤曰伏當作洑引大池水于宅北作小魚

池池長七十步廣二十步官本曰按近刻訛作十二步　案朱訛趙乙刊誤曰十二當倒互作二十西枕大道東北二邊限以高隄楸竹夾植蓮芡覆水是遊宴之名處也山季倫之鎮襄陽每臨此池未嘗不大醉而還恆言此是我高陽池故時人爲之歌曰山公出何去往至高陽池日暮倒載歸酩酊無所知其水下入沔沔水西又有孝子墓河南秦氏性至孝事親無倦親沒之後負土成墳常泣血墓側人有咏蓼莪者氏爲泣涕悲不自勝于墓所得病不能食虎常乳之百餘日卒今林木幽茂號曰孝子墓也其南有蔡瑁冢冢前刻石爲大鹿狀甚大頭高九尺制作甚工沔水又東南逕邑城北官本曰按此九字原本及近刻竝訛作經　案朱訛經趙改注朱無逕字趙增刊誤曰箋曰宋本作東南逕按八字是注混作經習郁襄陽侯之封邑也故曰邑城矣沔水又東合洞口官本曰按此七字原本及近刻竝訛作經　案朱訛趙改刊誤曰七字是注混作經水出安昌縣故城東北大父山西南流謂之白水又南逕

安昌故城東屈逕其縣南 縣故蔡陽之白水鄉也漢元帝以長沙卑溼分白水上唐二鄉爲舂陵縣光武卽帝位改爲章陵縣置園廟焉魏黃初二年更從今名故義陽郡治也 趙釋曰一清案漢志汝南郡安昌南陽郡舂陵本二縣也晉志云武帝平吳分南陽置義陽郡地形志云義陽郡魏文帝置後罷晉武帝復寰宇記云義陽郡居安昌城又云石城山山甚高峻卽呂氏春秋九塞之一也晉于山上置義陽郡其故城在今信陽州西北七十里舂陵續志有晉志無時則省廢矣章陵縣後漢嘗立爲郡劉表之擅荆州拜蒯越爲章陵太守見魏書劉表傳注魏武紀亦云建安二年南陽章陵諸縣復叛爲張繡是也逮平荆州得其地嘗以趙儼爲章陵太守而後無聞顧景范曰章陵曹魏時省入蔡陽水經注魏黃初二年更章陵爲安昌縣誤也雖然猶有說西魏嘗置安昌郡并舂陵縣于此蓋道元身後之事然則此文又是後來不學人所塡補故迷繆其詞以拓跋爲當塗也

白水又西南流而左會昆水水導源城東南小山西流逕金山北 官本曰按金近刻訛作今 案朱訛趙改刊誤曰今山字誤當作金山趙釋曰一清按金山見淮水注 又西南流逕縣南西流注于白水 水北有白水陂其陽有漢光武故宅基址存焉所謂白水鄉也蘇伯阿 官本曰按近刻訛作河 案朱訛趙改刊誤曰河當作阿後漢書光武帝紀校改 望氣處也光武之征秦豐幸舊邑置酒極懽張平子以爲眞人南巡觀舊里焉東觀漢記曰明帝幸南陽祀舊宅召校官

子弟作雅樂奏鹿鳴上自御塤篪和之以娛賓客又于此宅矣白水又西合濜水水出于襄鄉縣東北陽中山西逕襄鄉縣之故城北趙無縣字按郡國志是南陽之屬縣也濜水又西逕蔡陽縣故城東西南流注于白水又西逕其城南建武十三年官本曰按近刻訛作十六年 案朱趙作六趙釋曰沈氏曰范史是十三年封世祖封城陽王祉世子本爲侯國應劭曰蔡水出蔡陽東入淮趙釋曰一清案自洞口以下所合之昆水見汝水篇定陵縣下濜水見上卷陽平關下此又以蔡水當白水蔡水見泚水篇三水各有源流不得如酈所云今于此城南更無別水惟是水可以當之川流朱箋曰宋本作水西注苦其不東且淮源阻礙山河無相入之理蓋應氏之誤耳趙釋曰一清按道元之言誤矣蓋仲瑗所謂入淮之淮卽下經文出房陵淮山之淮漢中廬故城在今襄陽府南漳縣東五十里蔡陽故城在棗陽縣西六十里二城相距不遠自有可達之勢今注云云直誤認作出桐柏大復山之淮瀆故以應說爲非也洞水

又西南流注于沔水

又東過中廬縣東維水自房陵縣維山東流注之

官本曰按維近刻訛作淮漢書同漢中志及巴漢志竝云房陵縣有維山維水所出可證淮字之訛　案朱趙作淮下同

縣即春秋廬戎之國也縣故城南有水出西山山有石穴出馬謂之馬穴山漢時有數百匹馬出其中馬形小似巴滇馬三國時陸遜攻襄陽于此穴又得馬數十匹送建業蜀使至有家在滇池者識其馬毛色云其父所乘馬對之流涕趙釋曰一清按劉昭郡國志補注引襄陽耆舊傳云蜀使有五部兵家滇池者識其馬色云亡父所乘對之流涕其水東流朱趙有一字百四十里逕城南名曰浴馬港言初得此馬洗之于此因以名之亦云乘出沔次浴之又曰洗馬廄官本曰按近刻訛作既　案朱訛趙改渡沔宿處名之曰騎亭然候水諸蠻官本曰按候近刻訛作侯　案朱訛趙改北遏是水南壅維川以周田溉下流入沔沔水東南流逕犂丘故城西官本曰按犂近刻訛作黎下同又此十一字原本及近刻竝訛作經　案朱訛經趙改注犂作黎無流字刊誤曰十字是注混作經其城下對繕州趙作洲秦豐居之故更名秦洲王莽之敗也秦豐阻兵于犂丘犂丘城在觀城西二里建武三年光武遣征南岑

彭擊豐四年朱祐自觀城擒豐于犂丘是也 官本曰按擒近刻訛作淪 案朱訛趙改刊誤曰箋曰後漢書作圍豐于黎邱按郡國志邔侯國有黎邱城劉昭補註朱祐禽秦豐於蘇嶺山淪當作擒 沔水又南與疎水合水出中廬縣西南東流至邔縣北界 官本曰按邔近刻訛作鄀 案朱訛趙改刊誤曰鄀當作邔漢書地理志南郡邔縣孟康曰邔音忌 東入沔水謂之疎口也 官本曰按近刻脫之字 案朱脫趙增刊誤曰謂下落之字 水中有物如三四歲小兒鱗甲如鯪鯉射之不可入七八月中好在磧上自曝 官本曰按上近刻訛作中 案朱訛趙改刊誤曰劉昭郡國志補註引荊州記作磧上 厀頭似虎掌爪常沒水中出厀頭小兒不知欲取弄戲便殺人或曰人有生得者摘其皐厭可小小使 官本曰按近刻作可以小使 案朱趙同 名爲水虎者也 官本曰按虎近刻訛作唐 案朱訛趙改朱箋曰後漢郡國志注引盛氏荊州記云生得者摘其鼻厭可小小使名爲水盧十道志引襄沔記云或有生得者摘其鼻可小小使之名曰水虎餘詳趙引趙釋曰朱氏謀𤩽箋曰孫汝澄云鼻厭者水虎之勢也可爲媚藥善使內也一清按董斯張吹景集曰陶隱居刀劍錄漢章帝建初八年鑄一金劍投伊水中厭人膝之怪引水經語亦與今文小異今伊水轉爲疎水未詳摘其鼻句厭字屬下郎厭勝之厭也太平御覽引十道記云涑水亦名襄水襄沔記云中廬有涑水注于沔此水有物啖人名曰水虎生得者摘其鼻可小小使之然則疎者涑之誤也荊州記生得者摘其鼻厭可小小使名曰水盧合諸書語益明孫云媚藥何据使云者如黃公之制蛇御虎也又山海經云蔓渠之山伊水出焉有獸焉名曰馬腹其狀如人面虎身其音如嬰兒是食人水唐之爲馬腹審哉海外經云聶耳國使兩文虎黑齒國食稻使蛇大荒經蔿國中容白民之國俱使四鳥虎豹熊羆司幽黑齒

元歿三身張宏毛民之國俱使四烏讀此可得使字之義矣遐周之言甚辯今考古今刀劍錄云漢章帝建初八年鑄一金劍投伊水中厭人膝之怪水經注中盧縣陂水中有物如三四歲小兒鱗甲如鯪鯉膝頭似虎掌爪常沒水中出膝頭小兒不知欲取戲弄便殺人名爲水唐形狀與馬服類蓋陶惟以水唐釋馬服非便謂陂水卽伊水也竊更有疑者按史陶以宋孝建三年生梁太清二年卒年八十五太清二年實東魏武定六年西魏大統十四年其時拓跋氏已分爲二道元以孝昌二年被害距通明之歿才二十二年耳南北殊域酈書未必遂行江表藉曰有之不應訛誤若此載籍流傳率多舛繆而此等著錄要爲後人羼亂不特水經注有依傳卽刀劍錄恐亦非隱居之舊也寰宇記襄州襄陽縣下云涑水亦名襄水土人呼涑水上流亦爲襄名卽無定疎之爲涑其誤明矣

又南過邔縣東北官本曰按邔近刻訛作邵　案朱訛趙改刊誤曰箋曰邔一作印按此是今本郡國志曰文當以史記年表漢書地理志作邔字爲正

沔水之左有騎城周迴二里餘高一丈六尺卽騎亭也縣故楚邑也秦以爲縣漢高帝十一年官本曰按近刻訛作十二年　案朱訛趙改刊誤曰二史表作一趙釋曰一清按漢書高祖功臣侯表是十二年封封黃極忠爲侯國縣南有黃家墓墓前有雙石闕彫制甚工俗謂之黃公闕黃公名尚爲漢司徒沔水又東逕豬蘭橋橋本名木朱作荻箋曰宋本作木蘭橋趙改木蘭橋橋之左右豐蒿荻于橋東劉季和朱箋曰劉洪字季和沛國相人見襄陽耆舊傳大養豬襄陽太守曰趙釋曰沈氏曰當作襄陽太守劉季和于橋東大養

豬右合劉宏晉陽秋字叔和襄陽耆舊傳作季和晉書本傳又云字和季疑爲非也此中作豬屎臭官本曰按近刻脫作字案朱脫趙增刊誤曰此中下落作字孫潛校增可易名豬蘭橋百姓遂以爲名矣橋北有習郁宅宅側有魚池池不假功自然通溢長六七十步廣十丈常出名魚

沔水又南得木里水會官本曰按此九字原本及近刻竝訛作經案朱訛趙改刊誤曰九字是注混作經楚時于宜城東穿渠上口去城三里漢南郡太守王朱作伍箋曰玉海二十一卷引此作王寵趙改王寵又鑿之引蠻水灌田謂之木里溝逕宜城東而東北入于沔謂之木里水口也

又南過宜城縣東夷水出自房陵東流注之趙增縣字刊誤曰房陵下落縣字楊慎本校增

夷水蠻水也桓溫父名夷改曰蠻水朱箋曰按晉書桓溫父名彝此云夷蓋嫌音之同也夷水導源中廬縣界康狼山山與荊山相鄰其水東南流歷宜城西山謂之夷溪又東南逕羅

川城故羅國也又謂之鄢水春秋所謂楚人伐羅渡鄢者也夷水又東南流與零水合零水卽沶水也官本曰按沶近刻訛作汴 案朱訛趙改刊誤曰箋曰謝云汴一作忙疑作沵按非也通鑑註作沶音怡方輿紀要云沶水在宜城縣西晉懷帝永嘉四年劉聰逼洛陽荊州刺史王澄自將欲援京師至怡口衆散而還卽此上通梁州沒陽縣之默城山趙改沔刊誤曰沒陽當作沔陽司馬懿出沮之所由其水東逕新城郡之沶鄉縣官本曰按郡近刻訛作縣又此下沶皆訛作沵 案朱訛趙改刊誤曰魏文帝合房陵上庸西城三郡爲新城郡以孟達爲太守見三國志劉封傳新城縣當作新城郡晉書地理志新城郡統沶鄉縣宋書州郡志作新鄉令何志魏立晉太康地志作沶音祈縣分房陵立朱作邱趙改刊誤曰邱字誤當作立謂之沶水又東歷軨鄉謂之軨水晉武帝平吳割臨沮之北鄉中廬之南鄉立上黃縣治軨鄉沶水又東歷宜城西山謂之沶溪東流合于夷水謂之沶口也與夷水亂流東出謂之淇水逕蠻城南城在宜城南二十里官本曰按城在之城近刻訛在上句南字上 案朱訛趙乙刊誤曰上城南二字當倒互春秋莫敖自羅敗退及鄢亂次以濟淇水是也趙釋曰一清按今本左傳作及鄢亂次以濟遂無次陸德明音義曰本或作亂次以濟其水九域志宜城縣有淇水鎮又刪定元豐九域志南漳縣有漳水沮

水淇水鄢水是知經典釋文誤作其水字也夷水又東注于沔昔白起攻楚引西山長谷水官本曰按近刻脫長字　案朱脫趙增刊誤曰當作長谷水落長字荊州記校增長谷即左傳之荒谷也即是水也官本曰按也上近刻衍者字　案朱衍趙刪刊誤曰者字衍文舊堨去城朱趙有一字百許里水從城西灌城東入注爲淵今熨斗陂是也水潰城東北角百姓隨水流死于城東者數十萬城東皆臭因名其陂爲臭池後人因其渠流以結陂田城西陂謂之新陂覆地數十頃西北又爲土門陂從平路渠以北木蘭橋以南西極土門山東跨大道水流周通其水自新陂東入城城故鄢郢之舊都秦以爲縣漢惠帝三年改曰宜城其水歷大城中逕漢南陽太守秦頡墓北墓前有二碑頡都人也官本曰按都近刻作郡　案朱作郡趙改刊誤曰箋曰宋本作郡人也按郡字似誤刻不然與本文何異乎隸釋載此文作都人以江夏都尉出爲南陽太守趙釋曰全氏曰都尉非京朝官何以云出乎此後人所妄加者逕宜城中見一家東向朱家作冢趙改

刊誤曰冢當作家隸釋校改頡住車視之曰此居處可作冢後卒于南陽趙釋曰一清按後漢書靈帝紀中平二年春三月江夏兵趙慈反殺南陽太守秦頡蓋死于兵亂也喪還至昔住車處車不肯進故吏爲市此宅葬之孤墳尚整官本曰按此下近刻有冢前有二碑五字係重出衍文案朱趙有朱尚整作向整趙改刊誤曰箋曰向宋本作尚按整隸釋作整又冢前有二碑下趙釋曰一清按五字與上複蓋刪削之未盡者城南有宋玉宅玉邑人雋才辯給善屬文而識音也其水又逕金城前縣南門有古碑猶存其水又東出城東注臭池臭池溉田陂水散流又入朱湖陂朱湖陂亦下灌諸田餘水又下入木里溝木里溝是漢南郡太守王寵所鑿故渠引鄢水也灌田七百頃白起渠溉三千頃膏良肥美更爲沃壤也縣有太山山下有廟漢末名士居其中官本曰按近刻名訛作多脫居字趙改增刊誤曰多當作名士下落居字案朱訛脫何焯校刺史二千石卿長數十人朱軒華蓋同會于廟下荆州刺史行部見之雅歎其盛號爲冠蓋里而刻石銘之此碑于永嘉中始爲人所毀其餘文尚有可

傳者其辭曰峨峨南岳烈烈離明實敷俊乂君子以生惟此君子作漢之英德爲龍光聲化鶴鳴此山以建安二年崩聲聞五六十里雉皆屋雊縣人惡之以問侍中龐季官本曰按問近刻訛作聞案朱訛趙改刊誤曰聞當作問季二云官本曰按近刻脫季字案朱趙無山崩川竭國土將亡之占也十二年魏武平荊州沔南彫散沔水又逕鄀縣故城南官本曰按此九字原本及近刻並訛作經案朱訛趙改刊誤曰九字是注混作經古鄀子之國也秦楚之間自商密遷此爲楚附庸楚滅之以爲邑縣南臨沔津津南有石山上有古烽火臺縣北有大城楚昭王爲吳所迫自紀郢徙都之官本曰按近刻脫自字紀訛作絶案朱脫訛趙增改刊誤曰絶當作紀漢書地理志江夏郡若縣下云楚昭王畏吳自郢徙此紀郢上落自字即所謂鄀都盧羅之地也官本曰按即字近刻訛在楚昭王上案朱趙同秦以爲縣沔水又東敖水注之官本曰按此八字原本及近刻並訛作經案朱訛趙改刊誤曰八字是注混作經水出新市縣東北又西南逕太趙作大陽山西南流逕新市縣北又西南而右合枝水水出大洪山而西南流逕襄陽郡縣界西南逕

狄城東南左注敖水趙釋曰名勝志承天府鍾祥縣下引水經云沔水又東豐樂水注之敖水枝水又注之今本無豐樂水之目石倉自釋云按豐樂河源出大洪山西北流逕盤石嶺溉田甚廣民賴以豐故名敖水源出黃仙洞西南流合枝水卽今之直河也枝水出橫嶺西北流逕古鄀縣又西南逕狄城西左注敖水所敘最爲詳析足補是注之亡方輿紀要亦云直河俗誤作池河志云池河卽水經所載枝水也敖水又西南流注于沔寔曰敖口趙寔改是刊誤曰寔當作是沔水又南逕石城西城因山爲固晉太傅羊祜鎮荊州立晉惠帝元康九年分江夏西部置竟陵郡治此沔水又東南與臼水合官本曰按此九字原本及近刻並訛作經　案朱訛趙改刊誤曰九字是注混作經水出竟陵縣東北聊屈山官本曰按聊近刻訛作耶　案朱訛趙改刊誤曰左傳定公五年杜預註曰江夏竟陵縣有臼水出聊屈山西南入漢耶字誤一名盧屈山西流注于沔魯定公四年吳師入郢昭王奔隨濟于成臼謂是水者也

又東過荊城東官本曰按此六字原本及近刻並訛入注內今據全書體例定爲經文　案朱訛趙改刊誤曰六字是經混作注

沔水自荊城東南流逕當陽縣之章山東官本曰按此十六字原本及近刻並訛作經　案朱訛趙改刊誤曰十六字是注混作經山上有故城太尉陶侃伐杜曾所築也禹貢所謂內方朱趙有山字至于大別者也既濱帶沔

流寔會尚書之文矣趙釋曰一清按漢志江夏郡竟陵縣章山在東北古文以爲內方山沔水又東右會權口官本曰按此八字原本及近刻竝訛作經案朱訛趙改刊誤曰八字是注混作經水出章山東南流逕權城北古之權國也春秋魯莊公十八年楚武王克權權叛圍而殺之遷權于那處是也趙釋曰一清按左傳是鬭緡以權叛楚子圍而殺之叛與殺者皆緡也今注云云殊失本旨且事亦非在莊公十八年左氏特爲巴人伐楚作緣起耳東南有那口城權水又東入于沔沔水又東南與揚口合官本曰按此九字原本及近刻竝訛作經案朱訛趙改朱揚作陽趙改刊誤曰九字是注混作經陽口晉書作揚口通鑑注引此文俱作揚下同水上承江陵縣赤湖江陵西北有紀南城楚文王自丹陽徙此平王城之班固言楚之郢都也趙釋曰沈氏曰荊州記云昭王十年吳通漳水灌紀南城決赤湖進灌郢城是紀南城郢城爲二也一清按史記索隱楚都郢今江陵縣北紀南城是平王更城郢今江陵東北故郢城是楚子革曰我先君僻處荊山以供王事遂遷紀郢陵與紀南爲二城明矣而紀南本號郢鄙注亦未盡非城西南有赤坂岡岡下有瀆水東北流入城名曰子胥瀆蓋吳師入郢所開也謂之西京湖又東北出城西南注于龍陂陂趙不重陂字古天井水也廣圓二百餘步

在靈溪東江隄內水至淵深有龍見于其中故
曰龍陂陂北有楚莊王釣臺高三丈四尺南北六丈東西九
丈陂水又逕郢城南東北流謂之揚水官本曰按揚近刻訛作楊下同案朱
訛趙改又東北路白湖水注之官本曰按路白近刻訛作流曰案朱作路曰趙曰改白刊誤曰箋曰克家云
路當作流按非也白湖亦曰路白湖與中湖昏官湖而爲三杜預開揚口起夏水達巴陵卽是水也曰字當作白湖在大港北港南
曰中湖南隄下曰昏官湖三湖合爲一水東通
荒谷荒谷東岸有冶父城春秋傳曰莫敖縊于荒谷羣帥囚
于冶父謂此處也春夏水盛官本曰按夏近刻訛作秋趙改刊誤曰秋當作夏方輿紀要校案朱訛則南
通大江否則南迄江隄北逕方城西官本曰按近刻訛作四案朱訛趙改
方城卽南蠻府也又北與三湖會故盛弘之曰南蠻府東
有三湖源同一水蓋徙治西府也宋元嘉中通路白湖官本
曰按白近刻訛作自案朱訛趙改刊誤曰自當作白下注揚水朱揚作楊趙改刊誤曰楊水當作揚水下同以廣運漕
趙作漕運揚水又東歷天井北井在方城北里餘廣圓二里其

深不測井有潛室見輒兵西岸有天井臺因基舊隄臨際水湄

游憩之佳處也揚水又東北流東得赤湖水口官本曰按東得近刻訛作得東　案朱訛趙乙刊誤曰得東二字當倒互湖周五十里城下陂池皆來會

同湖東北有大暑臺官本曰按暑近刻訛作置　案朱訛趙改刊誤曰寰宇記江陵縣下云清暑臺一名大暑臺在城東二十里置字誤也高六丈餘縱廣八尺一名清暑臺秀宇層明通望周博遊者登之以暢遠情揚水又東入華容縣有靈溪水官本曰按溪近刻訛作港　案朱訛趙改刊誤曰港當作溪晉書桓元傳云義軍乘勝競進振該等距戰于靈溪是也西通赤湖水口已下多湖周五十里城下陂池皆來會同又有子胥瀆蓋入郢所開也水東入離湖湖在縣東七十五里國語所謂楚靈王闕爲石郭陂漢以象帝舜者也官本曰按吳語子胥稱楚靈王不君乃築臺于章華之上闕爲石郭陂漢以象帝舜韋昭云闕穿也陂壅也舜葬九疑其山體水旋其丘下故壅漢水使旋石郭以象之趙釋曰一清按此是外傳吳語之文湖側有章華臺臺高十丈基廣十五丈左丘明曰楚築臺于章華之上韋昭以爲章華亦地名也王與伍舉登

之舉曰臺高不過望國之氛祥大不過容宴之俎豆蓋譏其奢
而諫其失也趙釋曰全氏曰下有脫文言此瀆靈王立臺之日漕運
所由也其水北流注于揚水揚水又東北與柞
溪水合官本曰按柞近刻訛作祥下同案朱訛趙改刊誤曰祥當作柞水出江陵縣北蓋諸
池散流咸所會合積以成川東流逕魯宗之壘
南當驛路水上有大橋隆安二年桓玄襲殷仲堪于江陵仲
堪北奔縊于此橋柞溪又東注船官湖湖水又東
北入女觀湖湖水又東入于揚水揚水又北逕
竟陵縣西又北納巾吐柘柘水即下揚水也巾
水出縣東朱趙有一字百九十里西逕巾城官本曰按此下近刻衍下字案朱趙有
城下置巾水戍晉元熙二年竟陵郡巾水戍官本曰按近刻作上巾得水戍山案朱趙同
銅鐘七口言之上府巾水又西逕竟陵縣北西注揚
水官本曰按近刻注訛作逕案朱訛趙改刊誤曰逕當作注謂之巾口水西有古竟陵大城古

鄖國也鄖公辛所治所謂鄖鄉矣昔白起拔郢東至竟陵卽此也秦以爲縣王莽之守平矣世祖建武十三年更封劉隆爲侯國城旁有甘魚陂左傳昭公十三年公子黑肱爲令尹次于魚陂者也揚水又北注于沔謂之揚口中夏口也曹太祖之追劉備于當陽也張飛按矛于長坂備得與數騎斜趨漢津官本曰按斜近刻訛作郎　案朱作郎趣趙郎改邪刊誤曰蜀志先主傳云斜趣漢津斜與邪同遂濟夏口是也沔水又東得滻口其水承大滻馬骨諸湖水周三四百里及其夏水來同淼若滄海朱趙淼作浩趙刊誤曰箋曰浩宋本作淼按浩字義通洪潭巨浪趙刊誤曰箋曰克家云疑作洪濤按潭字不誤縈連江沔故郭景純江賦云其旁則有朱滻丹漅是也官本曰按朱近刻訛作珠　案朱訛趙改

又東南過江夏雲杜縣東朱過作逕趙改刊誤曰逕當作過夏水從西來注之

卽堵口也趙堵改賭刊誤曰全氏云堵口當作賭口晉書甘卓傳作豬口若作堵口則是堵水之口非矣互見夏水篇趙釋曰一清按寰宇記沔陽縣下云周

地圖經云夏水合𣼐水同入漢水自漢入𣼐名爲七里汙即屈原逢漁父與言濯纓鼓枻而去是此地全祖望曰按夏水決入之地曰䐗口非有䐗水也而記又引荊州圖副及盛宏之說則
亦不以爲有水名𣼐也互見夏水篇 爲中夏水 縣故邔亭左傳若敖娶于邔是也
官本曰按近刻訛作左傳所爲若敖娶于邔是也 案朱訛趙改二字刊誤曰爲當作謂娶當作娶孫校曰按邔即鄖字即雲澤也王逸注楚詞云楚人謂澤曰夢故曰雲夢今人云二澤名
非也 禹貢所謂雲土夢作乂故縣取名焉縣有雲夢城城在東北
沔水又東逕左桑 官本曰按此七字原本及近刻並訛作經 案朱訛趙改刊誤曰七字是注混作經 昔周昭王
南征船人膠舟以進之昭王渡沔中流而沒死于是水齊楚之
會齊侯曰昭王南征而不復 官本曰按而近刻訛作之 案朱訛趙改刊誤曰之左傳作而 寡人是問屈
完曰君其問諸水濱庾仲雍言村老云百姓佐昭王喪事于此
成禮而行故曰佐喪左桑字失體耳 沔水又東合巨亮
水口 官本曰按此九字原本及近刻並訛作經 案朱訛趙改刊誤曰九字是注混作經 水北承巨亮湖 官本曰按近刻脫巨
字 案朱脫趙增刊誤曰亮湖上落巨字 南逹于沔沔水又東得合驛口 官本曰按此八字原
本及近刻並訛作經 案朱訛趙改刊誤曰八字是注混作經 庾仲雍言須導村耆舊云朝廷驛使合王
喪于是因以名焉今須導村正有大斂口言昭王于此殯斂矣

沔水又東謂之橫桑官本曰按此八字原本及近刻並訛作經　案朱訛趙改刊誤曰八字是注混作經言得昭王喪處也沔水又東謂之鄭公潭官本曰按此九字原本及近刻並訛作經近刻脫公字　案朱訛趙改並無公字刊誤曰八字是注混作經言鄭武公與王同溺水于是余謂世數既懸官本曰按余近刻今訛作朱訛趙改刊誤曰今當作余　案爲不近情矣斯乃楚之鄭鄉守邑大夫僭言公故世以爲鄭公潭耳趙釋曰全氏曰同死者是祭公此或以鄭丹遺愛得名沔水又東得死沔官本曰按此七字原本及近刻並訛作經　案朱訛趙改刊誤曰七字是注混作經言昭王濟沔自是死官本曰按沔字近刻訛在死字下　案朱趙同故有死沔之稱王尸豈逆流乎但千古芒昧難以昭知推其事類似是而非矣趙釋曰全氏曰死沔之死亦如死汝死濄死沙死轂之類皆水之枯者沔水又東與力口合官本曰按此八字原本及近刻並訛作經　案朱訛趙改刊誤曰八字是注混作經有溾水出竟陵郡新陽縣西南池河山官本曰按池河山近刻訛作河地山　案朱趙同趙釋曰一清按河地山字誤方輿紀要承天府沔陽州景陵縣東北七十五里有回河自府北池河分流經此又東南入于沔水景陵楚竟陵邑漢屬江夏郡晉末分置宵城縣回河即溾水也溾回聲相近又府北一十五里有直河俗呼爲池河源出大洪山山在京山縣北二十里京山前漢爲雲杜安陸二縣地後漢爲雲杜南新市二縣地晉惠帝時析置新陽縣屬竟陵郡然則池河山即大洪山直河即枝水也今本誤寫池爲地又倒互池河作河地遂難通曉耳寰宇記郢州京山縣南有泗水云在縣東四十里東入復州竟陵界泗河亦即池河之誤道元涑水篇注云泗或作池字可

證也東流逕新陽縣南縣治雲杜故城分雲杜立溈水又
東南流注宵城縣南大湖又南入于沔水是曰
力口沔水又東南溳水入焉官本曰按此九字原本及近刻並訛作經　案朱訛趙改刊誤曰九字是注混作經沔水又東逕沌水口水南通縣之太白湖趙增沔陽二字刊誤曰縣上落沔陽二字江水注參校增湖水東南通江又謂之沌口沔水
又東逕沌陽縣北官本曰按此九字原本及近刻並訛作經　案朱訛趙改刊誤曰九字是注混作經處沌水
之陽也沔水又東逕臨嶂故城北官本曰按臨嶂近刻訛作林鄣　案朱趙同趙釋曰一清案林鄣一作臨嶂顧祖禹云臨嶂即沔陽也有臨嶂山在漢陽府西六十里層山臨江盤基數十里晉于山下置沔陽縣今亦名城頭山有峯曰烏林峯俗謂之赤壁誤也並見江水注
晉建興二年太尉陶侃爲荊州鎮此也
又南至江夏沙羨縣北南入于江
庾仲雍曰夏口亦曰沔口矣尚書禹貢云漢水
南至大別入江春秋左傳定公四年吳師伐郢
楚子常濟漢而陳自小別至于大別京相璠春

秋土地名曰大別漢東山名也在安豐縣南杜預釋地曰二別近漢之名無緣乃在安豐也按地說言漢水東行觸大別之阪官本曰按近刻訛作陂　案朱訛趙改刊誤曰陂何焯校改阪南與江合則與尚書杜預相符但今不知所在矣官本曰按在近刻訛作是　案朱趙作是趙釋曰一清按方輿紀要漢陽府下云大別山在府城東北漢江之右一名魯山一名翼際山小別山在漢川縣南十里亦名甑山決水篇廬江雩婁縣之大別山別是一山非禹貢之大別也卷末釋禹貢山水澤地所在仍誤以爲在安豐蓋惑于班志而不能別白也

水經注卷二十八

水經注卷二十九　長沙王氏校本

後魏酈道元撰

沔水（朱有下字趙無此目）　潛水　湍水　均水

粉水　白水　比水（朱趙作泚水）

沔水與江合流又東過彭蠡澤（案朱趙此下連上爲二十八卷）

尚書禹貢匯澤也鄭玄曰匯回也漢與江鬬轉東成其澤矣

又東北出居巢縣南（官本曰按此經及下又東過牛渚當在其一東北流之下又過毗陵縣北爲北江之上）

古巢國也湯伐桀桀奔南巢卽巢澤也尚書周有巢伯來朝春秋文公十二年夏楚人圍巢巢羣舒國也舒叛故圍之永平元年漢明帝更封菑丘侯劉般爲侯國也　江水自濡須口又東左會栅口水導巢湖（官本曰按導近刻訛作遵朱訛趙改刊誤曰遵當作導）案東逕烏上城北又東逕南譙僑郡城南又東絕塘逕

附農山北又東左會清溪水水出東北馬子硯
朱箋曰疑作峴趙改峴之清溪也東逕清溪城南屈而西南官本曰按此下
近刻有流字案朱趙有歷山西南流注柵水謂之清溪口柵水
又東左會白石山水水發白石山西逕李鵲城
南西南注柵水官本曰按西南近刻訛作西流案朱同趙增南字刊誤曰西下落南字通鑑注校補柵水又
東南積而爲竇湖中有洲湖東有韓綜山官本曰按綜近刻訛作縱案朱趙作縱
下同趙釋曰全氏曰韓縱卽韓綜吳將韓當子事見吳書縱綜字通山上有城山北湖水東出爲後塘北湖
湖南卽塘也塘上有穎川僑郡故城也竇湖水東出謂
之竇湖口東逕刺史山北官本曰按東逕近刻作湖水東出逕案朱趙同歷韓綜
山南逕流二山之間出王武子城北城在刺史山
上湖水又東逕右塘穴北爲中塘塘在四水中
水出格虎山北山上有虎山城官本曰按近刻脫城字案朱有郭脫趙增刊誤曰虎山下落城字
僧坎城水北有趙祖悅城並故東關城也昔諸葛恪帥師作東

興隄以遏巢湖傍山築城使將軍全端留略等各以千人守之

魏遣司馬昭督鎮東諸葛誕率衆攻東關三城 趙釋曰一清按吳書諸葛恪傳云恪以建興元年十月會衆於東興更作大隄左右結山挾築兩城魏命大將胡遵諸葛誕等作浮橋度陳於隄上分兵攻兩城三嗣主傳云全端守西城留略守東城通鑑陳大建五年遣吳明徹等北伐別將任衆軍於東關克齊東西二城顧祖禹曰即諸葛恪所築此云三城按朱然傳云曹公出濡須然備大塢及三關屯大塢即濡須塢三關即東興關也是東興本有三城其後元遜更分築兩城耳三字亦非誤也 將毀隄遏諸軍作浮梁陳于隄上分兵攻城恪遣冠軍丁奉等登塘鼓譟奮擊 官本曰按塘近刻訛作城 案朱訛趙改刊誤曰城黃省曾本作塘三國志吳書丁奉傳云遂據徐塘方輿紀要云徐塘在濡須水東 朱異等以水軍攻浮梁魏征東胡遵軍士爭渡梁壞投水而死者數千塘即東興隄城亦關城也 柵水又東南逕高江產城南胡景略城北 官本曰按近刻脫略字 案朱脫趙增刊誤曰胡景下落略字梁天監四年侵魏合肥胡景略與趙祖悅同軍交惡而韋叡解之事見南史韋叡傳然有大可疑者梁天監四年是魏孝昌元年明年道元被害於陰盤其成書又不知在何時安得遽取胡趙築城以相證而又云魏事已久難用取悉何耶此與襄陽水下引吳均詩同一蔽也 又東南逕張祖禧城南東南流屈而北逕鄭衛尉城西 魏事已久難用取悉推舊訪新略究如此 又北委折蒲浦出焉柵水又東

南流注于大江謂之柵口官本曰按此下近刻有水字衍趙乙刊誤曰當作柵水口即柵江口也　案朱同

又東過牛渚縣南趙釋曰一清按牛渚圻名漢末嘗置縣也注云牛渚在姑孰烏江兩縣界中姑孰今當塗縣地烏江廢縣在和州東北四十里蓋夾江南北岸也寰宇記太平州當塗縣下云淮南記曰吳初以周瑜屯牛渚晉鎮西將軍謝尚亦鎮此城而牛渚山上有采石戍在城西北山上之最狹處然則雖未立縣而未嘗無城也縣字或當作圻亦或是城字

又東至石城縣官本曰按牛渚乃山名非縣名大江過其北非過其南縣南二字之上有脫文牛渚在今當塗縣西北二十里石城故城在今貴池縣西七十里道元辯經之誤云不得逕牛渚而方居石城也今攷石城不特在牛渚西且在居巢西居巢故城在今巢縣東北五里漢書地理志丹陽郡石城下云分江水首受江東至餘姚入海餘姚當是餘杭之誤作水經者本之曰至石城縣分爲二其一東北流其一又過毗陵縣北爲北江又東至會稽餘姚縣東入于海以地望推之訛舛不可通沔水與江合流又東過彭蠡澤下當云又東過皖縣南又東至石城縣分爲二其一東北流又東北出居巢縣南又東過牛渚又過毗陵縣北爲北江其一東至會稽餘杭縣東入于海則與漢志適協不言北江所終者水經之末記禹貢山水澤地所在云北江在毗陵北界東入海大江源委固首尾完備矣然沔水經文自彭蠡以下在道元時已倒亂道元雖正其失而言之亦未能明析是以自言緝綜所纏未必一得其實也

經所謂石城縣者即宣城郡之石城縣也牛渚在姑孰烏江兩縣界中朱趙有也字于石城東北減五百許里安得逕牛渚而方居石城也朱居作界趙改刊誤曰界當作居蓋經之謬誤也趙釋曰一清按文選殷仲文南州桓公九井作詩李善注引水經注云淮南郡之于湖縣南所謂姑孰即南州矣今本無之姑孰于湖今太平府當塗縣地晉咸和初僑置淮南郡于此九井山在龍山之南桓溫所鑿元興二年桓元築禪位壇于九井山北大江在西北梁承聖初王僧辨討侯景至姑孰景將侯子鑒

度南州於岸挑戰卽此處也

分爲二其一東北流其一官本曰按此二字當在東至會稽餘姚縣之上又過毗陵

縣北爲北趙作大江

地理志毗陵縣會稽之屬縣也官本曰按近刻志下衍曰字會稽上衍舊字復脫也字　案朱同趙增也字說見下丹

徒縣北二百步有故城官本曰按縣下近刻衍也字趙刪刊誤曰也字當移在屬縣之下　案朱衍本毗陵郡治

也舊去江三里岸稍毀遂至城下城北有揚州刺史劉繇墓淪

于江江卽北江也經書爲北江則可官本曰按爲近刻訛作在　案朱作在趙刪江

字刊誤曰江字衍文又言東至餘姚則非攷其逕流知經之誤

矣趙釋曰一清按大江不得東至餘姚入海道元證經文爲誤是矣而其下以分江水合爲南江以應餘姚入海之文水名已殊而其道亦變不特非禹貢三江之迹幷班志所記亦多不合地理志曰江水自石城東出逕吳國南爲南

江官本曰按地理志丹陽郡石城下云分江水首受江東至餘姚入海于會稽郡吳下云南江在南東入海本屬二水各不相蒙道元合之爲一非也　趙釋曰胡氏渭曰按志以分江水繫石城南江繫吳縣至道元始貫穿爲一條一清按道元依經立注誤以震澤爲南江而又合分江水言之謂其水得至餘姚入海也遂改竄班書以就己說且班志云吳故國周太伯所居六朝時曰吳國道元因改縣曰國也江水自石城東入爲貴口東逕石城

縣北晉太康元年立官本曰按近刻脫立字　案朱趙無隸宣城郡東合大溪官本曰按近刻訛作天　案朱訛趙改刊誤曰天當作大溪水首受江北逕其縣故城東又北入南江南江又東與貴長池水合官本曰按此十字原本及近刻並訛作經殄江水自石城東入以下並注內敘分江水所逕今改正　案朱訛趙改刊誤曰十字是注混作經水出縣南郎山北流爲貴長池池水又北注于南江孫校曰南江自貴池以東今斷續不可尋其貴池水仍東北入江謂之貴口也南江又東逕宣城之臨城縣南官本曰按此十二字原本及近刻並訛作經又東訛作又南東　案朱訛趙改刪刊誤曰十三字是注混作經又南之南衍文又東合涇水官本曰按合下近刻衍注字　案朱趙有趙釋曰一清按漢志丹陽郡涇縣注韋昭曰涇水出蕪湖南江又東與桐水合官本曰按此八字原本及近刻並訛作經　案朱訛趙改刊誤曰八字是注混作經又東逕安吳縣號曰安吳溪又東旋溪水注之水出陵陽山下逕陵陽縣西爲旋溪水昔趙有銍字縣人趙有陵字陽子明釣得白龍處後三年龍迎子明上陵陽山山去地千餘丈後百餘年呼山下人令上山半與語溪中子安問子明釣車所在後二十年子安死趙有葬字山下有黃鶴栖其冢

樹鳴常呼子安故縣取名焉朱箋曰列仙傳云陵陽子明者銍人也於旋溪釣得白龍子明懼解鉤拜而放之後得白魚腹中有書教子明服食之法子明遂上黃山採五石脂沸水而服之三年龍來迎去止陵陽山上百餘年山去地千餘丈大呼山下人令上山半告言谿中子安當來問子明釣車在否後二十餘年子安死人取葬石山下有黃鶴來栖其冢邊樹上鳴呼子安云晉咸康四年改曰廣陽縣溪水又北合東溪水官本曰按溪近刻訛作漢 案朱訛趙改刊誤曰漢水當作溪水即旋溪也水出南里山北逕其縣東桑欽曰淮水出縣之東南北入大江其水又北歷蜀由山官本曰按此水今亦名小淮河 趙釋曰全氏曰按漢志丹陽郡陵陽縣下亦引桑欽語今宣城人呼爲小淮水乃東壩之上游也又北左合旋溪北逕安吳縣東晉太康元年分宛陵立縣南有落星山山有懸水五十餘丈下爲深潭潭水東北流左入旋溪而同注南江南江之北即宛陵縣界也官本曰按近刻脫南江二字 案朱脫趙增江字刊誤曰於文當重一江字南江又東逕寧國縣南官本曰按此九字原本及近刻並訛作經 案朱訛趙改刊誤曰九字是注混作經晉太康元年分宛陵置南江又東逕故鄣縣南安吉縣北光和之末天下大亂此鄉保險守節官本曰按近刻脫鄉字 案朱脫趙增刊誤曰此下落鄉字劉昭郡國志補注引吳地記校補

漢朝嘉之中平二年分故鄣之南鄉以爲安吉縣縣南有釣頭泉懸涌一仞乃流于川川水下合南江南江又東北爲長瀆歷湖口官本曰按此十一字原本及近刻並訛作經湖口訛作河口 案朱訛趙改刊誤曰十一字是注混作經河口當作湖口下云謂之五湖口是也南江東注于具區官本曰按南江近刻訛作江南 案朱訛趙乙刊誤曰江南二字當倒互趙釋曰一清按漢志會稽郡吳縣具區澤在西揚州藪古文以爲震澤謂之五湖口五湖謂長蕩湖太湖射湖貴湖滆湖也官本曰按近刻蕩訛作塘射湖脫湖字貴湖下衍上湖二字 案朱同不衍趙改刊誤曰箋曰射貴湖下脫上湖二字按方輿紀要云虞翻云太湖有五湖滆湖洮湖射湖貴湖及太湖爲五湖酈道元曰長塘湖射湖貴湖滆湖與太湖而爲五湖此卽虞氏之說又云射貴湖今常州之芙蓉湖當時或分爲二故虞翻以射貴爲二湖也名勝志云上湖一名射貴湖則上湖卽射貴湖矣蓋上湖之名晚出故射貴可分爲二湖以當五湖之數而不容增上湖于射貴之下讀者審之朱長文續吳郡圖經則以爲道元謂長蕩湖貴湖上湖滆湖與太湖而爲五蓋傳聞之異久矣趙釋曰全氏曰按虞翻說無長蕩湖有洮湖謂長蕩卽洮也韋昭說則以爲胥湖蠡湖洮湖滆湖與太湖而爲五其謂五湖祇一太湖者張勃吳錄也朱長文續吳郡圖經曰道元謂長蕩湖貴湖上湖滆湖與太湖而爲五蓋以射湖已與貴湖合也抑或所見之本異耶吳志云貢湖游湖梅梁湖金鼎湖胥湖其名皆出于近代也今吳中人又謂射貴湖卽上湖郭景純江賦曰注五湖以漫漭蓋言江水經緯五湖而苞注太湖也

是以左丘明述國語曰越伐吳官本曰按此下近刻衍而字 案朱衍趙刪刊誤曰而字衍文

戰于五湖是也又云范蠡滅吳返至五湖而辭越斯乃太湖之兼攝通稱也官本曰按近刻脫兼字案朱脫趙增刊誤曰之下落兼字孫潛校增虞翻曰是湖有五道故曰五湖韋昭曰五湖今太湖也尚書謂之震澤爾雅以爲具區方圓五百里趙釋曰禹貢雖指曰具區五湖明是兩處而孔傳謂太湖一名震澤正義爲之辭曰徐州浸藪各異而揚州浸藪同處論其水謂之浸指其藪謂之澤此說非也葉少蘊云凡言藪者皆人所資以爲利故曰藪以富得名而浸則但水之所鍾揚州之藪爲震澤今平望八赤震澤之間水瀰漫而極淺其蒲魚蓮芡之利人所資者甚廣亦或可隄而爲田與太湖異所以謂之澤藪然積潦暴至無以洩之則溢而爲害所以謂之震澤黃子鴻申其義曰今土人自包山以西謂之西太湖水始淵深自莫釐武山以東謂之南湖水極灘淺蓋卽古之震澤止以上流相通後人遂混謂之太湖按此辨周官之藪浸極其明晰班志曰在吳西亦未當孔氏書傳鄭氏周禮注云在吳南湖有苞山春秋謂之夫椒山有洞室入地潛行北通琅邪東武縣俗謂之洞庭旁有青山一名夏架山山有洞穴潛通洞庭山上有石鼓長丈餘鳴則有兵故吳記曰太湖有苞山在國西百餘里居者數百家出弓弩材旁有小山山有石穴南通洞庭深

遠莫知所極三苗之國左洞庭右彭蠡今宮亭湖也以太湖之洞庭對彭蠡則左右可知也余按二湖俱以洞庭爲目者亦分爲左右也但以趣矚爲方耳既據三苗宜以湘江爲正是以郭景純之江賦云爰有包趙作苞山洞庭巴陵地道潛達旁通幽岫窈窕趙釋曰朱彝尊詩話云吳有洞庭山名也楚有洞庭湖名也郭景純云吳有苞山洞庭巴陵地道潛達旁通幽岫窈窕蓋謂君山有石穴通吳之包山故包山亦以洞庭名酈善長注水經二湖俱以洞庭爲目誤也一清按善長未嘗以吳之洞庭爲郎楚之洞庭吳中之山曰洞庭故湖亦即其稱既有斯名不可得而沒也朱氏蓋未之審耳山海經曰浮玉之山北望具區苕水出于其陰北流注于具區謝康樂云山海經浮玉之山在句餘東五百里官本曰按近刻脫百字　案朱趙無趙釋曰一清按山海經文是又東五百里不云在句餘東五里謝誤引或五下脫百字耳便是句餘縣之東山乃應入海句餘官本曰按近刻訛作具區　案朱趙同趙釋曰一清按此二字誤疑作句餘今在餘姚鳥道山西北官本曰按近刻脫西字　案朱脫趙增刊誤曰箋曰舊本作曰北按北上落西字會稽志引此文校正作曰字誤也何由北望具區也以

爲郭于地理甚昧矣趙釋曰一清按全氏曰是蓋以南江當具區然則其川三江而說者又以此水當之何也吳任臣山海經廣注曰謝言山水微與今時不合未足爲據也唐子霞云天目山一名浮玉山與山海經所記句餘道里不差于北望具區之文又合然則謝說誠悠謬也言洞庭南口有羅浮山高三千六百丈浮山東石樓下有兩石鼓叩之清越所謂神鉦者也事備羅浮山記會稽山宜直湖南又有山陰溪水入焉山陰西四十里官本曰按山陰下近刻衍縣字　案朱趙有趙釋曰一清按此處何以闌入山陰縣山陰隔越浙江之東苕水在其西酈以山陰谿水即苕水則具區山之陰所出之水也行間斷爛後人見上有山陰二字即填入縣字而水道不可問矣有二溪東溪廣一丈九尺冬煖夏冷西溪廣三丈五尺冬冷夏煖二溪北出行三里至徐村合成一溪廣五丈餘而温涼又雜蓋山海經所謂苕水也北逕羅浮山而下注于太湖故言出其陰入于具區也湖中有大雷小雷三山亦謂之三山湖又謂之洞庭湖楊泉五湖賦曰官本曰按泉近刻訛作修　案朱訛趙改刊誤曰楊修當作楊泉何焯校頭首無錫

足虩松江負烏程于背上懷太吳趙作太湖以當胷岝
嶺崔嵬穹隆紆曲朱箋曰孫云按五湖賦岩嶺作岩崿岝崿穹窿二山名趙嶺改崿隆朱趙作窿大雷小
雷湍波相逐用言湖之苞極也太湖之東吳國
西十八里有岝嶺山俗說此山本在太湖中官本曰按近刻脫山字　案朱脫趙增刊誤曰此下落山字續吳郡圖經引此文校增禹治水移進近吳官本曰按近刻訛作近東　案朱訛趙改說見下又東及西南有兩小山官本曰按近刻脫東及二字　案朱脫趙增刊誤曰續吳郡圖經引此文作禹治水移進近吳又東及西南有兩小山今改正皆有石如卷笮俗云禹所用趙作開牽
山也太湖中有淺地長老云是笮嶺山蹟自此
以東差深官本曰按東近刻訛作求　案朱訛趙改刊誤曰求續吳郡圖經引此文作東言是牽山之溝
此山去太湖三十餘里趙釋曰董氏斯張廣博物志曰水經注太湖中穹窿山有銅關今本無之全氏曰自潛通瑯琊以下皆襲山海經無稽之言而更廣爲傅會東則松江出焉官本曰按此六字原本及近刻並訛作經攷以下皆係注內敘太湖之水下流注海爲三江者今改正　案朱訛趙改刊誤曰六字是注混作經續吳郡圖經亦作注上承太湖更逕笠澤在
吳南松江左右也國語曰越伐吳吳禦之笠澤

越軍江南吳軍江北者也虞氏曰松江北去吳國五十里趙增南字刊誤曰吳國下落南字江側有丞胥二山山各有廟官本曰按此下近刻有國南五十里五字係重出衍文案朱衍趙刪刊誤曰五字重文宜衍魯哀公十三年越使二大夫疇無餘謳陽等伐吳吳人敗之獲二大夫大夫死故立廟于山上號曰丞胥二王也胥山上今有壇石長老云胥神所治也下有九折路南出太湖闔閭造以遊姑胥之臺以望太湖也松江自湖東北流逕七十里江水岐分謂之三江口官本曰按此九字原本及近刻並訛作經近刻岐訛作奇　案朱訛趙改又岐朱趙作奇刊誤曰箋曰奇分當作岐分爾雅水岐為渚按廣韻奇異也言所出異道也字不誤九字是注混作經續吳郡圖經引此文亦是注趙釋曰禹貢錐指曰南江既入太湖而東為松江則無更從餘姚入海之理道元曲為此說以應漢志南江在南之文吳越春秋稱范蠡去越乘舟出三江之口入五湖之中者也此亦別為三江五湖雖名稱相亂官本曰按近刻脫名字　案朱趙無趙釋曰一清按下有脫字不與職方同庾仲初揚都賦注曰官本曰按近刻脫賦字　案朱脫趙增刊誤曰當作揚都賦注落賦字今太湖東注為松江下七十里有水

口分流東北入海爲婁江東南入海爲東江與松江而三也趙也上增此非禹貢之三江七字刊誤曰續吳郡圖經引此文而三下有此非禹貢之三江七字今校補趙釋曰一清按明此可以辨正蔡九峯書傳之繆吳記曰一江東南行七十里入小湖爲次溪自湖東南出謂之谷水官本曰按谷水上近刻衍爲字此句之下衍吳記曰三字　案朱趙同趙刪爲字谷水出吳小湖逕由卷縣故城下神異傳曰由卷縣秦時長水縣也始皇時縣有童謠曰趙無曰字城門當有血城陷沒爲湖有老嫗聞之憂懼旦往窺城門門侍朱箋曰搜神記作門將趙改將下同欲縛之嫗言其故嫗去後門侍殺朱趙作煞犬以血塗門嫗又往見血走去不敢顧忽有大水長欲沒縣主簿令幹入白令令見幹曰何忽作魚幹又曰明府亦作魚遂乃淪陷爲谷矣因目長水城水曰谷水也吳記曰谷中有城故由卷縣治也卽吳之柴辟亭官本曰按辟近刻訛作僻　案朱訛趙改刊誤曰僻當作辟漢書地理志校師古曰辟讀曰壁故就李鄉檇李之地秦始皇惡其勢王令囚徒十餘萬人汙其土表以汙惡名改曰囚卷亦曰

由卷也吳黃龍三年官本曰按近刻訛作四年　案朱趙作四趙釋曰一清按吳書孫權傳黃龍三年夏由拳野稻自生改爲禾興冬十二月丁卯大赦改明年元也則是嘉禾改元定在三年之冬此云四年字誤耳　有嘉禾生卷縣改曰禾興後太子諱和改爲嘉興春秋之檇李城也谷水又東南逕嘉興縣

城西谷水又東南逕鹽官縣故城南　舊吳海昌都尉治晉太康中分嘉興立官本曰按近刻訛作治　案朱訛趙改刊誤曰治孫潛校改立　太康地道記吳有鹽官縣樂資九州志曰縣有秦延山官本曰按延近刻訛作逕　案朱趙作逕　秦始皇逕此美人死葬于山上山下有美人廟谷水之右有馬皋朱趙作睪城故司鹽都尉城吳王濞煮海爲鹽于此縣也是以漢書地理志曰縣有鹽官東出五十里有武原鄉故越地也秦于其地置海鹽縣地理志曰縣故武原鄉也後縣淪爲柘湖又徙治武原鄉改曰武原縣王莽名之展武官本曰按展近刻訛作辰　案朱訛趙改刊誤曰漢書地理志作展武辰字誤　漢安帝時官本曰按近刻脫時字　案朱脫趙增刊誤曰安帝下落時字孫潛校增　武原之地又淪爲湖今之當湖也後乃移此趙釋曰一清按劉昭補註郡國志曰今計偕簿海鹽縣之故治順帝時陷而爲湖今謂爲當湖大旱湖竭城郭之處可識　縣南有

秦望山秦始皇所登以望東海故山得其名焉谷水于縣

出爲澉浦官本曰按澉近刻訛作散　案朱訛趙改刊誤曰吳郡志開元五年刺史張廷珪奏置海鹽縣澉浦鎮至元嘉禾志澉浦在海鹽縣南四十五里散字誤以通巨海官本曰按引吳記至此胡渭云卽庾仲初所謂東南入海爲東江者也光熙元年有毛民三人集于縣蓋沉于風也趙釋曰禹貢錐指曰禹貢三江之不明誤自班固始漢志會稽吳縣下云南江在南東入海毗陵縣下云北江在北東入海丹陽蕪湖縣下云中江出西南東至陽羨入海皆揚州川也蓋北江爲經流至江都入海中江由吳松入海南江合浙江入海皆北江之枝瀆也導水明言漢自彭蠡東爲北江江自彭蠡東爲中江誠如班氏所言則蕪湖之中江何以知爲江水之所分毗陵之北江何以定爲漢水之所獨乎以此當禹貢三江之二雖愚者亦知其非矣又曰漢志丹陽石城縣下云分江水首受江東至餘姚入海過郡二行千二百里此卽南江之源委過郡二謂丹陽會稽也其在吳縣南者卽吳松江乃中江之下流班氏不知分江水至餘姚入海者卽古之南江遂誤以松江當之耳今按大江自西南來至石城枝分爲分江水至餘姚入海又東北流至蕪湖枝分爲永陽江由吳松入海其經流則東逕毗陵至江都入海毗陵江都最北故謂之北江石城餘姚最南故謂之南江蕪湖吳縣居二江之中故謂之中江雖與禹貢導江之義不合而辨方命名次第秩然與郭景純之松江浙江源異而流則同也蓋中江貫震澤松江卽其下流不得復析爲南江南江首受石城之大江其自湖口洩入具區者乃枝流而東至餘姚入海者其正流也酈元恐違漢志反以歷爲程縣南者爲枝流而中江盡于荊溪南江卽是吳松矣非古人命名之本意也一清按禹貢以漾漢觸大別南入于江東匯澤爲彭蠡東爲北江江水東迤北會于匯東爲中江而不言南江但三江既入揚州之水已治而大別則在荊域于是班固疑之別著三江之道以爲南江在吳南水經更以震澤當之而又無中江之目遂與經異蓋水經所謂江水至石城縣分爲二其一東北流者中江也其一過毗陵縣爲大江酈以北江釋之其下又以南江當之以其在毗陵縣之北故名之曰北江而東至餘姚入海則仍是南江水道故以經文大江二字爲誤中江水見江水篇而今亡矣東樵云北江爲經流中江由吳松入海南江合浙

江入海今據班志而言實則班志蜀郡湔氐道下云禹貢嶓山在西徼外江水所出東南至江都入海而廣陵國江都下急著江水祠以應之又于臨淮郡海陵下復云有江海會祠以明之海陵江都非揚域乎非中江入海之道乎其于會稽郡之吳毗陵丹陽郡之蕪湖雖列南北中之名而無禹貢字則亦可知是秦漢以來現行之川作志者自不關禹迹也後人乃欲據志以釋經反謂志與經不合則亦誣矣水經本班志以立文然班志石城之分江水自是分中江之水而別爲一支者至道元始名爲南江故云水名已殊非班固所謂南江也大氐多衰周時以人力爲之而非天地自然節宣之氣可比南江至餘姚與浙江合又于餘暨東與浦陽合由太湖長瀆口上通臨平湖而東合浙江之柳浦今其水道多不可問後之釋水者宜無取于此卷也

又東至會稽餘姚縣東入于海

謝靈運云具區在餘暨（官本曰按近刻訛作餘姚　案朱趙作姚）然則餘暨是餘姚之別名也（趙釋曰全氏曰按餘暨今之蕭山也如何以爲餘姚之別名）今餘暨之南餘姚西北浙江與浦陽江同會歸海但水名已殊非班固所謂南江也郭景純曰三江者岷江松江浙江也（趙釋曰隋書經籍志水經三卷郭璞撰今失傳）然浙江出南蠻中不與岷江同作者述志（朱趙作誌）多言江水至山陰爲浙江今江南（朱趙作南江）枝分歷烏程縣南通餘杭縣（趙釋曰禹貢錐指曰餘杭

乃姚字之誤則與浙江合故闞駰十三州志曰江水至會稽與浙江合官本曰按此所謂歷烏程縣南通餘杭縣則與浙江合者乃漢志所謂分江水之正流非南江枝分也然則漢志餘姚爲餘杭之誤以此證之甚明　趙釋曰禹貢錐指曰班固所謂南江者實松江也闞駰所謂江水至會稽與浙江合者即分江水水經謂之南江者也或以爲北江大繆酈道元篤信班固故不能無疑于此又曰江水自湖口以東歷烏程縣南通餘姚與浙江合者其故道亦無可考蓋從烏程南以東達于餘姚則必經歸安德清石門界中至海寧由浙江以入海海寧地獨高境內諸水皆北流故宋元嘉及梁大通中以滬瀆不通嘗欲穿渠引吳興之水以瀉浙江而功卒不立蓋水性就下地勢有所阻也南江必衰周時吳越以人力爲之易致堙塞歷世久遠不可得詳一清按東樵之言非也以松江爲南江正是酈注今混作經道元何嘗有疑于此乎且南江與浙江合由太湖長瀆口上通臨平湖以合浙江自有纏絡何必載之高地乎通鑑唐乾寧二年楊行密遣安仁義以舟師至湖州欲渡江應董昌錢鏐遣顧全武守西陵仁義不得渡胡三省曰自湖州舟行入柳浦可渡西陵又柳浦即今浙江亭東跨浦橋之浦也劉昫唐書曰隋于餘杭縣置杭州又自餘杭徙治錢唐又移于柳浦今州城是又曰柳浦埭即今杭州江于浙江亭北跨浦橋埭則其時水道尚未盡湮也浙江自臨平湖南通浦陽江趙釋曰一清按臨平湖在浙江西何以反自湖南通浦陽江乎此文容有錯繆又于餘暨東合浦陽江自秦望分派東至餘姚縣官本曰按近刻脫至字　秦朱脫趙增刊誤曰東下落至字又爲江也官本曰按此下敘姚江在餘姚縣南者其水非浦陽江之分派道元欲附會經東至餘姚入海之文故有此說東與車箱水合水出車箱山乘高瀑布四十餘丈雖有水旱而澍無增減江水又東逕黃橋下

官本曰按此八字原本及近刻並訛作經攷浙江自臨平湖南通浦陽江以下乃注內因經之訛別敘餘姚之水 案朱訛趙改刊誤曰八字是注混作經 臨江有漢

蜀郡太守黃昌宅橋本昌創建也昌為州書佐妻遇賊相失後

會于蜀復修舊好 江水又東逕赭山南 官本曰按赭近刻訛作緒 案朱訛趙改刊誤曰陳書徐陵傳子儀隱于錢塘之赭山潛說友咸淳臨安志云赭山在鹽官縣西南四十五里姚寬西溪叢語云夾岸有山南曰龕北曰赭二山相對謂之海門海寧縣志云赭山與紹興龕山相對蓋浙江潮汐所由也緒字誤 虞翻嘗登此山四望誡子孫可居江北世有祿位

居江南則不昌也然住江北者相繼代興時在江南者 官本曰按在近刻訛作有 案朱訛趙改刊誤曰有當作在 輒多淪替仲翔之言為有徵矣 江水又經 趙作逕

官倉 倉即日南太守虞國舊宅號曰西虞以其兄光居縣東

故也是地即其雙雁送故處 朱箋曰孔曄會稽記云虞國為日南太守有惠政出則雙雁隨軒及還會稽雁亦隨焉其卒也猶棲於墓不去趙釋曰一清按寰宇記雙雁棲墓事謂是虞歆即翻之父亦嘗為日南太守此用孔弈會稽志作虞國而寰宇記鄮縣下又引郡國志作陳國蓋陳虞同姓陳國即虞國也

江水又東逕餘姚縣故城南 官本曰按此十一字原本及近刻並訛作經攷經有至會稽餘姚之文故注以縣南水當之 案朱訛趙改刊誤曰十一字是注混作經 縣城是吳將朱然所築 朱作吳將所築箋曰宋本作吳將朱然所築也趙依宋本 南臨江津北背巨海夫子所謂滄海浩浩萬里之淵也縣西

去會稽（朱趙有一字）百四十里因句餘山以名縣（官本曰按因下近刻衍其字案朱趙有趙刊誤曰箋曰宋本作句章山按山海經南山經曰句餘之山無草木多金玉郭璞註曰今在會稽餘姚縣南句餘縣北故此二縣因此爲名見張氏地理志張氏疑是張勃朱氏以注下有句章之名僞託宋本改句餘爲句章豈知出于山海經乎又寰宇記引郭璞註云山多珧璋故取二縣以爲名較今本山海經註多一句吳志伊廣註之所未及引也）山在餘姚之南句章之北也江水又東逕穴湖塘湖水沃其一縣並爲良疇矣江水又東注于海（官本曰按此七字原本及近刻並訛作經案朱訛趙改刊誤曰七字是注混作經）是所謂三江者也故子胥曰吳越之國三江環之民無所移矣但東南地卑萬流所湊濤湖泛決觸地成川枝津交渠世家分夥故川舊瀆難以取悉雖麤依縣地緝綜所纏亦未必一得其實也（朱趙至此止爲二十八卷終趙釋曰一清按此篇經注多脫誤容有後人附益之辭讀者審之）

潛水出巴郡宕渠縣（朱趙此下入二十九卷朱卷首沔水下又東過堵陽縣至習鑿齒又爲其宅銘焉趙移前同官本）

潛水蓋漢水枝分潛出故受其稱耳今爰有大穴潛水入焉通岡山下西南潛出謂之伏水（趙釋曰全

氏曰伏水劉昭補注郡國志引蜀都賦註以爲復出水一清按韻會濳伏流也或作洑今漢水之分流者名蘆洑而其地又名白洑是亦復出水之義也唐置徵科巡院于白洑鎮在潛江縣界道元故單釋伏爲潛也或以爲古之潛水鄭玄曰漢別爲潛其穴本小水積成澤流與漢合大禹自導漢疏通朱導作通趙改刊誤曰通漢當作導漢即爲西漢水也故書曰沱潛既道劉澄之稱白水入潛然白水與羌水合入漢是猶漢水也縣以延熙中分巴立宕渠郡蓋古賨國也今有賨城縣有渝水夾水上下皆賨民所居漢祖入關從定三秦其人勇健好歌舞高祖愛習之今巴渝舞是也縣西北有餘曹水南逕其縣下注潛水朱趙餘皆作不朱箋曰漢志巴郡宕渠縣注徐曹水出東北南入灊趙釋曰一清按漢志巴郡宕渠縣不曹水出東北南入灊徐谷縣有車騎將軍馮緄桂陽太守李溫冢二子之靈柩以三月還鄉漢水暴長官本曰按近刻脫漢字上落漢字寰宇記果州相如縣西漢水下引此文案朱脫趙增刊誤曰水校增郡縣吏民莫不于水上祭之官本曰按近刻脫之字增刊誤曰祭下落之字寰宇記校增案朱脫趙今所謂馮李也

又南入于江

庾仲雍云墊江有別江出晉壽縣卽潛水也其南源取道巴西官本曰按近刻脫道字 案朱脫趙增刊誤曰取下落道字是西漢水也趙釋曰禹貢錐指曰左思蜀都賦云演以潛沫劉逵注潛水與郭璞同劉昭於犍爲武陽下引蜀都賦注以爲潛水從縣南流至漢嘉縣入大穴中大繆漢志巴郡宕渠縣有潛水西南入瀟水經潛水出巴郡宕渠縣又南入于江注與郭璞說同下文又引康成之言以爲證按宕渠故城在今順慶府渠縣界酈道元云宕渠水卽潛水(見江水注)出南鄭縣南巴嶺謂之北水東南流逕宕渠縣謂之宕渠水又東南入于漢(見漾水注)今渠縣之渠江源出夔州府太平縣東萬頃池自南江通江二縣界西南流至合州入嘉陵江者是也此水本出山源不出于漢偏考近志其地亦無所謂大穴通岡山下者且漢志云西南入瀟瀟卽禹貢之潛而此水與之合則是班固原不以此水爲禹貢之潛也水經改云入江故酈援郭鄭之說以立注而不知二氏所言主漢壽與宕渠無涉移彼入此舛繆殊甚且此水源出巴嶺巴嶺在南鄭縣百餘里綿亘深遠高聳千尋冬夏積雪不消包孤雲兩角米倉諸山買耽云興元之南路通巴州中有孤雲米倉山行者必三日始逕于嶺王韶之所謂孤雲兩角去天一握其險如此禹必不以爲貢道潛不在宕渠無疑矣一清按漢志潛水西南入江與水經合不云入瀟其入瀟者不曹水也東樵何以誤引而繆證之

湍水趙釋曰元遺山集曉發石門渡湍水道中詩自註水經湍音專出酈縣北芬山南流過其縣

東又南過冠軍縣東

湍水出弘農界翼望山水甚清徹東南流逕南

陽酈縣故城東官本曰按近刻脫陽字　案朱脫趙增刊誤曰漢書地理志酈屬南陽郡此落陽字史記所謂下酈析也官本曰按近刻脫析字　案朱脫趙作析酈刊誤曰酈上落析字漢武帝元朔元年封左將黃同爲侯國趙釋曰一清按史表是下酈侯左將軍黃同索隱曰西南夷傳甌駱將左黃同則左是姓恐誤漢表云左將黃同則左將是官不疑又漢表是下鄜侯師古曰鄜音孚然表明云南陽則酈縣是也若作孚音則在馮翊矣亦爲誤也湍水又南菊水注之水出西北石澗山芳菊溪亦言出析朱作祈箋曰前漢地理志作析谷趙改析谷蓋溪澗之異名也源旁悉生菊草潭澗滋液極成甘美云此谷之水土餐挹長年司空王暢太傅袁隗太尉胡廣並汲飲此水以自綏養是以君子留心甘其臭尚矣菊水東南流入于湍趙釋曰一清按漢志宏農郡析縣黃水出黃谷鞠水出析谷俱東至酈入湍水師古曰鞠水即今所謂菊潭也黃水見丹水注湍水又逕其縣東南歷冠軍縣西北有楚堨高下相承八重周十里方塘蓄水澤潤不窮湍水又逕冠軍縣故城東縣本穰縣之盧一本作虞陽鄉宛之臨駣聚漢武帝以霍去病功冠諸軍故立冠軍縣以封之水西有漢太

尉長史邑人張敏碑碑之西有魏征南軍司趙釋曰一清按魏晉之際軍中有軍司馬東里兗爲于禁軍司馬是也又有軍司杜預行平東將軍領征南軍司是也胡三省曰軍司軍司馬也張詹趙釋曰寰宇記作張澹墓墓有碑碑背刊云白楸之棺易朽之裳銅鐵不入丹器不藏官本曰按丹近刻訛作凡　案朱作凡趙改凡釋曰何氏曰凡古丹字俗本作凡誤也嗟矣後人幸勿我傷自後古墳舊冢莫不夷毀而是墓至元嘉初尚不見發六年大水蠻饑始被發掘說者言初開金銀銅錫之器朱漆雕刻之飾爛然有二朱漆棺棺前垂竹簾隱以金釘墓不甚高而內極寬大虛設白楸之言空負黃金之實雖意錮南山寧同壽乎湍水又逕穰縣爲六門陂漢孝元之世官本曰按元近刻訛作成　案朱趙作成南陽太守邵信臣以建昭五年斷湍水立穰西石堨官本曰按堨近刻訛作碣　案朱訛趙改至元始五年更開三門爲六石門故號六門堨也趙釋曰一清按建昭是元帝紀年成帝則有建始之號漢書循吏傳信臣由南陽太守遷河南太守徵爲少府立堨事在元帝之世無疑故平帝元始四年祀百辟卿士有益于民者九江以召父其時信臣已卒至五年更開三門爲六門堨又別是一事而道元遂言之淯水注云昔在晉世杜預繼信臣之業復六門之陂直以元始所開亦信臣之遺規則誤矣溝洫志又云宣帝時鄭宏召

信臣爲南陽太守豈久歷宣元之世不易其任故能成其功業耶溉穰新野昆陽三縣五千餘頃漢末毀廢遂不修理晉太康三年鎮南將軍杜預復更開廣利加于民今廢不修矣六門側又有六門碑官本曰按又近刻訛作猶案朱趙作猶是部曲主安陽亭侯鄧達等以太康五年立

湍水又逕穰縣故城北又東南逕魏武故城之西南是建安三年曹公攻張繡之所築也

又東過白牛邑南

湍水自白牛邑南建武中世祖封劉嵩爲侯國官本曰按此下近刻衍湍水又三字案朱趙有趙釋曰一清按章懷後漢書注云白牛蓋鄉亭之號在鄧州東東南逕安衆縣故城南縣本宛之西鄉漢長沙定王子康侯丹之邑也趙釋曰一清按史表丹以元朔四年封湍水東南流湼水注之水出湼陽縣西北岐棘山東南逕湼陽縣故城西漢武帝元朔趙作封四年封路最爲侯國趙釋曰全氏曰漢表湼陽侯最朝鮮相路人子似失其姓又云在齊地理志齊郡無湼陽未詳其義又史表呂勝亦封湼陽索隱曰縣屬南陽則漢表疑誤抑

或食邑在齊耶王莽之所謂前亭也應劭曰在涅水之陽矣縣南有二碑碑字紊滅不可復識云是左伯豪碑官本曰按伯豪近刻訛作桃伯 案朱訛趙改刊誤曰箋曰列士傳左伯桃按非也隸釋引此文作左伯豪黄省曾本原是豪字後漢書云左雄字伯豪涅陽人是也列士傳之左伯桃未能知其葬處魏書地形志濮陽郡廩邱縣有左伯桃冢寰宇記叢編引訪碑錄云左伯桃碑在安肅縣西十五里皆去涅陽甚遠朱氏不引范史而襍引他傳蓋好奇之過也涅水又東南逕安衆縣堨而爲陂謂之安衆港魏太祖破張繡于是處與荀彧書曰繡遏吾歸師迫我死地蓋于二水之間以爲沿涉之艱阻也涅水又東南流注于湍水湍水至縣西北東分爲鄧氏陂漢太傅鄧禹故宅與奉朝請西華侯鄧晨故宅隔陂官本曰按近刻與訛作其華訛作亭 案朱趙同鄧颺謂晨宅

又東南至新野縣

略存焉官本曰按謂近刻訛作爲 案朱訛趙改刊誤曰爲當作謂

東入于清官本曰按此四字原本訛入注內接略存焉下近刻仍作經文接又東南至新野縣下 案朱趙同近刻

均水出析朱趙作淅縣北山南流過其縣之東趙釋曰寰宇記鄧州內鄉縣下云析水卽水經之均水也出析縣北南入于沔謂之均口郡國

（縣道記析水逕析縣東今析水逕縣西蓋酈氏之經有誤矣）

均水發源弘農郡之盧氏縣熊耳山　山南卽修陽葛陽二縣界也（趙釋曰一清按魏書地形志析州修陽郡領修陽葛陽二縣蓋葛音同通用）雙峯齊秀望若熊耳因以爲名齊桓公召陵之會西望熊耳卽此山也太史公司馬遷皆嘗登之縣卽析縣之北鄉（趙無下縣字）故言出析縣北山也（官本曰按近刻脫山字　案朱趙無　朱箋曰前漢地理志弘農郡有析縣後漢郡國志析縣改屬南陽郡　趙釋曰一清按經文是出析縣北山）

均水又東南流

逕其縣（官本曰按流下近刻衍注字　案朱趙有）下南越南鄉縣（官本曰按下南越三字有舛誤當作又南逕）

又南流與丹水合

又南當涉都邑北（朱邑下有縣字　趙刪刊誤曰續志筑陽有涉都鄉漢表武帝封南海守弃子嘉爲涉都侯則西京已有是邑而未爲縣師古曰邑繫于縣　縣字羨文）南入于沔

均水南逕順陽縣西　漢哀帝更爲博山縣明帝復曰順陽　應劭曰縣在順水之陽今于是縣則無聞于順水矣章帝建初四年封衞尉馬廖爲侯國（官本曰按廖近刻訛作康　案朱訛趙改刊誤）

曰馬康是馬廖之誤見范史馬援傳晉太康中立爲順陽郡縣官本曰按近刻脫郡字　案朱脫趙增縣字下屬刊誤曰順陽下落郡字

見晉志西有石山南臨均水均水又南流注于沔水

謂之均口者也朱均水作汋水均口作汋口箋曰梁書曰齊建武末魏主托跋宏寇沒南陽等五郡明帝遣太尉陳顯達率衆復爭之師入汋均口馮道根說顯達曰汋均水迅急難進易退魏若守隘則首尾俱急不如悉棄船艦於鄧城方道步進建營相次鼓行而前如是則立破之矣顯達不聽及敗走多不知山路道根每及險要輒停馬指示之衆賴以全尋爲汋均口戍副李子田析蹟云水經注順陽縣西有石山南臨汋水汋水又南流注於沔謂之沔口與均水實一水故謂之汋均口趙汋並改均刊誤曰汋口當作汋口北史魏廣陽王建第嘉孝文南伐詔嘉斷均口益驗梁書汋均口之誤何焯曰梁書汋均口均字是讀者所音後人誤以入行魏書孝文紀只作均口雖易以今字尚不至重複也今人讀史不知汋均重音改作汋均口趙釋曰一清按通鑑釋文辨誤云孫愐曰汋水名出析縣北山南入沔今作均蓋汋均同音或曰均口或曰汋口後人遂連汋均二字言之謂爲汋均口禹貢錐指曰沔水注云沔水又東南逕涉都縣東北均水于此入沔謂之均口或从水作汋韻會均字下云隋置均州取汋水名是汋卽均史承水經之誤曰汋口晉桓溫伐秦水軍自襄陽入汋口是也或又曰汋均口齊陳顯達攻魏馬圈軍入汋均口是也汋口及汋均口自是史誤東樵猥云史承水經非矣故地理志謂之

淯水趙淯改育下同刊誤曰漢書地理志宏農郡盧氏縣下云育水南至順陽入沔全氏曰育淯之不可混猶汋汋之不可通也蓋與過鄧入沔之淯水有別也下同

言熊耳之山淯水出焉又東南至順陽入于沔官本曰按地理志弘農郡盧氏熊耳山在東又有育水南至順陽入沔　趙釋曰一清按漢志宏農郡盧氏縣下云育水南至順陽入沔育水卽均水非自鄧入沔之淯水也書敘指南曰水經均州地名曰龍井今龍井之文見沔水篇育溪注中均之爲育益可信矣

粉水出房陵縣東流過鄀邑南

粉水導源東流趙增房陵二字刊誤曰寰宇記云粉水出房陵縣東流蓋本水經以立文也導源下落房陵二字逕上粉縣官本曰按逕近刻訛作注　案朱趙作注趙釋曰一清按上粉縣不知何時所立兩漢晉宋魏諸志皆無之豈曹氏所置而旋廢者與寰宇記房陵縣有粉城沔水篇經注均有是縣此與涓水篇之臨涓縣同一卷中之可疑者也取此水以漬粉則皓耀鮮潔有異衆流故縣水皆取名焉

又東過穀邑南東入于沔官本曰按此十字原本訛入注內近刻仍爲經文

粉水至筑陽縣西而下注于沔水謂之粉口官本曰按近刻訛作水　案朱訛趙改刊誤曰水當作口粉水旁有文將軍冢官本曰按近刻脫旁字　案朱脫趙增刊誤曰粉水下落旁字全氏校增墓隧前有石虎石柱甚修麗閭丘羨之爲南陽葬婦墓側將平其域夕忽夢文諫止羨之不從後羨之爲楊佺期所害論者以爲文將軍之祟也

白水出朝陽縣西東流過其縣南

王莽更名朝陽爲厲信縣官本曰按近刻訛作王莽更之曰朝陽也爲厲信縣　案朱同趙刪曰朝陽也四字刊誤曰漢書地理志南陽

郡朝陽縣莽曰厲信注文曰朝陽也四字衍 應劭曰縣在朝水之陽今朝水逕

其北而不出其南也蓋邑郭淪移川渠狀改故

名舊傳遺稱在今也

又東至新野縣南 官本曰按近刻訛作縣西　案朱趙同 東入于清

比水出比陽東北太 趙作大下同 胡山 官本曰按比原本及近刻並訛作沘注內同卷之三十二沘水亦訛作沘攷漢書地理志南陽郡比陽應劭曰比水所出東入蔡又廬江郡灊縣沘山沘水所出北至壽春入芍陂師古曰音比又布几反今據以訂正二水之名　案朱趙作沘下同說見下 東南

流過其縣南 官本曰按過近刻訛作逕　案朱趙作逕 泄水從南來注之 趙釋曰一清按沘陽漢志續志皆作比陽誤也應劭曰比水東入蔡或是傳寫之訛後漢書光武紀與甄阜梁邱賜戰于比水西章懷注云沘水在今唐州沘陽縣南廬江灊縣亦有沘水與此別也沘音比竟作比字矣大非

太胡山在比 朱趙作沘下同 陽北如東三十餘里廣圓五

六十里張衡賦南都所謂天封太狐者也 朱趙狐作胡朱箋曰胡與狐通趙釋曰一清按太平御覽引注文作大狐又云胡一作狐南陽圖經云山有大石如狐范史樊英傳作壺山音同通用 應劭曰比水

出比陽縣東入蔡經云泄水從南來注之 朱無二字趙增刊誤曰南來下落注之二字黃省曾本校增 然比陽無泄水蓋誤引壽春之沘泄

耳朱泚作淠趙改刊誤曰壽春之泚水是泚字字或作淠淠泚音同泄水流合焉經云泚水出盧江灊縣西南霍山東北東北過六縣東北入于淮泄水出博安縣北過芍陂西與泚水合西北入于淮是泄水與入蔡之泚水了無關涉此篇經云泄水從南來注之自是經誤道元故辭而闢之漢志則以南陽泚陽之泚水為比水水經則以盧江灊縣之比水為泚水交失之矣是注泚字誤當作泚

余以延昌四年蒙除東荊州刺史州治比陽縣故城城南有蔡水出南磐石山故亦曰磐石川西北流注于比非泄水也呂氏春秋曰齊令章子與韓魏攻荊荊使唐蔑應之夾比而軍欲視水之深淺荊人射之而莫知也有芻朱趙作蒭朱箋曰一作芻者曰兵盛則水淺矣章子夜襲之斬蔑于是水之上也

比水又西澳水注之水北出茈丘山東流屈而南轉又南入于比水按山海經云澳水又北入視不注比水余按呂忱字林及難字爾雅竝言瀙水在比陽脉其川流所會診其水土津注宜是瀙水音藥趙釋曰一清按此二字乃注中注也也

比水又西南歷長岡舊月城北官本曰按舊字近刻訛在北字下案朱訛趙改刊誤曰舊字

當移在月城上比水右會馬仁陂水朱右作又趙改刊誤曰又孫潛校改右水出漁陰北山泉流競湊水積成湖蓋地百頃謂之馬仁陂陂水歷其縣下西南堨之以溉田疇公私引裂官本曰按近刻訛作列案朱訛趙改刊誤曰列當作裂水流遂斷故瀆尚存比水又南逕會口與堵水枝津合官本曰按堵近刻訛作緒案朱訛趙改刊誤曰湞水注云地理志曰泚水堵水皆言入蔡互受通稱緒字誤比水又南與澧水會澧水源出于桐柏山與淮同源而別流西注故亦謂水爲派水澧水西北流逕平氏縣故城東北王莽更名其縣曰平善城內有南陽都鄉正衞彈勸碑趙釋曰一清按金石錄作街彈碑詳見三十一卷滍水注衞爲碑下澧水又西北合潩水水出湖陽北山官本曰按陽近刻訛作南案朱趙作南趙釋曰一清按疑有誤文抑亦是大湖之南也山南曰陽水北曰陽即湖陽之北山也西流北屈逕平氏城西而北入澧水澧水又西注比水比水自下亦通謂之爲派水昔漢光武破甄阜梁丘賜于比水西斬之于斯

水也比水又南趙醴二渠出焉官本曰按醴近刻訛作澧案朱趙作澧比水
又西南流謝水注之水出謝城北其源微小官本曰按其近刻訛作二案朱訛趙改刊誤曰二寰宇記校改其至城漸大城周迴側水申伯之都邑官本曰按近刻脫此五字案朱脫趙增邑作也刊誤曰側水下寰宇記引此文有申伯之都也五字今校補詩所謂申伯番番既入于謝者也世祖建武十三年封樊重少子丹為謝陽侯即其國也然則是水即謝水也高岸下深官本曰按近刻脫高字案朱脫趙增刊誤曰岸上落高字名勝志校增浚流徐平時人目之為淳灒水城戍朱作戍箋曰一作戍趙改戍又以淳灒為目非也其城之西舊棘陽縣治故亦謂之棘陽城也謝水又東南逕新都縣左注比水比水朱趙不重比水字又西南流逕新都縣故城西王莽更之曰新林郡國志以為新野之東鄉朱志下有曰字趙刪刊誤曰曰字衍文故新都者也

又西至新野縣南入于淯

比水于岡南趙釋曰全氏曰此岡即上注云長岡也西南流戍在岡上比水又

西南與南長坂門二一水合趙釋曰一清按坂門水即下板橋水也未知水有二名也抑誤字也其水東北出湖陽東隆山山之西側有漢日南太守胡著碑子珍騎都尉尚湖陽長公主卽光武之伯姊也廟堂皆以青石爲階陛廟北有石堂珍之玄孫桂陽太守瑒以延熹四年遭母憂于墓次立石祠勒銘于梁石宇傾頹而梁字無毀盛弘之以爲樊重之母畏雷室蓋傳疑之謬也隆朱作陸箋曰孫云疑作隆山趙改隆山南有一小山山坂朱作坂箋曰一作坂趙改坂有兩石虎相對夾隧道雖處蠻荒全無破毀作制甚工信爲妙矣世人因謂之爲石虎山其水西南流逕湖陽縣故城南地理志曰故廖國也朱廖作蓼趙改刊誤曰漢書地理志湖陽縣下云故廖國也師古曰廖音力救反左氏傳作飂字其音同耳漢六安國有蓼縣則是舒蓼之蓼音六蓋字形之似而其地相去甚遠竹書紀年曰楚共王會宋平公于湖陽者矣東城中有二碑似是樊重碑悉載故吏人名司馬彪曰仲山甫封于樊因氏國焉爰自宅陽趙刊誤曰箋曰宅陽乃比陽之誤按非也以隸釋校是宅陽徙居湖陽能治田殖至三百頃廣起廬舍官本

曰按近刻脫廣字 案朱脫趙增刊誤曰起上落廣字名勝志校增 高樓連閣波陂 趙二字改陂渠 灌注竹木成林六

畜放牧魚贏梨果檀棘桑麻閉門成市兵弩器械貲至百萬其

興工造作為無窮之功 官本曰按近刻脫功字 案朱脫趙增刊誤曰之下落功字何焯曰以鈔本隸釋校增 巧不可

言富擬封君世祖之少數歸外氏及之長安受業齎送甚至世

祖即位追爵敬侯詔湖陽為重立廟置吏奉祠巡祠章陵常幸

重墓 趙釋曰一清按范史樊宏傳父重字君雲世善農稼好貨殖王莽末義兵起宏與宗家親屬作營壍自守老弱歸之者千餘家 其水四周

城溉 城之東南有若令樊萌中常侍樊安碑 趙釋曰一清按隸釋漢故中常侍騎都尉樊君之碑君諱安字子仲南陽湖陽人也延熹三年冬十有一月勒石 城南有數碑無字又有石廟數間依于

墓側棟宇崩毀惟石壁而已亦不知誰之胄族矣 其水南

入大湖湖陽之名縣藉茲而納稱也湖水西南

流又與湖陽諸陂散水合謂之板橋水又西南

與醴渠合又有趙渠注之二水上承派水南逕

新都縣故城東兩瀆雙引南合板橋水板橋水

又西南與南長水會水上承唐子襄鄉諸陂散流也唐子陂在唐子山西南有唐子亭漢光武自新野屠唐子鄉殺湖陽尉于是地陂水清深光武後以爲神淵西南流于新野縣與板橋水合西南注于比水

比水又西南流注于淯水也朱趙不重比水二字朱無注字趙增刊誤曰流下落注字

水經注卷二十九

西元二〇二〇年四月一日重製一版

王氏合校水經注 冊三

(清 王先謙 合校)

平裝四冊基本定價三仟元正
(郵運匯費另加)

發行人：張敏君
發行處：中華書局
臺北市內湖區舊宗路二段一八一巷八號五樓 (5FL., No. 8, Lane 181, JIOU-TZUNG Rd., Sec 2, NEI HU, TAIPEI, 11494, TAIWAN)
客服電話：886-2-8797-8396
公司傳真：886-2-8797-8909
匯款帳戶：華南商業銀行西湖分行 179100026931
印刷：維中科技有限公司
海瑞印刷品有限公司

No. N1021-3

國家圖書館出版品預行編目(CIP)資料

王氏合校水經注 / (清)王先謙合校. -- 重製一版.
-- 臺北市 : 中華書局, 2020.04
冊 ; 公分
ISBN 978-986-5512-04-0(全套 : 平裝)

1.水經注 2.注釋

682 109003702